JOSEPH BEUYS

Portrait Joseph Beuys, 1977. Photo: Ute Klophaus

JOSEPH BEUYS

NATUR MATERIE FORM

Herausgegeben und mit Texten von Armin Zweite

SCHIRMER/MOSEL

MÜNCHEN PARIS LONDON

Bildnachweis / Tafeln

Claudio Abate: Nr. 244; Achenbach Art Consulting, Düsseldorf: Nr. 110; Galerie Isy Brachot, Brüssel / Paris: Nr. 171;
Eva Beuys-Wurmbach, Düsseldorf: Nr. 133; Foto-Sachsse, Bonn: Nr. 119; Dorothee Fischer, Düsseldorf: Nr. 241, 242;
Peter Frese, Wuppertal: Nr. 154, 169; Reinhard Friedrich: Nr. 85, 189; Josef W. Froehlich, Stuttgart: 213, 236;
Walter Haberland: Nr. 185, 198; Diana Hohenthal, München: Nr. 173; Axel Hütte, Düsseldorf: Nr. 179;
Bernd Jansen, Düsseldorf: Nr. 235; Walter Klein, Düsseldorf: Nr. 6, 25, 53, 56, 80, 81, 82, 84, 89, 107, 122, 128, 129,
130, 139, 145, 147, 148, 150, 152, 156, 158, 162, 163, 166, 167, 168, 170, 172, 182, 183, 192, 218, 219, 220, 249, 250, 251, 252, 253;
Ute Klophaus, Wuppertal: Nr. 123; Galerie Bernd Klüser, München: Nr. 27, 91, 212, 222, 224, 225; Verena Klüser, München: Nr. 20;
Jochen Littkemann, Berlin: Nr. 132, 191, 231; Joseph Loderer, München: Nr. 123; Wolfgang Morell, Bonn: Nr. 197;
J. H. Müller: Nr. 116; Museum van Heedendaagse Kunst, Gent: Nr. 215, 216, 217; Anthony d'Offay Gallery, London: Nr. 211, 214, 221, 223;
Privatsammlung: Nr. 103, 196, 234; Katia Rid: Nr. 178; Galerie Schmela, Düsseldorf: Nr. 55, 114; Jochen Schmidt: Nr. 248;
Philipp Schönborn, München: Nr. 28, 121, 177, 245; Johannes Stüttgen, Düsseldorf: Nr. 31, 115;
Nicten Wiggenhorn: Nr. 14; Armin Zweite, Düsseldorf: Nr. 194.
Für die Photos von Ute Klophaus: Alle Rechte vorbehalten.

Diese Publikation erscheint anläßlich der Ausstellung
»Joseph Beuys – Natur Materie Form«, die vom 30. November 1991 bis zum 9. Februar 1992
in der Kunstsammlung Nordrhein-Westfalen, Düsseldorf, gezeigt wird.

Konzeption der Ausstellung und des Katalogs: Armin Zweite
Ausstellungssekretariat: Dorothee Jansen, Renata Sharp
Transportorganisation: Birgid Pudney-Schmidt
Öffentlichkeitsarbeit: Gudrun Harms, Jutta Kerkmann
Restauratorische Betreuung: Manfred Huisgen, Otto Hubacek
Ausstellungsaufbau: Armin Zweite, Ulrich Krempel,
Dorothee Jansen, Sabine Fabo, Joachim Kaak, Günter Klings,
Franz Hacker, Klaus Ferfers, Friedhelm Tups, Klaus Allenstein
Katalogredaktion: Ulrich Krempel, unter Mitarbeit von Sabine Fabo
Biographie, Bibliographie, Ausstellungsverzeichnis: Sabine Fabo
Kataloggestaltung: Armin Zweite, Schirmer / Mosel

Die Deutsche Bibliothek – CIP-Einheitsaufnahme
Joseph Beuys:
Natur, Materie, Form; anläßlich der Ausstellung
»Joseph Beuys – Natur, Materie, Form«, vom 30. November 1991
bis zum 9. Februar 1992 in der Kunstsammlung
Nordrhein-Westfalen, Düsseldorf / hrsg. und mit Texten von Armin Zweite.
[Biographie, Bibliographie: Sabine Fabo].
– München; Paris; London: Schrimer-Mosel, 1991
ISBN 3-88814-453-1
NE: Zweite, Armin [Hrsg.]; Beuys, Joseph [Ill.];
Ausstellung Joseph Beuys, Natur, Materie, Form
‹1991–1992, Düsseldorf› ; Kunstsammlung Nordrhein-Westfalen ‹Düsseldorf›

Lithos: O. R. T. Kirchner & Graser, Berlin
Satz: TYP-O-GRAPH, München
Druck: Appl, Wemding
Bindung: Kunst- und Verlagsbuchbinderei Leipzig
ISBN 3-88814-453-1
(Katalog Kunstsammlung Nordrhein-Westfalen ISBN 3-926154-12-8)
Eine Schirmer / Mosel Produktion

Inhalt

Leihgeber

Fondazione Amelio, Istituto per l'Arte Contemporanea, Neapel
Sammlung Heiner und Céline Bastian
Nachlaß Joseph Beuys
Collection Christine et Isy Brachot, Brüssel
Courtesy Galerie Isy Brachot, Brüssel-Paris
Udo und Anette Brandhorst
Werner Döttinger, München
Josef W. Froehlich, Stuttgart
Museum van Hedendaagse Kunst, Gent
Karsten Greve, Köln / Paris
Museum Schloß Moyland, Sammlung van der Grinten
Sammlung Ingrid und Willi Kemp
Städtische Galerie im Lenbachhaus, München
Sammlung Murken
Private Collection, Courtesy Anthony d'Offay Gallery, London
Ludwig Rinn
Inge Rodenstock, München
Lothar Schirmer, München
Galerie Schmela, Düsseldorf
Monika Schmela, Düsseldorf
Sammlung Dr. Speck, Köln
Sammlung Ulbricht, Düsseldorf
Staatliche Museen Preußischer Kulturbesitz, Kupferstichkabinett, Berlin

sowie verschiedene private Leihgeber, die namentlich nicht genannt werden möchten

Dank

Mein herzlicher Dank gilt allen, die bei der Verwirklichung von Ausstellung und Katalog behilflich waren und mich mit Rat und Tat unterstützt haben. Das gilt insbesondere für Eva, Jessyka und Wenzel Beuys, die sich nicht nur bei der Vermittlung etlicher Leihgaben einsetzten, sondern mir auch im Laufe der letzten Monate viele Fragen beantworteten. In diesem Zusammenhang sind ferner Heiner Bastian, Josef W. Froehlich, Bernd Klüser, Günter Ulbricht, Franz Joseph und Hans van der Grinten hervorzuheben, da ohne ihre genaue Kenntnis des Œuvres von Joseph Beuys und ihr Engagement das Vorhaben in dieser Form nicht hätte realisiert werden können. Auch allen anderen Leihgebern, die sich für Wochen von ihren Werken getrennt haben, fühle ich mich sehr verpflichtet. Für mannigfache Anregungen, Informationen und Hilfen danke ich überdies Lucio Amelio, Christoph Brockhaus, Udo Brandhorst, Konrad Fischer, Ulrike Gauss, Elisabeth und Georg Jappe, Hans Mayer, Axel Hinrich Murken, Anthony d'Offay, Ludwig Rinn, Lothar Schirmer, Jochen Schmidt, Uwe M. Schneede, Katharina Sieverding, Reiner Speck, Klaus Staeck, Dierk Stemmler, Gerhard Storck, Johannes Stüttgen, Franz-Joachim Verspohl, Hildegard Weber, Stephan von Wiese und den vielen anderen, die nicht namentlich erwähnt werden wollten.

Walter Klein nahm viele Objekte von Beuys neu auf. Ihm, aber auch den anderen, die Vorlagen zur Verfügung stellten, danke ich, vor allem jedoch Ute Klophaus, die uns nicht nur verschiedene ihrer Aufnahmen für die Publikation überließ, sondern darüber hinaus (gleichsam als Vorspann zur eigentlichen Retrospektive, freilich durchaus eigenständig) einen Ausschnitt ihrer umfassenden Arbeit »Aktionsphotographie zu Joseph Beuys« zeigt.

Ohne den großen Einsatz meiner Kolleginnen und Kollegen von der Kunstsammlung Nordrhein-Westfalen hätte die Realisierung des Projekts nicht gelingen können. Mit seinem Team hat Theodor Janisch wie gewohnt umsichtig die dafür notwendigen Voraussetzungen geschaffen, während die Ausstellungsabteilung des Museums unter der Leitung von Ulrich Krempel mit Verantwortungsbewußtsein und Tatkraft die Organisation und Durchführung der Retrospektive übernahm. Hier ist neben Gudrun Harms, Dorothee Jansen, Birgid Pudney-Schmidt und ihren jeweiligen Mitarbeiterinnen und Mitarbeitern auch Renata Sharp zu nennen.

Für die Redaktion des Kataloges zeichnet Ulrich Krempel in Zusammenarbeit mit Sabine Fabo verantwortlich, die im übrigen auch den dokumentarischen Anhang des Kataloges erarbeitete. Beiden möchte ich ebenso nachdrücklich danken wie Lothar Schirmer, ferner den Abteilungen Herstellung und Lektorat des Schirmer / Mosel Verlags, wobei ich hier insbesondere Birgit Mayer hervorheben will.

Ohne die großzügige materielle Hilfe der Stiftung Kunst und Kultur des Landes Nordrhein-Westfalen hätte die Ausstellung aus Anlaß des 70. Geburtstages von Joseph Beuys, der auf den 12. Mai dieses Jahres gefallen wäre, nicht in dieser Form gezeigt werden können. Dem Ministerpräsidenten des Landes Nordrhein-Westfalen, Herrn Johannes Rau, als dem Vorsitzenden der Stiftung Kunst und Kultur, gilt daher mein ganz besonderer Dank.

Armin Zweite

Vorwort

Nach der Eskalation von Harrisburg zu Tschernobyl bzw. von den Havarien einzelner Riesentanker zu den Feuerstürmen am Persischen Golf läßt sich mit Peter Sloterdijk feststellen, daß das Katastrophale eine Kategorie geworden ist, die nicht mehr zur Vision, sondern zur Wahrnehmung gehört. Sie hat schon seit längerem ihren sprachlichen Ort nicht in apokalyptischen Texten, sondern in den Tagesnachrichten. Diese sich zuspitzende Problematik, die in letzter Konsequenz auf die Auslöschung aller lebendigen Natur hinauszulaufen droht, hat Joseph Beuys immer wieder reflektiert, sowohl in seinen künstlerischen Arbeiten als auch in seinem gesellschaftspolitischen Engagement. Mit solcher Feststellung war der Leitfaden für die Werkauswahl dieser Ausstellung gegeben, die zeigt, wie Beuys in seiner strikten Ablehnung aller zweckrationalen, nur auf Ausbeutung gerichteten Vernunft die Natur unter dem Signum von Poiesis fassen möchte, Poiesis verstanden als Hervorbringen und Geschehnis der Wahrheit und nicht als pures Machen. Spätestens seit seiner Loslösung von der Fluxus-Bewegung, d. h. seit Ende der sechziger Jahre war dem Künstler bewußt, daß die sozioökologische Krise eine Erkenntniskrise ist. Zwar sind seine vielschichtigen Werke nicht im mindesten auf nur einen Gedanken festlegbar, aber man gewinnt rückblickend den Eindruck, daß ihm die diagnostischen Impulse, so indirekt sie sich auch manifestieren mögen, wichtig waren. Beuys hat jedoch Kunst ausdrücklich als Therapie verstanden, deren Wirksamkeit allerdings an teilweise diskutierbare und nicht ohne weiteres nachvollziehbare Voraussetzungen geknüpft. Zwar basiert die Lernfähigkeit des Individuums nicht nur auf seiner Einsicht, sondern auch auf seiner Leidenserfahrung, ganz nach dem Motto, daß man aus Schaden klug werde.

Was aber für den einzelnen zutreffen mag, gilt ganz offenbar nicht für die Gattung. Die Menschheit scheint vielmehr a priori lernbehindert, weil sie eben kein Subjekt hat. Angesichts solcher Überlegungen muß man sich daher fragen, ob die Beuys'sche Utopie »Jeder Mensch ein Künstler« nicht spätestens bei der Übertragung des realisierten Einzelfalles auf größere Gruppen von Bürgern bzw. auf die Gesamtgesellschaft scheitert. Erschwerend kommt hinzu, was Günther Anders als »prometheische Differenz« bezeichnete, der Umstand nämlich, daß das Volumen des Machens und Denkens ad libitum ausdehnbar ist, während die Ausdehnbarkeit des Vorstellens ungleich geringer bleibt und die des Fühlens im Vergleich damit geradezu starr erscheint. Derartige Überlegungen bedeuten indessen nicht, daß es keine Alternativen zur immer rascheren Zerstörung unserer Lebensgrundlagen gibt. Verbindliche Lösungen im Sinne von Beuys bleiben allerdings schwer vorstellbar, wenn man sich seine Überzeugungen vergegenwärtigt. So war er der Ansicht, daß sich bereits aus Begriffen verbindliche Verhaltensmaßstäbe ableiten lassen, daß alle politischen Fragen letztlich ästhetische sind, daß sich individuelle Einsichten in soziale Institutionen und technische Systeme einbauen lassen. Auf die seit Kant virulente Frage, wie sich richtige Welterkenntnis in Anleitungen zum richtigen Leben ausmünzen lasse, hat auch Beuys, so müssen wir einräumen, keine bündige Antwort gegeben. Er reiht sich damit in die Phalanx all jener ein, die auf der Suche nach alternativen Lebenspraktiken Lösungen vorgeschlagen haben, die sich an der Realität entweder gar nicht oder nur partiell bewähren konnten. Daß damit sein künstlerisch-diagnostisches Œuvre nicht in Frage gestellt ist, versteht sich von selbst.

Wenn man so will, liegt daher dieser Ausstellung die These zugrunde, daß das Erbe von Joseph Beuys vor allem in seinen Zeichnungen, Aquarellen, Objekten, Plastiken und Räumen bewahrt ist und weniger in seinen verbalen Äußerungen, die vieles Richtige prägnant zum Ausdruck bringen, manchmal jedoch das Plädoyer für eine Ganzheitswahrnehmung der Natur auf Begriffe fundieren, die in seiner Terminologie einen so weiten Bedeutungshorizont haben, daß alle notwendigen Differenzierungen sich einebnen. Das ebenso engagierte wie synkretistische Denken von Beuys ist freilich in seinen Totalitätsansprüchen nicht einfach als obsolet abzutun, wie das bis heute immer wieder geschieht, es bleibt vielmehr die entscheidende Voraussetzung seines bildnerischen Tuns, wobei das Substrat der Werke den verbal artikulierten Ideenhorizont transzendiert und im Medium der bildenden Kunst Erfahrungen manifest werden läßt, die rational nicht zu fassen sind. Mit anderen Worten: Beuys als Redner und politisch engagierter Mitmensch bleibt eine wichtige und authentische, aber auch zeitgebundene und inzwischen historisch gewordene Gestalt, die, ausgestattet mit einem großen Charisma, nicht zuletzt im Umfeld der Bürgerinitiativen eine stimulierende Wirkung hatte und hat. Als Künstler, und zwar in dem engen Sinn dieses Jahrhunderts, ragt er ganz offensichtlich weit über seine

Zeit hinaus, insofern die Werke fruchtbar bleiben aufgrund ihrer ästhetischen Eigenwertigkeit. Im übertragenen Sinne haben wir es mit einem »Doppelleben« zu tun. Gottfried Benn paraphrasierend, ließe sich überspitzt sagen, daß zwischen dem Plastiker Beuys und dem Redner Beuys ein fundamentaler Unterschied liegt. Diese Ausstellung konzentriert sich nur auf die eine Seite, doch ist zu betonen, daß das weit ausgreifende, verflüssigte Denken, das aufgeklärtes Ideengut mit romantischen Vorstellungen, Alchimistisches und Anthroposophisches vermischt und alle Dialektik in Metamorphosen auflöst, daß ein solches auf Totalität zielendes Denken die entscheidende Basis abgibt, aus der die Werke von Beuys ihre immense Kraft ziehen, von der sie sich aber lösen und ein Eigenleben behaupten. Das alles läuft nicht auf eine Entpolitisierung seines Schaffens hinaus, wohl aber auf eine Schwerpunktverlagerung in der Einschätzung seines Œuvres.

Mittelbar oder unmittelbar geht es Beuys in seiner Arbeit um die Natur und den Menschen. Bildnerisch spiegelt sich das in den Antagonismen von Materie und Form, von Stoff und Gestalt, von Chaos und Ratio. Zugegeben ein weiter Rahmen, den die versammelten Werke dieser Ausstellung anschaulich ausfüllen und immer wieder sprengen.

Armin Zweite

Armin Zweite

Natur   Materie   Form

I.
Die plastische Theorie von Joseph Beuys
und das Reservoir seiner Themen

II.
Vom »dernier espace …« zum »Palazzo Regale«
Die letzten Räume von Joseph Beuys

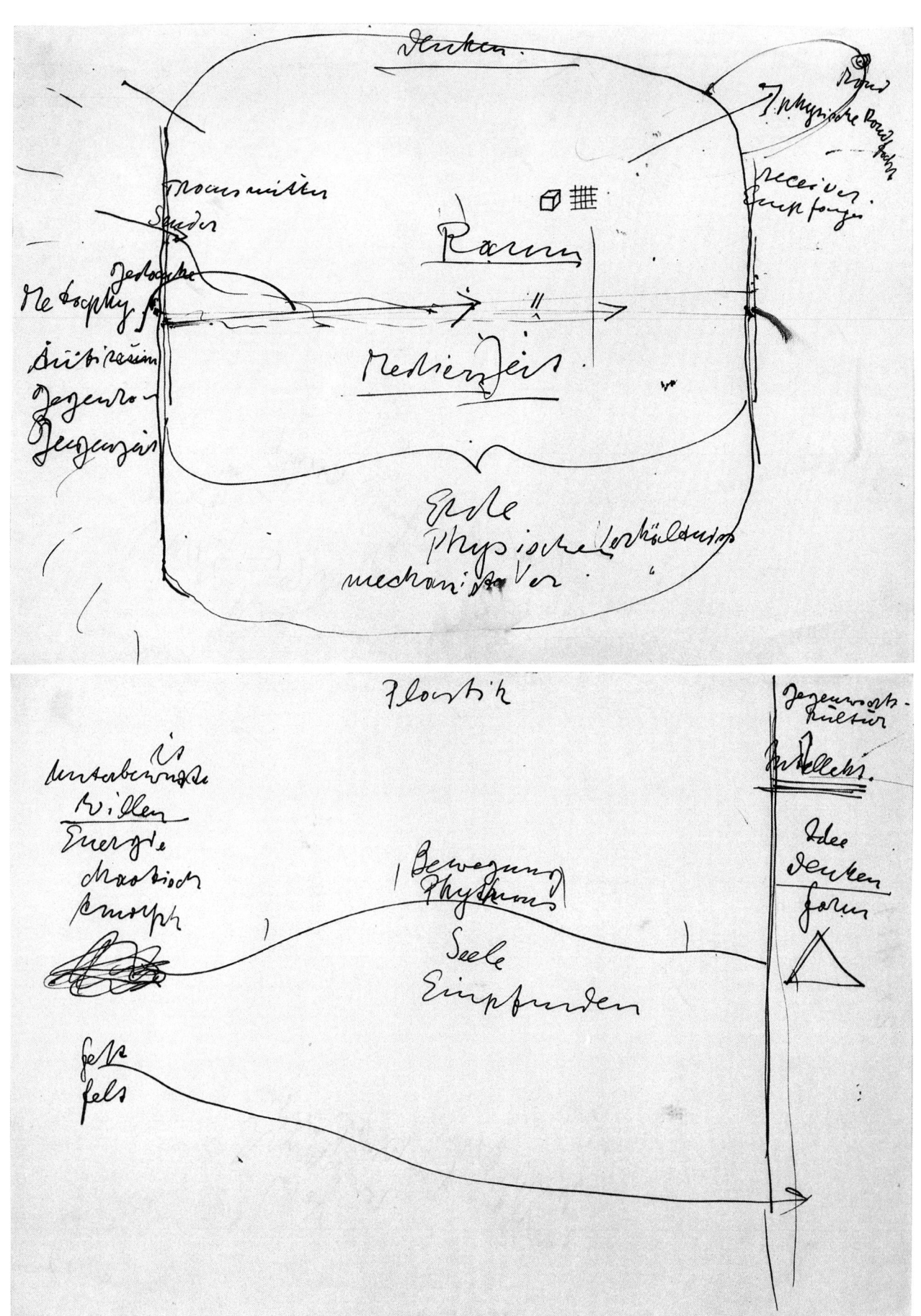

1 *Partitur für Dieter Koepplin,* 1969, Privatsammlung München

I.
Die plastische Theorie von Joseph Beuys
und das Reservoir seiner Themen

In einem Gespräch, das Joseph Beuys im Oktober 1985 in Basel mit Enzo Cucchi, Anselm Kiefer und Jannis Kounellis führte, erläuterte er unter anderem noch einmal seine plastische Theorie, wie er sie seit den sechziger Jahren wiederholt vorgebracht hatte: »Ich habe versucht, den Begriff Plastik in drei simple Dinge aufzuteilen. Aber das begrenzt sich nur auf physisch sichtbare Gegenstände. Dasselbe gilt auch für die unsichtbaren Plastiken. Eine unbestimmte *Energie* wird über das Moment der *Bewegung* in eine bestimmte *Form* gebracht, das ist ein Prozeß. Es ist ein einfaches Gesetz: Ich greife in ein unbestimmtes *Material*, Fett oder Ton, und durch eine bestimmte Bewegung bringe ich das in eine *Form*. Es ist auch wichtig, daß man diese Form in eine unbestimmte Form zurückführen kann. Unter Umständen versperrt mir der Gegenstand im nächsten Jahrhundert die Landschaft...«[1]

Drei Aspekte erscheinen wesentlich: die begriffliche Abfolge von Energie bzw. Material über Bewegung zu Form; die Unterscheidung von sichtbaren und unsichtbaren Plastiken; die Überlegung, die bestimmte Form (einer Plastik) wieder in eine unbestimmte Form (ihres Materials) zurückzuführen, um nicht das Erbe späterer Generationen zu belasten.

Bleiben wir zunächst beim letzten Punkt, so hat man es im Kern mit einer Art »Kunstentsorgungsprojekt« zu tun, wie das Beuys selbst mit seiner *7000 Eichen*-Aktion beispielhaft vor Augen führen konnte. Darauf wird im einzelnen später zurückzukommen sein.

Die anderen beiden Gesichtspunkte sind wichtiger und stehen in Verbindung mit zentralen Gedanken des Künstlers zu seiner Arbeit, so daß wir sie im folgenden stichwortartig erläutern wollen.

Das Unsichtbare

Die Differenzierung zwischen sichtbaren und unsichtbaren Werken beruht im Kern auf der Annahme – die Beuys in der für ihn typischen Ausprägung der Anthroposophie verdankt –, es gäbe eine sichtbare und eine unsichtbare Welt. »... ich muß sagen«, gab er 1979 in einem Interview zu verstehen, »es gibt eine sichtbare und es gibt eine unsichtbare Welt. Zur unsichtbaren Welt gehören die nicht wahrnehmbaren Kraftzusammenhänge, Formzusammenhänge und Energieabläufe; gehört auch das, was man gewöhnlich das Innere des Menschen nennt.«[2] An anderer Stelle spricht Beuys von »Gegenraum«, »Überzeit« und dem »Leben nach dem Tod«.[3]

Wie man immer wieder betont hat, war Rudolf Steiner (1861–1925) zeitlebens eine der Leitfiguren des Künstlers. Beuys selbst wies mehrfach auf diese Zusammenhänge hin.[4] Auch die Unterscheidung zwischen sichtbarer und unsichtbarer Welt orientiert sich an Steiner, der in seiner dezidiert antimaterialistischen und antipositivistischen Einstellung davon ausging, »in die äußere Welt auch dasjenige hineinzutragen, was wir im Innern entwickeln«. »Niemand wird in der Zukunft ein Praktiker oder ein wirklichkeitsgemäßer Geist sein,« so Steiner, »der es verschmäht, im Innern sich durch Geisteswissenschaft so zu erziehen, wie man durch die äußere Welt heute nicht erzogen wer-

13

den kann.«[5] Letztlich ging es Steiner – und bis zu einem gewissen Grade auch dem späten Joseph Beuys – darum, eine »spirituelle Weltanschauung« zu entwickeln, die die wahre Natur des Menschen offenbart, und zwar so, »daß sie uns nun nicht etwa ein abstraktes Seelisch-Geistiges enthüllt, sondern ein konkretes Seelisch-Geistiges, das in alle einzelnen Glieder der menschlichen Organisation hineinzuarbeiten vermag.«[6] Das Bemühen des Künstlers, die Zusammenhänge zwischen dem Ideellen und dem Praktischen so zu bestimmen, daß sich aus Begriffen bereits Verhaltensmaßstäbe ableiten lassen, und sein ständiger Versuch, umgekehrt alle politischen Fragen als ästhetische zu behandeln, haben hier eine ihrer Wurzeln. Solche Verbindungen mit der Anthroposophie[7], aber auch sein viele Fragen aufwerfendes bildnerisches Verfahren und sein häufig als Skandal empfundenes öffentliches Auftreten haben ihm immer wieder den Vorwurf der Sektiererei eingetragen, den man z. T. darin begründet fand, in partei- bzw. hochschulähnlichen Organisationen einen abstrakt-universellen Humanismus und eine privat-obsessive ästhetische Praxis zu verschmelzen.[8]

Auch wenn eine solche Diskussion hier nicht weitergeführt werden kann, es bleibt in der Tat merkwürdig, wie Beuys den künstlerischen Vorgang gelegentlich in Parenthese zum homöopathischen setzt, den er dahingehend beschreibt, »daß man den physischen Anteil Stofflichkeit ganz eliminiert und nur das Formprinzip übrig behält... Die Kraftidee bleibt darin enthalten, das Formprinzip bleibt darin enthalten, aber alle physischen Bestandteile werden so stark verdünnt, daß sie wirklich nicht mehr drin sind in der Substanz.«[9] Eine solche Gedankenfigur findet sich vergleichbar bei Steiner, der sich »verleiblichte Gedanken« ausmalt, die von Substanz durchdrungen wären, die sich aber als Bilder aus der Substanz aussondern würden.[10] Auch wenn Beuys in Anbetracht seiner Zeichnungen von »unsichtbaren Kräften« bzw. »unsichtbaren Formen« spricht[11], ist es ihm als Plastiker andererseits selbstverständlich, daß sich das »Unsichtbare« im »Sichtbaren« verkörpern muß, damit ein Werk überhaupt Gestalt gewinnen kann. »Für mich wurde es zu einer Voraussetzung für das Werden einer Skulptur, daß zuerst eine *innere Form* im Denken und Erkennen zustande käme und diese dann ausgesprochen werden könne in der Prägung des *materiellen Stoffes*...«[12] Wenn Beuys weiterhin von seinen Zeichnungen als von »Denkformen« spricht[13], ist man unmittelbar an einen Klassiker der theosophischen Literatur erinnert, Annie Besants und C. W. Leadbeaters 1908 erstmals auf deutsch erschienenes Buch *Gedankenformen*.

Immer wieder betont Beuys den Vorrang des Unsichtbaren, das er häufig mit dem Ideellen identifiziert. »...wir müssen ... die Formen des Denkens, also die inneren Formen des Denkens, als die Voraussetzungen für alle weiteren Verkörperungen ansehen. Aus diesem Grunde sehe ich mich veranlaßt zu sagen, daß das Denken des Menschen selbst schon eine Skulptur ist und daß es darauf ankommt, ob dieses Denken eine Form bekommt, damit sie auch in der pyhsischen Welt eine Form verkörpern kann.«[14] Den skulpturalen Vorgang versteht Beuys als ein Abdruckverfahren, als ein »Hineindrücken einer Tat in die Materie«[15] und da, seiner Auffassung nach, »Denken Tat ist«[16], ist das »Denken bereits ein skulpturaler Prozeß«[17]. Der absolute Vorrang des Ideellen könnte nicht deutlicher ausgesprochen werden, und das überrascht bei einem Künstler, dessen Werke nicht zuletzt durch ihre starke sinnliche Präsenz überzeugen. Hatte Heinrich Mann noch vor dem Ersten Weltkrieg in seinem überaus einflußreichen Essay die Dichotomie von »Geist und Tat« pointiert herausgestellt, so ist bei Beuys zumindest in diesem Punkt alle Aufklärung vergessen, wenn er bereits das Denken als Tat firmieren läßt.

Motive, Formen, Materialien eines Kunstwerks, soviel läßt sich schon jetzt sagen, sind für Beuys vor allem Manifestationen eines Unsichtbaren, das er mit dem Begriff, dem Denken, ja ganz allgemein mit Geist identifiziert. Alles und jedes lädt sich mit Bedeutung auf, ist Reflex von etwas Höherem. So ist auch der Mensch nur »eine Bodenstation für etwas viel Größeres«[18], und Kunstwerke versteht er als »sichtbare Erdstationen, ... die etwas aus sich entlassen, was metaphysischen, spirituellen Charakter hat«[19].

Warum aber Beuys als bildender Künstler sich immer wieder verbal artikulierte und nicht müde wurde, seine Überzeugungen zu wiederholen, sie dabei oftmals nur geringfügig variierte, so daß man einer Publikation aller seiner Interviews und Reden – so wichtig das auch wäre – mit Skepsis entgegensieht, hängt in erster Linie damit zusammen, daß er die von ihm benutzten Begriffe nicht so sehr als Erkenntniselemente, sondern vielmehr als reale Kräfte versteht, die auf die Seele einwirken sollen. Auf eine solche Verknüpfung von Seelenerlebnis und Begriff kam es auch Steiner an, wenn er die Technik der »Seelenübung« beschreibt.[20] Hinzu kommt, daß Beuys nicht nur zwischen sichtbarem und unsichtbarem Werk unterscheidet, sondern daß er mit dieser Differenzierung oft, wenn auch nicht durchgängig, eine Wertung verbindet, insofern der Begriff, das Denken, als etwas Höheres angesehen wird, als etwas, das den intellektuellen Horizont des Individuums, auch den des Künstlers selbst, transzendiert. Es sind Derivate der romantischen Kunstphilosophie, auf die Beuys zurückgreift, wenn er sich als Künstler als nur ausführendes Organ einer höheren Absicht begreift. »Also ich sage nie: Ich erkläre das Ding für fertig, sondern ich warte darauf, bis der Gegenstand sich meldet und sagt: Ich bin fertig... Ich versuche das zu verwirklichen, was die Intention verwirklichen will...«[21] Und an einer anderen Stelle äußerte er: »... der Gegenstand muß sich erst mal gemeldet haben... Wenn sich keiner meldet, dann zeichne ich nicht...«[22]

Es bleibt festzuhalten, daß Beuys mit allen diesen Äußerungen, die auf den Unterschied zwischen sichtbar und unsichtbar abheben, die semiotische Wende der Moderne nicht nachvollzieht, die dort unterstellte Identität des Zeichens mit dem Bezeichneten unterläuft, daß er die Eigenwertigkeit von Formen, Farben und Materialien – ein Charakteristikum der Moderne – in Abrede stellt, daß er letztlich auch alle Differenzierungen und Spezialisierungen zwar als derzeit notwendig ansieht, aber doch auf ihre Überwindung hinarbeitet. Kunst wird für ihn zum Mittel, »die Isolation [des Menschen] zu durchbrechen und die Wahrheit der Gesamtzusammenhänge zu finden. Aus dem Tiefpunkt, wo ihm [dem Menschen] alle spirituellen Na-

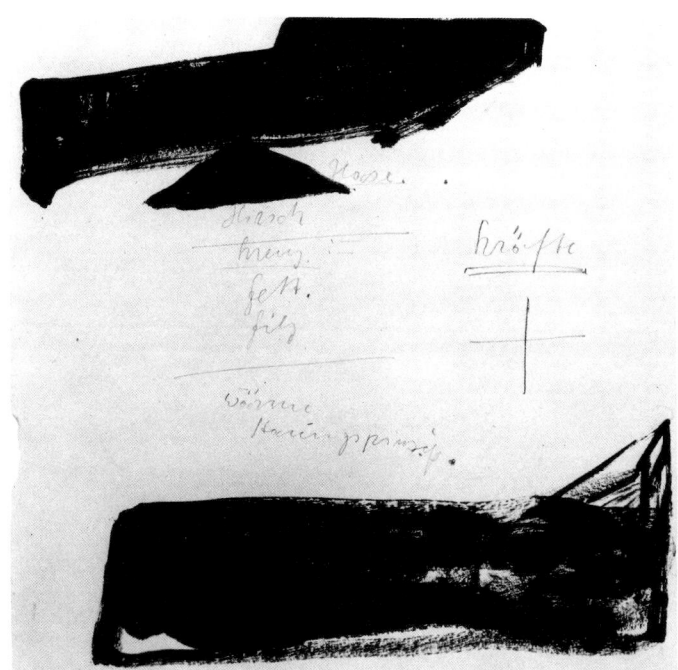

2 *Partitur zu Eurasia*, 1965, Privatsammlung

belschnüre abgeschnitten sind, muß er sich und kann er sich wieder erheben.«[23] Kunst ist dabei kein Mittel zum Zweck, sondern nur in ihr ist zu erreichen, was Beuys vorschwebt. Dieser Totalitätsanspruch, der sich mit einer Erlösungsmetaphorik verquickt, würde manche Äußerungen von Beuys als nur noch obsolet erscheinen lassen, wenn nicht immer wieder Witz und Ironie den erhabenen Anspruch konterkarieren würden, wenn nicht immer wieder pointierte Zeichnungen und Plastiken wie eine radikale Kritik an manchen Aspekten der hier skizzierten Vorstellungen erscheinen würden. Es sind diese Widersprüche zwischen verbal artikulierten Ansätzen einer aufs Politische zielenden Therapie und einem bildnerischen Schaffen von gleichsam diagnostischem Charakter, die sein Œuvre fruchtbar machen, die zu produktiver Auseinandersetzung herausfordern, die Zustimmung und Ablehnung provozieren können, die aber eines verbieten: unkritische Adoration. Das gilt auch für den Kern seiner plastischen Theorie, der wir uns jetzt zuwenden wollen.

Plastik

Wie das Eingangszitat erkennen läßt, bringt Beuys die Begriffe Energie, Bewegung und Form in unmittelbaren Zusammenhang. Anschaulich gemacht hat er das in vielen Diagrammen, von denen wir eines zur Illustration heranziehen (Abb. 1). Diese *Partitur für Dieter Koepplin* entstand 1969 und besteht aus zwei übereinander montierten Blättern, von denen das untere mit »Plastik« überschrieben ist. Hier findet man die bereits erwähnten Begriffe, ergänzt durch andere. So wird »Energie« links folgendermaßen erläutert: »Unterbewußtes, Willen, chaotisch, amorph«. Ein darunter gesetztes Linienknäuel soll das Gemeinte anschaulich machen. Der zentrale Begriff »Bewegung« wird durch »Rhythmus, Seele, Empfinden« unterbaut, und zwar an einer Stelle, wo der sanfte Linienschwung, der von dem Strichgemenge links seinen Ausgang nimmt, den höchsten Punkt erreicht hat, bevor er, nach rechts weiterführend, auf eine harte und verdoppelte Senkrechte trifft, wo die »Form« sich über das »Denken« zur »Idee« aufschwingt, wobei diese Sphäre durch ein Dreieck repräsentiert ist. Zwei Begriffe hat Beuys unterstrichen: »Willen« (links) und »Denken« (rechts), so noch einmal den Gegensatz von »Kultur« und »Intellekt« betonend (rechts oben). In einer unteren Zone, so zeigt das Diagramm, vollzieht sich die Parallelbewegung in der Materie, hier angedeutet durch die Worte »Fett« und »felt« (Filz).

In anderen Äußerungen hat Beuys diese Begriffsfelder noch erweitert. So stellte er dem Amorphen das Kristalline gegenüber[24], assoziierte das Chaos mit Sulfur (Schwefel), die Bewegung mit Mercurius (Quecksilber) und die Form mit Sal[25] ganz im Sinne von Paracelsus (gest. 1541), der jedes Ding der Welt als »alchymisches corpus« auffaßte, zerlegbar in Mercurius, Sulfur und Sal (Salz). Gelegentlich betonte Beuys auch die Polarität von Nichtkomposition und Komposition[26]. Vor allem jedoch identifizierte er das Chaos mit Wärme und evolutionärer Kraft, die Form aber mit Kälte und intellektueller Schärfe[27], wobei er Wärme nicht als erhöhte Temperatur verstanden wissen wollte, sondern als »geistige oder evolutionäre Wärme«[28]. Hier wirkt offenbar wiederum Steiner nach[29], ebenso aber auch Tommaso Campanella (1568–1639), der alle Veränderungen aus dem dialektischen Gegensatz von warm und kalt als Grund der dynamischen Selbstbewegung der Materie erklärt[30]. Wärme – für seine bildnerische Theorie und Praxis zweifellos ein zentraler Begriff – begreift Beuys als Evolutionsprinzip, das überhaupt erst Materie erzeugt.[31] Teilweise erläutert das auch eine *Partitur zu Eurasia* von 1965 (Abb. 2). Zwischen einem Block brauner Farbe, der einen halbtransparenten Keil aus sich entläßt, und einem weiteren auf einem gleichschenkligen Dreieck notierte Beuys in flüssigem Duktus, unterbrochen von waagerechten Linien, einige Begriffe: unten »Wärme, Stauungsprinzip«, im Zentrum »Kreuz, Fett, Filz« und oben dann, unter bzw. neben dem Dreieck, »Hirsch« und »Hase«. Es handelt sich um ein Diagramm der »Kräfte«, wobei hier als Basis jene »Wärme« ausgewiesen wird, die über die Materie, exemplarisch durch »Filz, Fett« angedeutet, und das »Kreuz« in die zoomorphe Natur wirkt.

Das alles scheint nur dann halbwegs plausibel und nachvollziehbar, wenn man sich ganz und gar auf die sehr spezifische Ikonographie des Künstlers einzulassen bereit ist. Ohne Erläuterung seines Verständnisses der erwähnten Tiere wäre die Partitur nichts weiter als eine Ansammlung von Zufälligkeiten. Hier immerhin soviel: der Hase, so Beuys, gräbt sich in die Erde ein, er »inkarniert sich in die Erde hinein« und macht in übertragenem Sinne genau das, was der Mensch mit seinem Denken leistet: sich an der Materie zu reiben, sich mit der Materie auseinanderzusetzen, sie zu analysieren usw.[32] Der Hirsch gilt Beuys als »Christusfigur selbst«[33], daher an dieser Stelle auch das Kreuz

als Schnittpunkt horizontaler und vertikaler Linien. Beuys nennt Christus den »Erfinder der Dampfmaschine«, d. h. seiner Auffassung nach begann Christus alle hierarchischen Strukturen aufzulösen, was letztlich die Möglichkeit eröffnete, die Welt zu erforschen und wissenschaftlich zu erfassen.[34] Das alles zielt offenbar im Sinne Steiners auf eine »Geisteswissenschaft« ab, die eine Symbiose aus »naturwissenschaftlicher Betrachtung und Christologie« darstellt.[35] Aber damit nicht genug. Der Hirsch ist bei Beuys zumeist tot, weil er »Techniken mit Reduktionscharakter, künstlichen Methoden« unterworfen wird.[36] Doch dieses tote Tier – so der Künstler – wird, ähnlich wie Christus, wiederauferstehen, nicht zuletzt auch deshalb, weil er in seinem Geweih die »Emanation des Adernnetzes, des hormonellen Geschehens, der Nervenverzweigung in seinem 12-monatlichen Geweihzyklus durch das Jahr trägt.«[37] Derartige Assoziationen vermag man nur mit ungläubigem Staunen zur Kenntnis zu nehmen, wohl wissend, daß es für einen Synkretismus dieser Art keine Begründung gibt.

So signalisiert ein solches Bild aus Worten, Graphismen und zwei wie Puffer an die Blattränder plazierten Farbmassen, wie alles ineinanderschwimmt, wie die Bedeutungsfelder der Begriffe und Dingbezeichnungen substanzlos werden, so daß sich arbiträre Assoziationsketten ausbilden lassen, die sich, nimmt man die semantischen Attributionen ernst, zu einer Phantasmagorie, zu einer bizarren poetischen Imagination verdichten, während die formale Struktur eine große Leichtigkeit und Transparenz bewahrt. Es ist dieser Widerspruch zwischen einer nach außen gewendeten Strukturklarheit und einem völlig nach innen gerichteten, geradezu hermetischen Konstrukt aus inkommensurablen Vorstellungen – teils christlicher, teils philosophischer und naturwissenschaftlicher oder besser alchimistischer Provenienz – und Selbstverständlichkeiten, der jede Auseinandersetzung auf rationaler Basis so erschwert.

Ähnliche Beobachtungen erlaubt ein weiteres Diagramm von 1971 (Abb. 3), insofern hier die »Christus« folgende Linie in der Entwicklung der menschlichen »Fähigkeiten« weniger weit reicht als die des »Wissenschaftsbegriffs«. Ziel beider Stränge ist Wärme bzw. »Liebe«. Im Zentrum des Blattes verweisen »Fett« und »Filz« auf das materielle Substrat, während Beuys in der unteren Partie zeigt, wie das auf »Empfinden«, »Denken« und »freiem Denken« fußende »Selbstbewußtsein« den Kreis des begrenzten Fragenhorizonts durchbricht.

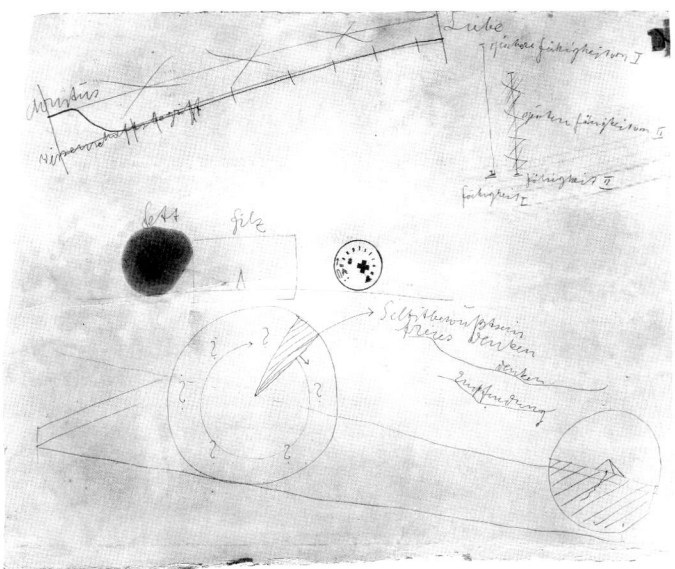

3 *Partitur ohne Titel*, 1971, Privatsammlung.

Auch in diesem Fall entwickelt Beuys seine plastische Theorie als graphisches Gebilde (»auch wenn ich meinen Namen schreibe, zeichne ich«) und lädt sie durch die Begrifflichkeit gleichsam zu einem pseudo-erkenntnistheoretischen Modell auf, das sich einer diskursiven Argumentationsbasis weitgehend entzieht. So geht es zwar auch hier um die Veranschaulichung »plastischer Zusammenhänge« und die Darstellung des »Wärmecharakters im schöpferischen Bereich«, doch ist das nur synästhetisch erfahrbar. »Deswegen ist es wichtig, daß man auch Bilder hört und Skulpturen mit den Ohren wahrnimmt usw. Also muß man eine viel innerere, tieferliegendere Maschinerie in Gang setzen, die dieses Wärmemäßige erzeugt, evolutionäre Wärme erzeugt, die den Menschen fähig macht, zu einem Wesen voranbringt, das die Evolution trägt...«[38]

Denken

Wird Wärme mit Leben und Evolution zusammengedacht, so die Kälte, die Form und eine spezifische Art des Denkens mit dem Tod. »... der Mensch interessiert sich für den Tod, d. h. für den Geist, die Form«[39], äußert er 1973 in einem Gespräch, während er an anderer Stelle den auf manchen Diagrammen vorkommenden Quader als Glassarg interpretiert und damit als »Zeichen für Denken«. »Das Koordinatensystem«, so fährt Beuys fort, »ist auch ein Glassarg. Und das Denken ist auch eine Sache. Man kann das Denken erst denken, wenn man den Tod erreicht hat und

das ist der Sinn ... Ich meine jetzt Tod als einen Begriff, der mit dem Denken verbunden ist. Intellektuell zu denken, analytisch denken zu können, eine Sache auseinandernehmen, zu sezieren, chirurgische Arbeit leisten zu können, ist nur denkbar auf Grund einer Todesmoral, die die Dinge als Materie zu handhaben versteht...«[40]

Die obere Hälfte der *Partitur für Dieter Koepplin* (vgl. Abb. 1) reflektiert derartige Vorstellungen, die das Denken mit instrumenteller Vernunft gleichsetzen. Das »Denken«, so ließe sich die Illustration verstehen, ist definiert durch die kategorialen Bestimmungen von »Raum« und »Zeit«, unter denen die »Erde« in ihren »physischen« und »mechanischen Verhältnissen« als eine geschlossene Sphäre erfaßt wird. In sie dringen aus dem umgebenden »Antiraum« bzw. »Gegenraum« und der »Gegenzeit« »metaphysische Gedanken«, für die es einen »Sender« oder »transmitter« und einen »Empfänger« bzw. »receiver« gibt. Die »physische Mondfahrt« erweitert das Terrain der Erde, ohne es zu transzendieren.

Das von Beuys hier entwickelte Modell, auf das er in leichten Abwandlungen immer wieder zurückkommen sollte, ist ein Surrogat aus dem deutschen Idealismus. Geleitet von der metaphysischen Sehnsucht nach der Heimkehr ins Vertraute, konzipierte man bald nach 1800 einen Vernunftsbegriff, der alle Bereiche der menschlichen Erfahrung umfassen sollte. Bekanntlich hatte der Kantsche Dualismus zur Auflösung eines einheitlichen Wahrheitsbegriffs geführt, wie er in der herkömmlichen Metaphysik noch gegeben war. »Gegenraum«, »Gegenzeit«, »metaphysische Gedanken« sind die Signale eines Protestes gegen die Kategorien der reinen Anschauung als den Bedingungen der Möglichkeit von Erfahrung. Sie richten sich gegen eine Vernunft, die nur auf empirische Erkenntnis abzielt und den Menschen als moralisch-sittliches Wesen in ein von Naturgesetzen bestimmtes Objekt zu verwandeln droht. So verstanden, bewegt sich Beuys hier auf einer Ebene mit Schelling und Fichte.[41]

Besonders als er der Fluxus-Bewegung nahestand, d. h. um die Mitte der sechziger Jahre, kombiniert Beuys solche Vorstellungen mit Hinweisen auf die theoretische Physik. So heißt es in dem Text seiner Aktion *und in uns ... unter uns ... landunter* innerhalb des Gemeinschaftshappenings *24 Stunden* in der Wuppertaler Galerie Parnaß (5. Juni 1965): »Die Formeln von Planck und Einstein bedurften dringend der Erweiterung, da sie ohne diese auch nur Raumhyper-

Krümmer des Raumes: der Mensch (h)
Krümmer der Zeit: der Mensch (h)
Generator
Erzeuger der Zeit: der Mensch (h)
Erzeuger der Überzeit: der Mensch (h)
Generator
Generator
Erzeuger des Raumes: der Mensch (h)
Erzeuger des Gegenraumes:
Generator [der Mensch (h)
Erzeuger der Substanz: der Mensch (h)
Kontingenz = der Mensch (h)
Koordinate = Mensch (h)
Impuls = der Mensch (h)
Feld = Mensch (h)
Quantelung = der Mensch (h)
Ursache = der Mensch (h)
$\left(\dfrac{\text{Quantum}}{\text{Wirkung}}\right)$ = der Mensch (h)
Energie = der Mensch (h)
Materie = der Mensch (h)
Kausalität = der Mensch (h)
Komplementarität = der Mensch (h)
Determiniertheit = der Mensch (h)
Undeterminiertheit = der Mensch (h)
Dimension = der Mensch (h)
Erscheinungen = der Mensch (h)
Nichterscheinungen = der Mensch (h)
Erzeuger
der Wahrheit = der Mensch (h)

4 Umschlag des Kataloges *Joseph Beuys, Werke aus der Sammlung Karl Ströher*, Kunstmuseum Basel 1969/70

trophie zu erzeugen in der Lage sind. Der Wert h läßt sich aus der Planck-Formel als ›Der Mensch‹ identifizieren. h ist der Wert, auf den alle Zukunft zuläuft. h = Mensch.«[42]

Aus dem Kontext geht hervor, daß Beuys eine Erweiterung der genannten Formeln durch seine Wärmetheorie vorsieht. Ähnlich befremdend muß einem auch die Identifizierung des Planckschen Wirkungsquantums h mit dem Menschen vorkommen, denn das entzieht der Quantentheorie, auf die der Künstler anspielt, jegliche Grundlage. Doch handelt es sich für Beuys hier weniger um ein Jonglieren mit dem Absurden als vielmehr um einen Versuch, das naturwissenschaftliche Weltbild, wie es seit Descartes und Newton bis ins späte 19. Jahrhundert in seiner mechanistisch-deterministischen Ausprägung wirksam war, auf andere Weise in Frage zu stellen, als es die neuen, von der Quantenphysik formulierten Paradigmen tun. Was Beuys in einem riskanten sprachlichen Bild mehr an-

deutet als explizit ausspricht, ist möglicherweise dahingehend zu deuten, daß das die Welt beobachtende und analysierende Ich-Bewußtsein und die geradezu mystische Erfahrung der Einheit der Welt als komplementär zu begreifen sind. Auch wenn Beuys, wie zu sehen war, manchmal in trüben Quellen fischt, es hat den Anschein, als würde sich seine Konzeption partiell mit Überlegungen mancher theoretischen Physiker treffen. Im Vorwort der von ihm herausgegebenen Anthologie *Physik und Transzendenz* schreibt Hans-Peter Dürr dazu: »Die Welt ist nicht mehr ein großes mechanisches Uhrwerk, das, unbeeinflußbar und in allen Details festgelegt, nach strengen Naturgesetzen abläuft, eine Vorstellung, wie sie sich den Physikern des 19. Jahrhunderts als natürliche Folge der klassischen Kausalität aufdrängte und sie dazu verleitete, jegliche Transzendenz als subjektive Täuschung zu betrachten. Die Welt entspricht in ihrer zeitlichen Entwicklung ... mehr einem Fluß, dem Strom des Bewußtseins vergleichbar, der nicht direkt faßbar ist; nur bestimmte Wellen, Wirbel, Strudel in ihm, die eine gewisse relative Unabhängigkeit und Stabilität erlangen, sind für unser fragmentierendes Denken begreiflich und werden für uns zur ›Realität‹.«[43]

Beuys' Opposition gegen das fragmentierende Denken, das ja im Zentrum aller seiner Reflexionen über den Begriff Plastik steht, nimmt hier allerdings eine andere Wendung und führt zum Postulat einer völligen Anthropomorphisierung von Naturwissenschaft. Dabei weiß Beuys selbstverständlich, wofür h steht; etwas anderes anzunehmen, wäre abwegig, und ihm ist ohne jeden Zweifel bewußt, daß seine Gleichung »h = Mensch« keine Widerlegung von Planck bedeutet. Darum kann es ihm auch gar nicht gehen. Worum es ihm geht, läßt sich aus den weiteren Passagen des Aktionstextes entnehmen, die Beuys immerhin so wichtig waren, daß er sie 1969/70 in konzentrierter Form auf dem Umschlag seines Baseler Ausstellungskataloges mit Werken aus der Sammlung Karl Ströher drucken ließ (Abb. 4). Danach ist der Mensch einfach alles, Erzeuger von Zeit und Überzeit, von Raum und Gegenraum, von Substanz und Kontingenz, von Energie und Materie usw. Mit anderen Worten: Der Mensch ist der Erzeuger von Wahrheit, es gibt im Grunde nichts, was er nicht geschaffen hätte. Solcher Anthropozentrismus, der das existentielle Ich mit dem transzendentalen Subjekt gleichsetzt, liefert Beuys die Möglichkeit, seine plastische Theorie nicht nur auf den Menschen abzustimmen, sondern auch, wie ein

Künstler der Frührenaissance, mit seiner Gestalt bzw. mit seinen Organen zu identifizieren. Die Partitur *Ästhetik = Mensch*, der sich viele ähnliche an die Seite stellen ließen, ordnet Fett als unbestimmte und ungerichtete Energie den Beinen zu, Filz dem Leib als Zentrum von Harmonie, während der Kopf für Intellektualisierung, Abstraktion, Denken und Form steht, hier durch ein Tetraeder bezeichnet (Abb. 5).

Doch kehren wir noch einmal zur *Partitur für Dieter Koepplin* zurück. Sie erweist sich nämlich noch in anderer Hinsicht als aufschlußreich. »Denken« und »Plastik« sind in Parenthese gesetzt, was, nach entsprechenden Äußerungen des Künstlers, Denken wäre ein skulpturaler Prozeß, zunächst nicht überrascht. Viel wesentlicher scheint zu sein, daß beide Diagramme einsinnige Bewegungsabläufe zugrundelegen: vom Chaos über die Bewegung zur Form, vom Willen über das Fühlen zum Denken, von der Energie über den Rhythmus zur Idee bzw. vom Metaphysischen durch Raum und Zeit zum Konkreten. Auf den beiden Notizblättern stellt Beuys den Prozeß von Erkennen und Gestalten als Parallelbewegung dar, obwohl seine verbalen Erläuterungen auf der Prämisse einer Gegenbewegung beruhen: am Ende des plastischen Vorgangs steht die Idee, von der das Denken dann wieder seinen Ausgang nimmt. Ohne daß es an dieser Stelle ausgesprochen würde, darf man daran die Schlußfolgerung knüpfen, daß es so etwas wie tote Materie für Beuys nicht gibt, daß vielmehr alles, wenn auch in unterschiedlicher Ausprägung, als Energiepotential angesehen wird, daß die Dinge durchgängig eine innere Substanz haben.[44] Die »Materialisierung eines rein geistigen evolutionären Prinzips« verkörpert sich für Beuys in den verschiedensten Formen[45], die ebenso wie die verwendeten Materialien nicht symbolisch verstanden werden sollen, sondern als Form den jeweiligen Energiezusammenhang unmittelbar darstellen[46]. Für Beuys kommt alles »aus dem Chaos. Die Einzelformen kommen aus einem komplexen Ungerichteten. Das muß man sich vorstellen wie eine zusammenhängende, sehr komplexe Energie, die aber keine bestimmte, sondern eine unbestimmte Stoßrichtung hat. . . Und dann sind alles andere Bestimmungen davon. Nur aus dem Chaos kann etwas kommen. Aber das ist ein positiver Begriff von Chaos.«[47] Was erreicht werden soll, ist eine »klare, lichte, unter Umständen eine übersinnliche, geistige Welt«, die, da sie sich unmittelbar nicht fassen läßt, in Gestalt von Gegenbildern in Erscheinung treten muß.[48] Grauer Filz beispielsweise eignet sich

dazu, derartige Gegenbilder, d.h. die »ganze farbige Welt« im Menschen zu erzeugen.

Blickt man von hier aus noch einmal zurück, dann wird deutlich, daß Beuys das ›falsche‹, instrumentelle Denken mit dem Todesprinzip identifiziert, daß andererseits aber ›richtiges‹ Denken, also Intuition, Inspiration und Imagination, für ihn sehr viel weiter reicht als der analytische, sezierende Intellekt, daß solches Denken, indem es dem plastischen Prozeß zugrundeliegt, zu einer »wirklichen Aufrichtung von kreativen Kräften im Menschen« beitragen soll.[49] Man sieht erneut, wie die Mehrdeutigkeit der vom Künstler verwendeten Begriffe ihm sehr unterschiedliche, teilweise auch mißverständliche Äußerungen erlaubt, ohne dabei freilich jemals den spirituellen Grundtenor seines Argumentierens in Frage zu stellen. Form und Materie, Idee und Chaos, Denken und Energie sind in seinen Augen untrennbar miteinander verbunden, gehen buchstäblich ansatzlos ineinander über – auch das eine schwer zu fassende Vorstellung, die man allenfalls imaginativ nachvollziehen kann, zumal wenn man bedenkt, daß Beuys ohnehin alles, d.h. »Berge,

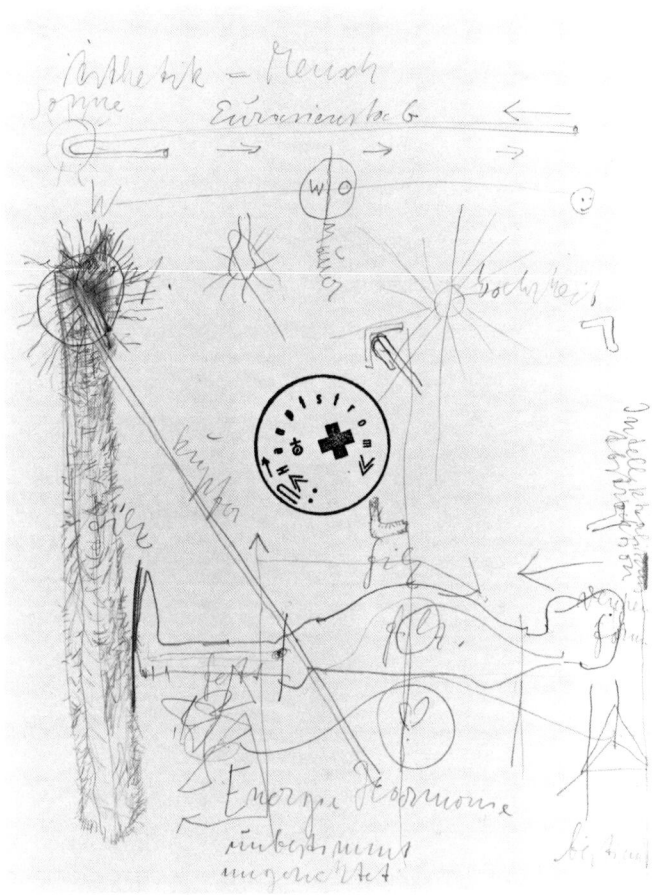

5 *Partitur Ästhetik = Mensch,* 1971,
Städtische Galerie im Lenbachhaus, München

Architekturen, Maschinen, Elektronik« usw. als auf einer Ebene angesiedelt sieht, auf die »großräumige Metamorphosen« einwirken. Alles, so sagt er, ist im Fluß: »Erst nach und nach verfestigt sich das. Aber es verfestigt sich über die organische Form... Also in irgendwelchen zusammenstehenden Knochen, Kniescheiben...«[50] Derivate der griechischen Philosophie – »Eins ist das Ganze« aus Platons *Parmenides*-Dialog – verschwistern sich bei Beuys, wie hier zu sehen ist, mit Reminiszenzen an die romantische Naturphilosophie, auf die Theodora Vischer so nachdrücklich hingewiesen hat.[51] Zugleich macht eine solche Äußerung verständlich, warum Beuys als Plastiker bevorzugt mit organischen Materialien, Filz und Fett vor allem, arbeitet. Deutlich wird aber auch der Totalitätsanspruch, den Beuys mit der Kunst verbindet. In einer hochspezialisierten Welt, die schon lange in lauter inkompatible Teilbereiche, die nichts mehr miteinander zu tun haben, auseinandergefallen ist, in einer Welt, deren Kultur sich auf einzelne, isolierte Zitadellen verteilt[52], die sich, ohne Konsequenzen zu ziehen und Perspektiven zu entwickeln, immer weiter verbarrikadieren, in einer Welt, die zunehmend unübersichtlich geworden ist, glaubt Beuys mit Hilfe von Begriffen, die die Basis seiner plastischen Theorie ausmachen, ein Allheilmittel gefunden zu haben, mit dem die Entfremdung überwunden werden kann. Nur wenige Wochen vor seinem Tod formuliert er sein Credo als Künstler: »Ich glaube schon, daß die Kunst das leisten kann, und radikal gesagt, gibt es überhaupt keine andere Methode, die noch übrig bleibt als die Kunst. Also werde ich der Kunst auch die zentrale Rolle einräumen...«[53] Anders gesagt: »Kunst ist Therapie.«[54]

Kunst

Beuys, der kaum eine Gelegenheit ausläßt, seine Arbeiten auszustellen, zeigt sich uninteressiert am modernen Kunstbetrieb und seinem pseudo-kulturellen Getue.[55] Am 1. November 1985 schreibt er ein kleines *Manifest* und läßt es als Postkarte verbreiten: »der Fehler fängt schon an, wenn einer sich anschickt, Keilrahmen und Leinwand zu kaufen«, oder er erklärt im selben Medium: »hiermit trete ich aus der Kunst aus«. Vor dem Hintergrund seiner Erläuterungen des künstlerischen Prozesses lösen sich derartige Widersprüche indessen auf. Beuys beklagt immer wieder die Nischenexistenz der modernen Kunst, ihre Spezia-

lisierung und Wirkungslosigkeit. In seinen Augen darf Kunst »nicht etwas Retinales bleiben«[56]. Nachdem sie zur Angelegenheit einiger Intellektueller geworden ist, weitab vom Leben der Menschen, müsse man eine ganz neue Basis schaffen, die für Beuys im »anthropologisch erweiterten Kunstbegriff«[57] gegeben ist, ein Begriff, der vieles umfaßt, da er sich auf die menschliche Kreativität und die menschliche Arbeit ganz allgemein bezieht.[58] Kunst, so verstanden, muß erst entstehen, »denn es gibt sie noch nicht...«[59] Daran hat Beuys zeitlebens gearbeitet: als Künstler die Formel zu finden, »von der aus man ... das Weltproblem lösen kann...«[60] Ihm schwebte ein Begriff von Kunst vor, der zur Umgestaltung der Gesellschaft einschließlich aller Rechts- und Wirtschaftsfragen taugen würde.[61] Die moderne Kunst, so betonte er 1982, hätte die individuelle Freiheit des Menschen in den Mittelpunkt gerückt, ohne daraus die Konsequenzen zu ziehen. »Ich habe mich dann darum bemüht, die Konsequenzen der Moderne, die alles ... zerschlägt und in individuelle Kulturen aufspaltet, zu ziehen.« Er hätte daher den Begriff der Freiheit vom Individuellen auf das Soziale ausgeweitet. Es sei nötig, so Beuys, »die Schwelle der Moderne zu durchbrechen und den Kunstbegriff auf die menschliche Arbeit schlechthin zu beziehen.«[62] Seine *Rede über das eigene Land: Deutschland* beendete Beuys am 20. November 1985 mit folgenden Sätzen: »... für das Kreative ist kein Organ entwickelt, für den Kunstbegriff nach der Moderne ist kein Begriff entwickelt, auch alle die, die die Kunst so gerühmt haben..., hatten kein Organ entwickelt, weder für die Kunst, noch für die Zusammenhänge, die sich vollziehen im Anwachsen der Katastrophe auf den Ersten Weltkrieg hin als auch auf den Zweiten Weltkrieg hin. Und es wird mit Sicherheit den dritten geben, wenn wir keinen neuen Anfang machen bei der Freiheitswissenschaft, in der ›Jeder Mensch ist ein Künstler‹ gilt, bei dem Sich-selbst-sein und bei dem Insistieren auf dem Souverän, der in jedem Menschen steckt.«[63]

Ließe man es bei einer solchen Zitatenlese bewenden, man müßte Beuys als einen Gegner der Moderne bezeichnen, der seine von moralischen Impulsen getragenen und von messianischen Weltverbesserungsvorstellungen durchsetzten Ideen zu einem guten Teil anscheinend überholten Positionen verdankt. Das ist durchaus kritisch zu sehen, sollte auch nicht beschönigt werden, charakterisiert aber nur die eine Seite seines Wirkens und verstellt den Blick auf die bildnerischen Phänomene, die in ihrer radikalen Form oft etwas anderes zum Ausdruck bringen, das sich in seiner Vielfalt und Komplexität allein der genauen phänomenologischen Analyse erschließt.

In diesem Zusammenhang fällt auf, daß Beuys sich immer wieder zu so umfassenden Themen wie Gesellschaft, Kunst und Leben äußerte, aber nur sehr selten Erläuterungen zu seinen Plastiken, Zeichnungen, Installationen und Aktionen abgab.[64] So ließ sich zwar über den anthropologisch erweiterten Kunst*begriff* endlos debattieren, aber an der Kunst selbst war in seinen Augen nichts zu verstehen, denn, so äußerte er sich 1974, enthielten die Werke etwas Verständliches, wären sie überflüssig.[65] Seine Arbeiten würden sich immer der rationalen Analyse entziehen, sie würden jedoch eine Ahnung vermitteln.[66] Interpretation empfand Beuys als unkünstlerisch.[67] Die Auffassung, daß die Werke unergründlich bleiben, sich dem auf Beobachtungen und Argumenten basierenden Diskurs entziehen, erscheint konsequent, wenn man sich die wichtigsten Aspekte seiner plastischen Theorie vergegenwärtigt. Ungewöhnlich ist eine derartige Auffassung freilich nicht, wie beispielsweise die *Schöpferische Konfession* Paul Klees deutlich macht: »Im obersten Kreis [der Kunst] steht hinter der Vieldeutigkeit ein letztes Geheimnis und das Licht des Intellekts erlischt kläglich.«[68] Die Schwelle der Moderne zu durchbrechen, blieb immer ein erklärtes Ziel von Beuys. Was ihm jedoch in seiner Begriffsexegese anscheinend mühelos gelang, blieb im Bereich der bildenden Kunst ein fernes Ziel, ein unerreichbares Ziel. Was sich seiner Meinung nach sozialpolitisch ausmünzen lassen mußte, war nicht zwangsläufig auch in einer Plastik zu realisieren. 1982, als Beuys die Aktion *7000 Eichen* startete, äußerte er sich zu seiner Arbeit an der »sozialen Plastik«: »Es ist natürlich angelegt, daß sich das weiter entwickelt und daß ich jetzt zu neunzig Prozent auf diesem Gebiete arbeite und weniger Dinge mache, die man verkaufen oder ins Museum bringen kann. Das heißt aber doch nicht, daß ich nicht mehr an Bildern oder Skulpturen interessiert bin, doch ich warte auf den Moment, in dem ich etwas machen kann, was noch nicht da ist. Das, was da ist in einigen Beispielen, das brauche ich nicht zu produzieren als einen Artikel, damit man ihn verkaufen kann.«[69]

Es zeichnen sich die Aporien des Lebenswerks von Joseph Beuys ab, der wohl gewußt hat, daß der Totalitätsanspruch seines anthropologisch erweiterten Kunstbegriffs, an den sich alle seine Hoffnungen knüpften, in einer polarisierten, von kapitalistischen und sozialistischen Ideologien beherrschten Welt nicht durchzusetzen war, daß die »regelrecht bildhauerische Aufgabe, eine Gesellschaftsform zu gestalten, die nach dem Bilde des Menschen stimmt...«[70], nicht, zumindest nicht sofort, gelöst werden konnte. Das Spätwerk von Beuys, der nie behauptete, die einzig richtige Methode für eine soziale Umgestaltung zu haben[71], sondern bestrebt war, seine Fähigkeit als Fragestellungen und nicht als Behauptungen in die Welt zu tragen[72], hat durchaus tragische Züge, was sich weniger an seinen Äußerungen als an den monumentalen Installationen der letzten Jahre, aber auch einigen gescheiterten Projekten ablesen läßt.

Natur

So verquicken sich im Œuvre von Beuys obsolete Momente konservativer Provenienz, arkane und christliche Traditionen, Anleihen bei Romantik und vor allem Anthroposophie und manche überholten Denkfiguren mit einem engagierten Humanismus, der gelegentlich messianische Züge annimmt, und einem radikalen, aufs Soziale gerichteten Erneuerungsbestreben, das nicht zuletzt durch das Charisma der Person Beuys getragen war. Diese Verschränkung von Imagination und Analyse, von wilden Assoziationen und stringenter Argumentation in seinen verbalen Äußerungen und die Durchdringung von Form und Material, von strenger Ordnung und Chaos, von Evidenz und Enigma in seinen Plastiken und Zeichnungen, charakterisiert auch seine Beschäftigung mit der Natur.

Ähnlich wie Novalis geht Beuys von einem poietischen Naturzusammenhang aus, wobei alle Veränderungen und Bewegungen nicht als Reflexion eines transzendentalen Subjekts erscheinen, sondern als schaffende, auch den Menschen hervorbringende Bewegung des Werdens aller Phänomene einschließlich der geistigen.[73] Aus solchen Prämissen, die mit dem spirituellen Überhang seiner plastischen Theorie kongruent sind, erklären sich die geradezu pantheistischen Erläuterungen des Weltzusammenhangs, wie sie bei Beuys immer wieder vorkommen. Ein Beispiel: »Das Tier ist doch quasi ein Organ des Menschen, und es geht weiter, die Pflanze ebenfalls und die Erde ... auch. Das Bewußtsein der Erde ist uns vielleicht verschlossen: aber sicher ist es größer als jenes der Menschen...«[74] Einerseits wird für Beuys die Landschaft zum »Organ des Menschen«[75], andererseits steht die

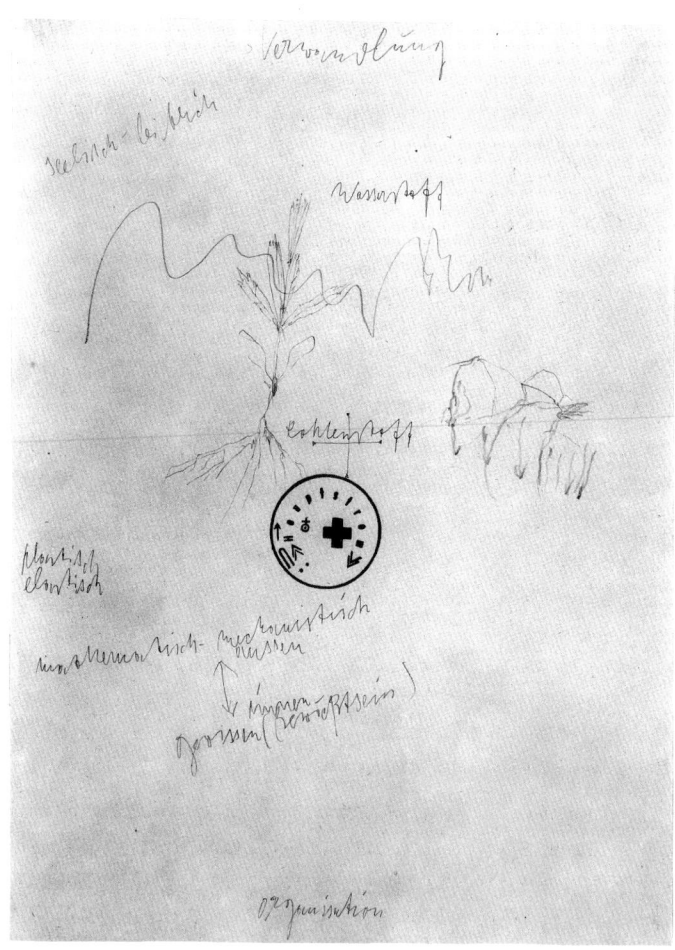

6 *Partitur Verwandlung*, 1979, Privatsammlung

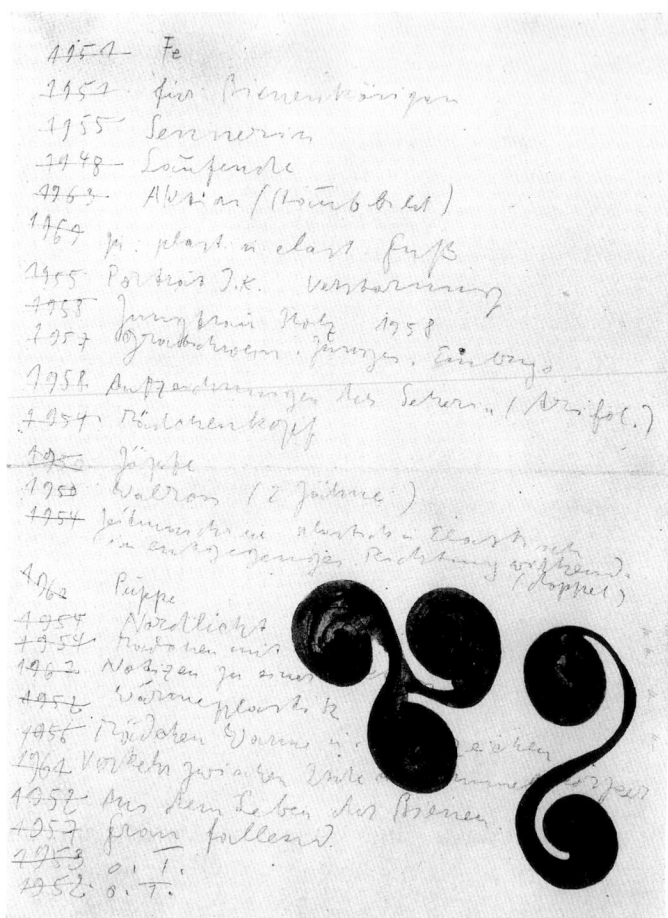

7 *New Grange*, 1970, Privatsammlung

ser selbst als »Wärmewesen«[76] in Verbindung mit Tieren, Pflanzen, Engeln, d.h. mit dem sinnlichen, übersinnlichen und kosmischen Bereich.[77] In vielen Zeichnungen thematisiert Beuys die »Intelligenz der Schwäne«, vertritt aber auch die Meinung, der tote Hase wäre noch intelligenter als der lebende. »Die Intelligenz dieser Seele, diese geistige, umfassende Gestalt versteht die Bilder noch besser als ich selbst.«[78] Diese Anspielung auf seine legendäre Aktion ... *wie man dem toten Hasen die Bilder erklärt* illustriert gewissermaßen den spät geäußerten Wunsch, sich in ein Naturwesen, d.h. ein Pferd oder einen Elefanten, verwandeln zu wollen.[79] Diese postulierten Zusammenhänge und imaginierten Austauschphänomene umkreist Beuys unablässig und sucht dabei doch immer nach einer Richtung bzw. einem Ziel. Zwischen den Polen »Verwandlung« und »Organisation« (vgl. Abb. 6) entfaltet er beispielsweise seine Vorstellung vom Keimen und Wachsen, vom Verhältnis seelischer und leiblicher Kräfte, vom Gegensatz einer äußeren Sphäre, die er als mathematisch-mechanisch definiert, und einer inneren, für die

Gewissen und Bewußtsein stehen. In solchen Blättern wie auch in anderen Arbeiten werden die Begriffe des Plastischen und Elastischen zu Synonymen, die in Parenthese zu biologischen Vorgängen bzw. deren chemischen Grundlagen gesetzt werden, wie das in diesem Fall durch die Nennung von Kohlen- und Wasserstoff als den wichtigsten Elementen der organischen Welt geschieht.

Im Verständnis dieses Synkretismus wird die handgreiflich zugängliche Welt zum Schein und löst sich dahingehend auf, daß nicht mehr die Dinge selbst und die Materie, sondern Form und Gestalt dominieren. Mit seiner metaphorischen Ausdrucksweise unterläuft Beuys nicht nur deterministische Weltbilder und andere, die Kontingenz zugrunde legen, er vereinnahmt auch Geschichte bzw. Vergangenheit auf ahistorische Weise. So beispielsweise, wenn er ein vegetabiles Ornament aus miteinander verwobenen Spiralformen, die wir vom irischen *New Grange* kennen, zum Signet seines Schaffens macht, wie es sich in der Auflistung von Werktiteln manifestiert (Abb. 7). Auffällig, daß er die jeweils vorangesetzten Jahreszahlen, die von 1948 (*Laufende*) bis 1969 (*zu plastischer und elastischer Fuß*) reichen, durchgestrichen hat, damit andeutend, wie unwesentlich ein Zeitraum von zwanzig Arbeitsjahren angesichts jahrtausendealter magischer Zeichen ist, während andererseits die Tatsache, daß die Reihe der Titel unangetastet bleibt, erkennen läßt, wie wichtig ihm selbst die Inhalte seiner Arbeit vor der Folie keltischer Frühgeschichte erscheinen.

Das bildnerische Denken von Beuys ist in seinen formalen Aspekten, das zeigen auch die wenigen hier berücksichtigten Diagramme, die eher funktionalen Charakter haben, immer außerordentlich präzise, ja in Proportionierung, Gewichtung und Rhythmus von einer geradezu schlafwandlerischen Sicherheit. In seinem Gesamtœuvre zumeist eher als peripher eingeschätzt, haben diese Blätter nicht nur ästhetisch, sondern auch inhaltlich einen hohen Stellenwert. Dabei bleiben allerdings die verbal vermittelten Botschaften ohne jene Stringenz ihrer formalen Realisierung und unterstreichen die Tendenzen des Vermischens und Auflösens. Inhaltlich ist das bildnerische Denken des Künstlers assoziativ und stellt manchmal eine schwer zu beschreibende und kaum nachzuvollziehende Überlagerung des Rationalen mit dem Spekulativen, des Evidenten mit dem Sonderbaren, des Selbstverständlichen und Naheliegenden mit dem Überraschenden und Befremdlichen dar. Ich sage damit nicht, das Denken von Beuys wäre verschwommen. Im Gegenteil, in seinen Zielsetzungen ist es von eminenter Klarheit, wie es auch die humane Fundierung seines Modells einer plastischen Theorie erkennen läßt. So verliert sich denn auch alles Metaphorische, Poetische und Assoziative, wenn Beuys auf der Basis seines anthropologisch erweiterten Kunstbegriffs über das Verhältnis des Menschen zur Natur reflektiert: »Unser Verhältnis zur Natur ist dadurch gekennzeichnet, daß es ein durch und durch gestörtes Verhältnis ist. Was zur Folge hat, daß die Naturgrundlage, auf der wir stehen, nicht nur gestört, sondern sogar restlos zerstört zu werden droht. Wir sind auf dem besten Wege, diese Basis völlig zu vernichten, indem wir ein Wirtschaftssystem praktizieren, das auf hemmungsloser Ausbeutung eben dieser Naturgrundlage beruht. Brutale Ausbeutung ist die selbstverständliche Konsequenz eines Wirtschaftsystems, dessen obere Richtschnur Profitinteressen sind.«[80] Ein klares politisches Bekenntnis, das den Künstler 1978 in Übereinstimmung mit den »Grünen« zeigt. Das hat man sich vor dem Horizont seiner Aktionen zu vergegenwärtigen, die beispielsweise in der Auseinandersetzung mit der

alten Figur des Schamanen ein regressives Bemühen erkennen lassen, freilich nicht im Sinne der romantischen Beschwörung eines verlorenen, goldenen Zeitalters, sondern »um für zukünftige Bewußtseinszustände etwas anzuregen...«[81] Solche Blicke zurück nach vorn lassen halbvergessene Mythen aufscheinen. Doch sind solche Anspielungen nicht Teil einer Re-Mythisierung, die ja die Unwandelbarkeit der Welt voraussetzen würde. Beuys dachte in dieser Hinsicht völlig anders, wie wir sahen. Auch vermeidet er alle Symbolisierungen, greift nicht auf Unbewußtes zurück, sondern entwickelt eine sehr persönlich geprägte Ikonographie.[82] Haben wir es, so muß man sich fragen, bei dem bildnerischen Œuvre mit dauernden Rückblicken auf das Ende der Zeit zu tun, einer verkappten Apokalypse gleichsam, die einen Beuys erkennen läßt, der von neuem zu arbeiten beginnt – »schon jenseits der Katastrophe, in die die Welt hineinrast und die sie zur bloßen Materie zurückverwandeln wird«[83]? Oder manifestieren sich nicht in seinem Werk die Widersprüche unserer Zeit in unvergleichlicher Schärfe: die Gegensätze zwischen utopischen und regressiven Vorstellungen, zwischen Tradition und radikalem Neuanfang, zwischen purer Stofflichkeit und spiritueller Überhöhung? Diese und ähnliche Fragen sind in diesem Rahmen nicht zu beantworten, doch verstärkt sich im Rückblick der Eindruck, die Werke wären Diagnosen, die fast immer verbal vermittelten Therapien hingegen Placebos aus Begriffen. Die riskante Gratwanderung des Künstlers zwischen dem Erhabenen und dem Lächerlichen, zwischen tragischer Ausdrucksgebärde und Banalitäten des Alltags, verlangt eine kritische Aufarbeitung seiner plastischen Theorie, die um die Begriffe Chaos, Bewegung und Form kreist – ein abstraktes Modell, dessen Tragfähigkeit vor allem dann überprüft werden kann, wenn Beuys beginnt, die unterschiedlichsten Phänomene bildnerisch zu thematisieren. Das läßt sich in diesem Zusammenhang nur am motivischen Repertoire seiner Zeichnungen erläutern.

Themen

»Meine Zeichnungen«, so äußerte sich Beuys einmal, »bilden für mich eine Art Reservoir, woraus ich wichtige Antriebe erhalten kann. Es findet sich also in den Zeichnungen eine Art Grundmaterial, um daraus immer wieder etwas zu nehmen.«[84] An anderen Stellen spricht er von einer »unglaublichen Kraftreserve, vergleichbar mit einer Batterie«[85], oder auch von dem unendlich wichtigen Apparat seiner Zeichnungen, der noch nicht erschlossen sei, der noch unheimlich viel enthalte, ja der ein wichtiges Lebenselement darstelle[86].

Blickt man nun auf die hier ausgestellten Blätter, dann hat man als unvoreingenommener Betrachter häufig Mühe, die Sujets zu erkennen, die Motive zu benennen, die Darstellungsprinzipien zu verstehen. Das meiste ist in der Tat nur in brüchigen Linien angedeutet, scheint sich zu verflüchtigen und aufzulösen, noch bevor es konkrete Gestalt gewonnen hat. Was sich in den Zeichnungen und Aquarellen thematisiert, ist die Suche nach dem Erscheinungsbild, ist die Erprobung der Ausdrucksform, ist das Skizzieren eines metaphorischen Vokabulars.[87] Dabei verraten die jeweils nur mit wenigen, mal zarten, mal groben Strichen gefaßten Notate eine starke innere Erregtheit und lassen diese psychischen Improvisationen, die in struktureller Hinsicht vieles dem jungen Klee verdanken[88], zugleich spröde und angespannt, flexibel und erstarrt erscheinen. Nichts ist hier geglättet oder vereinheitlicht. Insbesondere in der reduzierten, geometrisierten Form bleibt die große Unmittelbarkeit des Erlebens und Vorstellens spürbar. Das Lädierte und Vorläufige spiegelt sich dabei auch im Material. Die Papiere der Zeichnungen, Aquarelle und Partituren sind oft eingerissen, verfleckt und zerknittert. Beuys benutzte einfaches Papier, Packpapier, Pappe, Briefbögen, Katalogseiten, Formulare, Seiten von Reiseführern, Servietten, Tischtücher, Streichholzschachteln usw.[89] Zeichnen, überhaupt künstlerisches Arbeiten war für Beuys von Anfang an selbstreflexiv und dabei doch zugleich – so paradox das zunächst erscheinen mag – auf Transzendierung des materiellen Substrats des Werkes angelegt. Von Beginn an also eine Doppelstrategie: das Bezeichnende und das Bezeichnete werden einerseits zur Deckung gebracht – d. h. die verwendeten Darstellungsmittel und Materialien, die Linien, Farben, collagierten Elemente, stehen für sich selbst ein, sind nichts als Stoff und Form –, andererseits treten Bedeutendes und Bedeutetes auseinander, und zwar sowohl in motivischer wie in stofflicher Hinsicht: der Hase ist so nicht nur Hase, sondern auch Inkarnation eines Lebensprinzips; das Fett ist nicht nur Fett, sondern wird magisch aufgeladen zu einem Energiepotential in wechselnden Aggregatzuständen. Filz ist nicht nur ein Gemenge aus natürlichen Stoffen, Haaren im wesentlichen, sondern fungiert im Œuvre des Künstlers als Isolator.

Diese knappen Hinweise mögen genügen, um anzudeuten, daß bei Beuys von Beginn an immer mehrere Ebenen miteinander verschränkt sind, daß nämlich das, was wir sehen oder zu sehen meinen, immer erst auf dem Wege ist, seine Form zu finden, daß das Gesehene aber darüber hinaus, noch bevor es sich in unserem Bewußtsein zu Namen oder Begriffen konkretisiert hat, bereits in etwas anderes übergehen oder zumindest auf etwas verweisen möchte, für das die virtuell auskristallisierte Form zum Zeichen wird.

Was bedeutet das? Beuys selbst hat hinsichtlich der Struktur seiner Zeichnungen eine sehr erhellende Äußerung gemacht: »Was Sie«, so sagte er zu seinem Gesprächspartner, »den offenen und fragilen Duktus nennen, ist ja nötig, wenn man etwas offenhalten will, es porös halten will, damit das, was dann entsteht, lebensfähig bleibt in bezug auf die Intention, die angesprochen ist.«[90]

Nicht um willkürliche Verrätselung geht es also, nicht um bewußte Fragmentierung, um Formzertrümmerung oder Propagierung des Grotesken, nicht um subjektive Phantasmagorien. Es geht Beuys darum, dem Lebendigen eine adäquate, d. h. offene Form zu verleihen, die sich, da sich alles permanent wandelt, in einem fragilen, tastenden Duktus ausspricht. Das Prozessuale manifestiert sich in Bleistiftlinien, die die Grenze zur Unsichtbarkeit tangieren, während die Pinselzüge in tiefem Braun den Gegenpol markieren, nämlich das Chaotische, Formlose und Energetische. Hier wird das Gestalthafte nicht freigesetzt, sondern verborgen. Die entscheidenden künstlerischen Ideen von Joseph Beuys sind an seinen Zeichnungen und Aquarellen besonders gut wahrzunehmen; sie lassen sich jedoch über die Titel bis in seine letzten Arbeiten weiterverfolgen.

Zu beobachten ist Außerordentliches. Früh bekundet sich ein ausgeprägtes Interesse für die Morphologie der Naturerscheinungen, der organischen und anatomischen Bildungen von Flora und Fauna. Zur Erläuterung seien hier einige Titel dieser Ausstellung zitiert: *Haifisch, Seespinne und Muränen* (Nr. 53), *Eisbär* (Nr. 244), *Steinbock* (Nr. 222), *Drei Elephanten* (Nr. 59), *Kämpfende Elche* (Nr. 138), *Elch mit Sonne* (Nr. 137), *Aus: Intelligenz der Schwäne* (Nr. 176), *Aus dem Leben der Bienen* (Nr. 128), *Vorgang beim Tod des Adlers* (Nr. 223), *Fossiler Phoenix* (Nr. 355). Im Mittelpunkt seiner faunistischen Ikonographie aber stehen die Hasen und Hirsche: *Intelligenz der Hasen* (Nr. 230), *Hase und Fee* (Nr. 258), *Hasengeist vor Hasenfalle* (Nr. 259), *Hasengrab* (Nr. 370), *Hasenblut* (Nr.

298, 445–447); *Hirsch* (Nr. 96, 487), *Hirschkuh* (Nr. 52), *Roter Hirsch* (Nr. 195), *Hirsch und Mond* (Nr. 95), *Toter Hirsch und Mond* (Nr. 241), *Toter Hirsch auf Urschlitten* (Nr. 97), *Hirschwagen* (Nr. 422), *Hirsch-denkmal* (Nr. 475, 476).

Die Beschäftigung des Künstlers mit der Flora schlägt sich in vielen, oft unbetitelten Zeichnungen nieder, ganz unmittelbar jedoch in getrockneten und gepreßten Pflanzen (vgl. Nr. 1, 502–512), die sich, traut man den Datierungen, aus seiner Anfangszeit ebenso erhalten haben wie aus seiner letzten Lebensphase.

Als zentrales Thema erweist sich der verletzbare, lädierte, todgeweihte Mensch. Archaische Jäger und Sammler kommen vor; Mutteridole begegnen zerbrechlichen Figurinen aus dem Heute. Auch in diesem Fall einige Titel von Arbeiten dieser Ausstellung: *Amazone* (Nr. 78), *Tierfrau* (Nr. 33), *Schwanenfrau* (Nr. 189), *Aktrice* (Nr. 114, 270, 327), *Die Keltin* (Nr. 117), *Hirtin sieht Unheil* (Nr. 405), *Hexen Feuer speiend* (Nr. 20), *Kopf der Seherin* (Nr. 203), *Norne und Webstuhl* (Nr. 293), *Abwehrende Frau* (Nr. 70), *Weiße Frau im Gras* (Nr. 85), *Frau mit Fischorgan* (Nr. 364), *Frau vor plastischer Erscheinung* (Nr. 311) usw.

Männer treten fast durchweg in Gestalt von Schamanen auf (Nr. 325, 339, 374, 376). Ferner finden wir: *Im Haus des Schamanen* (Nr. 91), *Häuser des Schamanen* (Nr. 343), *Ofenhaus des Schamanen* (Nr. 399), *Schamanen-Tanz* (Nr. 340), *Zwei Schamanenbeutel* (Nr. 436), *Kamera des Schamanen* (Nr. 341). Nur gelegentlich begegnet einem ein *Wassermann im Gebirge* (Nr. 296), oder Beuys zeichnet einen *Erschlagenen* (Nr. 378).

Tiere und Menschen bewegen sich in einer Natur, die magische Züge trägt. Gebirge ohne Vegetation wechseln mit trostlosen Küstenstreifen, Urwälder mit Gletschern, Geysiren, Wasserfällen und Vulkanen. Hinzu kommen Feuerstätten und Opfermale, Grabfelder und Lagerplätze, Höhlen, primitive Wägen und urtümliche Schlitten. Darüber spannt sich zumeist ein kalter, nördlicher Himmel. Einige Titel: *Eiszeit* (Nr. 60, 61, 485), *Großer Gletscher* (Nr. 54), *Zersplitterter Eisberg: Elch und Faunesse* (Nr. 136), *Kristallklarer Bergbach* (Nr. 127), *Monument im Gebirge* (Nr. 141), *Wassermann im Gebirge* (Nr. 296), *Kind küßt Berggeist* (Nr. 93), *Zeichen im Gebirge* (Nr. 187), *Brunnen im Wald, Ofen im Wald* (Nr. 149), *Zerstörter Brunnen* (Nr. 194), *Schwarze See* (Nr. 294), *Letzter Sonnenuntergang* (Nr. 414), *Das Licht in den Nordbergen* (Nr. 206), *Der Planet* (Nr. 382), *Planeten, Steine, Wasserfall* (Nr. 51), *Passage der Zukunftsplanetoiden* (Nr. 106), und da-

zwischen die *Schlitten* und *Urschlitten* (vgl. Nr. 97, 174, 192) und ein *Australo-kretischer Altar* (Nr. 145). Diese unvertraute, fremde, frühzeitliche Natur ist anfangs fast ausschließlich mit Relikten einer mythischen Welt durchsetzt, die sich im Laufe der Entwicklungen von Beuys immer stärker mit technischen bzw. naturwissenschaftlichen Elementen vermengen. Doch handelt es sich dabei keineswegs um funktionale Instrumente der Weltbeherrschung bzw. Naturbearbeitung, sondern gleichsam um Fetische, die eine düstere Aura umgibt. Da gibt es *Sender und Empfänger im Gebirge* (Nr. 180), *Zwei Schalltrichter* (Nr. 125), *Kristallmessung* (Nr. 87) bzw. *Aus Kristallmessung: wachsender Turmalin* (Nr. 147), *Lumen I* (Nr. 133) und *Entladung* (Nr. 129). Hinzu kommen die vielen Aggregate: *Aggregat am Wasser* (Nr. 144), *Strahlenaggregat im Hochgebirge* (Nr. 205), *Wechselstromaggregat* (Nr. 372), *Doppelaggregat* (Nr. 381), *Tisch und Aggregat* (Nr. 516). In diesen Zusammenhang gehört der *Accu* (Nr. 132) bzw. der *Accumulator (Entladung)* (Nr. 207), der *Condensator* (Nr. 146), das *Energiefeld* (Nr. 292), ferner *Strahlende Materie, zwei aufgelegte Polstäbe* (Nr. 231), *Gefährliche Wolke, chemische Reaktion* (Nr. 232) und *Atomkraftwerk* (Nr. 331). Es gibt einen *Brutkasten (Solar)* (Nr. 169), *Filter* (Nr. 211), *Doppelfilter* (Nr. 287, 288) und *Lavendelfilter* (Nr. 276), *Wärmefähren* (Nr. 228), *Wärmeplastiken* im Gebirge und mit Filzwinkel (vgl. Nr. 123, 227, 271). *Erdtelephon* (Nr. 371), *Implosionsmaschine* (Nr. 424) und *Schwerkraftraum* (Nr. 426) ergänzen diese beängstigende Sphäre, in der sich frühe Erfahrungen des Künstlers widerspiegeln. 1971 hat er das in einem Interview deutlich zum Ausdruck gebracht. »Mit dem Finsteren war . . . die Technik verbunden. . . Die Technik der Zeit, in der ich groß wurde, war sehr interessant. Weil alle technischen Dinge noch ihren physikalischen Grundcharakter hatten. Die Glühbirnen hatten noch einen Kohlefaden; unten an der Birne war so ein Glaszipfel. Phantastisch! Diese elektrischen Dinge, diese riesigen Widerstände. Neben unserem Haus lag eine Wäscherei, in der Dampfmaschinen mit riesigen Schwungrädern und Transmissionsriemen standen. Ich interessierte mich dafür, wenn sie beheizt wurden. Sicherheitsventile, Schornsteine. Eben schon in der Kindheit habe ich mich damit unheimlich oft befaßt. Auf der anderen Seite lag eine chemische Fabrik. Das faszinierte mich alles. Natürlich lag das auch in dem Finsteren. Und das Finstere lag auch wieder in der Technik. Es war ein intensiver Zusammenhang.«[91]

Der Erfahrungshorizont von Beuys, den er hier rückblickend als verfinstert beschreibt, blendet alle Umsetzung instrumenteller Vernunft aus und nähert die technische Welt einer geheimnisumwitterten an, aus der es nur einen Ausweg, nämlich den der Erlösung geben kann. So ist es nur folgerichtig, wenn dieses Arkanum mit christlichen Kreuzen durchsetzt ist. Sein *Wurfkreuz auf Stoppuhr auf Pflockkreuz* (Nr. 74) wird vor solchem Hintergrund verständlich.

Alles, was hier anhand der Titel benannt wurde, läßt sich auch an den Darstellungen selbst ablesen. In diesem seismographischen Registrieren der Elemente aus Natur und Zivilisation, aus Vergangenheit und mit Schrecken beobachteter Gegenwart, in diesen Verdichtungen, Verknäuelungen und Versprengungen, in diesen Metamorphosen und Transformationen des Organischen in abstrakte Muster und des Funktionalen ins Vegetabile, wird gleichsam ein zerbrochener Kosmos angedeutet, in dessen Fragmenten die Geschichte wie ein Abstieg zum Mythos erscheinen könnte, wenn Beuys nicht am Begriff der Aufklärung festhalten würde.

Angesichts der vielen thematisch eng zusammengehörigen Darstellungen ist nicht zu übersehen, wie Beuys immer wieder eine vergangene Welt mehr andeutet als vergegenwärtigt, eher tastend erahnt und umschreibt als unmittelbar beschwört. Für ihn waren die Hexen, Tierfrauen, Nornen, Aktricen, Seherinnen, die Hirschführer und Schamanen zusammen mit den Eisbären, Elchen, Hasen und Hirschen Synonyme für eine ältere Kultur. Beuys knüpfte an dieses Reservoir seiner Themen eine höchst aufschlußreiche Bemerkung, die verständlich macht, warum diese statische Welt, die so gar nichts mit unserer glitzernden, von hektischem Warentausch und Konsum geprägten Lebenswelt zu tun hat, noch einmal in Erinnerung gerufen wird. »Es gibt da auch Bilder in meinem Frühwerk, die im Bilde einer älteren Kultur das Zukünftige ausdrücken. Was [da] ... vorliegt, ist ein tastender Anfang, auf den Menschen zu sprechen zu kommen, wie er in den verschiedenen Kulturen geistig lebt.« Und dann fährt er mit dem ihm eigenen distanzschaffenden Witz fort: »Vielleicht bin ich ein wiedergeborener Höhlenzeichner und bin in eine Kultur versetzt – nämlich in die Gegenwart –, die ihn mit solchen elementaren Fragen regelrecht bombardiert, Fragen, die die Würde des Menschen, die Würde der Natur und die der Tiere in den Mittelpunkt des gefühlsmäßigen Erlebens stellen. Dieses erste gefühlsmäßige Einstellen auf das, was da abgetötet und zerstört wird in

unserer Welt, ist der Anfang einer plastischen Theorie. Es bildet sich also erstmal eine volle Bilder-Welt, aus der sich dann nach und nach die Begriffe herauslösen.«[92]

Hier ist noch einmal deutlich ausgesprochen, daß die Zeichnungen und Aquarelle eigenständige Beispiele des jeweiligen Mediums sind, zugleich aber auch sehr viel mehr. Sie sind, wie wir sahen, »Denkformen«. »Die Zeichnungen sind Denkformen innerhalb meiner skulpturalen Absichten.«[93] Die Verschiebung vom Anschaulichen ins Begriffliche, vom Sinnlichen ins Geistige, vom Einmaligen ins Grundsätzliche ist allenthalben angelegt und läßt sich auch an den plastischen Bildern, den Objekten, Skulpturen und Räumen nachvollziehen.

Ist es zu Beginn seiner Entwicklung so, daß die finsteren Monumente einer technischen Zivilisation – die als Aggregate, Sonden, Wärmeführen u. a. voller Magie zu sein scheinen – sich in der mythischen Natur nur am Rande behaupten, so ändert sich das allmählich und kehrt sich schließlich fast ins Gegenteil um, so daß mehr und mehr die Dinge selbst – der alte VW-Bus im *Rudel*, die Setzmaschine in *Terremoto*, die Gerätschaften in *Zeige deine Wunde* usw. – dominant werden, ohne damit freilich die versunkene Welt der Sammler und Jäger in Vergessenheit geraten zu lassen. Innerhalb der Verschränkungen des Magischen mit dem Technischen verlagern sich die Schwerpunkte, was auch bedeutet, daß die Auseinandersetzung mit der Realität in den späten Arbeiten entschieden konkretere Formen annimmt. Werke wie *Vor Aufbruch aus Lager I* (Nr. 464), *Wirtschaftswerte* (Nr. 463), *Terremoto in Palazzo* (Nr. 466) hätten vor 1980 nicht entstehen können.

Synkretismus kennzeichnet das thematische Feld, auf dem sich Beuys zeitlebens bewegte. Durch Vermischung heterogenster Gegenstandsbereiche und überaus sensible Fraktur, durch fließenden Duktus, Leerstellen und Schmutzzonen, durch Brüche und Verschleifungen wird vor allem eines intendiert: sichtbar zu machen, daß die humane Ganzheit, die es einmal gegeben haben muß, verloren ging und das Individuum heute entfremdet von sich selbst und seiner Umgebung existiert, ohne ein Bewußtsein davon zu haben – das jedenfalls ist die zentrale Botschaft von *Zeige deine Wunde* und anderen Arbeiten der Spätzeit. Aus keinem seiner Blätter und sonstigen Werken kann jedoch geschlossen werden, daß Beuys die Überwindung dieses deprimierenden und unerträglichen Zustandes in der totalen Regression des Verstandes erblickt und die Rückkehr zur Urgesellschaft propagiert. Im Gegenteil, in der Ausblendung von Euphorie und Optimismus, in der absoluten Negation, kann sich die Utopie, um die es Beuys erklärtermaßen ging, nicht in Bildern und Zeichen objektivieren. Vor der Folie des so bezwingenden und zugleich beklemmenden Œuvres, in dem sich Beuys unzweifelhaft als einer der großen Zeichner und Plastiker dieses Jahrhunderts erweist, lassen sich Gegenbilder zu der angedeuteten Misere für ihn allein im Medium der Sprache, im Medium der Begriffe vermitteln. So tritt Beuys vor allem in den siebziger Jahren als Redner, Diskussionspartner und politisch-ökologischer Aktivist hervor, propagiert seinen »anthropologisch erweiterten Kunstbegriff« ganz im Sinne seiner Überzeugung, daß Denken ein skulpturaler Vorgang ist. Seine bildnerische Arbeit im engeren, traditionellen Sinn hat er indessen, wie die Qualität vieler Werke aus der Spätzeit belegt, nicht vernachlässigt.

Bei den hier gezeigten Arbeiten, den Zeichnungen, Aquarellen, Objekten und Skulpturen, kommt insgesamt etwas zum Tragen, was auch die großen, raumfüllenden Environments wie etwa *dernier espace avec introspecteur, Das Ende des 20. Jahrhunderts, Schmerzraum – hinter dem Knochen wird gezählt, Palazzo Regale* u. a. prägt. Es handelt sich um Leidensmonumente, in denen die im Gesamtwerk zu beobachtende Trauerarbeit sich manifestiert und zu einer Ausdrucksgewalt findet, für die es in der europäischen Nachkriegskunst kaum Analogien gibt. Oft sind es vorbegriffliche Formen der Wirklichkeitsaneignung, die hier wirksam werden. Wie wir gesehen haben, verraten solche Arbeiten die Beschäftigung des Künstlers mit Alchimie, romantischer Naturphilosophie, Homöopathie und Anthroposophie. In der Erinnerung an diese Weltdeutungen und Heilpraktiken beschreibt er das verlorene Gleichgewicht von Intuition und Rationalität, von Empfinden und Denken. Die künstlerische Praxis von Joseph Beuys ist wiederholt mit dem Agieren der Schamanen in Trance verglichen worden. Doch sind die Werke selbst nicht einfach Manifestationen entleerter Rituale oder esoterischer Geheimlehren. Sie sind vielmehr als ein Versuch zu werten, die Krise der heutigen Zivilisation zu bezeichnen und indirekt dem einzelnen einen Ausweg aus diesem Elend zu weisen – einem Elend, so müssen wir hinzufügen, das die wenigsten als solches erkennen. In solcher Perspektive konnte künstlerische Arbeit für Beuys vor allem in den späten 60er und den 70er Jahren identisch werden mit politischer Praxis,

konnte das Kunstwerk selbst zum ökologischen Modell werden, wie das Beuys mit den *7000 Eichen* beispielhaft vorführte. Seine Konsequenz ist bewundernswert und ohne Parallele. In diesen Aspekten seines Tuns freilich, die sich für ihn selbst zwangsläufig aus dem sehr weit gefaßten Begriff von Plastik ergaben, steckt der eigentlich kritische Punkt seines Œuvres, und hier scheiden sich denn auch die Geister, die über das Erbe nachdenken.

Alles in allem war Beuys ein glühender Humanist, in dem sich das positive Erbe des deutschen Idealismus verkörperte. Wenn beispielsweise Schiller in seinen Briefen *Über die ästhetische Erziehung des Menschen* schreibt, daß es »die Schönheit ist, durch welche man zu der Freiheit wandert«, dann hat man darin einen der Grundgedanken von Beuys, wobei er den Begriff der Schönheit durch den der Kreativität ersetzte. Und wenn Schiller davon spricht, wie Funktionalisierung und Spezialisierung das ganze Unglück des Menschen ausmachen, zugleich aber einräumt, wie sehr der Fortschritt von Zivilisation und Freiheit des Individuums an eben diese Verabsolutierung der Einzelwissenschaften gebunden bleiben, dann hat man den Hintergrund für jene Position, die Beuys in immer neuen Wendungen zum Ausdruck brachte. Gegen Ende seines Lebens war ihm allerdings klar, »daß der Mensch schon tot ist, daß er den Mangel, das wichtigste, was ein Mensch braucht, nicht mehr kennt, weil er durch die politischen Systeme des Kommunismus und des Kapitalismus schon dermaßen auf den Kopf geklopft ist, daß er überhaupt nicht mehr weiß, was ein Mensch ist. Also ist er zufrieden mit dem, was ihm geboten wird.[94] Nach dem November 1989 daran zu erinnern, haben wir allen Grund. Aber was das theoretische Denken von Beuys durch die Verflüssigung der Begriffe, die Eliminierung von Geschichte, die Spiritualisierung der Dingbezeichnung, so jedenfalls meine Überzeugung, nicht leisten kann, das leisten seine Werke, und zwar gerade weil sie einen Widerstand bieten, der den verbalen Äußerungen des Künstlers oft fehlt, mögen sie auch noch so eindrucksvoll und einsichtig sein. »Ich möchte nicht irgendetwas Verständliches machen, etwas, was die Leute verstehen. Ich will provozieren. Man könnte es ›Schock‹-Technik nennen. Man muß einen Anstoß geben, dann sind die Leute stimuliert, Fragen zu stellen.«[95] Es sind die Bilder, Bilder im weitesten Sinne verstanden, die, gerade weil sie sich dem unmittelbaren Zugriff und der Verfügbarkeit entziehen, fruchtbar bleiben. Das gilt nicht nur für die Arbeiten aus seiner Frühzeit, sondern insbesondere auch für die späten sehr komplexen Werke, in denen sein Schaffen kulminiert. Auch an ihnen zeigt sich, was für die frühen Arbeiten bereits bestimmend ist, daß nämlich Natur für Beuys der Inbegriff all dessen ist, was wir mit unseren Sinnen wahrnehmen können. Aber Materie ist durch die rasante Entwicklung der Naturwissenschaften schon lange nicht mehr als das zu bestimmen, was sinnlich wahrgenommen werden kann. Die Welt, in die uns die moderne Physik versetzt hat, ist nicht mehr der »mundus sensibilis« lebender Menschen; sie ist die nichtsinnliche Welt des transzendentalen Subjekts, das alle Grenzen der Sinnlichkeit gesprengt hat. Beuys sieht die Natur in ihrer qualitativen Unerschöpflichkeit, aber er sieht auch die Gefah-

ren eines neuzeitlichen, nur noch operationellen Denkens, das Qualitäten in Quantitäten überführt. Seine manchmal so verwirrenden Äußerungen erwachsen seiner Opposition gegen solche Fragmentierung und Entfremdung, während sein Glaube an die Unerschöpflichkeit der Natur, die er verbal immer wieder beschwört, vor allem in seinen Werken Ausdruck gewinnt, in Formen, die sich zu Gegenbildern fügen. »Eine transzendentale Deduktion unserer Erkenntnis der Unerschöpflichkeit des Mannigfaltigen in der Natur kann nur dadurch gewonnen werden, daß man die Formen analysiert, in denen die Künste diese Unerschöpflichkeit aufzufangen vermögen.«[96]

Eingedenk dieser Feststellung Georg Pichts läßt sich ein Blick auf die Werke selbst riskieren.

Anmerkungen

1 Ein Gespräch / Una discussione. Joseph Beuys, Jannis Kounellis, Enzo Cucchi, Anselm Kiefer, hrsg. v. Jacqueline Burckhardt. Zürich 1986, S. 140
2 »Wenn sich keiner meldet, zeichne ich nicht«, Gespräch zwischen Joseph Beuys, Heiner Bastian und Jeannot Simmen, in: Joseph Beuys – Zeichnungen / Tekeningen / Drawings, Rotterdam, Berlin usw. 1979/80, S. 29
3 Joseph Beuys – Werke aus der Sammlung Karl Ströher, Kunstmuseum Basel 1969/70, S. 17
4 Fritz Bless, Joseph Beuys: een gesprek (1978), o. O. 1987, S. 15; Info 3, Sozialberichte aus der anthropologischen Arbeit, Nr. 2/1982, Februar, S. 4
5 Rudolf Steiner, Entsprechungen zwischen Mikrokosmos und Makrokosmos. Der Mensch – Eine Hieroglyphe des Weltalls. 16 Vorträge, gehalten in Dornach zwischen dem 9. 4. und 16. 5. 1920, Dornach 1958, S. 154 f.
6 Steiner, a. a. O. (Anm. 5), S. 137 f.
7 Vgl. John F. Moffit, Occultism in Avant-Garde Art. The Case of Joseph Beuys. UMI, Ann Arbor 1988
8 Benjamin H. D. Buchloh, »Joseph Beuys – Die Götzendämmerung«, in: Brennpunkt Düsseldorf, Kunstmuseum Düsseldorf 1987, S. 76
9 Vgl. Volker Harlan, Was ist Kunst? – Werkstattgespräch mit Beuys, Stuttgart 1986, S. 69
10 Steiner, a. a. O. (Anm. 5), S. 234
11 Gespräch mit J. Simmen u. H. Bastian, a. a. O. (Anm. 2), S. 29
12 Joseph Beuys, »Rede über das eigene Land: Deutschland«, in: Hans Mayer, Joseph Beuys, Margarete Mitscherlich-Nielsen, Albrecht Schönherr: Reden über das eigene Land: Deutschland 3, München 1985, S. 38
13 Gespräch mit J. Simmen u. H. Bastian, a. a. O. (Anm. 2), S. 32
14 »Beuys über Kunst. Auszüge aus einem Gespräch«, in: Gespräche mit Beuys, Wien – Friedrichshof 1983, hrsg.

von Th. Altenberg und O. Oberhuber, Friedrichshof und Hochschule für Angewandte Kunst Wien. Wien 1983, S. 76
15 Joseph Beuys, »Eintritt in ein Lebewesen«. Vortrag vom 6. 8. 1977 im Rahmen der FIU/documenta 6; wieder abgedruckt in: Museum des Geldes. Über die seltsame Natur des Geldes in Kunst, Wissenschaft und Leben II, zusammengestellt und herausgegeben von Jürgen Harten und Horst Kurnitzky, Düsseldorf 1978, S. 14
16 J. Beuys, »Eintritt in ein Lebewesen«, a. a. O. (Anm. 15), S. 16
17 Vgl. Harlan, a. a. O. (Anm. 9), S. 23
18 Joseph Beuys, Jeder Mensch ein Künstler. Gespräche auf der documenta 5, Frankfurt 1975, S. 66
19 Ein Gespräch / Una discussione, a. a. O. (Anm. 1), S. 138
20 Rudolf Steiner, Philosophie und Anthroposophie. Gesammelte Aufsätze 1904–1918. Dornach 1965, S. 114 f.; hier zitiert nach: Walter Kugler, Rudolf Steiner und die Anthroposophie. Wege zu einem neuen Menschenbild. 2. Aufl. Köln 1979, S. 42
21 Vgl. Harlan, a. a. O. (Anm. 9), S. 37
22 Gespräch mit J. Simmen u. H. Bastian, a. a. O. (Anm. 2), S. 38
23 Vgl. Horst Schwebel, Glaubwürdig. Fünf Gespräche über heutige Kunst und Religion mit Joseph Beuys, Heinrich Böll u. a., München 1979, S. 27
24 »Gespräch zwischen J. Beuys, B. Blume und H. G. Prager am 15. 11. 1975«, in: Katalog documenta 6, Kassel 1977, Bd. 1, S. 156/7
25 »›Kunst = Kapital‹. Zu Gast bei Joseph Beuys. Interview zwischen Joseph Beuys, Frank Meyer und Eivind Olsen«, in: Info 3. Sozialberichte aus der anthroposophischen Arbeit, Nr. 2/1982, S. 5
26 Vgl. Bless, a. a. O. (Anm. 4), S. 29
27 Vgl. Bless, a. a. O. (Anm. 4), S. 33
28 Joseph Beuys, Multiplizierte Kunst. Werkverzeichnis, hrsg.

von Jörg Schellmann und Bernd Klüser, 4. Aufl. München 1977, o. S

29 Rudolf Steiner, *Entsprechungen zwischen Mikrokosmos und Makrokosmos*, 1. a. O. (Anm. 5), S. 231

30 Vgl. Carolyn Merchant, *Der Tod der Natur. Ökologie, Frauen und neuzeitliche Naturwissenschaft*, München 1987, S. 95

31 Vgl. Harlan, a. a. O. (Anm. 9), S. 69

32 Vgl. *Joseph Beuys, Zeichnungen 1947–59, I. Gespräch zwischen Joseph Beuys und Hagen Lieberknecht*, geschrieben von Joseph Beuys, Köln 1972, S. 10

33 Vgl. *Joseph Beuys – Handzeichnungen und Objekte. Sammlung Lutz Schirmer.* Köln, Kunstverein St. Gallen 1971, mit Texten von Franz Joseph van der Grinten, Hagen Lieberknecht und Joseph Beuys, S. 10

34 »Joseph Superstar«. Interview von Umberto Allemandi für Bolaffi Arte, Juni 1974, abgedruckt in: *Joseph Beuys Multiples (also Sculpture from Basel Art 5'74)*, Dayton's Gallery 12, Minneapolis 1974, S. 2

35 Rudolf Steiner, *Entsprechungen zwischen Mikrokosmos und Makrokosmos*, a. a. O. (Anm. 5), S. 178

36 *Joseph Beuys, Zeichnungen 1947–1959*, a. a. O. (Anm. 32), S. 17

37 *Joseph Beuys, Zeichnungen 1947–1959*, a. a. O. (Anm. 32), S. 17

38 Vgl. Harlan, a. a. O. (Anm. 9), S. 23

39 »›Der Tod hält mich wach‹. Joseph Beuys im Gespräch mit Achile Bonito Oliva (1973)«, in: *Beuys zu Ehren*, München 1986, S. 81

40 Vg. *Joseph Beuys – Handzeichnungen und Objekte*, a. a. O. (Anm. 33), S. 11

41 Vgl. Rüdiger Safranski, *Wieviel Wahrheit braucht der Mensch? Über das Denkbare und das Lebbare*, München 1990, S. 125

42 *Joseph Beuys – Werke aus der Sammlung Karl Ströher*, a. a. O. (Anm. 3), S. 17

43 Vgl. Hans-Peter Dürr, *Physik und Transzendenz. Die großen Physiker unseres Jahrhunderts über ihre Begegnung mit dem Wunderbaren*, 4. Aufl. Bern, München, Wien 1987, S. 17

44 Vgl. Harlan, a. a. O. (Anm. 9), S. 67

45 Joseph Beuys, »Das Museum – ein Ort der permanenten Konferenz«, in: *Notizbuch* 3, Berlin 1980, S. 72

46 Vgl. *Mythos & Ritual in der Kunst der 70er Jahre*, Kunsthaus Zürich 1981, S. 90

47 Volker Harlan, Rainer Rappmann, Peter Schata, *Soziale Plastik. Materialien zu Joseph Beuys*, Achberg 1976, S. 22

48 *Multiplizierte Kunst*, a. a. O. (Anm. 28), o. S.

49 *Beuys über Kunst*, a. a. O. (Anm. 14), S. 74

50 *Joseph Beuys, Zeichnungen I.*, a. a. O. (Anm. 32), S. 19

51 Theodora Vischer, *Beuys und die Romantik*. Köln 1981

52 Vgl. Otto K. Werckmeister, *Zitadellenkultur. Die schöne Kunst des Untergangs in der Kultur der achtziger Jahre*, München 1989

53 *Ein Gespräch / Una discussione*, a. a. O. (Anm. 1), S. 100

54 J. Beuys, *Jeder Mensch ein Künstler*, a. a. O. (Anm. 18), S. 7

55 *Multiplizierte Kunst*, a. a. O. (Anm. 28), o. S

56 Vgl. Harlan, a. a. O. (Anm. 9), S. 21

57 Joseph Beuys, »Das Museum. . . .«, a. a. O. (Anm. 45), S. 47

58 *Multiplizierte Kunst*, a. a. O. (Anm. 28), o. .S

59 Gespräch mit J. Simmen u. H. Bastian, a. a. O. (Anm. 2), S. 35

60 Vgl. Harlan, a. a. O. (Anm. 9), S. 19

61 Vgl. Harlan, a. a. O. (Anm. 9), S. 14

62 »›Kunst = Kapital‹ . . .«, a. a. O. (Anm. 25), S. 4

63 Joseph Beuys, *Rede über das eigene Land. . .*, a. a. O. (Anm. 12), S. 52

64 Hans van der Grinten, »Einige Aspekte des Skulpturalen bei Joseph Beuys«, in: *7 Vorträge zu Joseph Beuys*, Mönchengladbach 1986, S. 33

65 Vgl. »Joseph Superstar«, a. a. O. (Anm. 34), S. 3

66 *Multiplizierte Kunst*, a. a. O. (Anm. 28), o. S.

67 J. Beuys, *Jeder Mensch ein Künstler*, a. a. O. (Anm. 18), S. 29

68 Paul Klee, *Schriften. Rezensionen und Aufsätze*, hrsg. von Christian Geelhaar, Köln 1976, S. 122

69 »›Kunst = Kapital‹ . . .«, a. a. O. (Anm. 25), S. 6

70 *Ein Gespräch / Una discussione*, a. a. O. (Anm. 1), S. 127

71 *Ein Gespräch / Una discussione*, a. a. O. (Anm. 1), S. 127

72 Schwebel, a. a. O. (Anm. 23), S. 26

73 Vgl. Johannes Meinhardt, »Fluxus und Hauptstrom: Die Ausbildung einer Sprache der Aktion bei Joseph Beuys«, in: *Brennpunkt Düsseldorf*, Kunstmuseum Düsseldorf 1987, S. 33

74 *Ein Gespräch / Una discussione*, a. a. O. (Anm. 1), S. 102

75 Joseph Beuys, »Gute Cascadeure sind sehr gesucht.« Gespräch zwischen Joseph Beuys und Ludwig Rinn, 7. 2. 1978, in Düsseldorf, in: *Joseph Beuys, Zeichnungen, Objekte*, Kunstverein Bremerhaven u. a. 1978, S. 14

76 Vgl. Harlan, a. a. O. (Anm. 9), S. 69

77 *Beuys über Kunst*, a. a. O. (Anm. 14), S. 75

78 *Ein Gespräch / Una discussione*, a. a. O. (Anm. 1), S. 110

79 Vgl. »Joseph Beuys und Otto Muehl. Auszüge aus einem Gespräch am 26. 1. 1983 im Atelier Otte Muehls«, in: *Gespräche mit Beuys*, a. a. O. (Anm. 14), S. 13

80 *Museum des Geldes*, a. a. O. (Anm. 15), S. 18

81 *Mythos & Ritual*, a. a. O. (Anm. 46), S. 91

82 Vgl. Christine Scherrmann, »Die Antizipation der Katastrophe – Joseph Beuys«, in: *Merkur. Deutsche Zeitschrift für europäisches Denken*, 40. Jg., Heft 9 / 10, Sept. / Okt. 1986, S. 883

83 Scherrmann, a. a. O. (Anm. 82), S. 887

84 Gespräch mit J. Simmen u. H. Bastian, a. a. O. (Anm. 2), S. 32

85 Vgl. Bless, a. a. O. (Anm. 4), S. 33

86 Götz Adriani, Winfried Konnertz, Karin Thomas, *Joseph Beuys. Leben und Werk*, Köln 1981, S. 366 f.

87 Vgl. Rolf Wedewer, »Hirsch und Elch im zeichnerischen Werk von Joseph Beuys«, in: *Pantheon. Internationale Zeitschrift für Kunst*, 35. Jg., Heft 1, 1977, S. 51 ff.

88 Wedewer, a. a. O. (Anm. 87), S. 52 r

89 Vgl. Paul Wember, in: *Joseph Beuys*, Kestner-Gesellschaft Hannover 1975 / 76, S. 10

90 Gespräch mit J. Simmen u. H. Bastian, a. a. O. (Anm. 2), S. 29

91 Vgl. *Joseph Beuys – Handzeichnungen und Objekte*, a. a. O. (Anm. 33), S. 8

92 Werner Krüger / Wolfgang Pehnt, *Documenta-Dokumente. Künstler im Gespräch*, Köln 1984, S. 43 f.

93 Joseph Beuys, »Gute Cascadeure sind sehr gesucht«, a. a. O. (Anm. 75), S. 6

94 *Ein Gespräch / Una discussione*, a. a. O. (Anm. 1), S. 98

95 Vgl. »Joseph Superstar«, a. a. O. (Anm. 34), S. 3

96 Vgl. Georg Picht, *Der Begriff der Natur und seine Geschichte*. 2. Aufl. Stuttgart 1990, S. 444

8 *dernier espace avec introspecteur,* 1982. Installation in der Anthony d'Offay Gallery, London

II.
Vom »dernier espace ...« zum »Palazzo Regale«
Die letzten Räume von Joseph Beuys

Vom 30. Januar bis 20. März 1982 zeigte Joseph Beuys in der Pariser Galerie Durand-Dessert die Installation *dernier espace avec introspecteur,* ein Environment, das von Ende März bis Mitte Mai desselben Jahres in der Londoner Galerie von Anthony d'Offay präsentiert wurde und das sich heute in der Stuttgarter Staatsgalerie befindet.[1]

Der Titel *dernier espace avec introspecteur* läßt sich annäherungsweise übersetzen mit »letzter Raum mit Introspekteur«, wobei einzuräumen ist, daß sich für den Ausdruck »introspecteur« nicht ohne weiteres ein Äquivalent im Deutschen findet. Darauf wird noch zurückzukommen sein. Was ist zu sehen? Auf dem Boden zwei keilförmige Gebilde, umlagert von weißlichen Platten und Schutt, an den oberen Kanten bekrönt von vier kelchartigen Formen. In der Mitte ein Stuhl, dessen Winkel zwischen Sitzfläche und Rückenlehne mit dem gleichen Material aufgefüllt ist, aus dem auch die Keile am Boden bestehen – nämlich Bienenwachs (Abb. 8–10).

Die Londoner Galerie, in der Beuys wiederholt ausstellte, besteht aus zwei ineinander übergehenden Räumen, die durch Filzrollen, die Eisenstäbe bzw. -rohre ummanteln, miteinander verbunden waren. Während eines dieser Elemente am Boden lag und in den Außenwänden verschwand, befand sich das andere in paralleler Ausrichtung unter der Decke, bog sich freilich in der Mitte durch, so daß der Sturz über der Öffnung in den zweiten Raumteil nicht berührt wurde. An einem Ende postierte Beuys ein Stativ. Treten wir den Teilen etwas näher, so erkennen wir, daß die Keile verschiedene Neigungswinkel haben, auf einer Arbeitsskizze gab sie der Künstler selbst mit 21° und 34° an (Abb. 11), und daß die weißen Platten aus Gips sind und die aufgesprengten Gußformen für das inzwischen erkaltete und erhärtete Wachs darstellen. Der Schutt, der die zwei Inseln umlagert, erklärt sich aus diesem durch das Material angedeuteten Prozeß. Deutlich ist auch zu sehen, wie der Stuhl auf eine dieser Formteile plaziert wurde.

Das gelblich-graubraune Wachs läßt durch die Streifenbildung an der Oberfläche erkennen, daß es flüssig nur in relativ kleinen Portionen durch die Öffnungen an den äußeren Ecken der Oberkante eingefüllt wurde, bevor nach dem Erkalten eine weitere Lage hinzukam usw. Die kelchartigen Gebilde können durchaus an Schlote bzw. Schornsteine erinnern, wie überhaupt die Keile wie Dächer aussehen. Eine Illustration von Beuys verdeutlicht das (Abb. 12) insofern, als hier aus den Dachaufsätzen Rauchwolken steigen. Daran haben verschiedene Interpreten wie etwa Caroline Tisdall die vage Vermutung geknüpft, Beuys habe sich hier indirekt auch an die geneigten Dächer Kleves erinnert, wo er seine Kindheit verbrachte. Nicht abwegig angesichts des Hinweises »Archaeologischer Gesichtspunkt« über den Firsten und Schornsteinen (vgl. Abb. 12).

Auf dem Stativ schließlich sehen wir das Gehäuse eines Autorückspiegels. Rückspiegel heißt im Französischen allerdings »rétroviseur« und nicht »introspecteur« – wobei die matt reflektierende Metallfläche, ursprünglich hinter dem zerstörten Spiegel, mit einem Fettkreuz versehen wurde. Auf der Wand hinter dem Stativ montierte der Künstler dann noch ein Photo, das denselben Spiegel zwischen einem Fettkeil und einer Fettecke zeigt, eine Konstellation, wie sie in der Wide White Space Galerie in Antwerpen vorkam, wo Beuys im Februar 1968 die Aktion *Eurasienstab* durchführte.

Lassen wir es zunächst bei dieser knappen »tour

9 *dernier espace avec introspecteur*, 1982.
Installation in der Anthony d'Offay Gallery, London

10 *dernier espace avec introspecteur*, 1982.
Installation in der Anthony d'Offay Gallery, London

d'horizon« bewenden. Uns begegnen die aus dem Œuvre von Beuys vertrauten Materialien: Filz, Fett und Wachs. Persönliche Reminiszenzen sind in die Arbeit eingegangen: möglicherweise Erinnerungen an die Kindheit, sicherlich aber die Erinnerung an einen schweren Autounfall, den Beuys 1967 hatte, bei dem sein Fahrzeug zu Schrott wurde und nur die Fassung des Rückspiegels unbeschädigt übrigblieb. Dem Spiegel, ohnehin in der Kunst häufig als Todessymbol eingesetzt, wächst eine unheilvolle Bedeutung zu. Beuys zitiert sich aber auch selbst, weist auf frühere Arbeiten zurück. Der Stuhl, den eine weitere Skizze festhält (Abb. 13), gemahnt ohne Zweifel an den berühmten Fettstuhl von 1964. Die beiden zentralen Elemente rufen aber wie selbstverständlich auch jene monumentale Arbeit ins Gedächtnis, die Beuys unter dem Titel *Tallow* bzw. *Unschlitt* 1977 für ein Projekt in Münster realisierte: eine tonnenschwere Talg-Skulptur, die erst nach Wochen soweit abkühlte, daß die Gußformen entfernt werden konnten.

Aus der gesamten Installation wird folgendes ersichtlich: Beuys stellt zwar, wie herkömmliche Bildhauer auch, etwas in die Mitte, verspannt jedoch den Raum durch eher linear wirkende Elemente (die Filzrollen). Die mit Filz ummantelten Eisenrohre erfüllen in diesem Zusammenhang eine besondere Funktion. Formal helfen sie, wie ein Diagramm zeigt (Abb. 14), das »geometrische Problem« zu lösen, während sie Beuys inhaltlich als »Strahlengang« apostrophiert. Daß Beuys ursprünglich daran dachte, diese Elemente gegeneinander zu verdrehen (vgl. Abb. 15), unterstreicht ihre Bedeutung für die räumliche Einbindung der Bodenstücke aus Gips und Wachs noch zusätzlich. Letztlich hebt er durch die offene Struktur die Distanz zwischen Werk und Betrachter auf. Wer immer den *letzten Raum* in Paris, London oder Stuttgart gesehen hat, wird einräumen, daß man sich sofort *in* der Skulptur befindet, weniger ihr gegenüber. Etwas anderes kommt hinzu: obwohl sich nichts bewegt, keine kinetischen Teile vorhanden sind, glaubt man sich mitten in einem Prozeß oder, genauer, es vermittelt sich einem der Eindruck, als sei hier gerade ein Arbeitsvorgang zu einem vorläufigen Abschluß gekommen.

Vieles mutet unvollkommen, unperfekt an, der Gips-
staub auf dem Boden und die herumliegenden größeren und kleineren Brocken, die durchhängende Filz-
rolle, ihre Stauchungen an den Enden, ja das Arrangement erscheint insgesamt eher zufällig und veränder-
bar. Die Faktoren von Zeit und Wärme haben – das ist
evident – eine ausschlaggebende Rolle gespielt. In
anderem Zusammenhang äußerte sich Beuys dahingehend, daß hier, im *dernier espace*, die Plastik eine
neue Dimension, eine neue Qualität, eine Wärmequa-
lität hinzugewonnen habe.[2] Und so verwundert es
denn auch nicht, wenn auf einer der Zeichnungen der
Begriff »Wärmeprozeß« an zentraler Stelle auftaucht
(vgl. Abb. 12).

Dann ist da noch die Wortschöpfung »introspecteur«
statt »rétroviseur«. Während man im Rückspiegel etwas wahrnimmt, das hinter einem ist, etwa ein anderes Auto auf der Straße, könnte ein »introspecteur«
als etwas verstanden werden, mit dem man in sich
hineinsieht, mit dem man sein Inneres betrachtet, sich
seiner selbst zu vergewissern vermag. Das Moment
der Selbstreflexion – nur verbal angedeutet – kann
durchaus als Rückschau auf die eigenen, zurücklie-
genden Erfahrungen verstanden werden, wie das
Beuys durch die Referenz anderer, älterer Arbeiten
andeutet, läßt sich aber auch auf den Betrachter
beziehen, der, das Wort »introspecteur« quasi als
Appell verstanden, sich indirekt auf sich selbst verwiesen sieht, der aufgefordert wird, über sich selbst
nachzudenken. Dabei fragt sich natürlich, in welchem
Sinn dieses Nachdenken über sich selbst gemeint
sein könnte. Da die Arbeit in ihrer Gesamtheit so
unmißverständlich auf Wärme und damit auf Energie
verweist, ließe sich vielleicht spekulieren, über den
eigenen Umgang mit Energie nachzudenken. Das,
immerhin, wäre nicht abwegig, wenngleich wir uns
hüten wollen, diese komplexe und vielschichtige
Arbeit, die voller Rätsel und Irritationen steckt und –
als abstraktes Formgebilde betrachtet – fasziniert, auf
einen moralischen Impuls oder eine vordergründige
Allegorie zu reduzieren.

dernier espace – letzter Raum – spielt, und auch das
vermittelt sich m. E. anschaulich, auf etwas an, was
wir mit Ausdrücken wie Unglück oder gar Katastrophe
benennen könnten. Der Spiegel des Unglücksautos
mit dem Kreuz ist hierbei ebenso ein Indiz wie die aufgesprengten Gußformen für die großen Keile aus
Wachs. Auf eben diese »Sprengung« von »Schale«
und »Gestell« (vgl. Abb. 12) kam es ihm entscheidend
an. Andererseits: Beuys arbeitet mit organischen Sub-

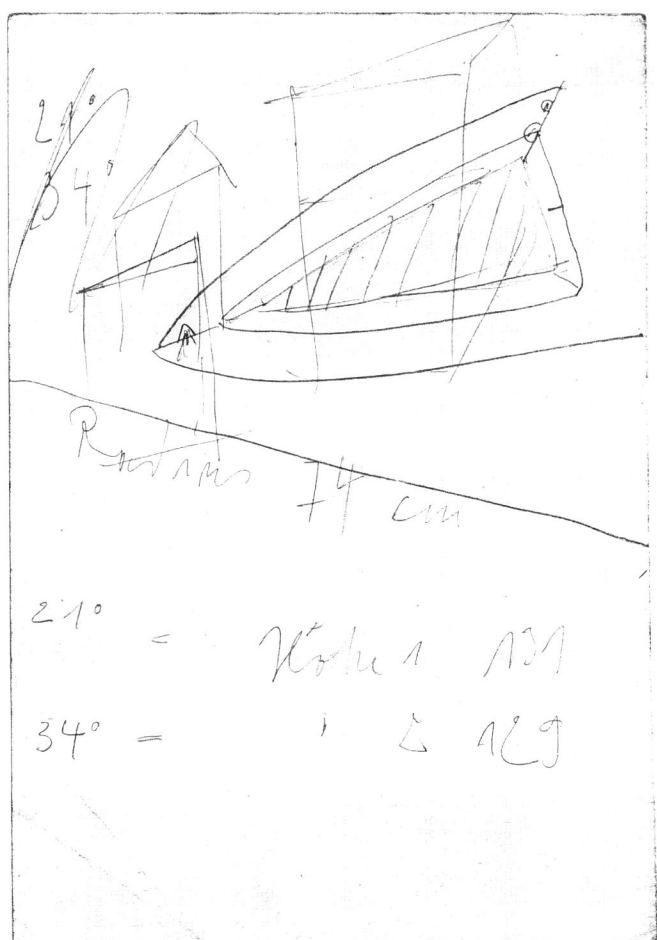

11 Arbeitsskizze zu *dernier espace avec instrospecteur*

stanzen, mit Fett, Filz und Wachs, d. h. Materialien,
die durch Isolation (Filz) Energie bewahren oder selbst
ein Energiepotential darstellen wie Fett.

Die Arbeit *dernier espace* (letzter Raum) wird so insgesamt zu einem Zeichen, das höchst doppeldeutig
anmutet: nicht nur daß die Gegensätze von fest und
flüssig ausgespielt werden, von stabil und instabil, von
Zufall und Ordnung, von Chaos und Regel, von objets
trouvés, d. h. gefundenen Alltagsgegenständen wie
Stuhl, Rückspiegel und Stativ, und frei erfundener
Gestalt, von Gebilden im Raum und dem Raum als
Totalität. Hinzu kommt, daß im *dernier espace*
Aspekte der Trauer mit solchen der Hoffnung untrennbar zusammenfließen.

Vieles wäre noch zu diesem Raum zu sagen, doch soll
das an dieser Stelle unterbleiben. In einem Interview,
das Beuys im März 1982 in London seinem langjährigen Galeristen Richard Demarco aus Edinburgh gab,
sagte der Künstler über dieses Environment: »Es setzt
eine Art Schlußstrich unter meine sogenannten
Raumplastiken und Environments. Prinzipiell möchte
ich damit das Ende dieser Art von Arbeit festhalten.

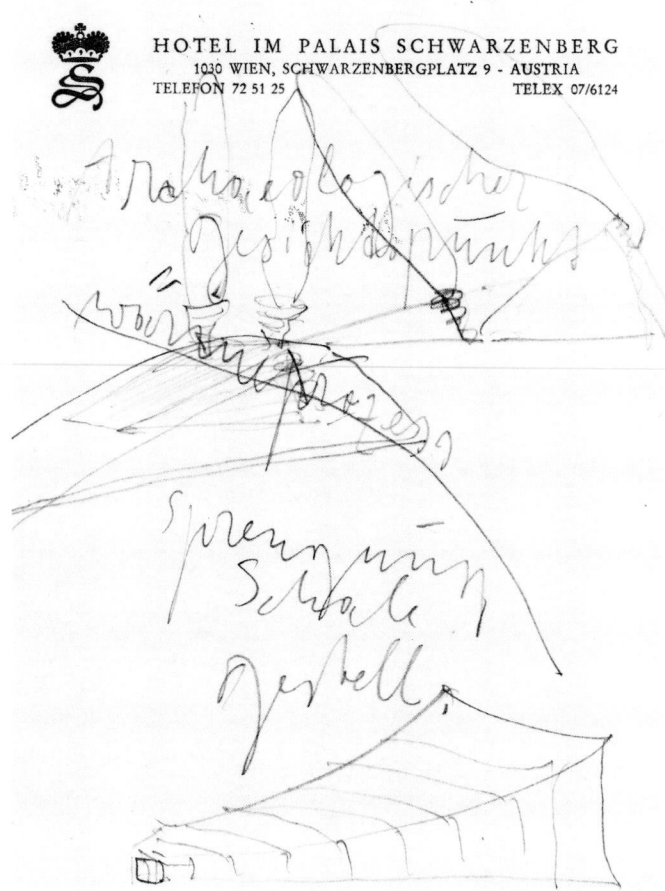

HOTEL IM PALAIS SCHWARZENBERG
1030 WIEN, SCHWARZENBERGPLATZ 9 · AUSTRIA
TELEFON 72 51 25   TELEX 07/6124

HOTEL IM PALAIS SCHWARZENBERG
1030 WIEN, SCHWARZENBERGPLATZ 9 · AUSTRIA
TELEFON 72 51 25   TELEX 07/6124

12 Arbeitsskizze zu *dernier espace avec instrospecteur*

13 Arbeitsskizze zu *dernier espace avec instrospecteur*

Ich will mehr und mehr herausgehen, um zwischen den Fragen der Natur und den Fragen der Menschen an ihren Arbeitsplätzen zu sein ...«[3] Wenige Tage später war Beuys in Kassel, um den damaligen Oberbürgermeister Hans Eichel von einer Aktion zu überzeugen, die vielleicht die spektakulärste im Gesamtœuvre des Künstlers ist.

Konzipiert als sein Beitrag für die documenta 7, die im Sommer 1982 in Kassel eröffnet werden sollte, hatte der Künstler vorgesehen, im Stadtbereich nicht weniger als 7000 Eichen zu pflanzen und mit dieser aufwendigen und auch vom Umfang her gewaltigen Aktion etwas zu betreiben, was er mit der Formulierung »Stadtverwaldung statt Stadtverwaltung« umschrieb. Bekanntlich kam diese Arbeit viele Monate nach dem Tod von Beuys mit der Pflanzung des letzten Baumes am Eröffnungstag der documenta 8 im Sommer 1987 zum Abschluß, d. h. fünf Jahre nach ihrem Beginn.
Ein grünes Projekt, ein ökologisches Vorhaben von

geradezu verblüffender Einfachheit, und – zunächst jedenfalls ohne den geringsten Anflug von Galeristenkunst oder Museumsästhetik – aufwendig, außerordentlich teuer und so gut wie überhaupt nicht in Sammlerobjekte transformier- und ausmünzbar. Zeichen wollte Beuys allerdings auch in diesem Fall setzen und so sah er von Anfang an vor, neben jedem neu gepflanzten Baum einen Stein in die Erde zu bringen. Und hiermit begann das eigentliche Dilemma, denn die Vorstellungen von Beuys liefen auf nichts Geringeres hinaus, als die »gute Stube« Kassels, d. h. den Friedrichsplatz vor dem Fridericianum, einem der Hauptspielorte der Ausstellung, auf längere Zeit mit der großen Zahl von Steinen zu besetzen.
Es gab Zustimmung, aber auch entschiedene Ablehnung. Die heftigen Kontroversen, polemischen Äußerungen, die teilweise wütenden Auseinandersetzungen in der Bürgerschaft, in den Fraktionen des Stadtrats, in der Presse, die Aversionen in den Ämtern (Gartenbauamt, Hoch- und Tiefbauamt usw.) gegen dieses Projekt sind hier nicht im einzelnen nach-

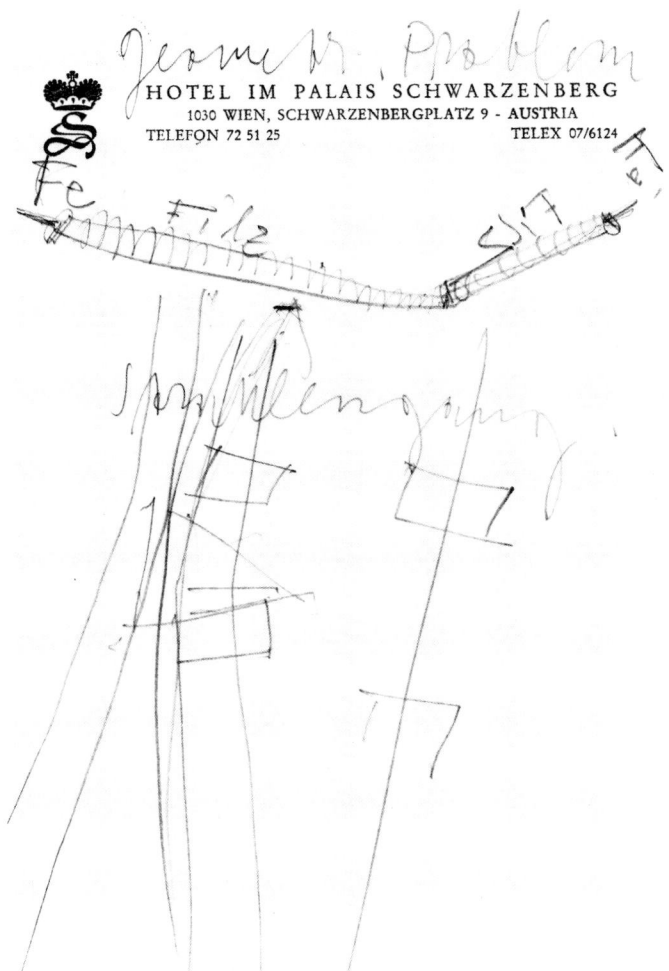

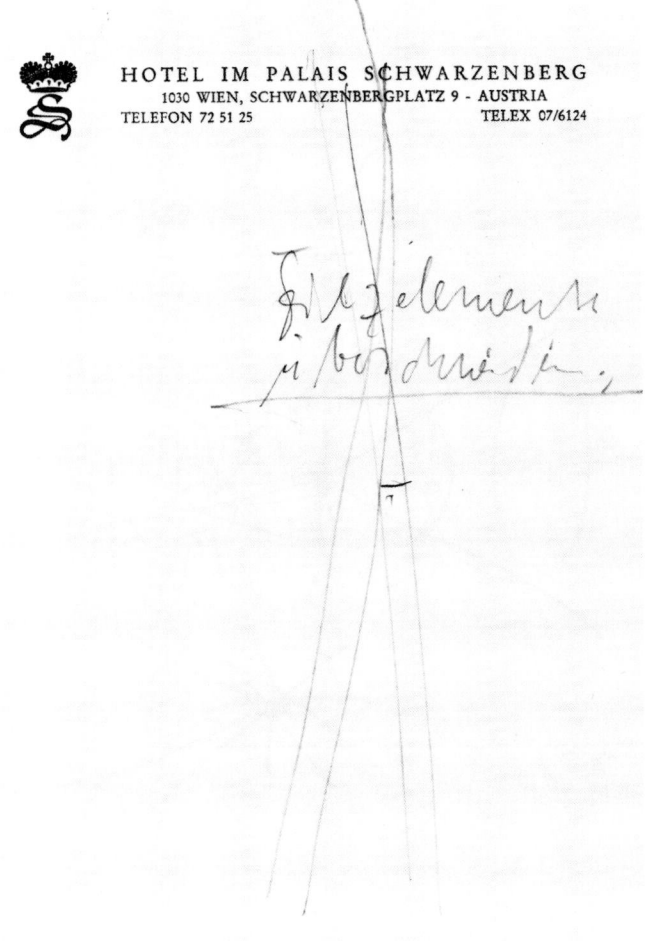

14 Arbeitsskizze zu *dernier espace avec instrospecteur*

15 Arbeitsskizze zu *dernier espace avec instrospecteur*

zuzeichnen. Beuys, der, wenn er nicht überzeugen konnte, häufig zu überreden vermochte, hat diese immensen Schwierigkeiten, die ihn nicht wenig überrascht haben, überwinden können, allerdings nur in Zusammenarbeit mit einer Schar engagierter Helfer, die sich im »Organisationsbüro 7000 Eichen« zusammenfanden, und wohl auch nur, weil es ihm gelang, einflußreiche Politiker, Bürokraten und die vielen beteiligten Techniker für seine Sache zu gewinnen.

Die Photos vergegenwärtigen den ursprünglichen Eindruck (Abb. 16), als im Sommer 1982 nun tatsächlich 7000 Basaltblöcke auf der Wiese im Zentrum der Stadt lagen, zwischen 120 und 150 cm lange Blöcke mit unregelmäßigem Durchmesser von 30–45 cm, steinerne Riegel von einem Gewicht von bis zu zehn Zentnern pro Exemplar. Gewonnen in verschiedenen Steinbrüchen der näheren Umgebung, ließ Beuys sie übereinanderschichten und eine Keilformation ausbilden, ein mächtiges Dreieck, das mit seiner Spitze auf das zuerst gepflanzte Eichbäumchen wies gegenüber dem Eingang des Fridericianums. War die erste Pflan-

zung noch ein Medienspektakel sondergleichen, so war alles weitere lokales Ereignis, oft begrüßt von den Bewohnern öder, trister Stein- und Betonwüsten (Abb. 17), oft aber auch angefeindet von Geschäftsleuten, die um die Parkplätze für die Kundschaft fürchteten. Immerhin: manche Straßenzüge gewannen im Laufe der Zeit ein freundlicheres Aussehen, manche Bäume, klein wie sie anfangs waren, konnte man schlicht übersehen, andere wiederum wurden brutal ausgerissen oder umgeknickt. Alles in allem also: ein Projekt, das nicht nur manches in Kassel veränderte, sondern auch in den direkt oder indirekt beteiligten Menschen etwas in Bewegung brachte – und darauf, auf Kooperation und Sinneswandel, kam es Beuys in entscheidendem Maße an.

Die Aktion war teuer und sie mußte finanziert werden. Die Steinbruchbesitzer stellten Rechnungen, die Transportunternehmen, selbstverständlich auch die Baumschulen für die noch jungen Gewächse, das Büro in Kassel mußte ständig unterhalten werden usw. Die ökonomische Absicherung – so die Idee des

16 Kassel, Friedrichsplatz im Frühjahr 1983. Photo: Ute Klophaus

Künstlers – sollte durch Spenden erfolgen. Für DM 500 konnte man dementsprechend einen Baum pflanzen lassen. Die Hoffnung, ein wesentlicher Teil der Finanzlast würde durch Spenden der Kasseler Bürger getragen werden, diese Hoffnung mußte man sehr bald nach dem Start der Aktion aufgeben. Für öffentliche Institutionen war es überdies schwierig, sich zu beteiligen. So gelang es bespielsweise dem Lenbachhaus in München nur durch einen Trick, zur Stadtverwaldung beizutragen.

Auch für die Finanzierung hat Beuys selbst Entscheidendes geleistet. Einmal durch die Aktion, die Ende Juni 1982 in Kassel stattfand: auf einem Podest über den Basaltsteinen schmolz er eine Nachbildung der Zarenkrone Iwans des Schrecklichen ein – unter dem Protest der Vereinigten Juweliere und Goldschmiede sowie verschiedener Freunde des Kunsthandwerks, versteht sich – und goß vor den Augen einer großen Zuschauermenge eine kleine Skulptur: den *Friedenshasen* mit Zubehör (Abb. 18, 19), wobei er die Namen der großen Alchemisten beschwor, als da sind Agrippa von Nettesheim, Paracelsus, Athanasius Kircher. Als das Gold schmolz, rief er aus: »Jetzt ist das Gold gesunken ... das Gold, das Gold, es blickt ...«[4] Das kleine Objekt aus massivem Edelmetall, exemplarisches Beispiel der Metamorphose eines Machtsymbols – der Zarenkrone – in ein Friedenszeichen mit Sonnenemblem, wurde dann im Innern der documenta hinter Panzerglas gezeigt.[5] Später für den, wie man hörte, exorbitanten Preis von mehr als 700.000 DM von einem süddeutschen Sammler erworben[6], befindet sich die Arbeit heute ebenfalls in der Stuttgarter Staatsgalerie. Wenn ich es recht sehe, hat dieses aufsehenerregende Happening der *7000 Eichen*-Aktion einen breiten Start ermöglicht, ohne den das ganze Vorhaben möglicherweise gescheitert wäre. Einige Jahre später, d.h. Anfang 1985, ließ sich Beuys, um die Durchführung zu beschleunigen, herbei, im japanischen Fernsehen für einen dortigen Whisky Reklame zu machen, mit 400.000 DM Honorar, was erneut die Finanzierung mehrerer hundert Bäume gesichert hat.[7]

36

In diesem Zusammenhang ist auch die Ausstellung »7000 Eichen« erwähnenswert, die im März 1985 in der Kunsthalle Tübingen stattfand und anschließend in Bielefeld und Kassel zu sehen war.[8] Initiiert und organisiert von Heiner Bastian, dem langjährigen Vertrauten und Mitarbeiter von Beuys, hatten über dreißig international renommierte Künstler, unter ihnen Beuys, Cucchi, Clemente, Immendorff, Rauschenberg, Twombly, Warhol, Werke im Gesamtwert von 1,65 Millionen DM gestiftet,[9] deren Verkaufserlös der Finanzierung weiterer Baumpflanzungen in Kassel zugeführt wurde. Rechnet man die Resultate von Umschmelzaktion, Reklame und Verkauf zusammen, dann dürften dadurch schätzungsweise über 4000 Bäume finanziert worden sein, d. h. weit mehr als die Hälfte. So war Beuys direkt oder indirekt in sehr großem Maße an der Realisierung seines eigenen Vorhabens beteiligt, leistete auch finanziell Entscheidendes, da ein breites pekuniäres Engagement einzelner Personen, auf das die Aktion angelegt war, beim Beginn 1982 ausblieb und in den Jahren danach das Interesse sogar noch abnahm. So ist das späte Schaffen von Beuys auch äußerlich um dieses gewaltige ökologische Projekt zentriert. Dabei stellt sich durchaus die Frage, ob nicht manche Werke, die den Charakter von Gelegenheitsarbeiten zu haben scheinen, Ergebnisse dieser hier angedeuteten finanziellen Zwangssituation sind.

In Spekulationen wollen wir uns nicht verlieren, sondern einigen anderen Problemen nachgehen. Zunächst: warum genau diese Zahl? Die Antwort ist so einfach wie einleuchtend: in alten Regeln für die Pflanzung von Bäumen spielt offenbar die Zahl sieben eine besondere Rolle, was noch in Städtenamen wie etwa Seven Oaks weiterlebt. Die Aktion fand aus Anlaß der 7. documenta statt. Nur 70 oder 700 Bäume hätten die Idee der Verwaldung nicht transparent gemacht, aber 7000, das suggeriert, so Beuys, die Absicht, die ganze Welt in einen Wald zu verwandeln.[10] Dem Künstler kam es darauf an, den »Vertotungsprozeß«, wie er sagt, der unsere nur auf Ausbeutung der Ressourcen gerichtete Zivilisation bestimmt, in einen »Verlebendigungsprozeß« zu verwandeln. *7000 Eichen* sollte demnach nicht als »ökologische Kleintat« begriffen werden, sondern die Aktion sollte – so die Vorstellung des Künstlers – übergreifen »auf ein großgärtnerisches, parkgärtnerisches Tun an allen Stellen der Erde, wo noch Platz für einen Baum ist« mit der Konsequenz »der forstwirtschaftlichen Regeneration und ökologischen Neuordnung des mitteleuropäischen Waldes zunächst …«[11]

17 Detail aus der Aktion *7000 Eichen*. Photo: Dieter Schwerdtle

Angesichts der Realität – die Abholzung der Wälder in Afrika, Südamerika, Indonesien, Australien geht mit zunehmender Geschwindigkeit weiter – kann man das Bemühen als blauäugig, wirklichkeitsfremd und idealistisch ansehen, andererseits muß man konstatieren, daß sein Reden von der »sozialen Plastik« mit dieser Aktion konkret wurde, mit welchem Erfolg letztlich, das hängt nicht mehr von Beuys ab, sondern von denen, die seine Impulse weitertragen und verstärken.[12] Auf was die Aktion in ihrer Gesamtheit verweist, ist so offensichtlich, daß weitere Bemerkungen sich in diesem Rahmen wohl erübrigen. Nur soviel: der Baum figuriert im Rahmen dieser Aktion als »Zeichen für die Umwaldung der Gesellschaft«[13] und soll dazu dienen, »die Notwendigkeit neuer Wirtschaftsbegriffe in den Mittelpunkt des Denkens zu bekommen«[14]. In das Gestrüpp der Überlegungen des Künstlers zu diesem Problemfeld wollen wir uns hier nicht begeben, nur ist festzuhalten und auch nachdrücklich zu betonen, daß Beuys von seiner Skulptur *7000 Eichen* als von einer »neuen Wärmezeitmaschine« spricht[15] und auch in anderen Zusammenhängen wiederholt auf den Begriff der Thermodynamik rekurriert[16]. Was haben Thermodynamik, ein Terminus der Physik, Wirtschaftsbegriffe und Ökologie miteinander zu tun? Daß das Prozessuale und der Wärmecharakter für die plastischen Vorstellungen von Beuys eine zentrale Rolle spielen, das hatte sich im *dernier espace* zumindest auch angedeutet.

Für die sich hier abzeichnende Fragestellung erweist sich das Buch von Christian Schütze, *Das Grundgesetz vom Niedergang. Arbeit ruiniert die Welt*[17], als außerordentlich hilfreich. Schütze, dem ich hier folge, legt uns zunächst nahe, unser Schulwissen zu reaktivieren. Bekanntlich sagt der 1. Hauptsatz der Thermodynamik, daß in einem geschlossenen System die Energiemenge stets gleich bleibt. Der zweite führt allerdings aus, daß es wertvolle und damit nutzbare Energie auf hohem Niveau gibt (gebunden in Kohle, Öl, Holz beispielsweise), daß jedoch bei der Umwandlung minderwertige, nicht weiter nutzbare Energie – gebundene Energie – in Form von Niedertemperaturwärme entsteht, etwa im kalten Badewasser, kalten Kaffee usw., in den Weltmeeren, der Erdrinde usw. Die gewaltige Menge so gebundener Energie ist nutzlos, läßt sich nie mehr in mechanische Arbeit umwandeln. Sie heißt Entropie. Dieser 2. Hauptsatz der Thermodynamik sagt nichts weiter, als daß in einem geschlossenen System die Entropie immer größer wird. Dieser Satz, 1865 von dem Physiker Rudolf Clausius formuliert, beschreibt den nicht umkehrbaren Prozeß des Absinkens der Energie von einem Niveau zum anderen, bis am Ende das gesamte Geschehen im geschlossenen System Weltall im sogenannten Wärmetod zum Stillstand kommt. Mit dieser Erkenntnis wurde das mechanische Weltbild Newtons, das auf der Umkehrbarkeit physikalischer Vorgänge basierte, verabschiedet, da der Entropiesatz, wie man den 2. Hauptsatz der Thermodynamik auch nennt, die Unumkehrbarkeit des Weltgeschehens postuliert.

Das müßte hier nicht erwähnt werden, wenn nicht beispielsweise der Wirtschaftsmathematiker und Statistiker Nicolas Georgescu-Roegen in seinem Buch *The Entropy Law and the Economic Process* von 1971 die Naturgesetze der Thermodynamik auf ihre Gültigkeit im Wirtschaftsleben hin untersucht hätte. Nun beruhten die klassischen ökonomischen Theorien, wenn ich recht sehe, alle mehr oder weniger auf der Annahme, daß die Materie wertlos sei, und daß der ökonomische Prozeß auf dem Wechselspiel von Produktion und Konsumtion beruhe, das nun seinerseits auf den entscheidenden Faktoren Kapital und Arbeit

basiere. Energie und Materie wurden dabei lange uneingestanden als permanent vorhanden vorausgesetzt. Der Wirtschaftsprozeß, wir alle wissen es, sucht überall Inseln niedriger Entropie auf: Ölquellen, Kohlegruben, Erzlager usw. Solche Ressourcen, die durch erdgeschichtliche Konzentrationsprozesse entstanden sind, und die sich ja nicht in von Menschen überschaubaren Zeiträumen regenerieren werden – ganz zweifellos nicht –, vermindern sich mit zunehmender Geschwindigkeit. Von dem Abbau solcher Enklaven negativer Entropie und ihrer Umwandlung in immer größere Entropie lebt letztlich der gesamte Wirtschaftsprozeß. Aber der Moment scheint vorausehbar, wo die Gewinnung einer Tonne Öl beispielsweise genausoviel Energie erfordert, wie mit ihr selbst zu erzeugen wäre. Völliger Stillstand wäre das zwangsläufige Resultat. Das alles läßt sich indessen sogar nur denken unter der Voraussetzung, daß Georgescu-Roegen mit seiner Übertragung des 2. Hauptsatzes der Thermodynamik auf den Bereich der Materie recht hätte. Immerhin, dem Laien leuchtet ein, daß ein Wirtschaften allein aus den erdgeschichtlich bedingten Energievorräten irgendwann an ein Ende kommt. Relativ bald, wie es aussieht.

Nun ist allerdings auch evident, daß wir alle auf die Zufuhr negativer Entropie angewiesen sind, als einzelne Lebewesen, aber auch als Wirtschaftsgemeinschaft. Die angedeutete Entwicklung ließe sich nun vielleicht zumindest verlangsamen, durch eine Technik, die die negative Entropie bei der Umwandlung besser ausnutzt. Auch Recycling ist sicher ein richtiges Konzept zur Schonung der Ressourcen und was dergleichen Dinge mehr sein mögen, von der Nukleartechnologie mit all ihren Fragwürdigkeiten ganz zu schweigen.

Kehren wir zurück: als Beuys die Zarenkrone umschmolz und einen kleinen Hasen formte, gab er diesem ein Sonnenzeichen bei. Das ist kein Zufall. Man könnte sich ja immerhin fragen, ob eine Rückkehr der Menschheit zu einer Wirtschaftsweise möglich wäre, die die zugestrahlte Sonnenenergie entschiedener nutzte. Ja, man kann sich weiterhin fragen – und ich glaube in der Tat, daß Beuys mit seiner Aktion *7000 Eichen* auf nichts anderes abheben wollte –, ob die lebendige Natur nicht überhaupt das einzige Bollwerk gegen die Entropievermehrung darstellt. Und zwar ganz unmittelbar: Vegetation sammelt und konzentriert Sonnenenergie zu Brennstoff und Nahrung; Vegetation bremst die Entropievermehrung in der anorganischen Welt, indem sie die Erosion verhindert usw. Eine Staeck-Postkarte, »Die Wärmezeitma-schine in der Ökonomie«, von 1974, die die Welt als von Sonnenlicht umrandeten Apfel zeigt (Abb. 20), läßt erkennen, daß der Künstler schon lange in derartigen Zusammenhängen dachte.

Daß Ökonomie und Ökologie zu versöhnen wären, das hat Beuys nicht angenommen, seine permanenten Hinweise auf die thermodynamischen Grundgesetze lassen daran keine Zweifel. Einsehbar wird indessen, warum *7000 Eichen* Beuys Anlaß gibt, über Wirtschaftsbegriffe zu reflektieren. Er hat Anstöße zu einer Neubesinnung gegeben, Anstöße, Alternativen zum Gegebenen nicht nur zu denken, sondern diese auch in die Praxis umzusetzen. So sind denn auch die *7000 Eichen* das entscheidende Paradigma des erweiterten Kunstbegriffs. Was allerdings so offensichtlich eine politische Frage zu sein scheint, wird im Denken von Beuys zu einem ästhetischen Problem, und zwar deshalb, weil er den Begriff des Kapitals nicht an das Geld knüpft, sondern an die Kreativität des Menschen. Im Hintergrund steht dabei offensichtlich die Einsicht, daß Politik die sich immer schärfer abzeichnende Umweltproblematik nicht wird lösen können, sondern daß nur die Kreativität des einzelnen eine Wende zum Besseren garantieren könnte. Im Verlauf einer Podiumsdiskussion, die im Januar 1983 in der Hochschule für angewandte Kunst in Wien stattfand, sagte Beuys entsprechend: »Wenn sie, die Menschen, also von ihrem Grundkatalog der Kreativität allmählich Gebrauch machen, dann wird sich die Welt, nachdem sie verwelkt ist, auch wieder erheben können. Und *das* ist die ästhetische Grundfrage für mich.«[18]

Der Lebensweg von Beuys ist gekennzeichnet durch viele Anfeindungen, Verleumdungen, Vorwürfe und dergleichen. Diese Attacken zielten durchweg auf die ästhetische Praxis, während man für seine politischen Aktivitäten eher mildernde Umstände geltend machte, sie mit Schweigen überging oder sie als »Mental-kitsch« geißelte. Den Angriff auf seine Werke, die für den kunstimmanenten Kontext, sprich Museum, bestimmt waren, empfand er, so schmerzlich das im einzelnen sein konnte, durchaus als Herausforderung, der auch produktive Seiten abzugewinnen waren. Die Infragestellung des ökologischen Projektes und des diesem zugrundeliegenden erweiterten Kunstbegriffs konnte er nur als tiefe Enttäuschung empfinden. So wird vielleicht verständlich, warum Beuys dem *dernier espace,* dem letzten Raum, der doch eigentlich einen Abschluß solcher Rauminstallationen signalisieren sollte, weitere Environments folgen ließ, zum Teil

außerordenlich dunkle und bedrückende Metaphern, erschreckend vor allem diejenigen, die aus dem unmittelbaren Zusammenhang mit *7000 Eichen* erwuchsen. Darauf kommen wir zurück.

Für seine Kasseler Arbeit, die sich auf den Außenraum bezieht und diesen transformiert und verbessert, wählte Beuys mit Bedacht Eichen aus, d.h. einen Baum, der gut gedeiht, lange lebt und nicht so schnell wächst wie Pappeln oder Birken.[19] Damit wollte er auf den Langzeitcharakter des Projektes hinweisen. Andererseits brachte er in Gesprächen wiederholt zum Ausdruck, wie sehr es ihm auch auf den Rückbezug, d.h. die germanische bzw. keltische Vorzeit ankam, so daß sich für ihn auch so etwas wie der Gegensatz von Nord- und Südkulturen artikulierte, mithin angespielt wird auf die dezentrale Kultur der Germanen und Kelten gegenüber dem lateinischen Bewußtsein, das urbanen Charakter hatte.[20] In der Eiche als dem Baum des Druiden verbinde sich zeichenhaft, so Beuys, die Vergangenheit mit der Zukunft, wenn es darum gehe, eine Kulturhülle um den Erdball aufzubauen.[21] Mit derartigen Statements weckte Beuys mißverständliche Assoziationen, zumal wenn man sich vor Augen hält, daß die Eiche in der deutschen Tradition zwei einander widersprechende Bedeutungen auf sich vereinigt: ein konservativ-idealistisches Moment, das sich in der Beschwörung einer heidnisch-christlichen Vergangenheit manifestiert, andererseits aber auch ein progressives Moment, dem die Ideale der französischen Revolution zugrunde lagen. Wie Annemarie Hürlimann in ihrem Essay »Die Eiche, heiliger Baum deutscher Nation« zeigen konnte, überwog der erste Aspekt im wilhelminischen Deutschland. Eiche, Eichenlaub und Eichenkreuz

18 Beuys schmilzt eine Goldkrone ein und gießt daraus einen Gold-hasen, 1982. Photo: Zoa, Edition Galerie Holtmann

19 *Friedenshase*, 1982. Staatsgalerie Stuttgart,
Leihgabe Josef W. Froehlich

scher Beitrag aus Überzeichnungen von Stichen nichtdeutscher Eichen, wobei als Ausgangspunkt A. Michaux' 1801 verlegte Folge *Histoire des chênes de l'Amérique . . .* diente. Das war 1986, obwohl Beuys bereits bald nach dem Beginn der Pflanzaktionen in Kassel unmißverständlich klarstellte, wie absurd ihm selbst die Verknüpfung seines Projektes mit dem Mißbrauch der Eichensymbolik durch Preußentum und Hitlerzeit vorkam.[25] Die Erinnerung an den »reichsdeutschen Totembaum« (Weyergraf)[26] mag nicht wenige zu vorsichtiger Distanz gegenüber Beuys veranlaßt haben, der angesichts solcher Reserve vielleicht ganz froh war, daß Eichen nicht überall in Kassel wachsen wollten und man daher auf Robinien, Platanen und andere Bäume auswich.

Eine bedenkenswerte Anregung von J. A. Schmoll gen. Eisenwerth aufgreifend, läßt sich das Kasseler Projekt auch in einem anderen Rahmen betrachten. Anfang der fünfziger Jahre las Jean Giono auf Einladung der in England bestehenden Gesellschaft »The men of the Trees«, die sich den Schutz verehrungswürdiger alter, freistehender Bäume zur Aufgabe gemacht hat, seine Erzählung *Un caractère*. Bald auf deutsch publiziert, geriet sie freilich ebenso wie der Autor in Vergessenheit, wurde aber im Sommer 1980 in der anthroposophischen Zeitschrift *die drei* nachgedruckt.[27] Giono beschreibt hier seine Begegnungen mit einem Schäfer, der es als einzelner im Süden Frankreichs unternahm, verödete und verkarstete Gegenden aufzuforsten, indem er tagtäglich die am Abend zuvor sorgfältig ausgesuchten Samen von Buchen, Birken, Eichen usw. mit Hilfe eines Steckens in den Boden brachte. Nach drei Jahrzehnten – Giono traf den alten Mann ein letztes Mal 1945 – hatte sich die Wüste in einen blühenden Landstrich verwandelt.

Die Wärmezeitmaschine in der Ökonomie

20 *Die Wärmezeitmaschine*. Postkarte, Edition Staeck

waren aus dem politischen, kulturellen und alltäglichen Leben der Kaiserzeit nicht wegzudenken. Bismarck, der drei Eichblätter in seinem Wappen trug, verschenkte als Gegengabe für besondere Huldigung junge Eichenbäume aus dem Sachsenwald, die gepflanzt und zu Bismarck-Denkmälern geweiht wurden, ähnlich den Donar- oder Wodaneichen der Vorzeit.[22] Im Dritten Reich wurde dann der Baum für die Blut- und Bodenmythologie, für das arische Urmonopol vereinnahmt.[23] Solche Traditionen, einschließlich ihres Mißbrauchs, traten für viele, die lediglich oberflächliche Kenntnisse des Vorhabens hatten, in Erscheinung, obwohl das Beuys keineswegs vorausgesehen, geschweige denn intendiert hatte.

Aufschlußreich und bezeichnend zugleich ist in solchem Zusammenhang die Reaktion von Arnulf Rainer, den ich um einen Beitrag für unsere Hommage »Beuys zu Ehren« im Münchner Lenbachhaus gebeten hatte. Mit Bezug auf das hier in Rede stehende Vorhaben in Kassel schrieb Rainer einen kleinen Text für unseren Katalog, in dem es u. a. heißt: »Die Verbindung von Botanika und Nationalismus im Verbalismus der › deutschen Eiche ‹ – (den freilich Beuys meines Wissens so gar nicht verwendete) – hat mich entsetzt und beschäftigt. Zu nah ist die Erinnerung an eine Zeit, in der man durch Kreuze und Eichenlaub deutsche Aggressionsheroik auszeichnete und demonstrierte.«[24] Gleichsam als Kritik bestand Rainers künstleri-

Trotz mancher Gefährdungen, wie der Gewinnung von Holzgas in den Kriegsjahren, schien die Rekultivierung weitgehend gelungen zu sein. Möglich, daß Beuys diese Erzählung kannte. Wenn ja, ist nicht auszuschließen, daß sie ihn bei der Konzeption seines Vorhabens anregte. Aber welche Unterschiede: dort das Langzeitprojekt eines einzelnen in einer fast menschenleeren Gegend ohne irgendeine Aufmerksamkeit der Öffentlichkeit, hier dagegen die »Verwaldung« einer ganzen Stadt als Gemeinschaftsprojekt unter großer Anteilnahme der Medien; dort die reine Huldigung an die Natur, hier die Reflexion auf den Zusammenhang von Natur und Gesellschaft, Kunst und Kultur. Mögen die Motive des französischen Schäfers Elzéard Bouffier im Prinzip denen von Beuys entsprochen haben, hinsichtlich Anspruch, Zielsetzung und Durchführung sind die Differenzen letztlich entschieden größer als die verbindenden Momente. Immerhin, Jean Gionos Erzählung kann in ihren zentralen Aspekten zu einer ideellen Vorgeschichte von *7000 Eichen* gerechnet werden, wie übrigens auch Anton Tschechows Vision der lebensspendenden Kraft der Bäume und Wälder, die er im *Onkel Wanja* dem Arzt Astrow in den Mund legt.

Kehren wir aber noch einmal zu den Absichten von Beuys zurück, die vor solchem Hintergrund noch prägnanter in Erscheinung treten. Ideologisch vorbelastet, wenn man so will, konnte einem nicht nur die Eiche, sondern auch das Ziel des ganzen Unternehmens vorkommen, nämlich die »Verwaldung« der Stadt Kassel. Wie Bernd Weyergraf mit seiner Ausstellung »Waldungen« in der Akademie der Künste zeigen konnte, läßt sich deutsche Geschichte als Bedeutungs- und Wandlungsgeschichte des deutschen Waldes auf weite Strecken als eine Geschichte der Gegenaufklärung verstehen, »als Durchforstungsprozeß, der schließlich nur noch strammen Hochwald zur Gemütsertüchtigung der Volksgemeinschaft duldet.«[28] Solche Vorstellungen, die ebenfalls im Dritten Reich dominierten, überlagerten und verdrängten jene Tradition der Romantik, der die Waldnatur zur »anderen heimatlichen Welt« wurde, »zum Spiegel und Resonanzraum der Seele, in dem die unbewußten Regungen sympathisch erlebt werden können.«[29] Wenn auch all das in seiner Ambivalenz bei Beuys und seiner Verwaldungsaktion indirekt mitanklingen mag, beabsichtigt hatte der Künstler solche Referenzen zweifellos nicht. Der Ausgangspunkt seiner Überlegungen ist, wie wir sahen, vielmehr in der heraufkommenden Gefahr eines ökologischen Desasters zu sehen, mögli-

cherweise auch in der Tatsache, daß der Wald längst aufgehört hat, ein Sinnbild kollektiver Überlebenshoffnung zu sein.[30]

Solche Differenzen zu fragwürdigen Erbschaften aus unserer Vergangenheit sind m. E. sehr deutlich zu markieren, zumal Beuys selbst mit seinen Statements immer wieder weit in die Vorzeit zurückgewiesen hat, freilich wohl nicht im Sinne einer regressiven Utopie, so als würde es darum gehen, längst vergangene und längst überwundene Zustände als verheißungsvolles Bild der Zukunft auszugeben.

Die Eiche haben wir erwähnt, ebenso den Wald, also fehlt noch jenes entscheidende Element, von dem wir ausgingen, die Steine. Sagen muß man indessen, daß die gesamte Aktion *7000 Eichen* wenig originell ist, daß es Baumpflanzungsaktionen mit löblichen Vorsätzen immer gegeben hat, daß aus allen möglichen Anlässen Bäumchen gepflanzt werden, Politiker sich hier besonders gern hervortun, das uralte Lebenssymbol zu reaktivieren. Aber es ist nicht so, daß bei Beuys die bloße Quantität, die enorme Zahl von 7000, in eine neue Qualität umschlägt. Die den Bäumen beigestellten Steine spielen eine ganz besondere Rolle. Beuys betonte in Diskussionen, die Kelten hätten für ihre Kulthandlungen immer einen besonders kräftigen Baum gesucht, in dessen Nähe sich dann zumeist auch der entsprechende Opferstein befunden habe.[31] Nicht auf irgendeinen rituellen Bezug kommt es dem Künstler indessen an, sondern auf die Kombination eines lebendigen, sich verändernden Teils, des Baumes, mit einem statischen, unwandelbaren Element, dem Stein. Um den symbolischen Anfang der Verwaldungsaktion festzuhalten, sichtbar zu machen, permanent sichtbar zu halten, braucht Beuys diesen Marktstein, diese Basaltsäule, wie er sagt.[32] Es ist so einfach, wie es paradox anmutet: der Baum steht für Lebendigkeit und Regeneration, aber erst zusammen mit dem Stein vermag er die Umkehr des Raubbaus an der Natur zu markieren.[33]

Auffällig ist, wie Beuys bei der Auswahl der Steine ganz bewußt auf regelmäßige Basaltsäulen, die fünf- bis achteckig ausfallen können, verzichtete, vielmehr solche aus der Kasseler Region auswählte, »die halb kristalline, also zwar kantige Formen aufweisen, aber doch schon eine gewisse Tendenz zum Amorphen haben«. In dem hier zitierten »Gespräch über Bäume«, das er mit Bernhard Johannes Blume am 24. April 1982 in der Bonner Galerie Magers führte, verglich er die Struktur der Blöcke mit den »kantigen, krobeligen, halbkristallisierten« Körnern von »Hoffmann's Reisstärke«. Wie immer in solchen Fällen sind derartige Vergleiche nicht zufällig. Wenn man sich vor Augen hält, daß strikt geometrische Elemente von Beuys durchgängig mit dem Todesprinzip in Verbindung gebracht werden, dann sollen die Kasseler Steine mit ihrer »Tendenz zum Amorphen« noch Spuren des Lebendigen vergegenwärtigen. Das entspricht Vorstellungen, wie sie der Künstler in den siebziger Jahren formulierte. Ein Diagramm macht das exemplarisch anschaulich (Abb. 21). Über einer oberen, waagerechten Horizontlinie knospen einige zart angedeutete vegetabile Formen, die mit einem unregelmäßigen, sechseckigen Steinblock darunter kombiniert werden. »Gestein« bzw. »Steine«, das geht aus der Beschriftung des Blattes hervor, stehen in Beziehung zu nach oben drängendem »Ton« und absinkendem »Kalk«, sind offenbar Ergebnis eines Prozesses, so jedenfalls stellt es Beuys hier dar. Petrographisch ist die Zeichnung anhand der verbalen Hinweise und der angedeuteten Motive nicht weiter aufzuschlüsseln, weder für Sediment- noch Effusivgesteine, zu denen Basalt ja rechnet. Bemerkenswert bleibt sie dennoch, nicht zuletzt wegen einer Besonderheit in ihrem unteren Teil. Dort nämlich ragt ein längliches, senkrecht im Boden steckendes Gebilde, durch die Inschrift eindeutig als »Stein« zu identifizieren, mit seiner »lebendigen« Hälfte in die Luft und steckt mit seiner »toten« in der Erde. Aber auch eine solche Polarisierung wird sofort wieder unterlaufen. Während oben »Blüten- und Blattwärme« wirksam werden, nimmt der untere Teil des Steins »Wurzelwärme« auf. Das alles zeigt, daß Beuys über die Verbindung von Steinen und Bäumen offenbar nicht erst nachdachte, als er seinen Beitrag für die documenta 7 in Angriff nahm.

Aufschlußreich für die Verwendung der Basaltblöcke in anderen Werken, etwa in *Das Ende des 20. Jahrhunderts,* erscheint ein Detail, und zwar die runde Aussparung im unteren Teil des Steins, eine Vertiefung, die Strahlen aufnimmt und die Beuys als »Collector für kosmische Formkräfte« bezeichnete.

Man könnte ein derartiges Diagramm kommentarlos beiseite legen, wenn sich an ihm nicht ablesen ließe, wie Beuys auch dort, wo er Unveränderlichkeit signalisieren will, lebendige Zusammenhänge unterstellt. Die Kasseler Steine sind unwandelbar, sie wirken wie erstarrt, aber sie weisen keine regelmäßigen Strukturen auf, muten partiell amorph, partiell kristallin an. Eine derartige formale Mehrdeutigkeit, die Beuys immer auch als inhaltlich bedingt verstand, erlaubte es ihm, die Basaltriegel, wenn auch geringfügig verän-

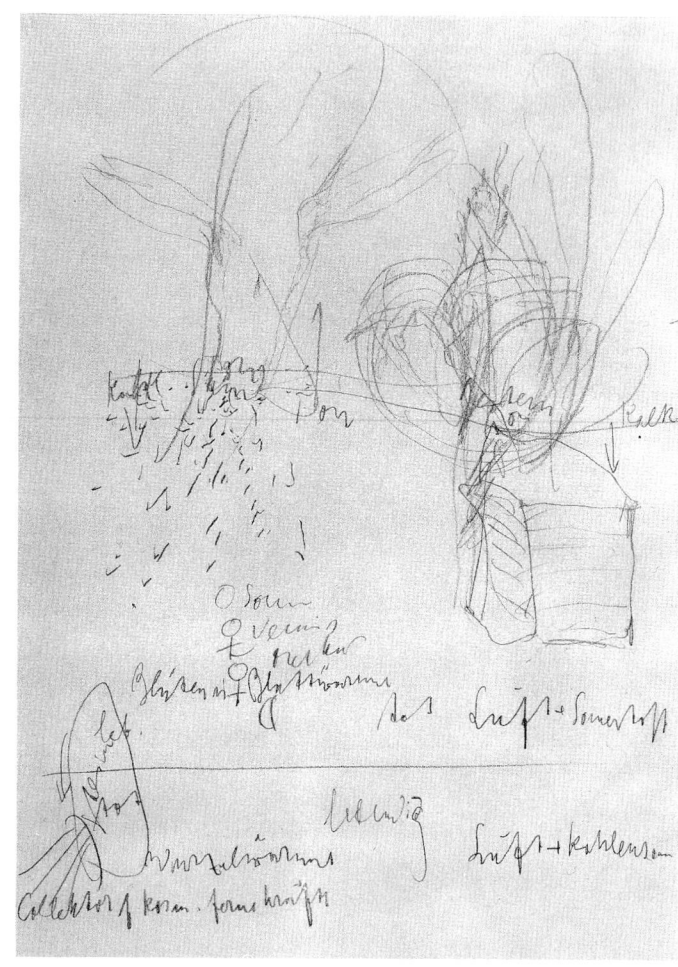

21 *Ohne Titel,* Bleistift auf Papier, 29,2 x 21 cm, Privatsammlung

dert, in unterschiedlichen Werken und unterschiedlicher Bedeutung zu verwenden, wie noch zu zeigen sein wird.

Bei dem Stadtverwaldungsprojekt jedenfalls hat Beuys 7000 Denkmäler gesetzt, Denkmäler aus Bäumen und Steinen des (Denk-)Anstoßes (Abb. 22). Entsprechend äußerte er sich: »Es kam mir darauf an . . ., daß jedes einzelne Monument aus einem lebenden Teil besteht, eben dem sich ständig in der Zeit verändernden Wesen Baum, und einem Teil, der kristallin ist und also seine Form, Masse, Größe, Gewicht beibehält. . .«[34] Daraus resultieren ständig wechselnde Proportionalitäten. Erscheint nämlich anfangs der Stein neben dem Bäumchen groß und schwer, so ändert sich das im Laufe der Zeit, so daß der Riegel schließlich klein und unscheinbar neben dem mächtigen Stamm wirkt – nach Jahrzehnten, oder gar Jahrhunderten. Dieses Abheben auf den Monumentcharakter der aufgerichteten Steine verweist indirekt auch auf prähistorische Kultstätten, etwa auf Carnac, oder auch Monumente aus Irland, z. B. Knockmany im County Tyrone. Ebenso kommt einem Stonehenge in den Sinn (vgl. Abb. 25). So erscheint es kaum abwegig, eine Umrißzeichnung von Beuys, die einen späteren Zustand antizipiert – der Stamm ist mächtig, die Basaltstele eher zart –, einem Blatt von Caspar David Friedrich gegenüberzustellen, auf dem knorrige, jahrhundertealte Eichenbäume neben den Resten von Hünengräbern aufragen. Denkbar immerhin, daß nicht nur Grab- oder Kultstätten in ihrem ursprünglichen Zustand Beuys inspiriert haben, sondern auch die romantisch geprägte Ruinen-Nostalgie.

Neben derartigen, insgesamt vielleicht eher unbestimmt anmutenden Beziehungen, sind für Kassel auch lokale Gegebenheiten zu berücksichtigen. So hat man bis zur Jahrhundertwende und auch darüber hinaus zwischen die Bäume am Straßenrand häufig ähnliche Steine gesetzt, wie das Beuys für sein documenta-Projekt realisieren sollte. Noch vor dem Ersten Weltkrieg gab es diese Praxis, von der man auch heute noch Reste in der Stadt finden kann. Und dann gibt es in einer Fußgängerzone in unmittelbarer Nähe des Friedrichsplatzes einen winzigen Steingarten mit genau jenen Basaltstelen, wie sie dann verwendet wurden. Auch das mag unbewußt für das Konzept eine Rolle gespielt haben.

Neben derartigen prähistorischen, romantischen und lokalen Aspekten spielt selbstverständlich auch der eigentliche Kunstkontext eine nicht unerhebliche Rolle. Das Ensemble der Steine auf dem Friedrichsplatz, das, wie wir sahen, eine geometrische Figur bildete, wäre beispielsweise in Parallele zu setzen zu Werken von Richard Long und Robert Morris.[35] Im Rahmen der documenta 6 realisierte der Amerikaner im Aue-Park eine mehrteilige Plastik aus großen Steinen, die Beuys ebenso wie das Werk von Long kannte. Derartige Querverweise sollen nicht dazu dienen, irgendwelche ästhetischen Abhängigkeiten zu behaupten, sondern lediglich dazu, auf künstlerische Phänomene zu verweisen, die für das Konzept von *7000 Eichen* ganz am Rande vielleicht ein Potential von Anregungen geboten haben könnten, wie auch der 1981 erfolgte Besuch des vom Erdbeben zerstörten sizilianischen Städtchens Gibellina. Die abstrakte Figuration der Steine im Zentrum Kassels war nur aus der Vogelperspektive auszumachen. Betrat man im Sommer 1982 nämlich den Platz, glaubte man sich zunächst einem Trümmerfeld gegenüber, dessen Gestalt sich erst allmählich erschloß. In solcher Perspektive erscheint *7000 Eichen* als monumentale Manifestation der Land Art im urbanen Umfeld und zugleich als deren Kritik. Nicht zu übersehen ist freilich, daß für die Arbeit von Beuys der Zeitfaktor konstitutiv wurde. In gleichem Maße nämlich wie die plastisch eindrucksvolle und urbanistisch bedrückende, um nicht zu sagen unerträgliche Aufschüttung der Steine im Zentrum Kassels abschmolz und sich der durchaus als Affront und Herausforderung zu verstehende Ausgangspunkt der Arbeit allmählich, d.h. im Laufe von fünf Jahren auflöste, die anfangs so konzise Gestalt buchstäblich atomisiert wurde, in gleichem Maße erfüllten sich die Intentionen, die Beuys mit diesem ökologischen Environment verband – dieser wichtigsten, auf den Außenraum bezogenen Arbeit des Künstlers, die als nonprofitables Unternehmen den Erwartungen von Kunstmarkt und Sammlern zuwiderlief. Abgesehen von konkreten Maßnahmen zur Begrünung von Straßenzügen und Plätzen lag der Akzent von Beginn an darauf, die Kommunikation vieler Menschen miteinander zu fördern, mit dem Ziel, das Bewußtsein für die Umweltproblematik zu schärfen als notwendige Voraussetzung für veränderndes Eingreifen.

Hier also war die Kunst nicht nur Metapher oder Modell, hier war sie nicht mehr temporäres Forum für die Erörterung alternativer Lebenspraktiken, wie etwa auf der documenta 6, wo Beuys seine berühmte *Honigpumpe am Arbeitsplatz* mit einem ständigen Diskussionszirkel der FIU verband. Mit *7000 Eichen* versuchte Beuys eine Transformation der Kunst, indem er der Eigenwertigkeit des Ästhetischen entsagte und ein konkretes, ökologisch begründetes und politisch vermitteltes Ziel anvisierte. Als dieses nach Überwindung vieler Hindernisse erreicht war, blieb von der bildenden Kunst als einer eigenständigen Disziplin und ausdifferenzierten Wertsphäre offenbar nichts mehr übrig außer der Möglichkeit, diese Osmose ins Soziale zu rekapitulieren. So kann *7000*

22 *7000 Eichen*, Plakat-Aktion. Photo: Dieter Schwerdtle

Eichen als eine unter großen Schwierigkeiten gelungene Probe auf das Exempel des erweiterten Kunstbegriffs verstanden werden, wobei man sich allerdings darüber im klaren sein muß, daß das nur in einem Kontext von Kunst, d. h. unter den Auspizien der documenta 7 gelingen konnte. Eine wirkliche Transzendierung der Zirkulationssphäre von Kunst, letztlich ihre Aufhebung, konte das Projekt nicht leisten, aber es signalisiert zumindest die Ziele, auf die Beuys zusteuerte.

So muß man konstatieren, daß sich die Erwartungen, die der Künstler mit seinem Vorhaben verknüpfte, nämlich eine Initialzündung für weitere Projekte ähnlichen Zuschnitts, aber noch größeren Maßstabs, nicht eingelöst haben. Mißt man das Werk an den mit ihm verknüpften Ansprüchen, so ist festzustellen, daß eine Metamorphose des sozialen Körpers nicht wirklich initiiert werden konnte, da es nahezu ausschließlich Mitglieder der Kunstwelt waren, Künstler, Sammler, Ausstellungshäuser, einige Museen usw., die Beuys dabei unterstützten, das Projekt zum Abschluß zu bringen. Das ist weder überraschend noch mindert es den Wert von *7000 Eichen.*

Ob nun aus Enttäuschung über den schwierigen Anfang und die vielen Proteste der Kasseler Bevölkerung oder ob aus anderen Gründen, aus dem Zusammenhang von *7000 Eichen* entwickelte Beuys Environments und Räume, die fortsetzten, was mit dem *dernier espace avec introspecteur* eigentlich hätte abgeschlossen sein sollen. Als im Sommer 1983 die Ausstellung »Der Hang zum Gesamtkunstwerk« in der Düsseldorfer Kunsthalle Station machte und die Arbeit *Das Kapital* dort nicht gezeigt werden konnte, schuf Beuys eine neue Plastik, wobei er etliche der großen Basaltstelen, die er in Kassel verwendete, in den Kunstzusammenhang zurückholte. Aus statischen Gründen konnte nur ein kleinerer Teil der ursprünglich auf 65 Blöcke angelegten Arbeit in der Kunsthalle gezeigt werden, während die Mehrzahl, nähmlich 44 Steine, zu einer selbständigen Rauminstallation in der Galerie Schmela wurden. Mit dem Titel *Das Ende des 20. Jahrhunderts* befindet sich dieser Komplex heute in der Münchener Staatsgalerie moderner Kunst (Abb. 23).

Dort zeigt sich nun, daß die Blöcke eine abstrakte Konfiguration auf dem Museumsboden bilden, und daß sie sich nur an einigen Stellen dramatisch übereinanderschieben und dabei unter bestimmten Blickwinkeln Assoziationen an andere Kunstwerke auslö-

23 *Das Ende des 20. Jahrhunderts,* 1983. Bayerische Staatsgemäldesammlungen München

24 Caspar David Friedrich, *Das Eismeer,* 1824. Hamburg, Kunsthalle

25 John Constable, *Stonehenge,* 1835. Victoria and Albert Museum, London

sen.[36] So mag man sich durchaus an Caspar David Friedrichs *Eismeer* in der Hamburger Kunsthalle erinnert fühlen (Abb. 24), eine Assoziation, die Beuys in Gesprächen während des Aufbaus in München gelten ließ, zumal auch er einen dunklen, eschatologischen Aspekt mit seiner Inszenierung zum Ausdruck bringen wollte.[37] Und noch einmal wäre an Stonehenge zu erinnern (Abb. 25) und andere früh- und vorgeschichtliche Monumente. Das utopische Projekt *7000 Eichen* schlägt hier gleichsam um in ein Mahnzeichen, ein Menetekel.

Nun ist auffällig, daß die Steine verändert wurden. Beuys bohrte an jeweils einem Ende des Steins einen Kegel heraus, schliff diesen ab und verkleinerte damit sein Volumen, setzte das Teilstück dann aber wieder in das entstandene Loch und bettete das kleine Element in eine Mischung aus Ton und Filz. Die Steine bekommen so gleichsam ein Gesicht, werden zu rätselhaften Objekten, wobei auch hier Erinnerungen an prähistorische Monumente wachgerufen werden können, ob von Beuys bewußt intendiert oder nicht, sei dahingestellt. So ist beispielsweise ein frühzeitliches Monument im Rocky Valley in Cornwall mit einem Labyrinth versehen, und in der gleichen Gegend findet man den Tolvan Stone mit einer kreisrunden Öffnung im Zentrum, deren Bedeutung und ursprüngliche Funktion nach wie vor ungeklärt ist. Auch an das irländische New Grange kann man sich erinnert fühlen, zumal Beuys in anderen Arbeiten diese archäologische Situation unmittelbar reflektierte.[38] Das alles bleibt aber eingestandenermaßen vage und liefert allenfalls Hinweise auf das vorgeschichtliche Umfeld, das Beuys genauestens kannte, und das wie ein fernes Echo nachhallt, wohingegen die werkimmanenten Bezüge viel evidenter sind.

So läßt etwa das Diagramm der Arbeit erkennen, wie Beuys in der parallelen Anordnung der meisten Steine so etwas wie eine Wegrichtung, einen Zug der an sich unbeweglichen Basaltstelen andeuten wollte (Abb. 26), so als wäre eine Gruppe, die gerade noch einem Ziel zustrebte, ganz plötzlich angehalten worden und buchstäblich zu Tode erstarrt.

Dieser eingefrorene Dynamismus, der insbesondere in der Installation der Galerie Schmela prägnant zum Ausdruck kam (Abb. 27), rief nun ganz unmittelbar eine frühere Arbeit von Beuys ins Bewußtsein: *The Pack* (Das Rudel) von 1969 (Abb. 28). Was wir hier sehen, ist rasch benannt: ein alter VW-Bus, eher Schrott als fahrbares Vehikel, steht mit geöffneter

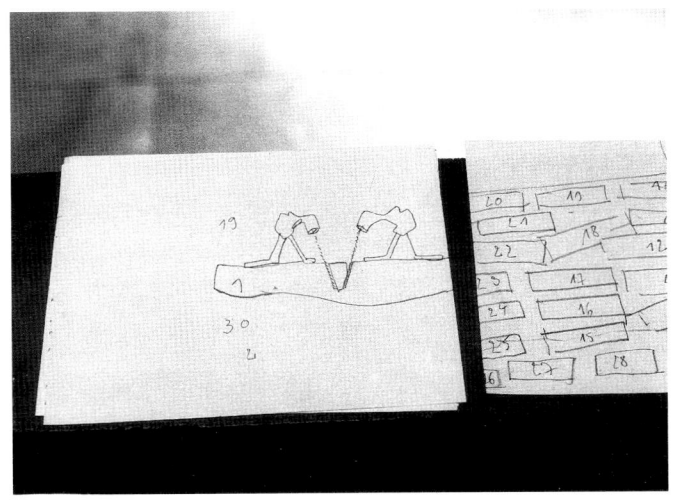

26 *Das Ende des 20. Jahrhunderts,* Arbeitsskizze.
Photo: Andreas Brüning

27 *Das Ende des 20. Jahrhunderts,* 1983. Installation in der Galerie Schmela, Düsseldorf. Photo: Andreas Brüning

28 *Das Rudel,* 1969. Installation im Solomon R. Guggenheim Museum, New York 1979

Ladeklappe und entläßt ein Rudel Schlitten, das sich scheinbar in Bewegung setzt, und zwar entgegen der ursprünglichen Fahrtrichtung des Autos. Ausgestattet mit aufgerollter Filzdecke, rundem Block aus Fett und Taschenlampen, glaubt man hier eher einfache Fortbewegungsmittel mit einer Grundausrüstung für das Überleben vor sich zu haben. Die Bedeutung der gehärteten Butter als Lebenselement und als Metapher für den plastischen Prozeß erschließt sich aus dem Gesamtzusammenhang des Œuvres von Beuys ebenso wie die Bedeutung von Filz als Isolator bzw. Kälteschutz. Neu sind in diesem Rahmen die Taschenlampen, die, stellte man sie sich eingeschaltet vor, die Fahrtroute der Schlitten beleuchten würden. Die kleinen Strahler fungieren hier gleichsam als Orientierungsorgane, die die Richtung im Raum angeben. Das hochdifferenzierte Transportmittel mit Verbrennungsmotor ist mit relativ primitiven Schleiffahrzeugen konfrontiert, das Rad der Kufe gegenübergestellt.

Offenbar handelt es sich bei *The Pack* um ein Monument der Zivilisationskritik in dem Sinne, daß die Technikentwicklung über kurz oder lang an ein totes Ende gelangt und die Rückbesinnung auf die Grundlagen des Lebens notwendig wird. »Also mit dem Schlittenbus wollte ich etwas aussagen über die Notsituation, in der wir sind, und daß wir wieder ganz zurück-, alles durchdenken müssen«.[39] So äußerte sich Beuys 1973 in einem Gespräch, doch handelte es sich, das geht aus den weiteren Erläuterungen zu *The Pack* hervor, nicht um ein Plädoyer für eine Rückkehr zu vorindustriellen Zuständen. Die verwendeten Gegenstände signalisieren zwar Mobilität und sind doch offensichtlich unbeweglich: das Auto ist nicht mehr fahrbereit und an dem Schlitten fällt die übergroße Bremse auf. Alles bleibt ambivalent, die Dinge streben auseinander und bleiben dennoch miteinander verbunden, die Zukunft scheint verbaut und auch die Vergangenheit unzulänglich. So ist *The Pack* in erster Linie Mahnmal der Besinnung. Die Arbeit warnt vor den Konsequenzen eines Zivilisationsprozesses, der auf ständiges Wachstum ausgerichtet ist, und das bei begrenzten Ressourcen bzw. nur bedingt regenerierbaren Energiequellen. Beuys selbst spricht angesichts dieses Werkes von einem Urbild[40], um damit zum Ausdruck zu bringen, daß es sich bei dieser Skulptur nicht um etwas Ausgedachtes handelt, sondern um das plastisch-räumliche Resultat von Intuition, wobei die formale Präzision überzeugt, mit der hier ein komplexer Zusammenhang auf einfachste Weise dargestellt wird.

Betrachtet man die Formation der Schlitten, dann liegt die Vermutung nahe, daß Beuys mit den Basaltblöcken hier anknüpfte, möglicherweise nicht einmal unbewußt. Doch welche Unterschiede: dort Gebrauchsgegenstände – hier Naturrelikte; dort immer noch nützliche Utensilien – hier dagegen totes Material; dort die Suggestion von Mobilität – hier andererseits völlige Erstarrung; dort eine dialektische Metapher – hier eher so etwas wie ein Zeichen der Vergeblichkeit und des Todes. Dieses Düstere und Unheilvolle, wie es sich im *Ende des 20. Jahrhunderts* manifestiert, erscheint so gleichsam wie ein Gegenbild zu den *7000 Eichen.* Die »einäugigen archaischen Urwesen« rufen Gedanken an ein Gräberfeld wach, an Steindenkmale, Ruinenfelder einer Schlacht, verbackene und versteinerte Leichen.[41] Im anschaulichen Charakter dieser Installation überwiegt die düstere Endzeitstimmung, wie sie ja auch der Titel andeutet, während die Organimplantation an den Steinen, sicherlich auch als Moment der Regeneration zu verstehen, im Grunde nur wenig Hoffnung aufkommen läßt. Peter-Klaus Schuster hat bei der Vorstellung der Arbeit einen bemerkenswerten Hinweis gegeben, indem er ein Emblem aus dem 16. Jahrhundert (Bartolomeus Anulus, *Picta poesis,* Lyon 1552) zum besseren Verständnis heranzog, ein Verfahren, das umso gerechtfertigter ist, als man Beuys immer als außerordentlich belesenen und kundigen Gesprächspartner kennenlernte, der mit den Traditionen europäischer Kunstgeschichte bestens vertraut war. Unter dem Titel »Natura optima dux sequenda« (Man folge der Natur als der besten Führerin) wird gezeigt und in einer Bildunterschrift erläutert, wie das himmelhohe Aufschichten der Steine durch Giganten von Jupiter mit dem Einsturz der aufgetürmten Felsen bestraft wird. So liegen auch bereits einige der Riesen erschlagen am Boden. Fast könnte man meinen, daß Beuys mit seiner erschreckenden Vision, wie sie sich im *Ende des 20. Jahrhunderts* vergegenwärtigt, noch einmal das Fazit von Operationen anschaulich machen wollte, die gegen die Natur gerichtet sind. Mit anderen Worten: dieses Environment und die Kasseler Arbeit verhalten sich zueinander wie Diagnose und Therapie. So ist denn auch sein Kommentar zu *7000 Eichen* zu verstehen: »Es handelt sich also jetzt (bei den Pflanzungen) um ein wahrhaft humanes Mittel, die Revolution, d. h. die völlige Transformation vom Kranken zum Heilen zu vollziehen.«[42]

Blickt man noch einmal zurück, dann drängt sich allerdings die Vermutung auf, daß auch ein Titel wie *der-*

nier espace – letzter Raum – von Beuys möglicherweise gar nicht so vordergründig gemeint war, wie er das selbst durch die zitierten Äußerungen nahelegte. Nicht einfach nur Abschluß einer bestimmten Werkgruppe war vielleicht gemeint, sondern eventuell auch eine Anspielung auf jene Endzeitstimmung, wie sie dann im *Ende des 20. Jahrhunderts* prägnanter und monumentaler Gestalt gewann.

Daß solche Reflexionen nicht ganz abwegig sind, läßt auch ein weiteres, ebenfalls 1983 entstandenes Environment erkennen. Im Dezember hatte Beuys den kleinen Galerieraum Konrad Fischers in Düsseldorfs Mutter-Ey-Straße in eine Bleikammer umfunktioniert. *Schmerzraum* nannte er diese Installation, die gleichzeitig mit der Ausstellung von Skulpturen Picassos in der unmittelbar benachbarten Kunsthalle zu sehen war (Abb. 29, 30). Man könnte sogar soweit gehen, im *Schmerzraum* eine Antwort von Beuys auf die vitale Formwelt Picassos zu sehen.[43] Heiner Stachelhaus hat die Arbeit in seiner lesenswerten Biographie des Künstlers so beschrieben:
»Man trat durch eine Glastür in einen mit Bleiplatten total umschlossenen Kubus. Von der Deckenmitte hing eine nackte Glühbirne herab, die spärliches Licht verbreitete. Daneben waren zwei Silberringe montiert – der eine hatte den Kopfumfang eines Kindes, der andere den eines Erwachsenen. Die Assoziationen liegen nahe: Bunker, Mausoleum, Schutzraum gegen Strahlen. Beuys erklärte dazu: › Es ist für mich keine Frage – die Zeitbombe tickt. Alles ist so verknöchert, daß kaum noch Bewegungen möglich sind. Ja, erst hinter dem Knochen wird gezählt. ‹«[44]
Das relativ weiche, dehnbare, unedle Schwermetall Blei, das sich mit vielen Elementen verbindet, ist der Isolator schlechthin. Beuys gibt dieser physikalischen Funktion eine existentielle Bedeutung: in seiner Bleikammer wird der Schmerz isoliert und erhält damit eine eigene Qualität. Beuys: »Es geht nicht ohne Schmerz – ohne Schmerz gibt es kein Bewußtsein.« Man mag an die Bleikammern des Dogenpalastes in Venedig denken, die ein berüchtigtes Untersuchungsgefängnis der Inquisition waren, doch wird das eigentliche Bild dieses *Schmerzraumes* erst deutlich, wenn man sich über die Bedeutung der Silberringe unter der Decke klar wird: Silber ist das Gegenmetall zu Blei – es leitet Wärme. Und es klingt. Beuys kann so den ganzen Schmerz der Zeit in einem Gleichnis ausdrücken. Es gilt, die politischen, gesellschaftlichen und persönlichen Bleikammern zu sprengen, also her-

29/30 *hinter dem Knochen wird gezählt – Schmerzraum* 1983.
Installation in der Galerie Konrad Fischer, Düsseldorf.
Photo: Dorothee Fischer

auszukommen aus einer zunehmenden Isolation. »Was nottut«, sagte Beuys, »ist Wärme.«[45]
Die Formulierung »hinter dem Knochen wird gezählt« taucht seit den sechziger Jahren auf verschiedenen Darstellungen von Beuys auf.[46] Was hier in der Kombination mit dem Wort »Schmerzraum« einen düsteren, geradezu eschatologischen Beiklang gewinnt, hat im Alltag eine prosaische Bedeutung, es ist eine Formulierung, die im Niederrheinischen beim Kartenspiel verwendet wird.

Fast wie eine Antwort auf den Schmerzraum mutet *Plight* an (Abb. 31, 32). Die Arbeit, die im Prinzip auf eine Ideenskizze aus den späten fünfziger Jahren zurückgeht, wurde wie *dernier espace* von der Galerie Anthony d'Offay gezeigt. Beuys kleidete die Wände der beiden ineinander übergehenden Räume doppelreihig mit Filzrollen vollständig aus, so daß lediglich

31 *Plight*, 1985. Installation in der Anthony d'Offay Gallery, London

32 *Plight*, 1985 (Detail)

der Parkettboden und die weiße Decke mit den Neon-
leuchten eine Ahnung von dem ursprünglichen
Zustand der Galerie vermittelten. Diese Suggestion
von Ortlosigkeit wurde noch gesteigert durch einen
schwarzglänzenden Flügel unmittelbar neben dem
Eingang. Auf dem geschlossenen Instrument eine
dunkelgraue Schultafel mit Notenlineatur und auf dieser dann, einen Riß im Holz überbrückend, ein kleines
Fieberthermometer. Die dominierende Stofflichkeit
der Wände und das sparsame Inventar erwecken
widersprüchliche Eindrücke von Geborgenheit, Stille,
Wärme, Farblosigkeit, Härte in der Vertikalen, Weich-
heit in der Horizontalen. Die Galerie mit dem niedrigen
Durchgang vom ersten in den zweiten Raumteil ver-
wandelte sich in ein Ambiente psycho-physischer
Selbsterfahrung.
Ambivalent wie die Raumwirkung ist auch die Bedeutung des Wortes »plight«. Als Verb heißt es soviel wie
(sein Wort) verpfänden, als Substantiv entsprechend
Treuegelöbnis oder Verlobung. »Plight« kann jedoch
auch im Sinne von Risiko, Gefahr, Wagnis, traurige
Lage u. ä. verwendet werden. Beide Bedeutungs-
ebenen von Gefährdung und Verpflichtung lassen sich
Beuys zufolge auch für die Rolle des Künstlers in
Anspruch nehmen, der mit seiner Arbeit ein hohes
Risiko eingehen muß, um überhaupt etwas im Menschen zu bewegen, der sich aber andererseits diesen
Menschen gegenüber verantwortlich fühlt und Kunst
nicht als isoliertes Phänomen begreift, sondern mit
seiner Arbeit, die den nur ästhetischen Rahmen transzendiert, den Zusammenhang mit der sozialen Praxis
herzustellen bemüht ist. Freilich, solche aus der Ety-
mologie des Titels entwickelten Überlegungen lösen

sich durch das Environment selbst nicht ein, wie das
so unmittelbar bei *7000 Eichen* der Fall ist.

Auch hier wieder der Rückbezug auf frühere Arbeiten,
noch einmal die Kontinuität der Vorstellungswelt des
Künstlers unterstreichend. Die Kombination von Filz,
Musikinstrument, Unfähigkeit zum Komponieren (darauf deutet die leere Tafel) und Krankheit (darauf verweist das Thermometer) erinnert an eine Aktion von
1966: *Infiltration homogen für Konzertflügel, der
größte Komponist der Gegenwart ist das Contergankind.*[47] Beuys hatte seinerzeit in die Aula der Düsseldorfer Akademie einen vollständig mit Filz bezogenen
Flügel geschoben und dann, ausgehend von dem
schockierenden Satz, während der Diskussion mit
dem Publikum, u.a. den Zusammenhang von Leiden
und Kreativität erläutert sowie dagelegt, daß physische Behinderung durchaus mit einer Steigerung spiritueller, schöpferischer Fähigkeiten einhergehen
kann. Indem das Objekt bei *Plight* gleichsam von seiner dämmenden Hülle befreit und diese dann, enorm
vergrößert und plastisch durchgebildet, an die Wände
gelegt wurde, verlagert sich die Erfahrung von den
Augen auf alle Sinne. Das steigert die Suggestions-
kraft des Raumes, löst aber zugleich alles Beunruhi-
gende, Rätselhafte auf und verleiht dem Environment
eine lapidare, fast abstrakte Klarheit, die auch für
andere Werke der Spätzeit charakteristisch ist. Hier
wird jedoch die formale Strenge durch die Flexibilität
des Materials – die »Säulen« haben Dellen und Falten
und man bemerkt an manchen Stellen, daß die
Stümpfe mit Rohwolle gefüllt sind – unterlaufen, während die Beschränkung auf so wenige Motive bzw.

Objekte die geheimnislose Fremdartigkeit des Ensembles eher noch zu steigern scheint, das mit zu den eindrucksvollsten Werken von Beuys rechnet.

Zum Abschluß ein kurzer Blick auf die letzte Arbeit von Beuys (vgl. Taf. 249–253). Am 23. Dezember 1985, genau vier Wochen vor seinem Tod, eröffnete Joseph Beuys im Museo di Capodimonte in Neapel seine letzte große Installation, die dort bis zum 31. Mai 1986 zu sehen war. In einem Raum von 7,50 m Breite und knapp 16 m Länge waren nur wenige Gegenstände versammelt: zwei große Vitrinen aus Messing und Glas sowie sieben große Messingtafeln an den Wänden. Während eine Vitrine im vorderen Drittel etwa in der Raummitte plaziert wurde, stand die andere im hinteren Teil nahe der linken Seite. Zwei Metalltafeln waren auf der linken Wand installiert, eine in der Mitte auf der Stirnwand und die restlichen vier rechts. Achsiale Bezüge zeichneten sich ab, bei genauerer Beobachtung wurde jedoch rasch spürbar, daß Beuys lediglich ein labiles Gleichgewicht angestrebt hatte. So war die zentrale Vitrine leicht aus der Mittelachse gerückt und die hintere war wegen der unterschiedlichen Abstände zu Seiten- und Rückenwand nicht eindeutig auf die Raumecke bezogen. Die beiden vorderen Messingtafeln links und rechts korrespondierten, hingen allerdings einander nicht genau gegenüber. Räumliche Elemente und Flächen traten in Beziehung, ohne freilich einem rigiden Ordnungsprinzip unterworfen zu sein. Minimale Abweichungen von einer die Asymmetrie der Grunddisposition auffangenden Regelhaftigkeit verliehen so dem Ensemble den Charakter des Leichten und Schwebenden. Das wurde noch dadurch unterstrichen, daß Beuys das ohnehin schon hell schimmernde Messing mit Dammarfirniß und darin aufgelöstem Blattgold bestrich, und zwar offensichtlich nicht nur, um ein vorzeitiges Anlaufen des Metalls zu verhindern, sondern um den Flächen einen zugleich tiefen und erblindeten Glanz zu verleihen. So muteten die hochrechteckigen Tafeln an den Wänden mit ihren schmalen Rahmenkanten wie trübe gewordene Spiegel an, in denen sich der Raum mit seinen Gegenständen auflöste und verschwamm. Erst wenn man die entspannte Weite des nüchtern-feierlichen Arrangements, den verhaltenen Glanz bzw. das so unerwartet Lichte der kargen Installation in sich aufgenommen und die visuelle Entgrenzung des Environments in seinen Spiegeln erlebt hatte, war es möglich, sich jenen Details zuzuwenden, die dem Ganzen seinen Sinn verleihen.

Die Elemente der ersten Vitrine sind rasch benannt: ein Abguß des eisernen Kopfes von der *Straßenbahnhaltestelle* (Venedig 1976), der mit blauer Seide gefütterte Luchsmantel, den Beuys 1969 in Frankfurt bei der Aktion *Iphigenie / Titus Andronicus* trug, die beiden Konzertbecken aus derselben Aktion sowie schließlich am anderen Ende, dem Kopf gegenüber, das Gehäuse einer großen Schnecke, eines Tritonshorns, wie mich Wenzel Beuys aufklärte. Dem griechischen Mythos zufolge war Triton ein Sohn Poseidons und wohnte in einem goldenen Palast auf dem Meeresgrund. Das vermutlich 1974 auf Capri erworbene Exemplar kann, das zeigt die abgeschnittene Spitze, als Trompete (»Tritonium nodiferum« = Trompetenschnecke) benutzt werden, wie es auf mythologischen Darstellungen immer wieder vorkommt und bis vor gar nicht langer Zeit an den Küsten Süditaliens bei den Fischern zu beobachten war. Hinweise, Beuys hätte die Schnecke bei der Besetzung des Sekretariats der Düsseldorfer Akademie (Oktober 1972) als Blasinstrument benutzt, haben sich bislang nicht bestätigt. Es sind demnach Erinnerungsstücke, die in der Biographie von Beuys jeweils eine besondere Rolle spielten und von dorther ihre Bedeutung gewinnen. Verwiesen wird so einmal auf den Zusammenhang von Natur (Schnecke, Luchs) und Kultur (Musik, Bildhauerei, Literatur), die Beuys immer als Einheit begriff, und das Verhältnis von Individuum und Geschichte. Dabei erscheint bemerkenswert, daß neben dem indirekten Verweis auf *Iphigenie / Titus Andronicus* als Verkörperung von Humanität und Opferbereitschaft bzw. Brutalität und Unmenschlichkeit auch auf die Skulptur angespielt wird. Die auf die Seite gelegte Büste mit dem vor Schmerz halbgeöffneten Mund trägt am Hals eine farbige Markierung in Form eines kleinen Kreuzes. Beuys hat in der Darstellung hier so etwas wie das posthume Bildnis des niederrheinischen Barons Anacharsis Cloots (Gnadenthal b. Kleve 1755 – Paris 1794) gesehen, der als »Redner des Menschengeschlechts« in der französischen Revolution eine wichtige Rolle spielte und mit dem sich Beuys zeitweise identifizierte. (Cloots starb auf der Guillotine, und selbst das macht das Arrangement der Vitrine indirekt nachvollziehbar.)

In dieser Vitrine herrschen helle Töne: auf der Grundplatte aus goldbestäubtem Messing das silbrige Grau des Pelzes, der kostbare Schein der an die Glaswand gelehnten Instrumente, das leuchtende Blau des Mantelfutters, der rosafarbene Schimmer des Perlmutts. Nur das dunkle Braun der Skulptur mit ihrem beängstigenden Ausdruck verkörpert ein tragisches Moment. Das an der menschlichen Figur orientierte Arrangement wiederholt sich, wenngleich weniger deutlich, in der zweiten Vitrine. So ist hier an die rückwärtige Schmalseite ein Rucksack gelehnt. Offenbar handelt es sich um jenes Gepäck, mit dem Beuys bei dem gemeinsam mit Nam June Paik aufgeführten Klavierduett *In memoriam George Maciunas* 1978 in der Düsseldorfer Akademie auftrat. Das entsprechende Videoband läßt auch einige andere Details verständlich werden bzw. erklärt zumindest ihre Herkunft oder ursprüngliche Verwendung. So schob Beuys einen ähnlichen Filzkeil, wie er hier zur Hälfte in einer der Seitentaschen steckt, zu Beginn der Soirée unter eines der Beine des Flügels. Der »warme Spazierstock« ragte aus dem Rucksack, den Beuys während des Konzerts auf dem Rücken trug, während der andere, ebenfalls in der Vitrine vorhandene, seinerzeit am Klavierhocker lehnte. Dem graugrünlichen Gebrauchsgegenstand sind außerdem drei altertümliche Elektroklemmen beigegeben, an denen teilweise noch die abgerissenen Zuleitungsdrähte hängen. Hinzu kommen ferner zwei große, gekreuzte Nadeln. Zusammen mit den Riemen und Schnallen verleihen Klemmen, Drähte, Nadeln und der Keil dem ansonsten offensichtlich leeren Rucksack ein befremdendes Aussehen, lassen ihn gleichsam zu einer Metapher des Leides werden – quasi ein profanierter heiliger Sebastian in Gestalt eines Dings. Diesem Kopfstück gliedern sich die beiden bereits erwähnten Spazierstöcke an. Nahezu parallel ausgerichtet, liegen sie schräg zu den Vitrinenwänden, wobei die Griffe sich zur Mitte orientieren, so daß diese Gegenstände wie Schultern oder Arme anmuten können. Bleibt man im Bild, dann lassen sich die in keilartiger Formation angeordneten drei alten, vertrockneten Speckrollen als mumifizierter Rumpf begreifen und das große Stück fetten Specks entsprechend als Fuß.

Trotz der teils fragwürdig erscheinenden Evidenz im Anschaulichen sind derartige Überlegungen keineswegs abwegig, da es mancherlei Entsprechungen zu verschiedenen Diagrammen gibt, mit deren Hilfe Beuys seine plastische Theorie illustrierte: vom chaotischen Energiepotential (Fett) geht dabei der Weg jeweils über die noch ungeordneten Kräfte des Gefühls (Verknäuelungen, Verschnürungen, Gemenge – hier repräsentiert durch Rollen aus Filz und Fleisch) hin zu jener Sphäre des Geistigen, das sich für Beuys in klaren Formen wie z. B. Dreiecken (Filzkeil) verkörpert. Immerhin könnte sein Denken in Analogien, das

Verschiedenartigstes miteinander in Verbindung zu bringen weiß, derartige Überlegungen rechtfertigen, wobei freilich zu betonen ist, daß Beuys hier ebensowenig wie auch sonst abstrakte Vorstellungen zeichenhaft illustriert, sondern allenfalls durch Auswahl und Anordnung der Dinge einen Referenzrahmen andeutet, den auszufüllen dem Betrachter überlassen bleibt. Immerhin: so wenig er irgend etwas dem Zufall überließ, so sehr vermied es der Künstler, seine Arbeiten als schlichte oder auch komplizierte Bilderrätsel anzulegen, die mit ihrer Auflösung alle ästhetische Valenz einbüßen würden. Vor allen weiterführenden Überlegungen ist an dieser Stelle noch auf ein weiteres Inventarstück der Vitrine hinzuweisen, das nicht übersehen werden kann. So befindet sich an der vorderen Langseite des Möbels ein in Kupfer abgegossenes Gerät zum Seilspannen mit zwei aufgesetzten großen Kupferklemmen für Starkstromkabel.

Nimmt man alles zusammen, die latent anthropomorphen Züge der Anordung der Dinge in den beiden so gegensätzlichen Vitrinen, die verschiedenen Materialien wie Fett, Kupfer und Filz, die ursprüngliche Funktion der Objekte und Geräte bzw. ihre Verwendung im Œuvre von Beuys, dann wird spürbar, wie das Environment immer neue Assoziationsmöglichkeiten eröffnet, ohne allerdings einer vagabundierenden, ins Beliebige driftenden Phantasietätigkeit Vorschub zu leisten. Die Bedeutung des Ganzen wird nur auf der Grundlage des Ideenhorizonts von Beuys bestimmbar. Blickt man auf die fetischhaften Relikte in den Schaumöbeln, vergegenwärtigt man sich die Komplexität der Installation, so kann man, wie es bereits gelegentlich geschah, von Grabbeigaben, von einem fürstlichen oder ägyptischen Grabmal sprechen[48], um die auratische Wirkung mit Einschüben des Kruden zu fassen. In der Sublimation des Schreckens, der Nobilitierung des Obsoleten und der Sakralisierung des Profanen manifestieren sich Momente der Hoffnung, die den abgelegten Dingen den Aspekt von Trauer und Vergänglichkeit nehmen und beide Vitrinen, so kontrastierend sie auch erscheinen, gleichsam mit dem Nimbus des Feierlichen umgeben. Nicht die Suche nach diesem oder jenem Interpretationsschlüssel, der uns das Verständnis für *Palazzo Regale* zu eröffnen vermag, scheint dabei von entscheidender und ausschlaggebender Wichtigkeit, sondern die Tatsache, daß wir bei aller Lichtheit auf dunkle Figurationen blicken, auf verstörende Reste der Mortifikation des reichen Königs und des armen Lazarus. Was das Environment vermittelt, ist ein großes Paradox: eine architekturbezogene Arbeit von eminenter Klarheit, die in beiden Kernbereichen heterogenes Zeug versammelt, das die gesamte Skala von Gestalt und Ungestalt, von Kostbarem und Wertlosem, von Nützlichem und Obsoletem, von Evidenz und Rätsel umfaßt und somit die Durchsichtigkeit des Gesamten durch solchen Kontrast zugleich steigert und ad absurdum führt. Die Magie des Arrangements läßt *Palazzo Regale* gleichsam zu einem Mausoleum eines Wanderers zwischen Materie und Geist werden, scheint die unmittelbare Präsenz dessen zu beschwören, der hier noch einmal seine Lebensspuren in Fetische verwandelt hatte, und löst doch zugleich die an pure Stofflichkeit geknüpften Erinnerungen an die Person des Künstlers auf, so als wäre es ihm darum gegangen, der Transsubstantiation anschauliche Gestalt zu verleihen. Eine irritierende Erfahrung, die den Schmerz läutert und gleichzeitig das Feierliche verdüstert.

Vordergründig ist die Arbeit aber auch etwas anderes, z. B. eine Fünfsinne-Allegorie, aber auch eine Reflexion auf den ersten Ausstellungsort, das Museo Capodimonte in Neapel, mit Tizians Altersselbstbildnis im Pelz und vielen Beispielen früher Goldgrundmalerei. *Palazzo Regale* wirkt so wie ein Brückenschlag vom Materiellen zum Spirituellen, erscheint wie eine Synthese aus Vermächtnis und Utopie und ist letztlich eine triumphale Zusammenfassung des einzigartigen Schaffens des Künstlers Joseph Beuys.

Zwischen *dernier espace* und *Palazzo Regale* liegen etwa vier Jahre, die letzten im Leben des Künstlers. Die verschiedenen Räume sind vor dem Hintergrund von *7000 Eichen* zu sehen, einem gewaltigen Vorhaben, das alle Kräfte stimulierte, aber auch band und erschöpfte. Versuchte man die hier gemachten Beobachtungen zusammenzufassen, dann ließe sich auch heute noch sagen, was ich an anderer Stelle ausgeführt habe. Indem nämlich Beuys trotz mancher kritischer Einwendungen am unvollendeten Projekt der Moderne festhielt, hatte er seine Arbeit in einer Gesellschaft vorangetrieben, die ganz offensichtlich auf eine globale Katastrophe zusteuert. Beuys hat nicht nur Gegenbilder geschaffen, sondern auch versucht, alternatives Denken praktisch umzusetzen und die tradierten Grenzen ästhetischen Tuns aufzusprengen. Alle seine um die programmatischen Schlagworte der Französischen Revolution, nämlich Freiheit, Gleichheit, Brüderlichkeit, entwickelten Utopien, seine manchmal zu idealistischen und gelegentlich zu simplifizierenden Vorstellungen im Hinblick auf Wissen-

schaft und Lehre, Recht, Politik und Wirtschaft, speisten sich aus solchen Überzeugungen und kulminieren in der Formel des erweiterten Kunstbegriffs.

Wie, so muß man fragen, ist das heute zu sehen? Angesichts der neuen Unübersichtlichkeit, angesichts des Zerfalls aller Zusammenhänge scheint vielen Zeitgenossen ein derartiger Emanzipationshorizont des eigenen Tuns abhanden gekommen, jener Emanzipationshorizont, der das Tun von Beuys durchgängig bestimmte. Was heute weitgehend vorherrscht, ist die Beuys völlig fremde Überzeugung, nicht mehr intervenieren, nicht mehr auf Veränderung zum Besseren hin arbeiten zu können.[49] Die Ausgangslage, in der wir uns befinden, wird jetzt häufig dahingehend bestimmt, daß es – wie Lyotard es ausdrückt – »eine Moderne gibt, die man mit der Aufklärung ansetzen kann, die aber heute vorbei ist.«[50] Dem künstlerischen Bewußtsein einer Zeit nach Beuys scheint die Imagination eines anderen Zustandes vielfach verloren gegangen zu sein, der Kräfte freisetzt, nicht nur eine Alternative zum Bestehenden zu denken, sondern auch handelnd anzustreben. Stark verallgemeinernd könnte man vielleicht sagen, daß aus fast allem, was die zeitgenössische Kunst aufgreift, die politischen Frontbildungen entfernt sind, so daß sich das große und kleine Eklektikspiel ungestört betreiben läßt. Neue Opulenz und leeres Pathos herrschen manchmal ebenso vor wie Brillanz, Ausverkauf und Phantasie, Perfektion und ein raffiniertes Spiel mit Phänomenen des »Posthistoire«. Wo Beuys Bilder erfand, die sich nicht vereinnahmen lassen, die Widerstand leisten, die irritieren und herausfordern, Chiffren möglicher Katastrophen und zugleich verheißungsvolle Signale, wo er darum gerungen hat, die Ausdruckszusammenhänge mit der Vergangenheit, auch verschütteten und vergessenen Traditionen, nicht abreißen zu lassen und in seinen Werken deren Verbindung mit der Zukunft zu projizieren, sehen wir heute allenthalben, wie die Reflexion auf die »Agonie des Realen« (Baudrillard) gewissermaßen hochgerechnet wird zu einer Austauschbarkeit aller Phänomene und Diskurse[51] – revolutionäre Ereignisse, ökologische Desaster und Holocaust miteingerechnet.

Das kritische Potential der Moderne, das Beuys m. E. in seinem Œuvre bewahrt, ist von Auszehrung bedroht, da alles gesellschaftliche Räsonnement, zentraler Motivationskomplex seines Arbeitens, bei vielen einem neuartigen ästhetischen Bewußtsein gewichen ist, das sich als »Faszinosum der Indifferenz« bestimmen läßt.[52] Ob die hier nur angedeutete Positionsbestimmung des Œuvres von Beuys, das wir als Synthese von Wort und Aktion, von vorübergehendem Ereignis und statischem Gebilde, von Aufklärung und Rätsel, von politischem Engagement und idealistischer Metaphorik, von Rückblick und Vorschau begreifen können, nun zutreffend ist oder nicht, mag dahingestellt bleiben. Nicht zu leugnen scheint freilich, daß sein so komplexes Werk im Moment aus dem zeitsymptomatischen Kontext rückt, da sich an ihm nun wirklich keine postmodernen Symptome ausmachen lassen. »Wie Arbeit niemals ohne gesellschaftliche Notwendigkeit sich vollzieht, immer ein Noch-nicht-Dasein, einen Mangel voraussetzend, subjektiv erfahrbar als Unbehagen, Anspannung oder Leid, so ist Kunst, gerade im Bereich dieser subjektiven Erfahrungen angesiedelt, produktive Arbeit, die aus dem Gefühl des Mangels resultiert in der Zuversicht seiner Abschaffung, darin liegt ihr antizipatorisches Moment, ihr spezifisches Prinzip Hoffnung.«[53]

Für dieses Prinzip hat Beuys viele Beispiele von bezwingender Anschaulichkeit gefunden, Werke, die unsere Imagination und Inspiration stimulieren, in gleicher Weise aber auch Reflexion und Analyse anregen. Obwohl die Verwendung der Gegenstände, Materialien, Zeichen und Symbole in den hier erläuterten Räumen keineswegs zufällig ist, lassen sich die Plastiken nicht einfach in einen rationalen Diskurs überführen. Es bleiben viele Fragen offen, es gibt viele Rätsel, und das mit Absicht. »In der Kunst sollten«, so Beuys, »nur geheimnisvolle Bilder geschaffen werden, so daß alle zentralen Punkte des Menschen berührt werden: der Intellekt, der nach einem analytischen Prinzip arbeitet, die Sinne, die Sensibilität usw. Dann und nur dann wird evident werden, daß das Phänomen des Bildes (oder des Raumes), so wie es (bzw. er) ist, aus sich selbst Legitimation und Daseinsberechtigung gewinnt, und daß seine spezifische Form eine korrekte Antwort auf die Probleme der Zeit darstellt.«[54]

Anmerkungen

1 Vgl. Caroline Tisdall, *Joseph Beuys – dernier espace avec introspecteur, 1964–1982*, London 1982. Die Publikation, erschienen aus Anlaß der Ausstellung der Arbeit in der Galerie Anthony d'Offay, besticht durch die Photos der Autorin, während sich die erläuternden Texte auf ein Minimum beschränken; Rhea Thönges-Stringaris, *Letzter Raum. Joseph Beuys: dernier espace avec introspecteur.* Stuttgart 1986; Marc Vaudey, »Des aspects téléologiques de l'œuvre de Joseph Beuys«, in: *Artstudio,* 4, Frühjahr 1987, »Spécial Joseph Beuys«, S. 50 ff.

2 »Richard Demarco interviewt Joseph Beuys«, in: *7000 Eichen – Joseph Beuys.* Hrsg. von Fernando Groener und Rose-Marie Kandler, Köln 1987, S. 19

3 A. a. O., S. 15

4 Johannes Stüttgen, in: *7000 Eichen – Joseph Beuys,* S. 55

5 Vgl. *Werkverzeichnis Multiples,* Nr. 345 und 349. Hrsg. von Jörg Schellmann und Bernd Klüser, München – New York 1985

6 Zu den Summen vgl. Jörg-Uwe Albig, »Heiliger Krieg um Bäume und Steine«, in: *Art. Das Kunstmagazin,* Nr. 6, Juni 1987, S. 69

7 Albig, a. a. O., S. 69

8 *7000 Eichen.* Publikation Heiner Bastian, Kunsthalle Tübingen, 2. März – 14. April 1985; Kunsthalle Bielefeld, 2. Juni – 11. August 1985

9 Albig, a. a. O., S. 69

10 A. a. O., S. 16

11 *Gespräche mit Beuys,* hrsg. von Theo Altenberg und Oswald Oberhuber, Wien 1983, S. 68

12 Eine unmittelbare Fortsetzung von *7000 Eichen* ist in dem am 16. November 1990 begonnenen Projekt *Baumkreuz* von Walther Dahn, Felix Droese und Johannes Stüttgen zu sehen. Vgl. dazu »Brennpunkt 2. Die Siebziger Jahre, Entwürfe. Joseph Beuys zum 70. Geburtstag«. Kunstmuseum Düsseldorf, 19. Mai – 30. Juni 1991, S. 260 ff.

13 A. a. O., S. 69

14 »Joseph Beuys / Bernhard Blume, Gespräch über Bäume«, 24. 4. 1982, Galerie Magers, Bonn 1987, S. 25

15 A. a. O., S. 18

16 Richard Demarco, a. a. O., S. 19
Daß Beuys die Erde als Wärmezeitmaschine begriff und in ökonomischen Zusammenhängen sah, macht eine 1974 entstandene Postkarte (*WV Multiples,* Nr. 141) deutlich. In Gestalt eines Apfels fordert die Erde zum Reinbeißen und Verzehr auf. Konsum würde damit aber Vernichtung bedeuten. Der Titel *Die Wärmezeitmaschine in der Ökonomie* läßt keine Zweifel, daß der Künstler mit diesem Bild auf die Gefahr zunehmender Entropie und damit in letzter Konsequenz auf die Gefahr eines Stillstands aller Lebensprozesse hinweisen wollte, wenn alle Energiekonzentrationen – hier symbolisiert durch die Welt als Apfel – aufgebraucht sein würden. Wie so oft bei Beuys: Ein Bild von äußerster Einfachheit, das durch den Zusatz von zwei Begriffen zu einer nachhaltigen Irritation des Denkens führt.

17 Christian Schütze, *Das Grundgesetz vom Niedergang. Arbeit ruiniert die Welt,* München 1989
Vorausgegangen war ein Essay des Autors mit demselben Titel, erschienen in der *Süddeutschen Zeitung* am 10./11. Jan. 1988. Darauf reagierte Peter Kafka mit dem Beitrag »Das Gesetz des Aufstiegs«, a.a.O., 7./8. Mai 1988, und mit seinem Buch *Das Grundgesetz vom Aufstieg. Vielfalt, Gemächlichkeit, Selbstorganisation: Wege vom wirklichen Fortschritt,* München 1989

18 Podiumsgespräch, a.a.O., S. 85

19 »Joseph Beuys/Rainer Rappmann, Gespräch über 7000 Eichen«, 26.8.1982, Altusried b. Kempten 1987, S. 40

20 Beuys/Blume, a.a.O., S. 13

21 A.a.O., S. 14

22 Annemarie Hürlimann, »Die Eiche, heiliger Baum deutscher Nation«, in: *Waldungen. Die Deutschen und ihr Wald,* hrsg. von Bernd Weyergraf, Berlin: Akademie der Künste 1987, S. 67

23 Hürlimann, a.a.O., S. 67

24 Arnulf Rainer, »Laub«, in: *Beuys zu Ehren,* München 1986, S. 473

25 Beuys/Rappmann, a.a.O., S. 44

26 Weyergraf, a.a.O., S. 7 (Vorwort)

27 Jean Giono, »Der Mann mit den Bäumen«, in: *die drei. Zeitschrift für Wissenschaft, Kunst und soziales Leben,* Nr. 7/8, Juli/August 1980, S. 463 ff.

28 Bernd Weyergraf, a.a.O., S. 8, 11

29 A.a.O., S. 11

30 A.a.O., S. 9

31 Beuys/Rappmann, a.a.O., S. 42 f.

32 Beuys/Blume, a.a.O., S. 8

33 Beuys/Rappmann, a.a.O., S. 40

34 Beuys/Blume, a.a.O., S. 13

35 *WV Multiples,* Nr. 357

36 Vgl. zu der Arbeit auch Marc Vaudey, a.a.O. (Anm. 1), S. 55 f.

37 Vgl. Monika Steinhauser, »Im Bild des Erhabenen«, in: *Merkur. Deutsche Zeitschrift für europäisches Denken,* 43. Jg., 1989, 9/10, S. 832; ferner: Hans Dickel, »Eiszeit der Moderne. Zur Kälte als Metapher in Caspar David Friedrichs › Eismeer ‹ und Joseph Beuys' Installation › Blitzschlag mit Lichtschein auf Hirsch ‹«. In: *Idea. Jahrbuch der Hamburger Kunsthalle,* IX, 1990, S. 229 ff.

38 Vgl. *New Grange,* 1981; Bronze auf Schwarz-Weiß-Photographie, 51 x 61 cm, Slg. Speck, Köln

39 Vgl. *Joseph Beuys. Ein Gespräch.* Edition Kunst Parterre. Viersen 1991. (Die Publikation, erschienen aus Anlaß einer Beuys-Ausstellung im September 1991, enthält ein längeres »Interview«, das Beuys Anfang Mai 1973 einem 16jährigen Schüler, Thomas Hannappel, gab). o.S., (18)

40 A.a.O., (S. 18)

41 Peter-Klaus Schuster, »Das Ende des 20. Jahrhunderts – Beuys, Düsseldorf und Deutschland«. In: Carla Schulz-Hoffmann und Peter-Klaus Schuster, *Deutsche Kunst seit 1960. Aus der Sammlung Prinz Franz von Bayern.* München 1985, S. 43

42 Beuys/Blume, a.a.O., S. 22

43 Laut mündlicher Mitteilung von Konrad Fischer entstand *Schmerzraum* auf seine Anregung hin, etwas im Hinblick auf die Picasso-Ausstellung in der Kunsthalle zu realisieren. Beuys hätte, so Fischer, auf die Einladung zunächst zögernd reagiert, dann aber begonnen, das Dachdeckermaterial, nämlich Latten und Bleifolien, zu bestellen.

44 Heiner Stachelhaus, *Joseph Beuys.* Düsseldorf 1987, S. 199 f.

45 Heiner Stachelhaus, a.a.O., S. 200

46 Vgl. *Joseph Beuys, Dibujos/Drawings,* hrsg. von Heiner Bastian. Madrid, Caja de Pensiones, 23. Oktober – 1. Dezember 1985, Nr. 28; Joseph Beuys, *Eine innere Mongolei. Dschingis Khan, Schamanen, Aktricen. Ölfarben, Wasserfarben und Bleistiftzeichnungen aus der Sammlung van der Grinten,* hrsg. von Carl Haeinlein, Hannover, Kestner-Gesellschaft, 20. Juli – 16. September 1990, Nr. 96

47 Vgl. auch Marc Vaudey, a.a.O. (Anm. 1), S. 58

48 Vgl. u.a. Achille Bonito-Oliva, »Longue vie à Beuys«, in: *Artstudio,* Nr. 4, Frühjahr 1987, »Spécial Joseph Beuys«, S. 92; zu der Arbeit vgl. ferner Armin Zweite, »Ich kann nur Ergebnisse meines Laboratoriums nach außen zeigen und sagen, schaut einmal her ...«, Palazzo Regale, das letzte Environment von Joseph Beuys«, In: *Beuys zu Ehren* (München, Städtische Galerie im Lenbachhaus), 1986, S. 58–68; Thomas McEvilley, »Hic Jacet Beuys«, in: *Artforum,* Mai 1986, S. 130 ff.; Ute Klophaus, »›Palazzo Regale‹. Anthologie seines Lebens«, in: *Ute Klophaus: Sein und Bleiben. Photographie zu Joseph Beuys.* Bonner Kunstverein 1986, S. 8–11; Heiner Stachelhaus, *Joseph Beuys.* Düsseldorf 1987, S. 201–203; Rhea Thönges-Stringaris, »Mythos – und aus ihm heraus. Am Beispiel des ›Palazzo Regale‹ von Joseph Beuys«, in: *Die unsichtbare Skulptur. Zum erweiterten Kunstbegriff von Joseph Beuys,* Stuttgart 1989, S. 11 ff.; Thierry de Duve, »Joseph Beuys ou le dernier des prolétaires«, in: Th. de Duve, *Cousus de fil d'or. Beuys, Warhol, Klein, Duchamp,* Villeurbanne 1990, S. 9 ff.

49 Jean-François Lyotard mit anderen, *Immaterialität und Postmoderne.* Berlin 1985, S. 69

50 A.a.O., S. 65

51 Vgl. Klaus R. Scherpe, »Dramatisierung und Entdramatisierung des Untergangs – zum ästhetischen Bewußtsein von Moderne und Postmoderne«, in: Andreas Huyssen, Klaus R. Scherpe, *Postmoderne – Zeichen eines kulturellen Wandels.* Reinbek bei Hamburg 1986, S. 271

52 A.a.O., S. 272

53 Mechthild Curtius, »Kreativität und Antizipation. Thomas Mann, Freud und das Schaffen des Künstlers«, in: M. Curtius (Hrsg.), *Theorien der künstlerischen Produktivität.* Frankfurt 1976, S. 408

54 »Joseph Superstar«. Interview von Umberto Allemandi für Bolaffi Arte, Juni 1974, in: *Joseph Beuys Multiples (also Sculpture from Basel Art 5'74),* Dayton's, Minneapolis 1974, o.S. (3)

Tafeln

1 Ohne Titel (Landschaft in Italien) 1945
Feder, Wasserfarbe, 13,1 x 29,6 cm, Kat. 3

2 Fabrik auf dem Berg 1949
Bleistift, Wasserfarbe, 25 x 32,5 cm, Kat. 42

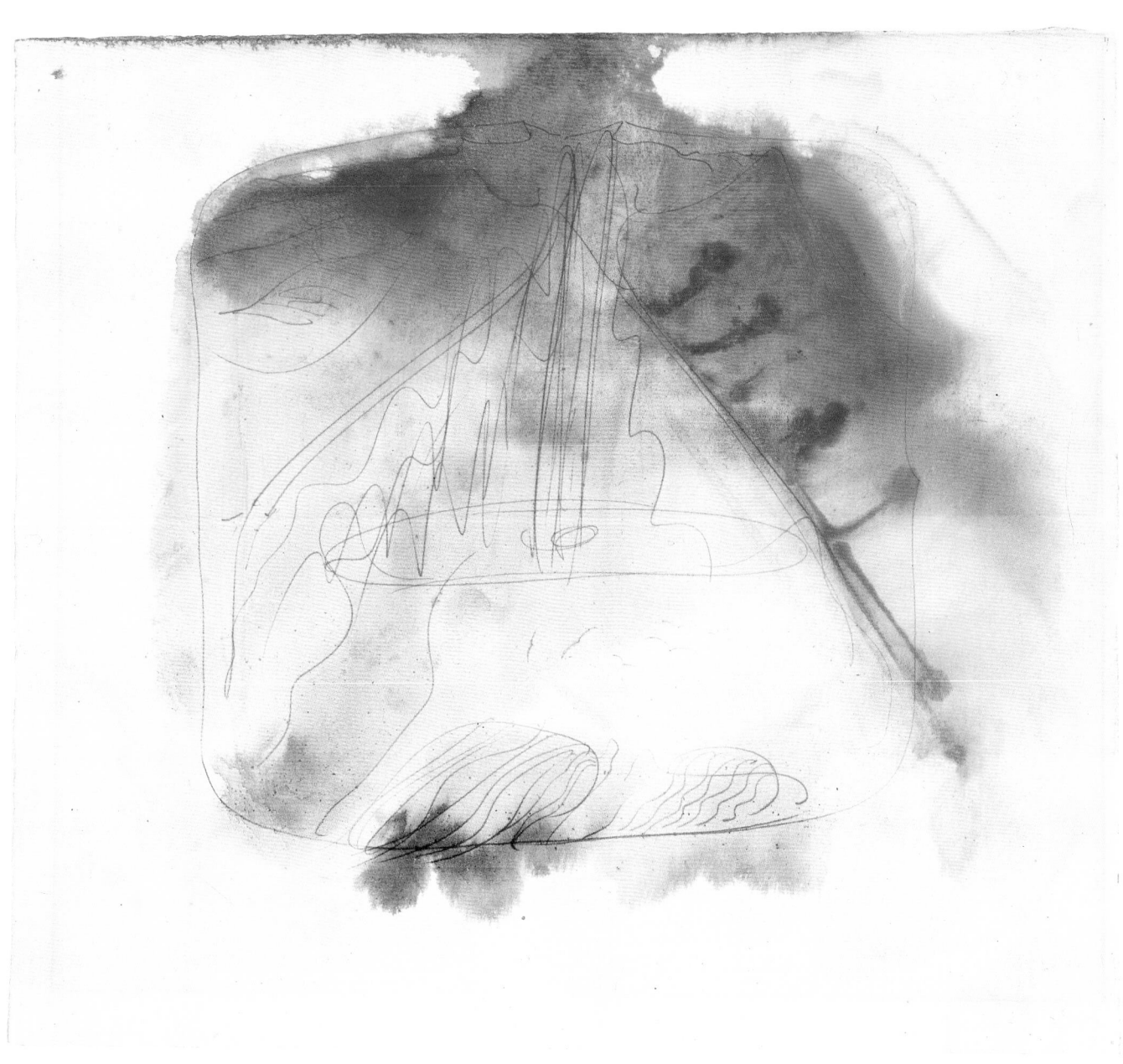

3 Zwei Mädchen betrachten Vulkan und Geysir 1949
Bleistift, Wasserfarbe, 27,5 x 31 cm, Kat. 41

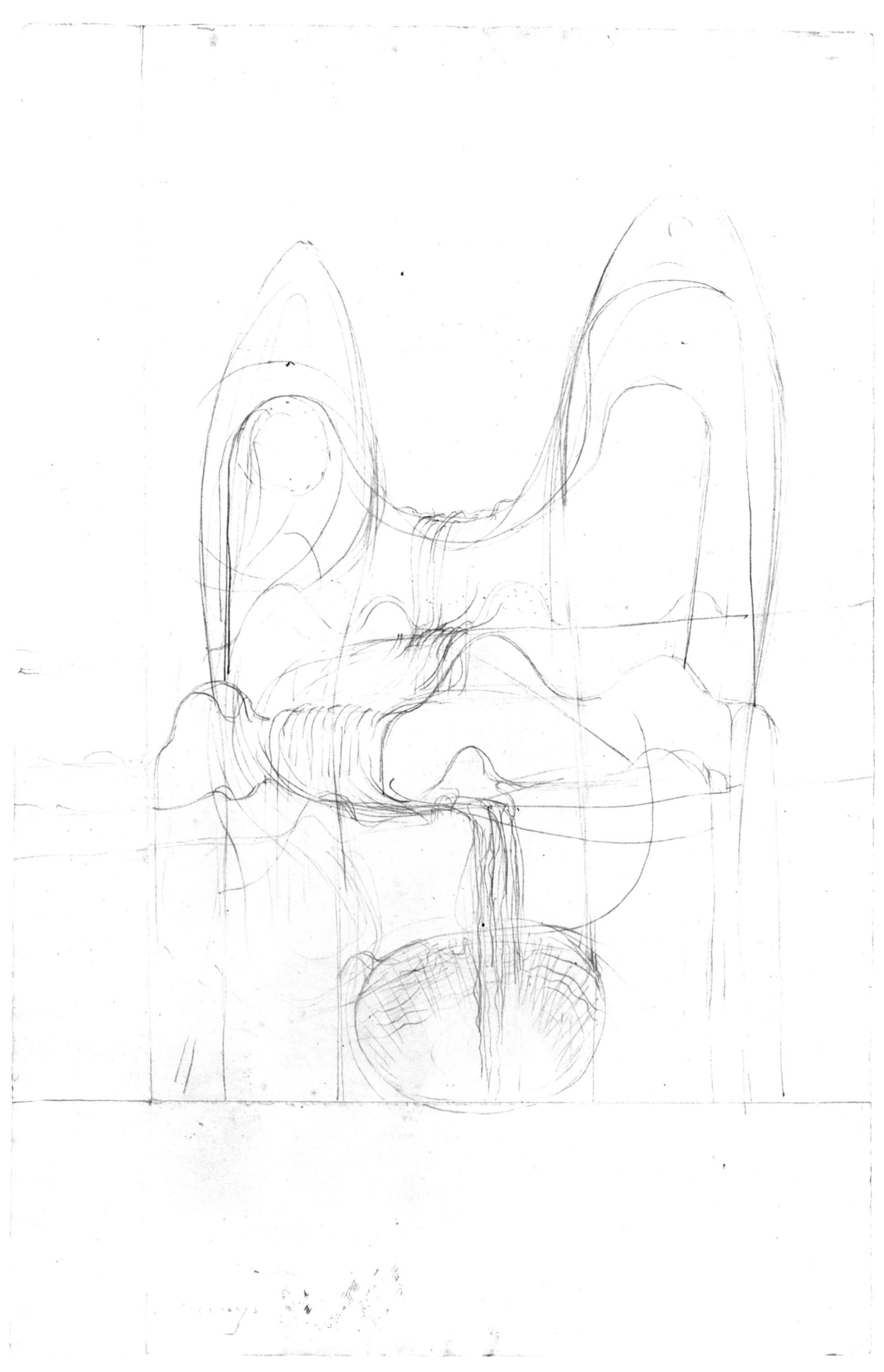

4 Planeten, Steine, Wasserfall 1951/52
Bleistift, 37,4 x 24,3/25 cm, Kat. 51

5 Ohne Titel 1951
Bleistift, 18,2 x 24,7 cm, Kat. 65

6 Brücke der Verständigung 1956
Bronze, Ø 14,8 cm, Kat. 131

7 großer Gletscher 1950
Holzschnitt, 50 x 65 cm, Kat. 54

8 Tod und Leben 1952
Bleistift, 20,5 x 28,5 cm, Kat. 66

9 Ohne Titel 1952
Bleistift, 2 Blätter, je 53 x 21 cm, Kat. 68

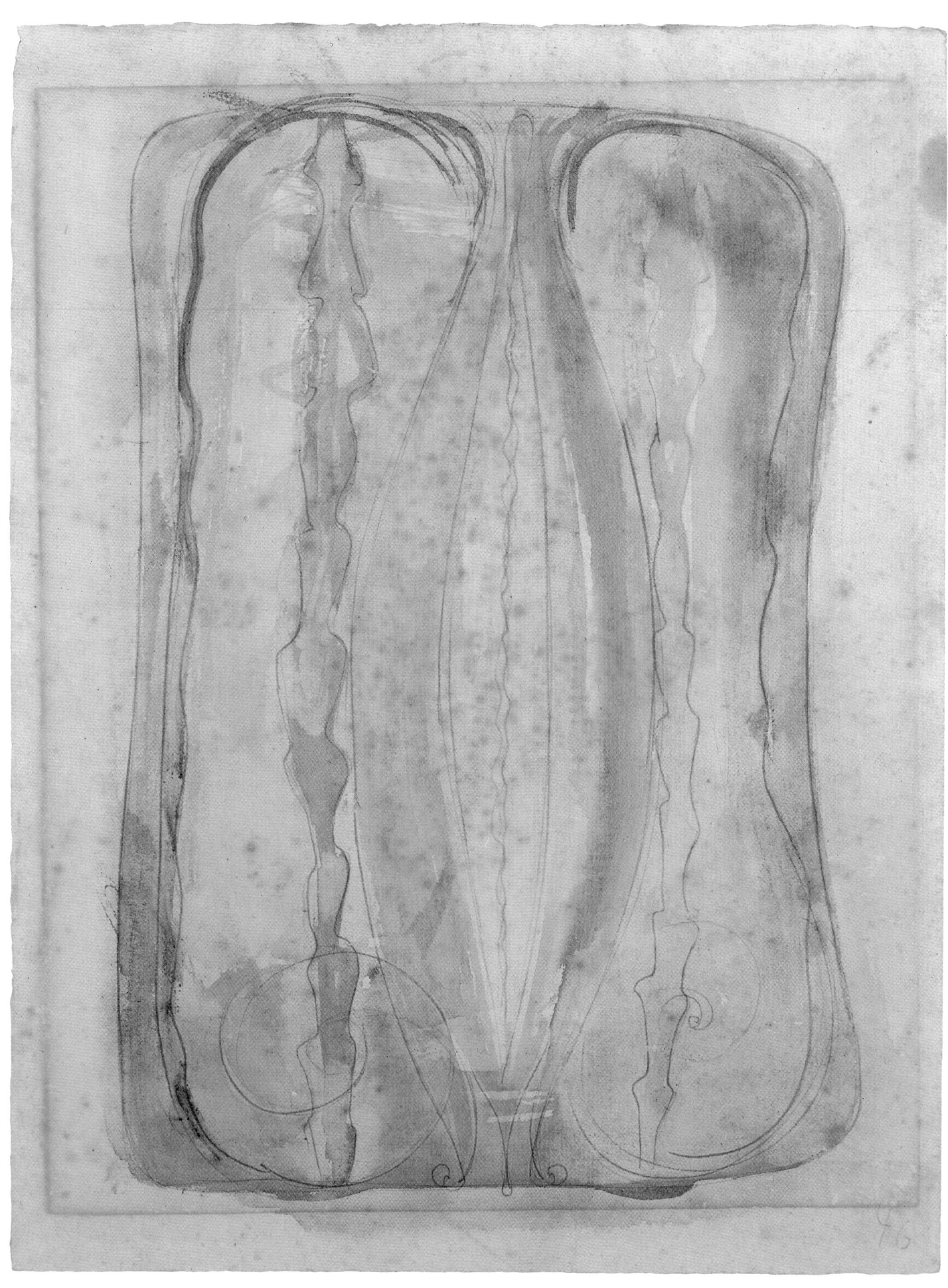

10 Röhrenherzen 1948
Bleistift, Wasserfarbe, 30 x 25,3 cm, Kat. 17

11 Savelandschaft 1953
Wasserfarbe, Tinte, 16,5 x 33 cm, Kat. 81

12 Ohne Titel (Phoenix) 1946
Bleistift, 18,5 x 9,2 cm, Kat. 4

13 Ohne Titel (Schaf) 1947
Bleistift, Wasserfarbe, 22,8 x 28,6 cm, Kat. 13

14 Schaf 1949
Bronze, 6 x 12 x 2 cm, Kat. 14

15 Ohne Titel (Tierstudie) 1949
Bleistift, 17,2 x 13 cm, Kat. 30

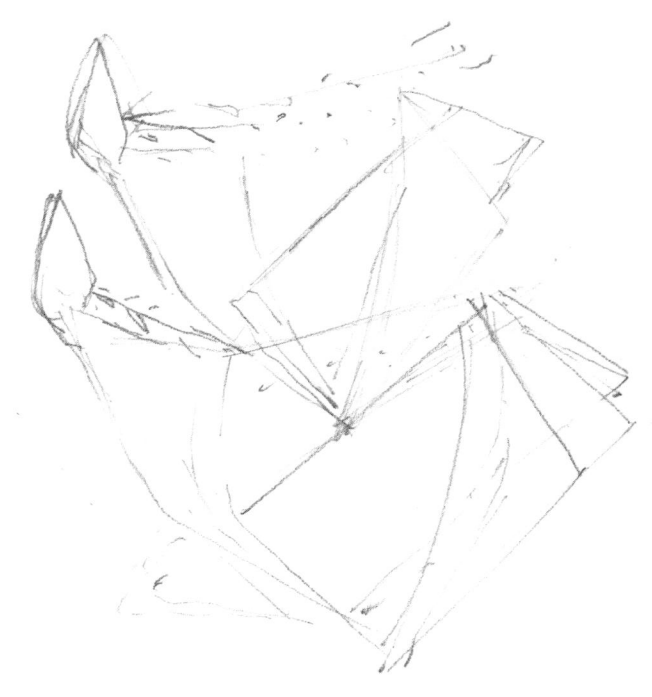

16 Ohne Titel (Zwei junge Tiere) 1949
Bleistift, 21 x 30 cm, Kat. 29

17 Tier und Sonne 1947/48
Bleistift, 9,7 x 17,3 cm, Kat. 15

18 Ohne Titel (Drei Ziegen) 1948
Bleistift, 23,2 x 28,4 cm, Kat. 27

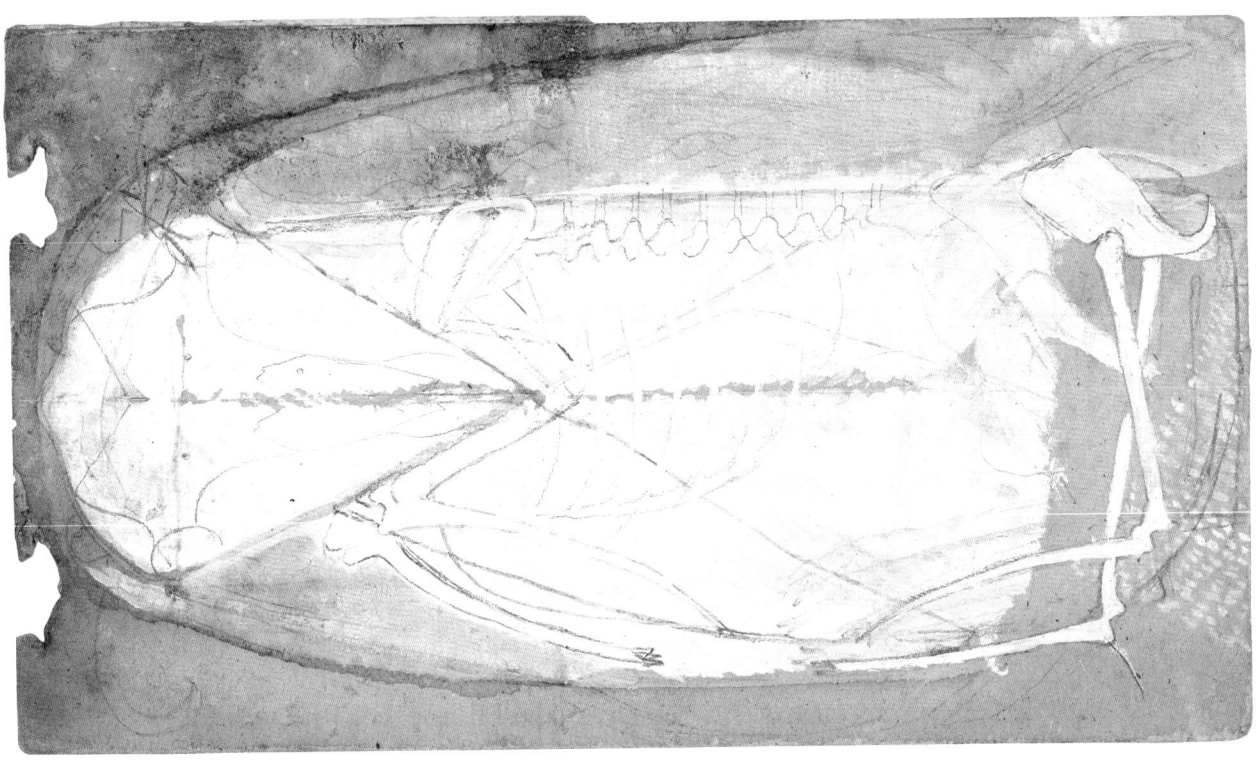

19 Schafskelett 1949
Gouache, 10 x 17,5 cm, Kat. 31

20 Badewanne für eine Heldin 1950/61/84
2 Bronzen und Tauchsieder, Wanne, 28 x 13 x 9,5 cm, Ofen, 31 x 7 x 7,5 cm, Tauchsieder, Kat. 55

21 Ohne Titel (Amphoren) 1949
Bleistift, Wasserfarbe, 17 x 12,5 cm, Kat. 34

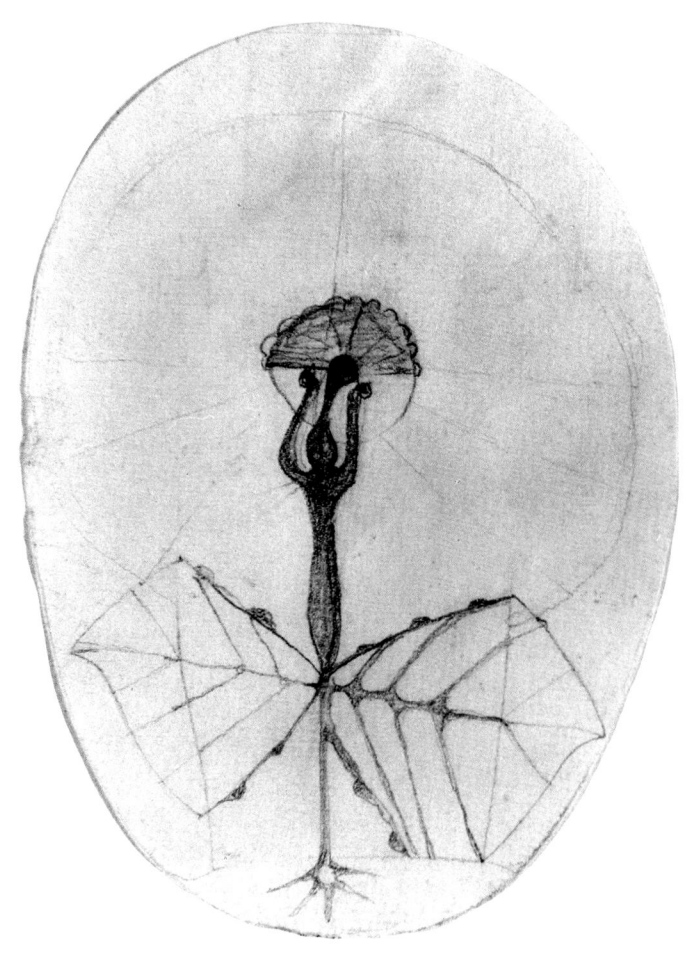

22 Pflanze 1947
Bleistift, 12 x 9 cm, Kat. 7

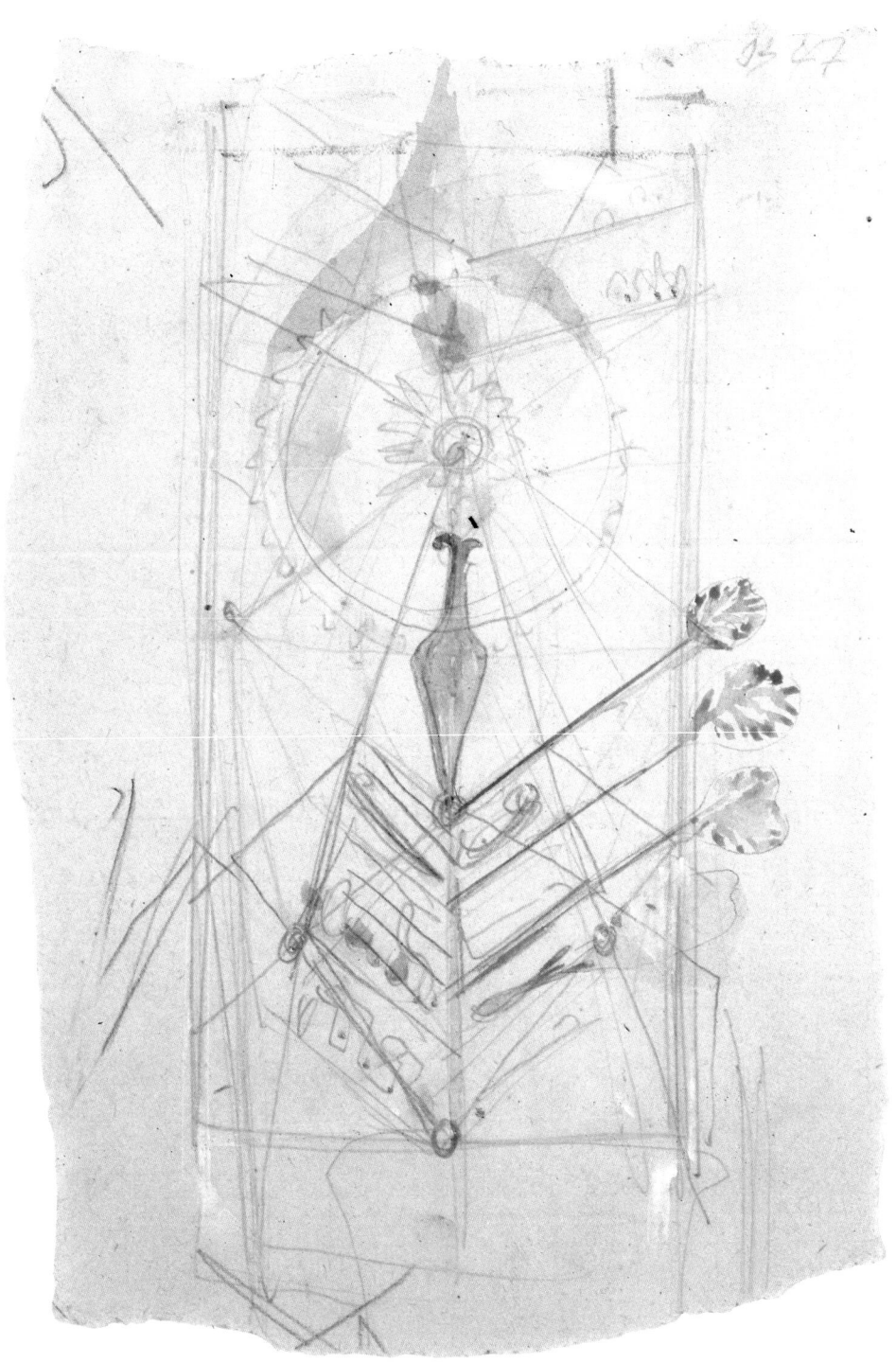

23 Blume und Sonne 1947
Bleistift, Wasserfarbe, 18,7 x 13,2 cm, Kat. 9

24 Ohne Titel um 1949
Bleistift, Aquarell, 19,6 x 29 cm, Kat. 48

25 Corsett 1949
Bronze, 3 x 15 x 3,5 cm, Kat. 35

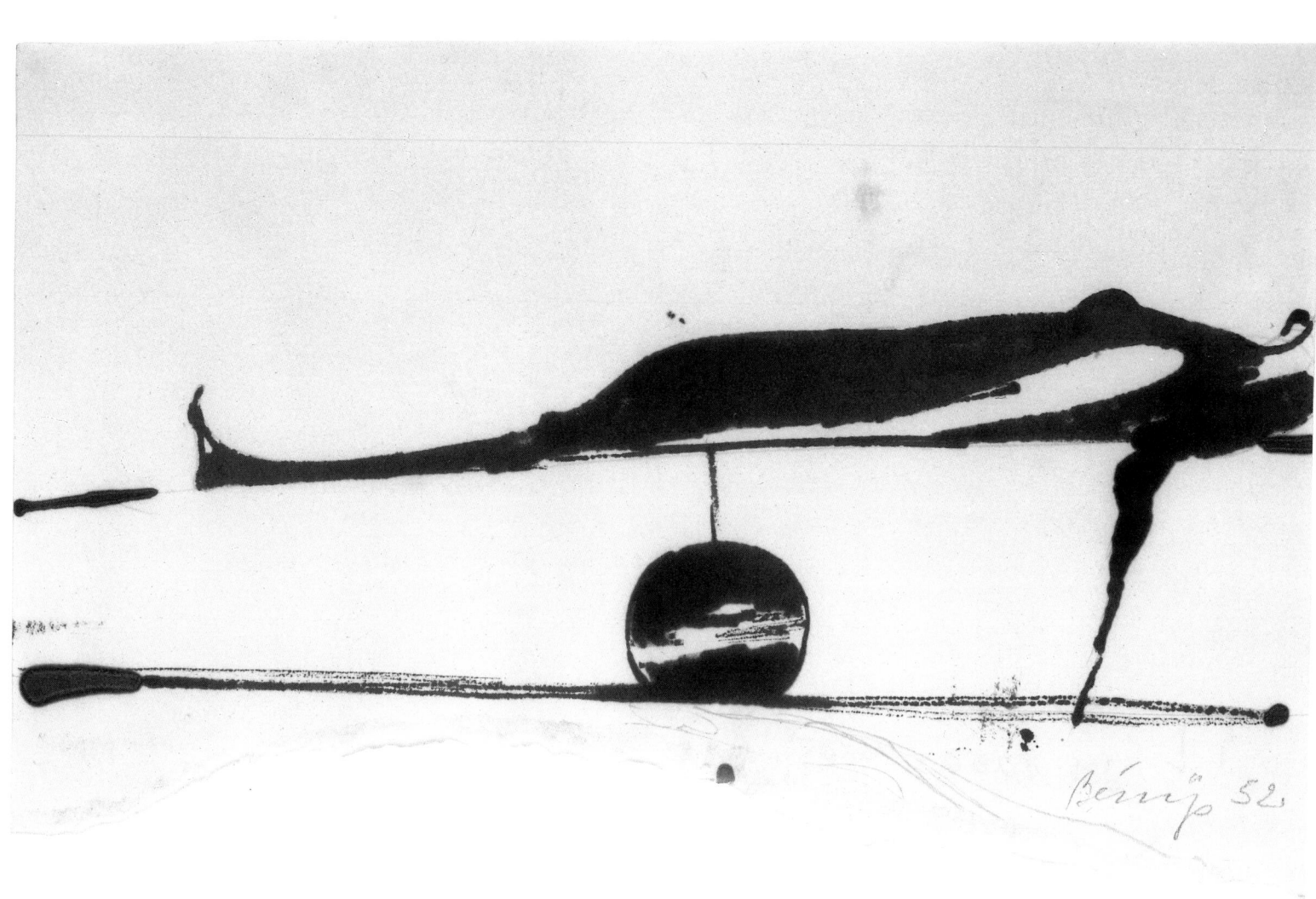

26 Ohne Titel (liegender Frauenakt über Kugel) 1952
Bleistift, Beize, 13 x 21,5 cm, Kat. 76

27 Bett 1950/69
Bronze, 20 x 52 cm, Kat. 56

28 Tierfrau 1949 / 84
Bronze, 46 x 10 x 12 cm, Kat. 33

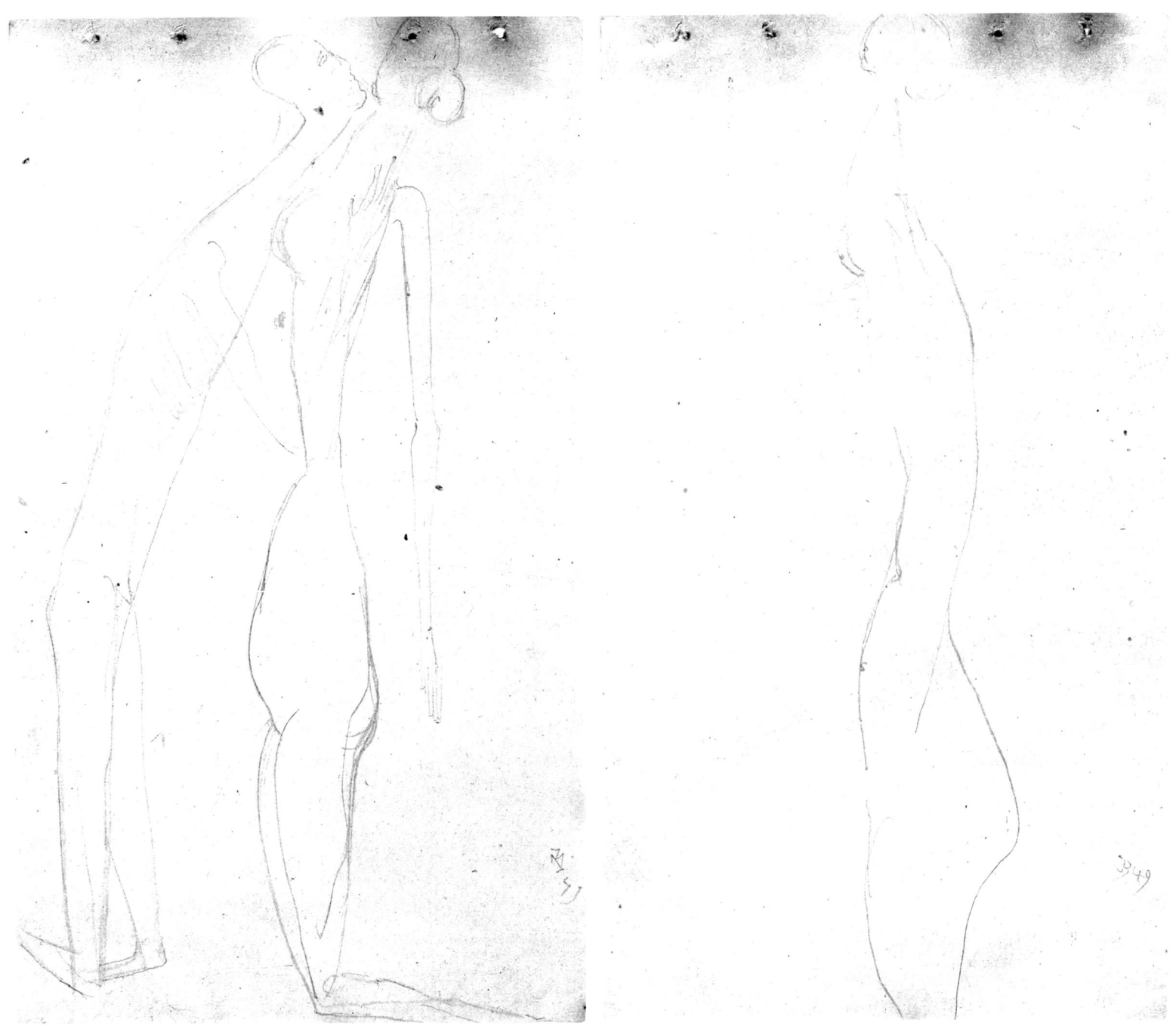

29 Ohne Titel 1949
Bleistift, 17,7 x 10 cm, Kat. 37

30 Ohne Titel (weibliche Figur) 1949
Bleistift, 17,7 x·10 cm, Kat. 36

31 Torso 1949/51
Gips, Eisen, Gaze, Blei, Ölfarbe, 104,5 x 48 x 67 cm, Kat. 52

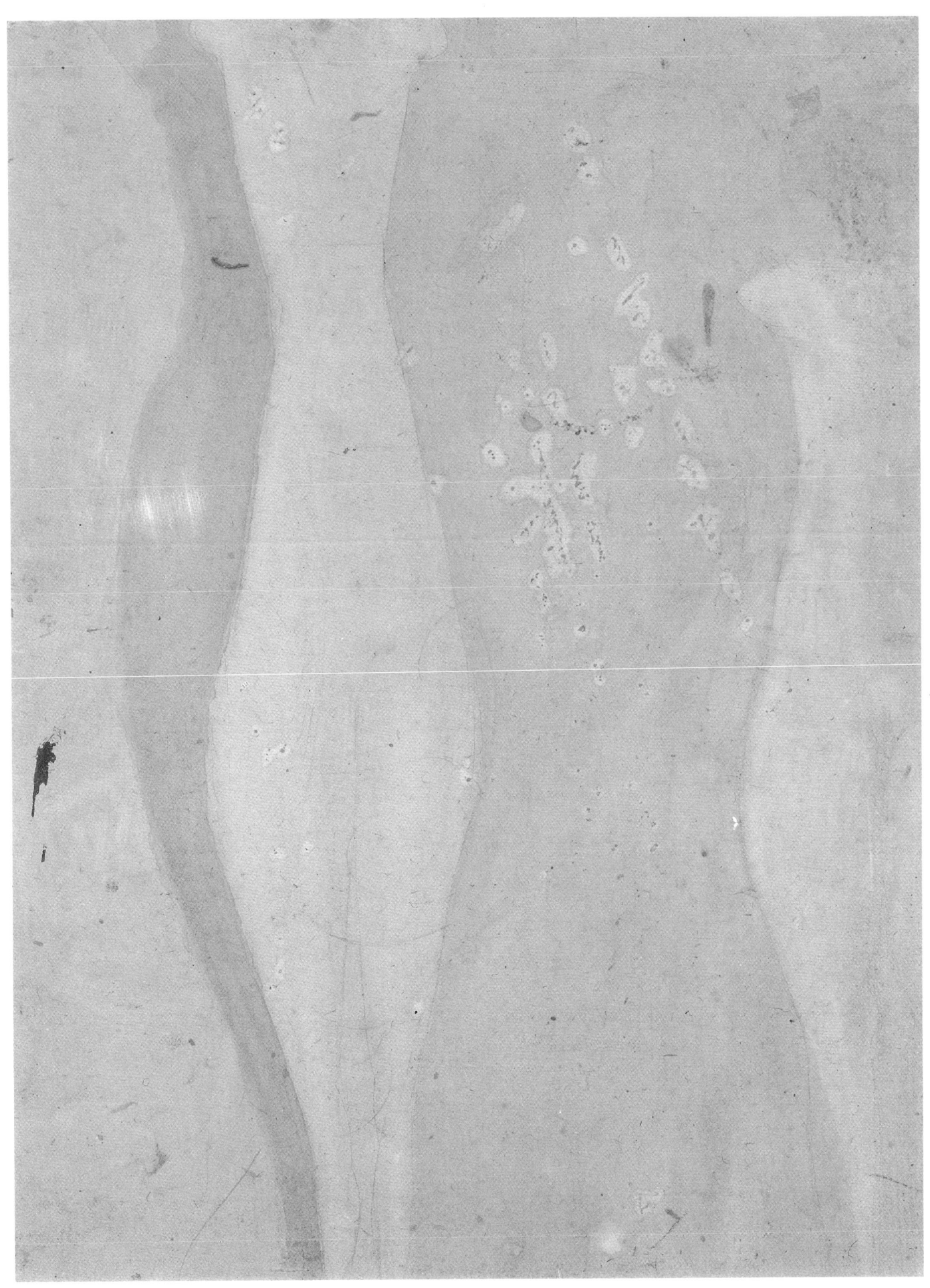

32 Drei Frauen 1948
Bleistift, Wasserfarbe, 35,5 x 27 cm, Kat. 22

33 Bandagen 1949
Bleistift, Tinktur, 12 x 16,8 cm, Kat. 38

34 Weisse Frau im Gras (fairy) 1954
Bleistift, Wasserfarbe, 19,4 x 12,3 cm, Kat. 85

35 Sibylla – Pythonissa 1954
Sepia, 62 x 48 cm, Kat. 83

36 Mädchen 1948
Bleistift, 30,7 x 21,9 / 22,6 cm, Kat. 21

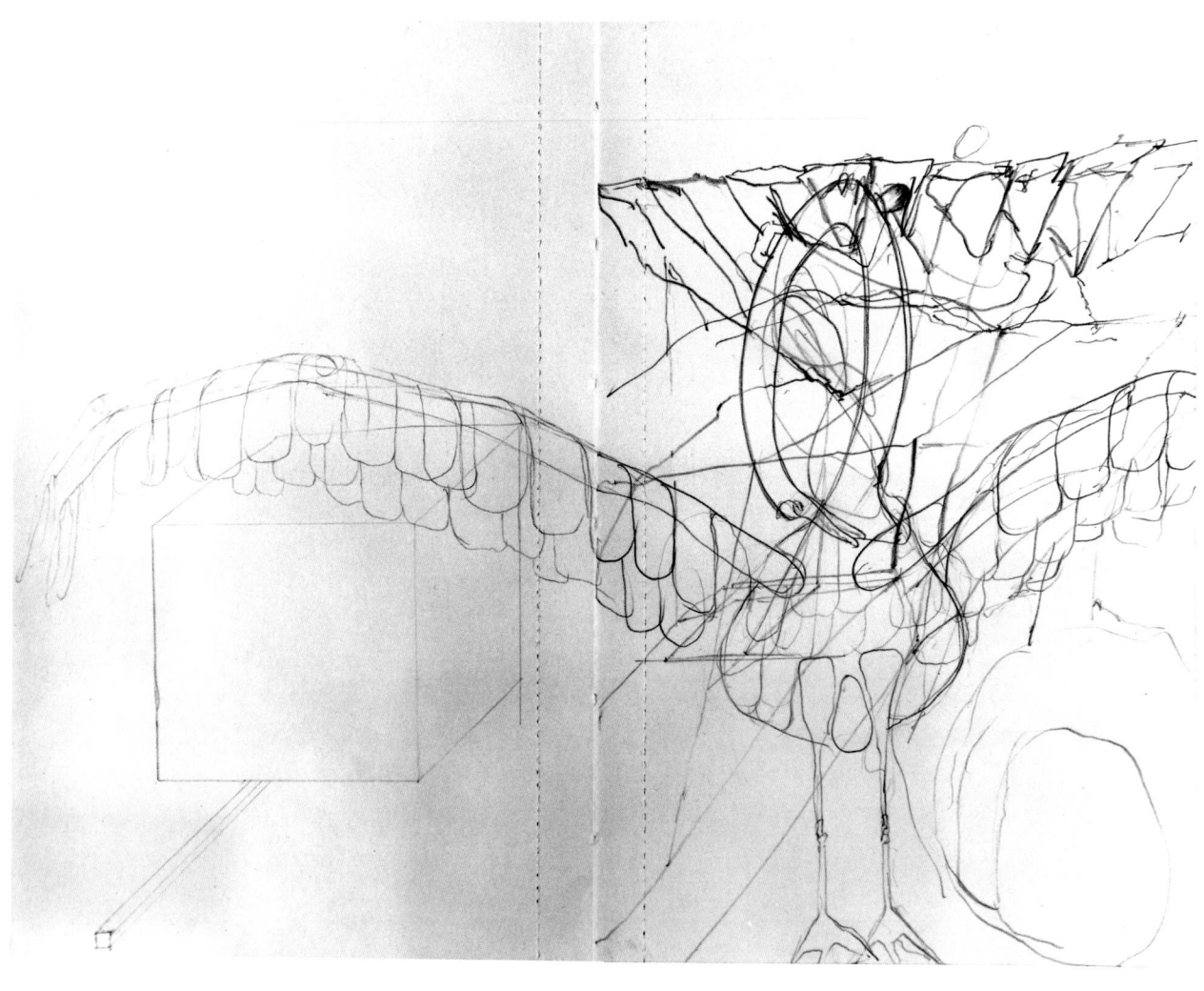

37 Ohne Titel (Schwan) o. J.
Bleistift, 21,5 x 27,6 cm, Kat. 177

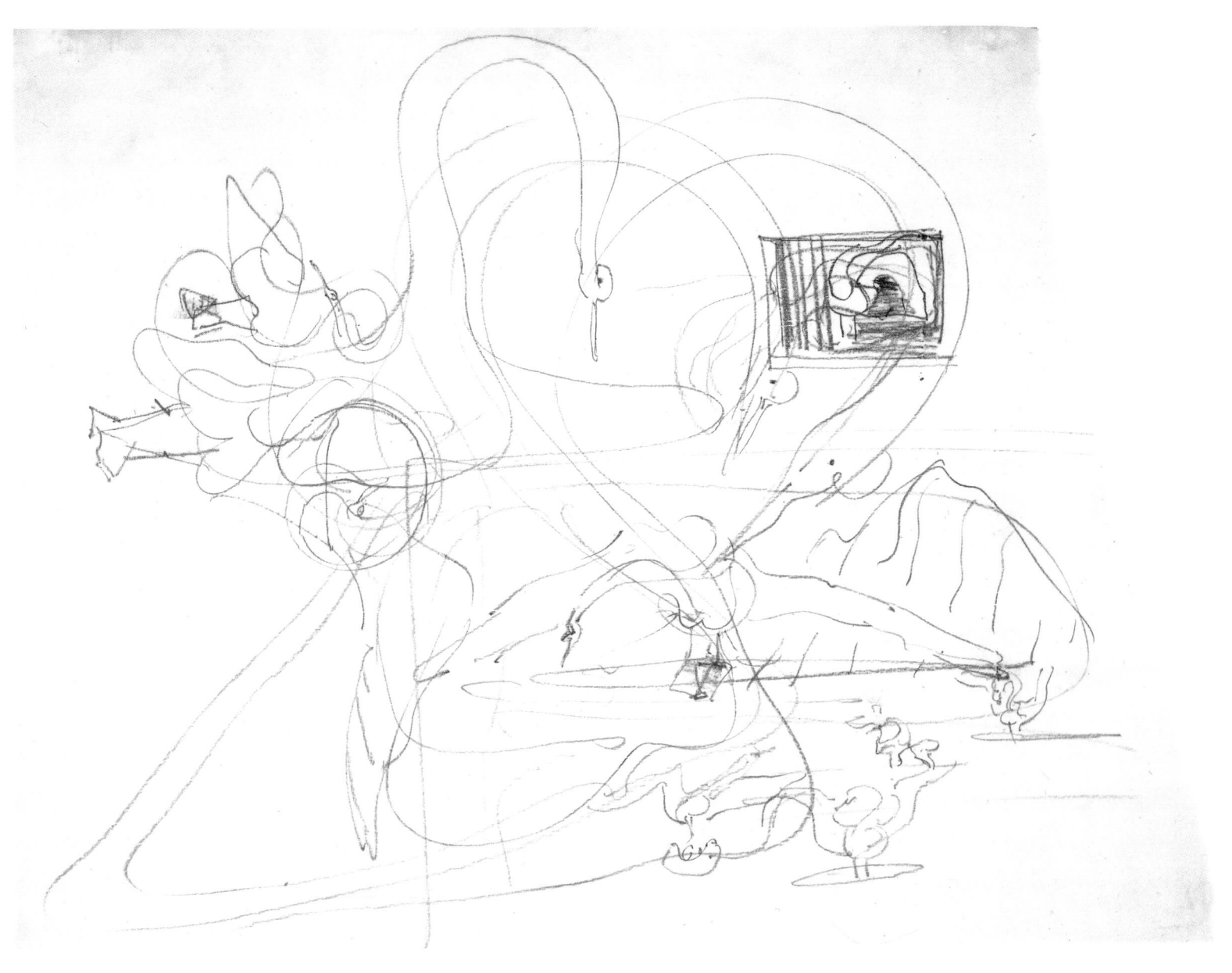

38 Ohne Titel o. J.
Bleistift, 48,5 x 64,5 cm, Kat. 99

39 Aus: Intelligenz der Schwäne 1958
Bleistift auf Pappe, mit Nägeln montiert, 22,6 x 16,8 cm, Kat. 176

40 Plastiken für Meer 1956
Bleistift, 2 Blätter, je 21 x 29,6 cm, Kat. 110

41 Ohne Titel (Schwan und Körperteile) 1980/84
Bleistift, 30 x 30 cm, Kat. 492

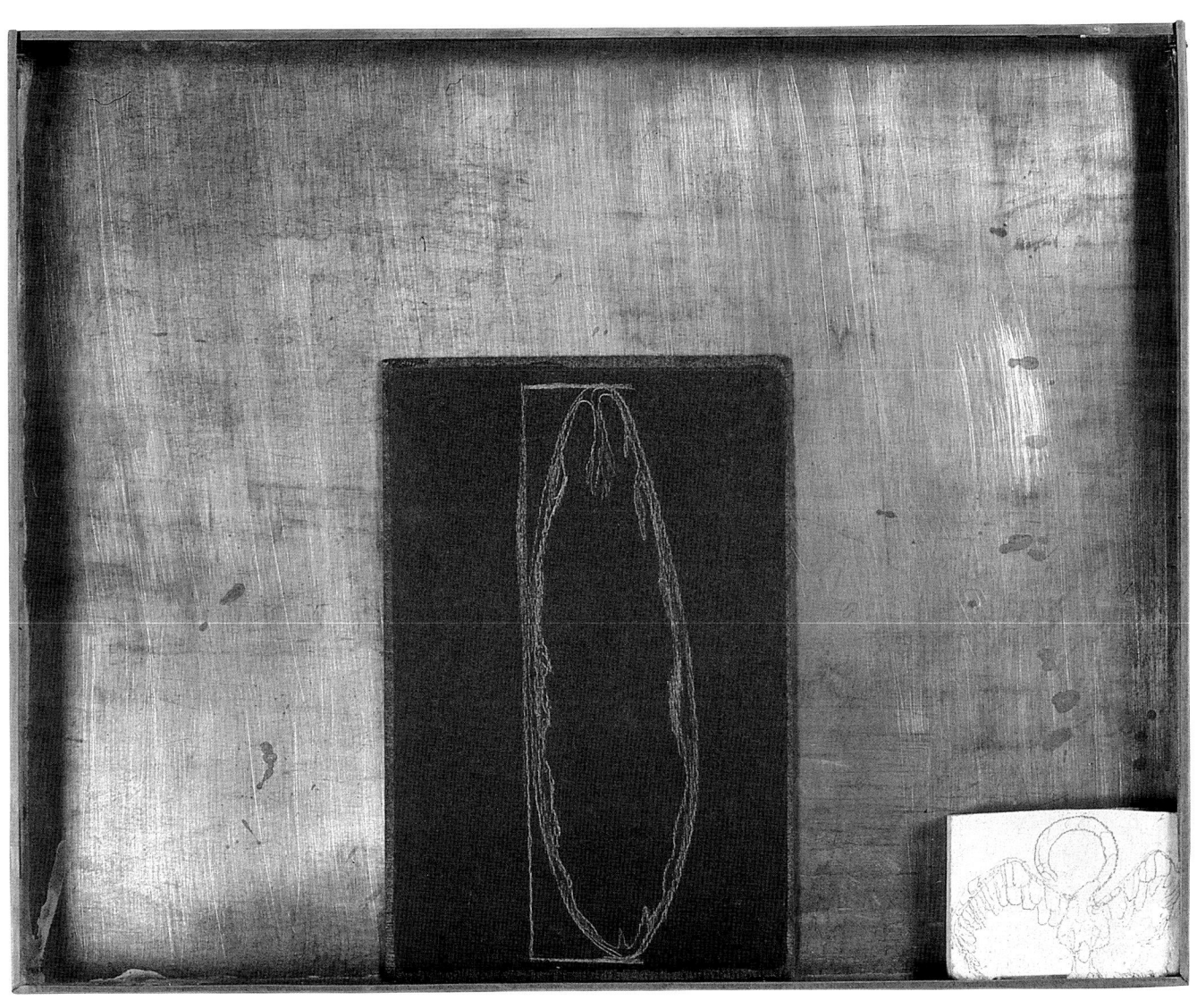

42 Schwan mit Ei 1982
Schiefertafel und Zeichnung, im Zinkkasten, 40 x 50 x 3 cm, Kat. 468

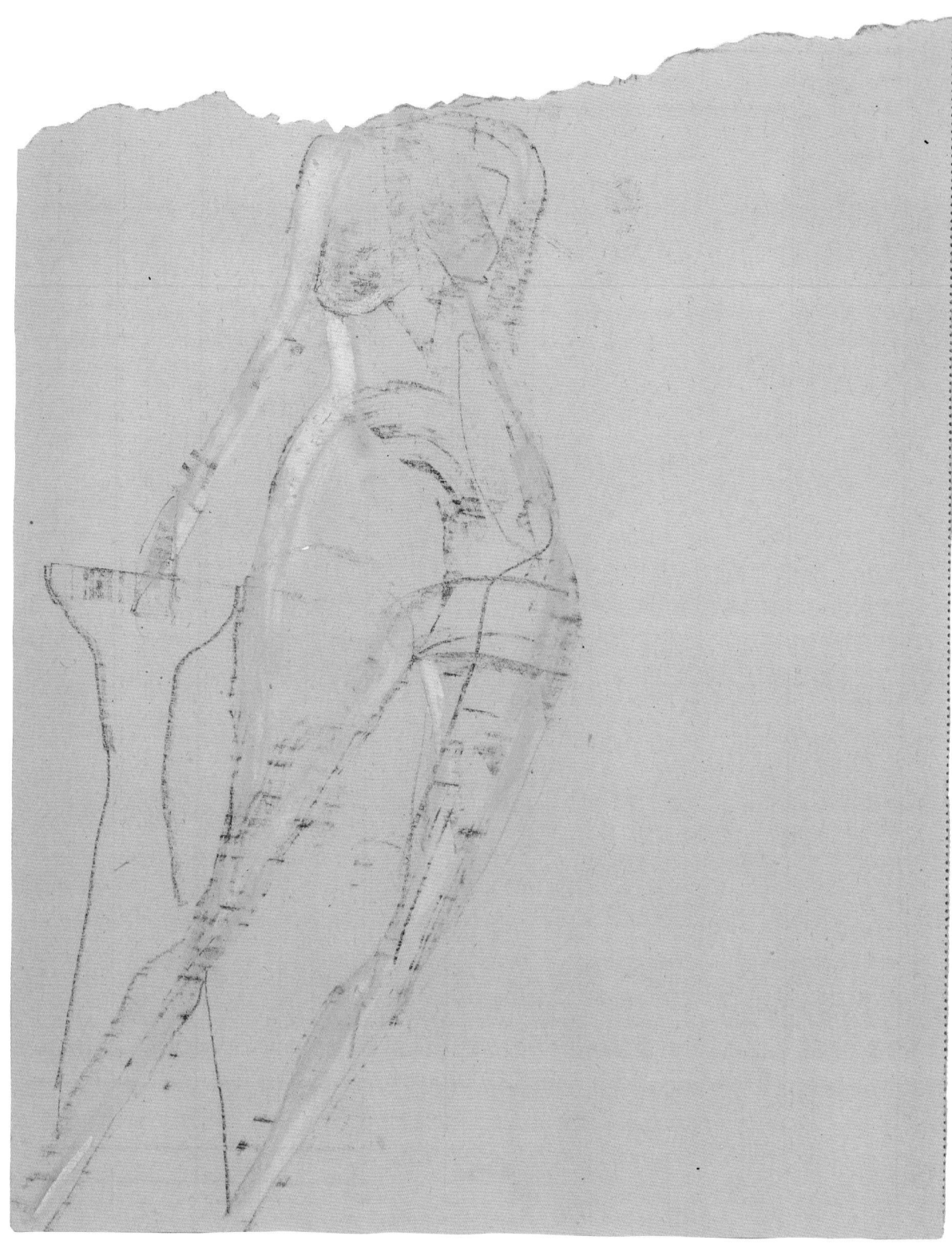

43 Aktrice 1956
Kreide, Wasserfarbe, 25,2 x 20 cm, Kat. 114

44 Frau 1956
Bleistift, Wasserfarbe, 29,5 x 21 cm, Kat. 115

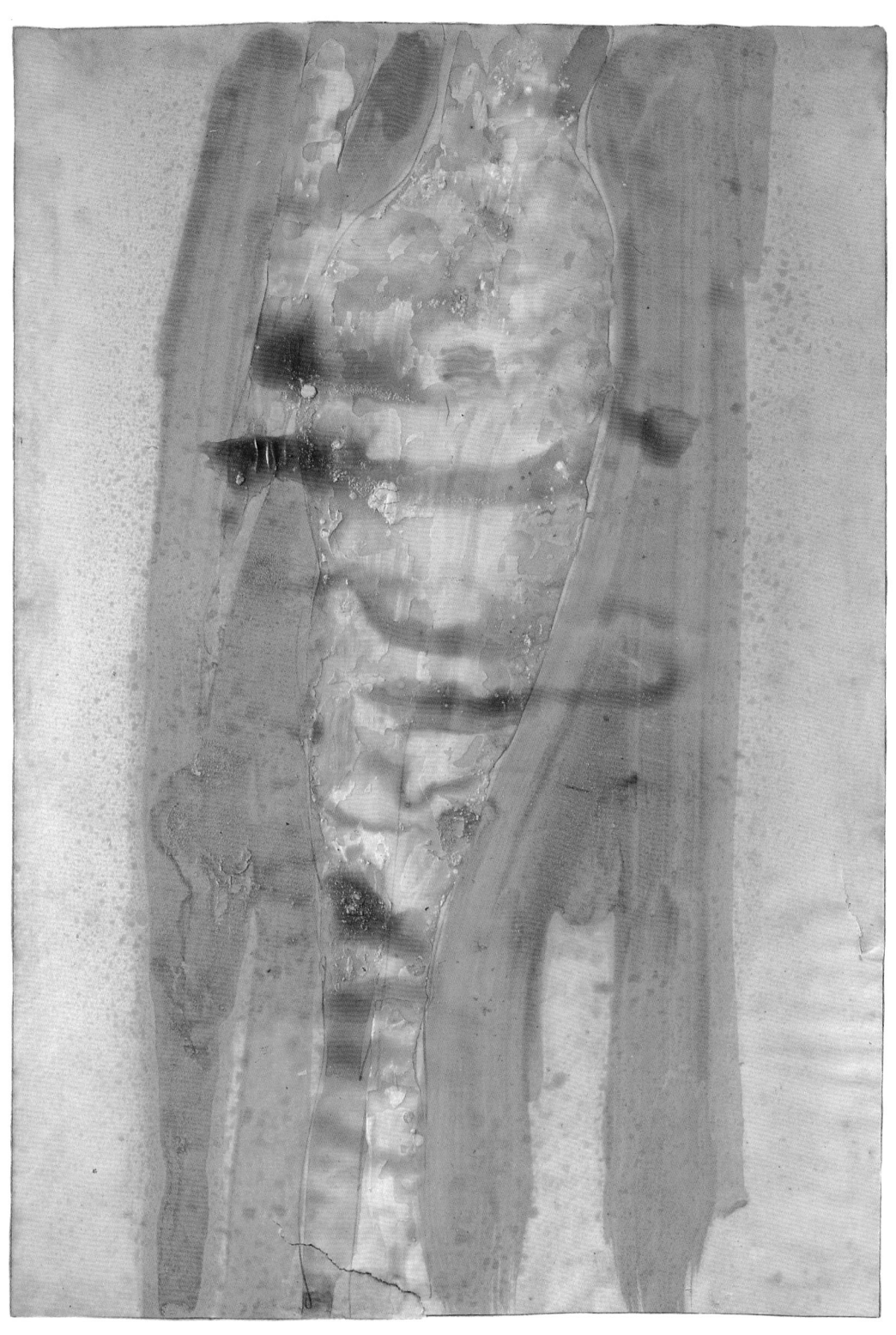

45 Frau 1957
Bleistift, Ölfarbe, 35 x 27 cm, Kat. 152

46 Mutter mit Kind und drei Zeichen der Geburt 1957
Wasserfarbe, 34,9 x 50,2 cm, Kat. 159

47 Kristallmessung 1954
Wasserfarbe, 27,5 x 30,5 cm, Kat. 87

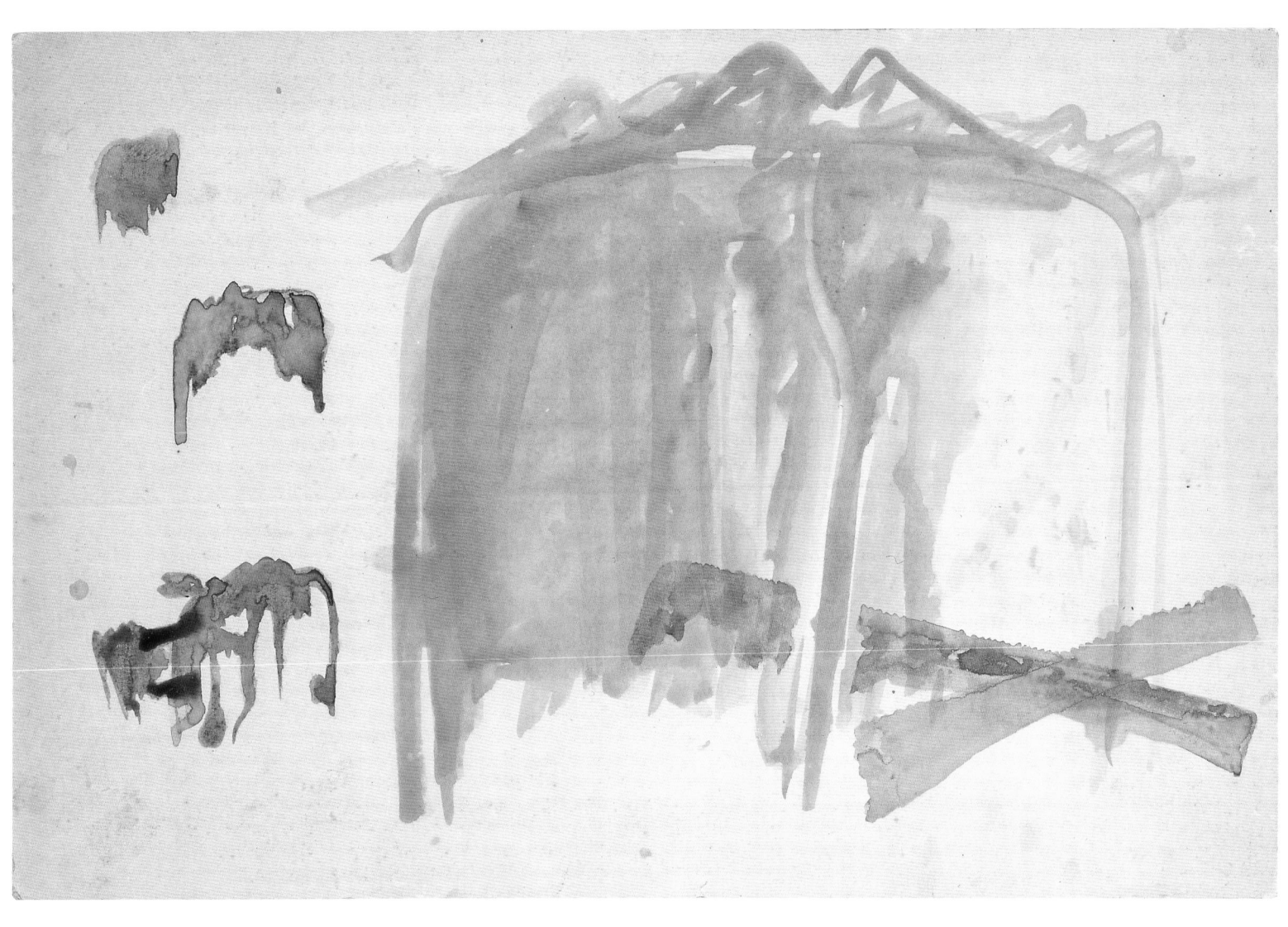

48 Yellowstone 1957
Wasserfarbe, 36,5 x 54,9 cm, Kat. 143

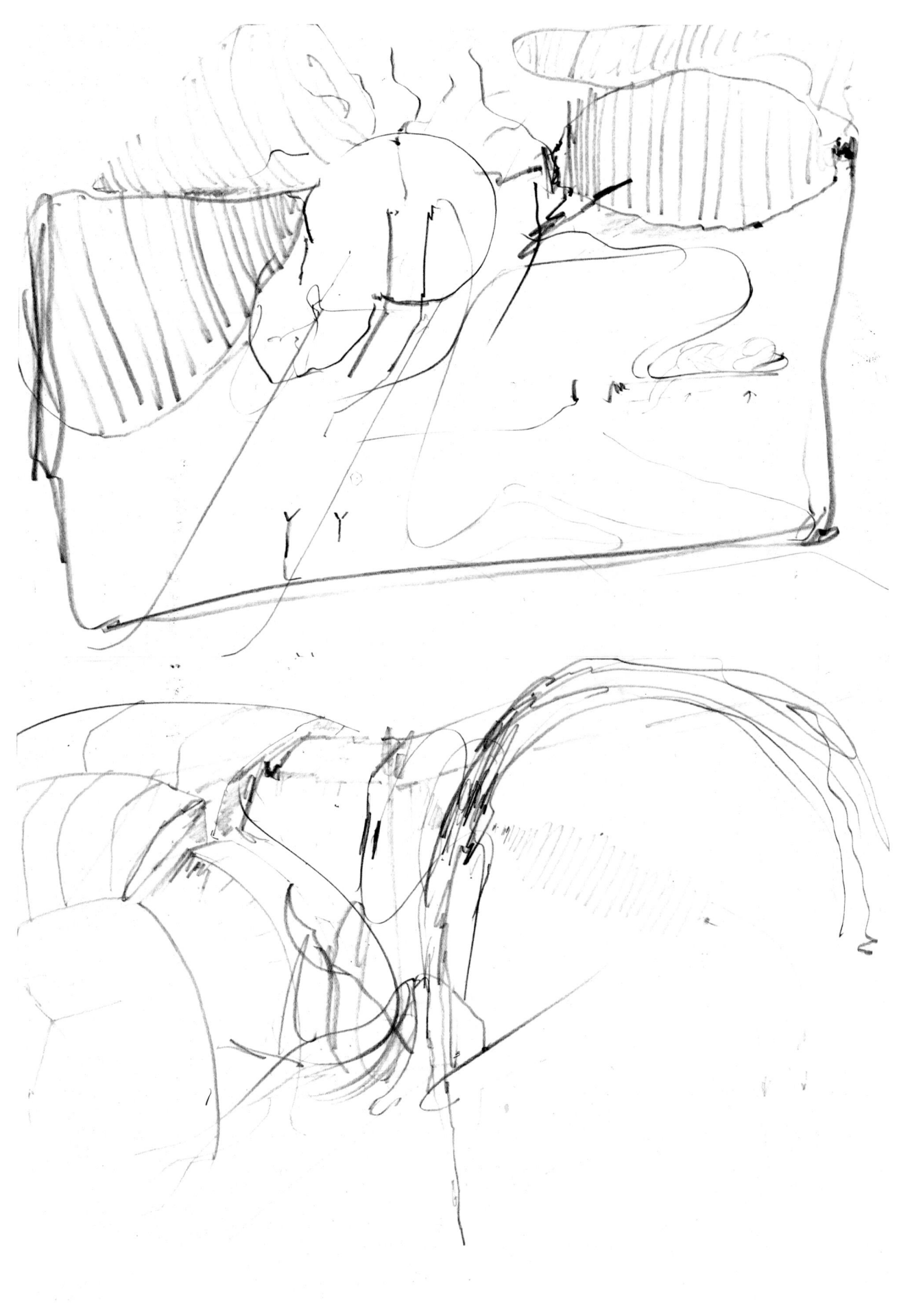

49 Wärmeplastik im Gebirge 1956
Bleistift, 2 Blätter, je 21 x 29,6 cm, Kat. 123

50 Leuchtturm 1956
Bleistift, 2 Blätter, je 21 x 29,8 cm, Kat. 124

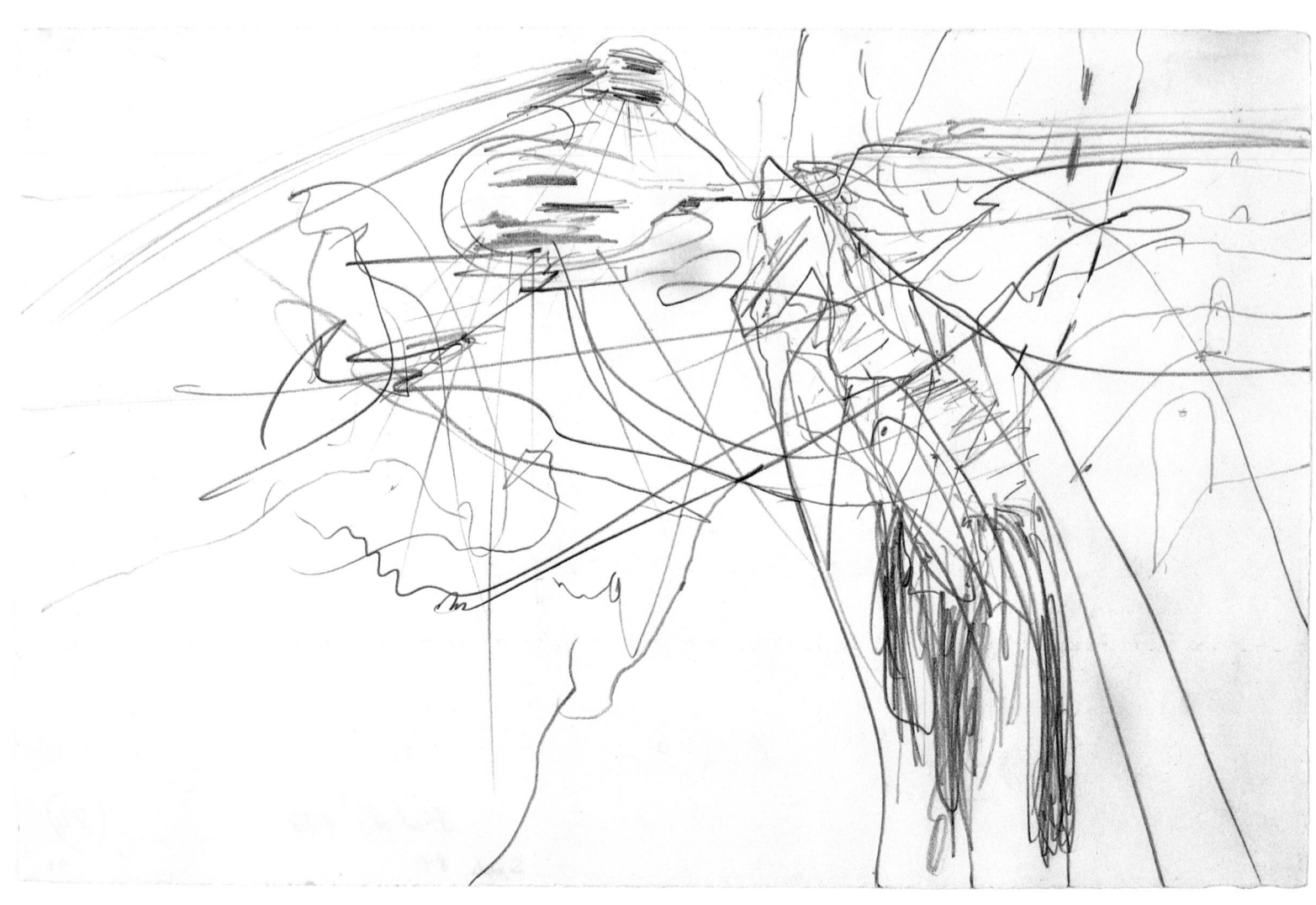

51 Boethia Felix 1957
Bleistift, 17,4 x 27 cm, Kat. 165

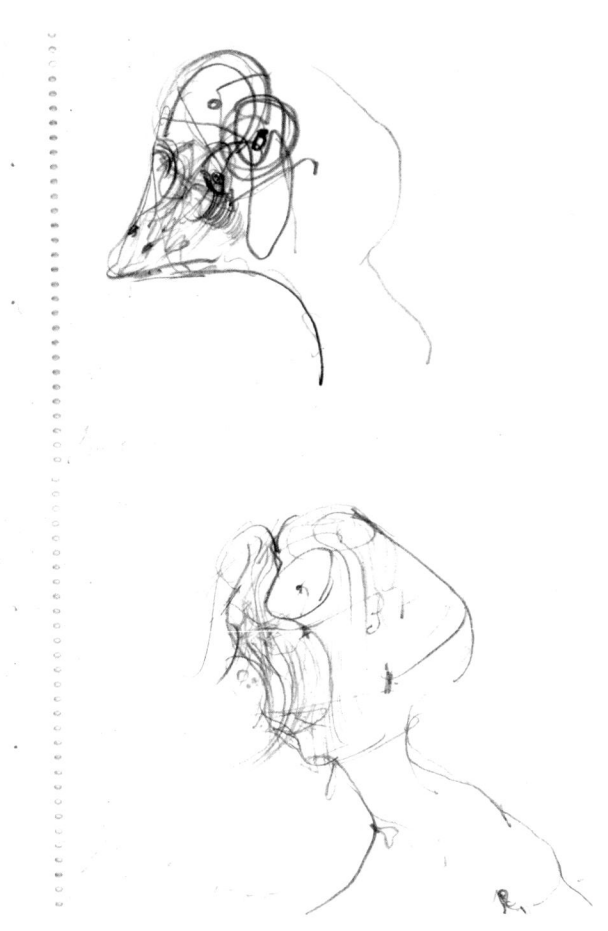

52 Ohne Titel (Kopfstudien) 1955
Bleistift, 2 Blätter, je 6 x 8,5 cm, Kat. 104

53 Sonnenkreuz 1949
Bronze, 39 x 19 x 2,5 cm, Kat. 39

54 Pietà 1948
Bleistift, 25 x 18,5 cm, Kat. 23

55 Ohne Titel (Wurfkreuz) 1949/52
Bronze, 17,8 x 13 x 0,9 cm, Kat. 73

56 Wurfkreuz mit Stoppuhr auf Pflockkreuz 1952/66
Bronze, 35 x 25 x 3 cm, Kat. 74

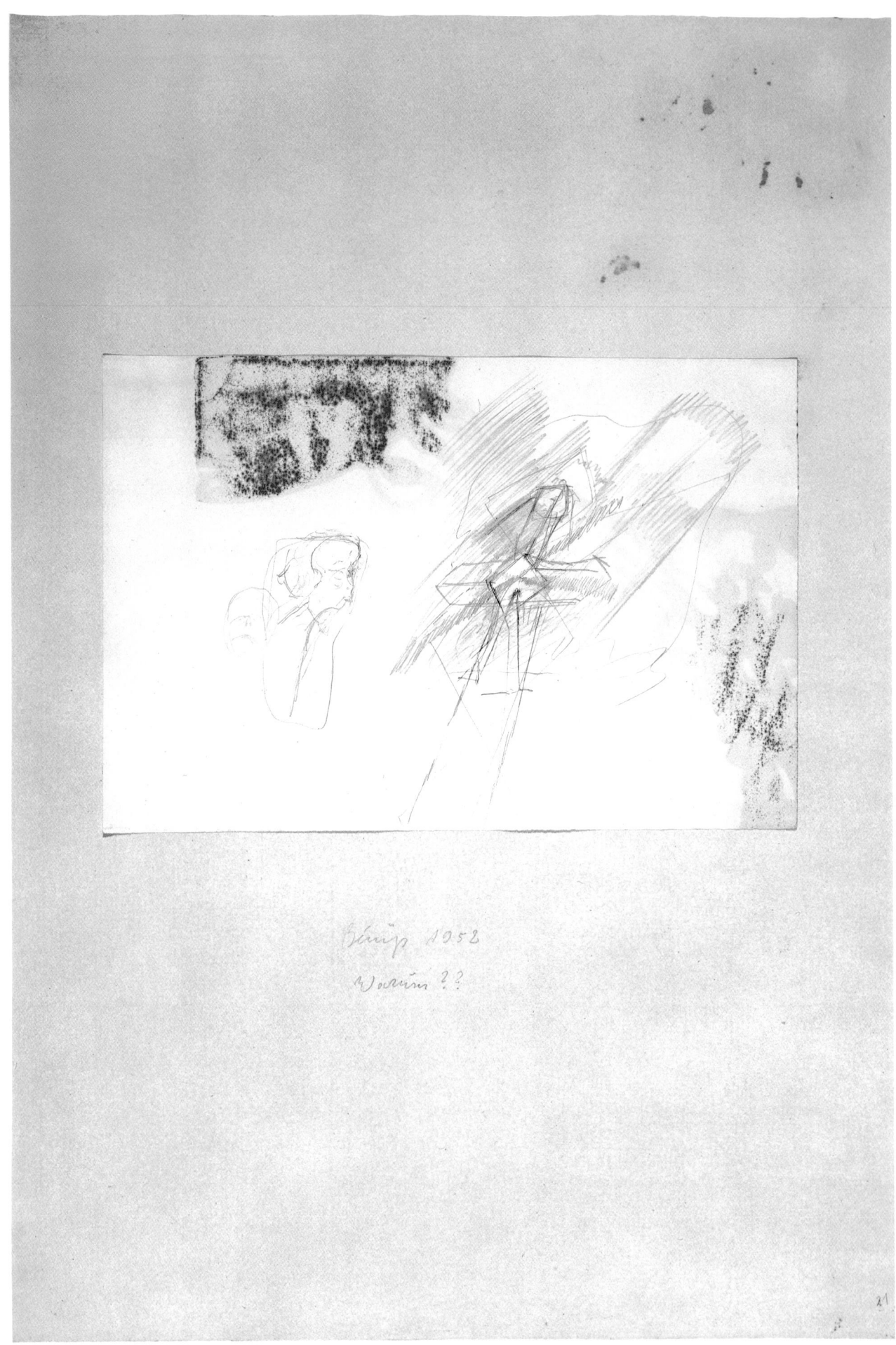

57 ''Warum??'' 1952
Bleistift, Beize, 25,2 x 37,9 cm, Kat. 69

58 Ohne Titel (Geburt) 1953
Bleistift, Ölfarbe, 21 x 29,5 cm, Kat. 79

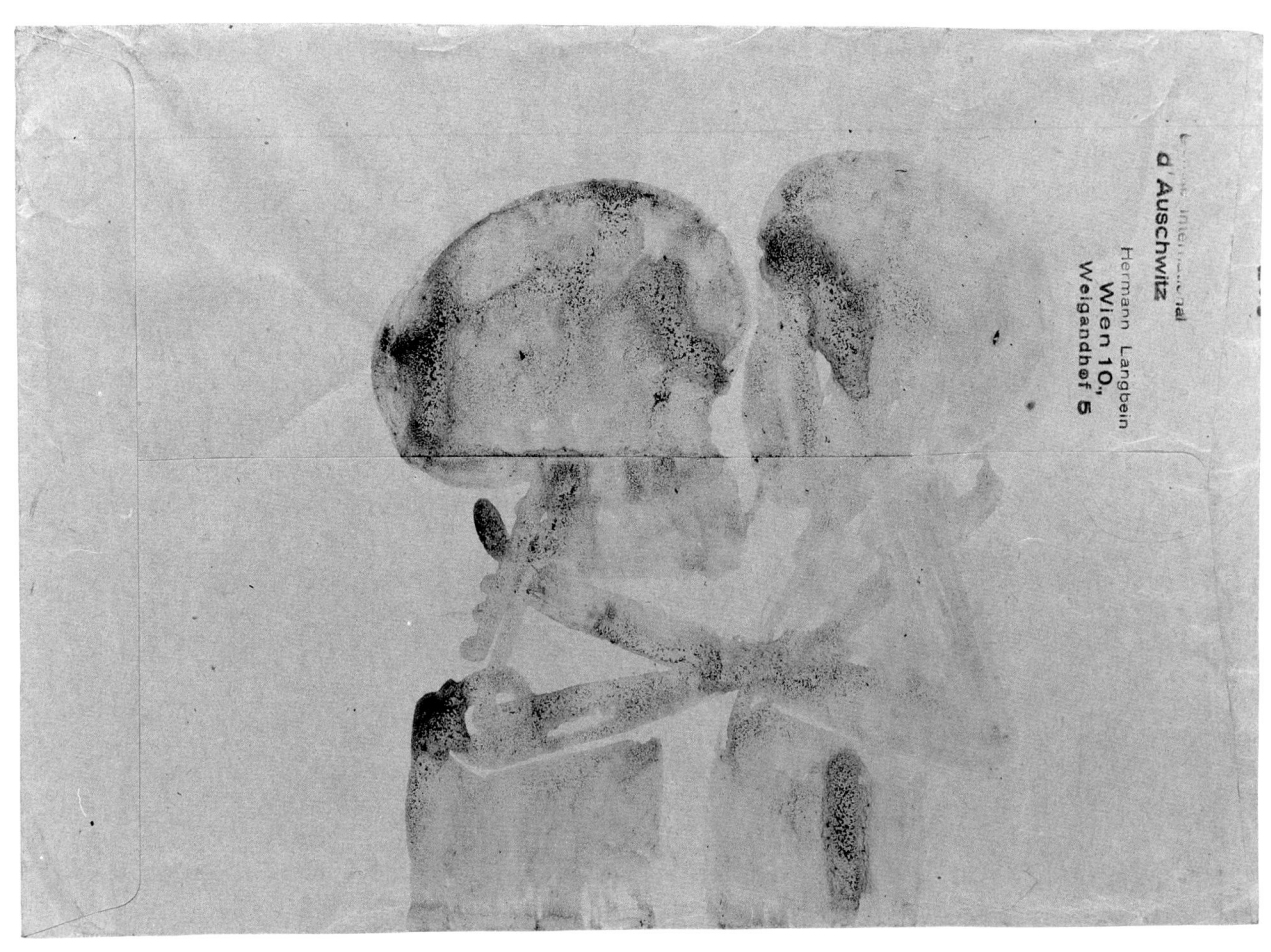

59 Der Tod und das Mädchen 1957
Verdünnte Farbe auf gelbbraunem Briefumschlag mit Stempel, 17,6 x 25,2 cm, Kat. 151

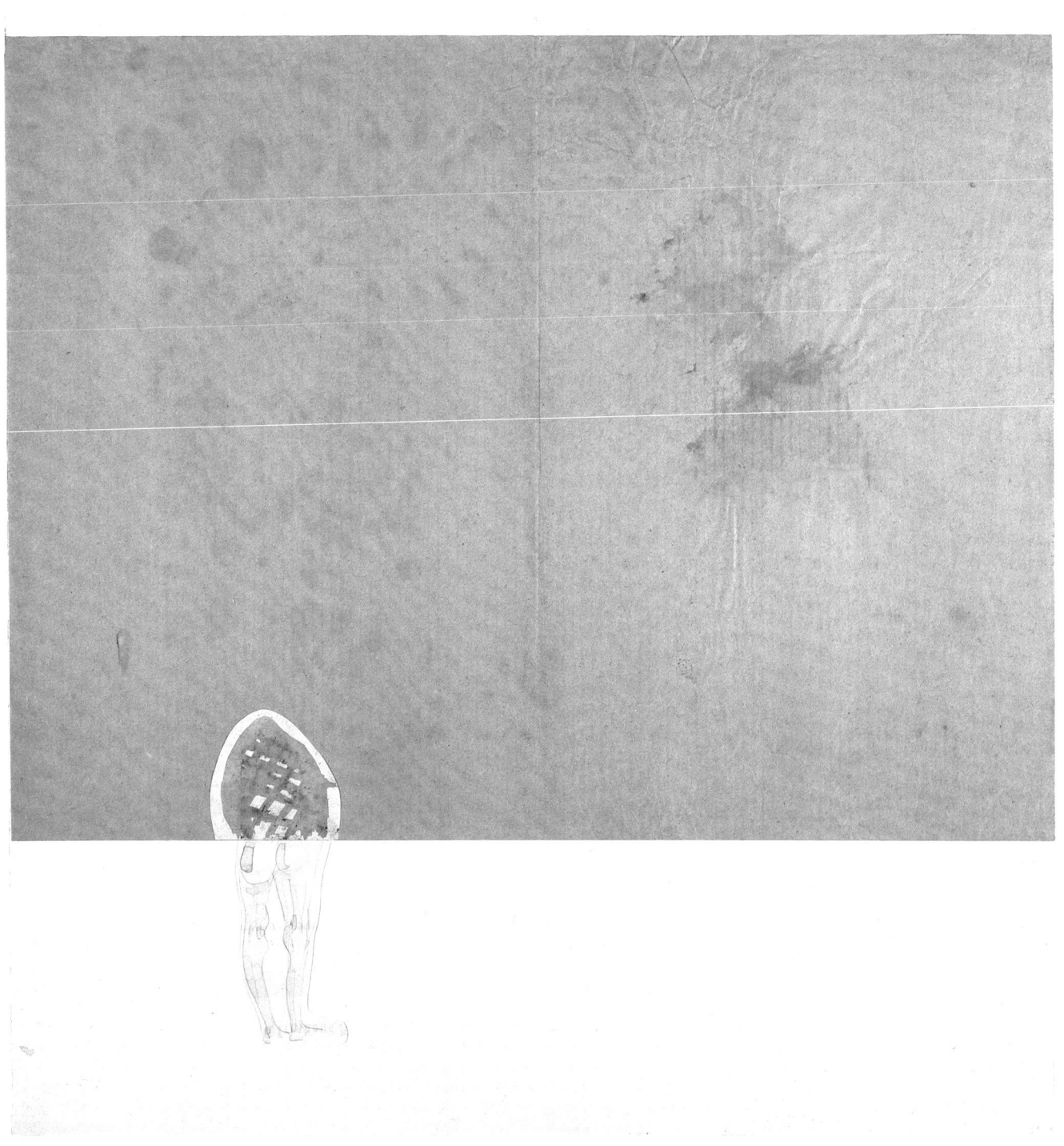

60 Handfußmädchen 1957
Collage; Bleistift, Wasserfarbe, 47,4 x 50,3 cm, Kat. 154

61 Ohne Titel um 1959
Ton, Ölfarbe, 28,8 x 21 cm, Kat. 220

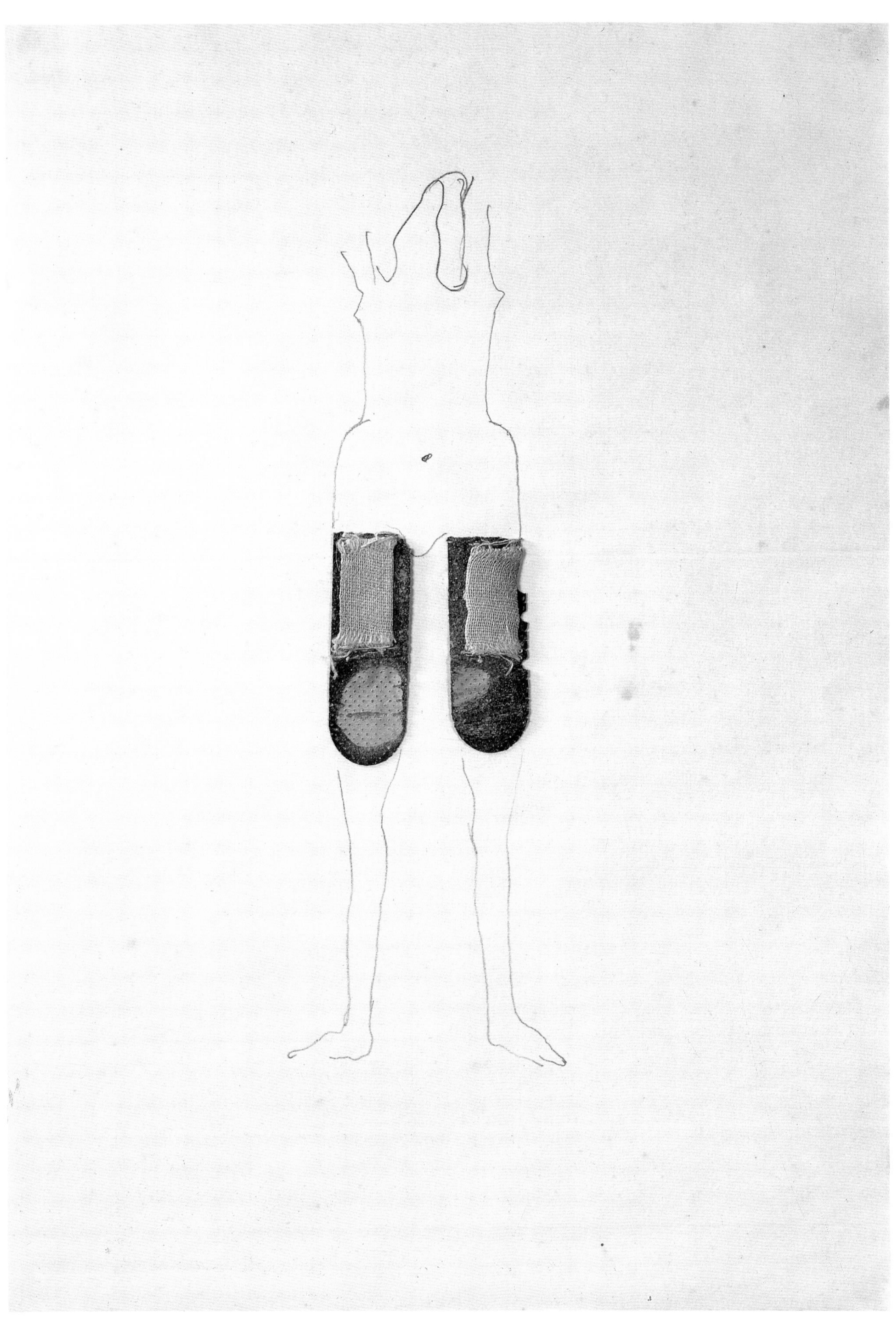

62 Mädchen 1957
Bleistift, Heftpflaster, 29,7 x 21 cm, Kat. 155

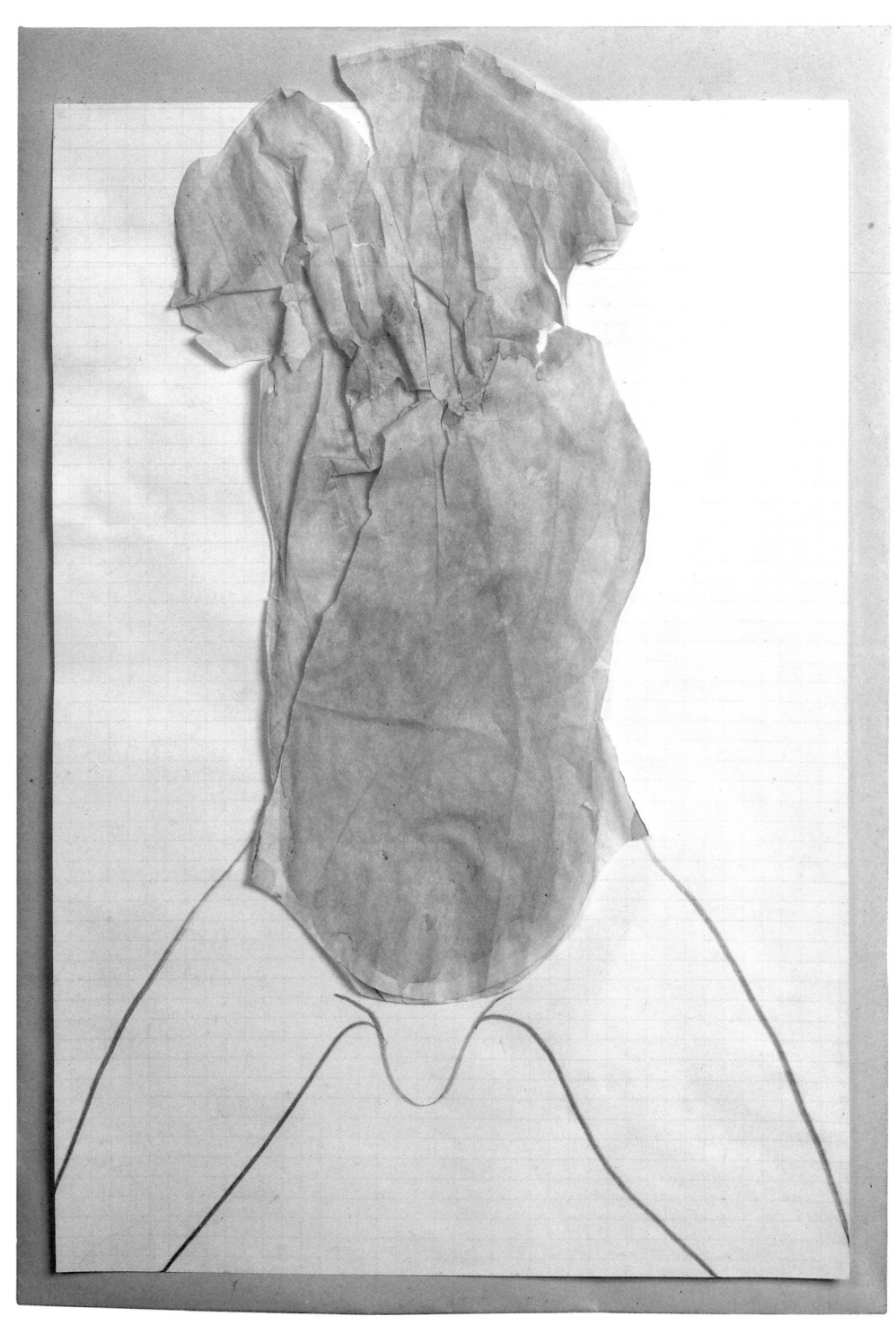

63 Torso, sich entkleidend 1957
Collage; Bleistift, Wasserfarbe, 32,5 x 22,8 cm, Kat. 153

64 Zwei Figuren 1956
Eisenhydroxyd, 50 x 23,5 cm, Kat. 116

65 Ohne Titel (Aktfiguren) 1957
Bleistift, Wasserfarbe, 22,4 x 15 cm, Kat. 157

66 Ohne Titel 1957
Goldbronze, 21 x 15 cm, Kat. 161

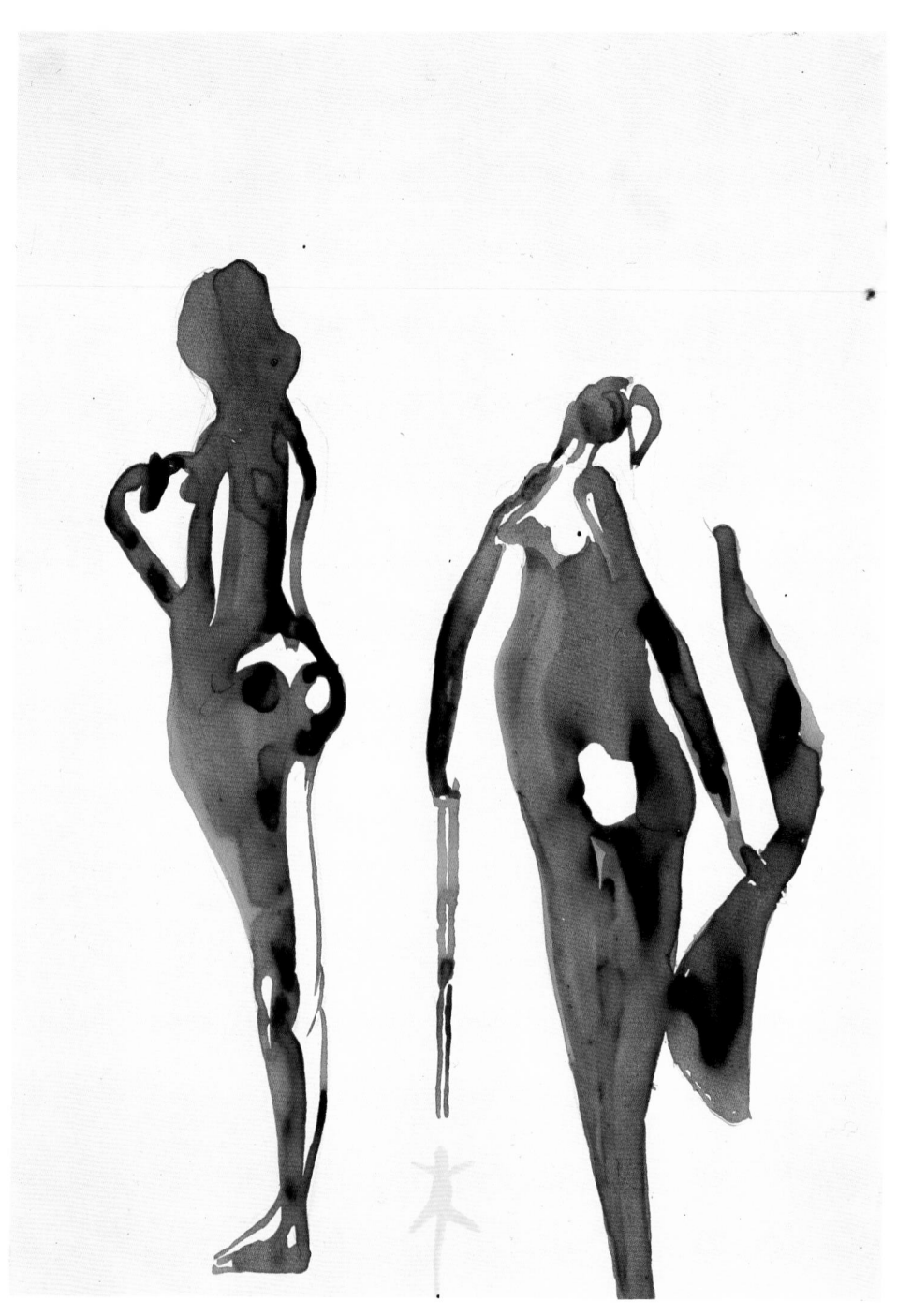

67 Ohne Titel (Salamander I) 1958
Bleistift, Hasenblut, 29,5 x 21 cm, Kat. 172

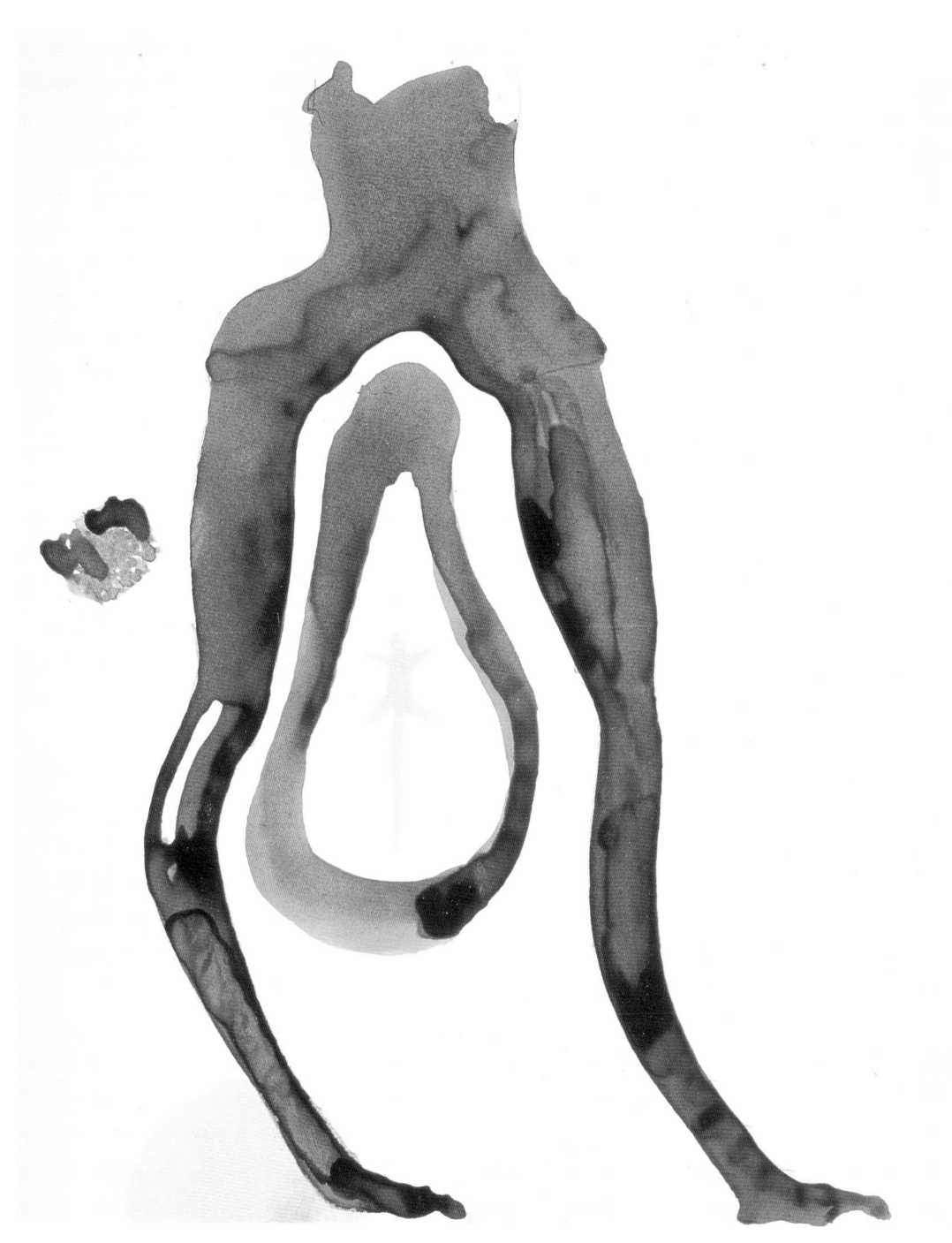

68 Ohne Titel (Salamander II) 1958
Bleistift, Hasenblut, 25,5 x 20,5 cm, Kat. 173

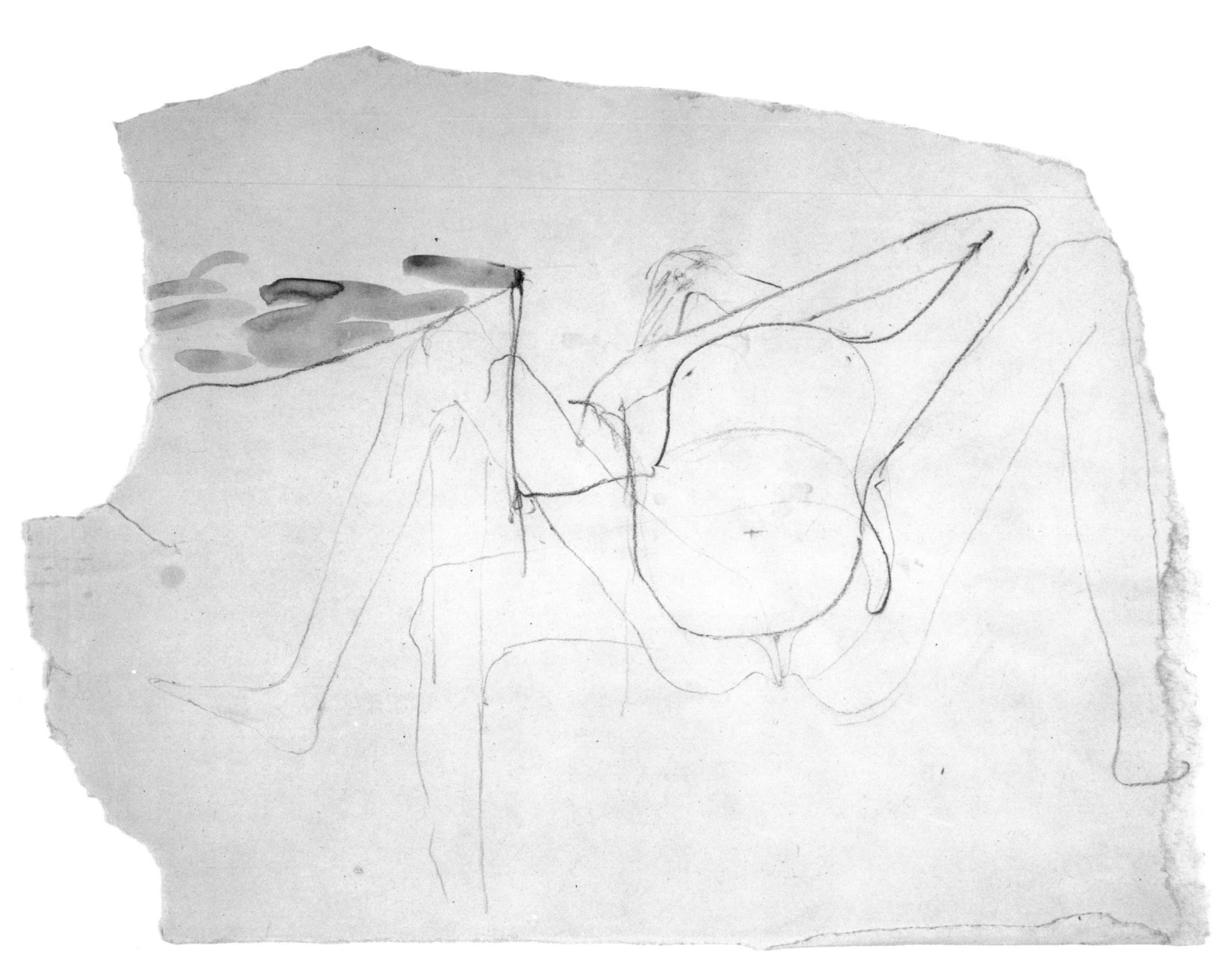

69 Hasenblut 1962
Bleistift, Hasenblut, 24,8 x 34 cm, Kat. 298

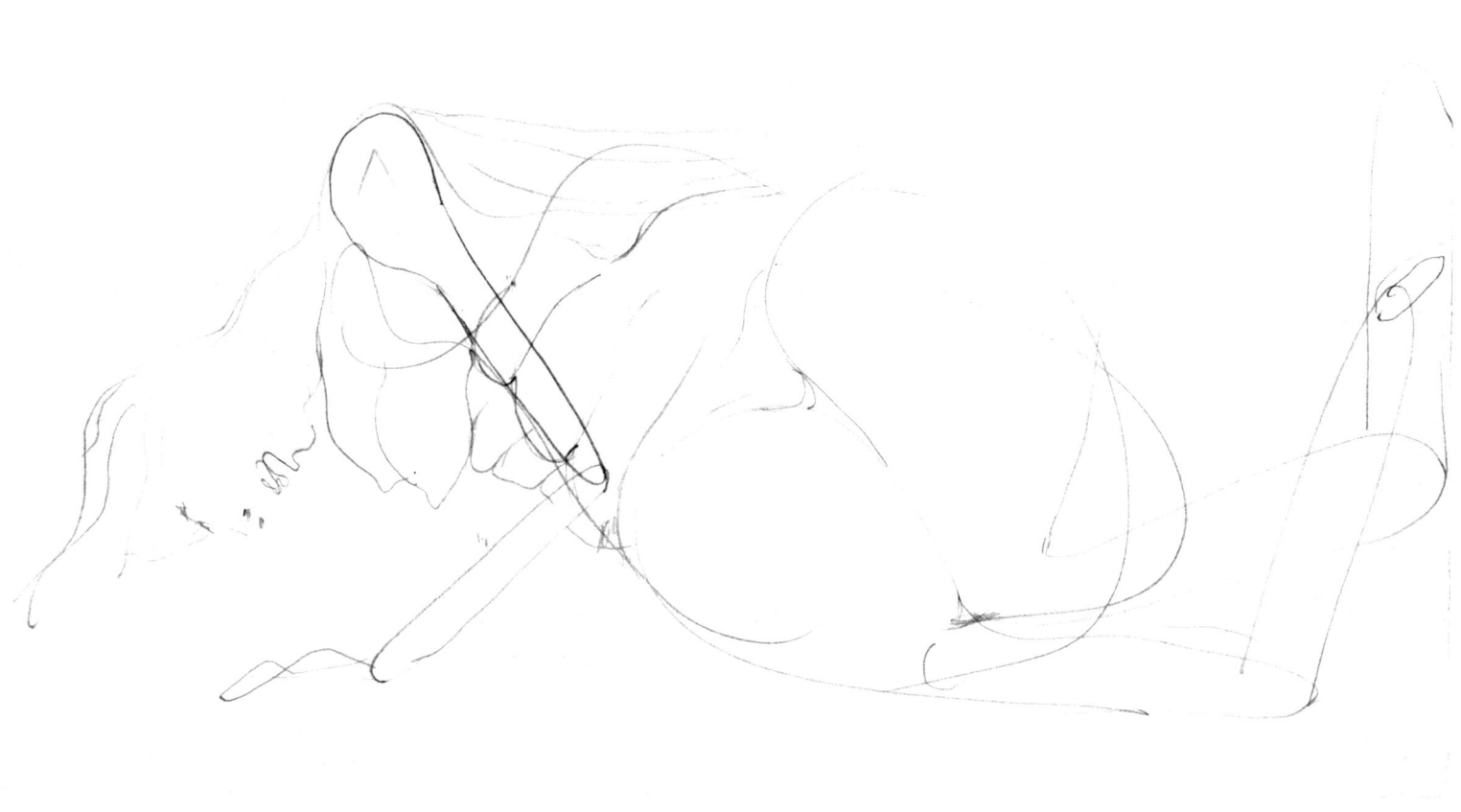

70 Liegender weiblicher Akt (Marionette) 1956
Bleistift, 17 x 27 cm, Kat. 120

104 100/7

71 Hexen Feuer speiend 1959
Bleistift, Ölfarbe (Braunkreuz), 20,8 x 29,5 cm, Kat. 200

72 Mädchen 1957/58
Bleistift, Ölfarbe, 27 x 18 cm, Kat. 160

73 Ohne Titel (Frauenakt) 1958
Bleistift, 20,9 x 29,6 cm, Kat. 195

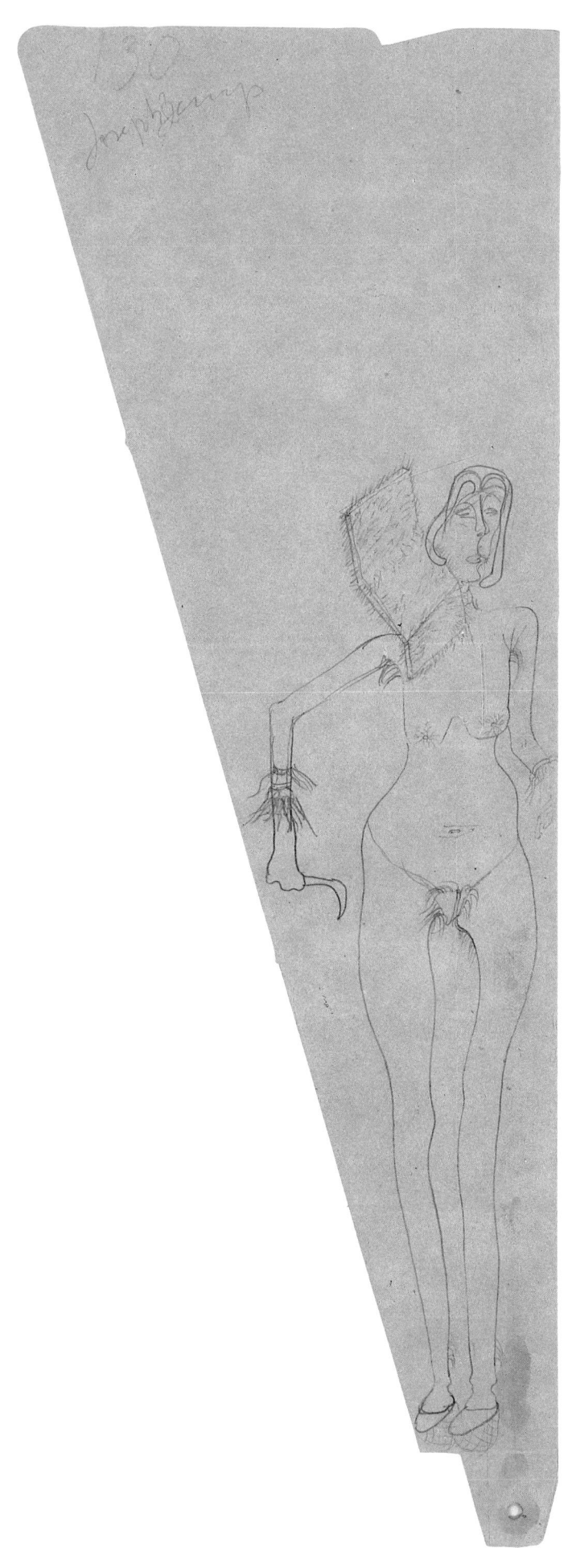

74 Aktrice 1964
Bleistift, 57 x 21 cm, Kat. 327

75 Schwanenfrau 1958
Bleistift, Wasserfarbe, 29,6 x 20,7 cm, Kat. 189

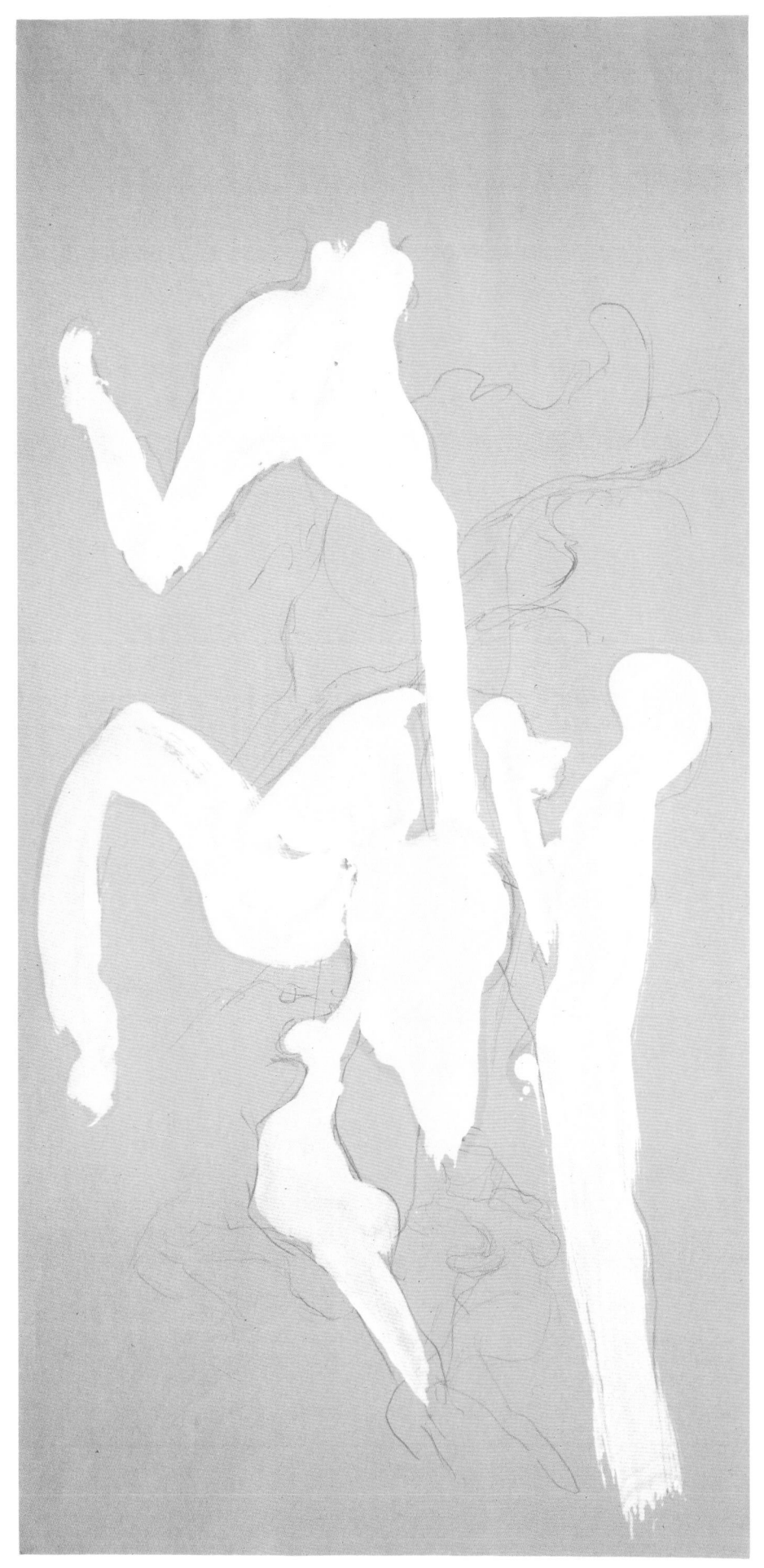

76 Ohne Titel (Frauen) 1961
Bleistift, weiße Deckfarbe, 48 x 23,7 cm, Kat. 265

77 zu: Tierfrau 1962
Bleistift, Ölfarbe (Braunkreuz), 36,5 x 44,4 cm, Kat. 299

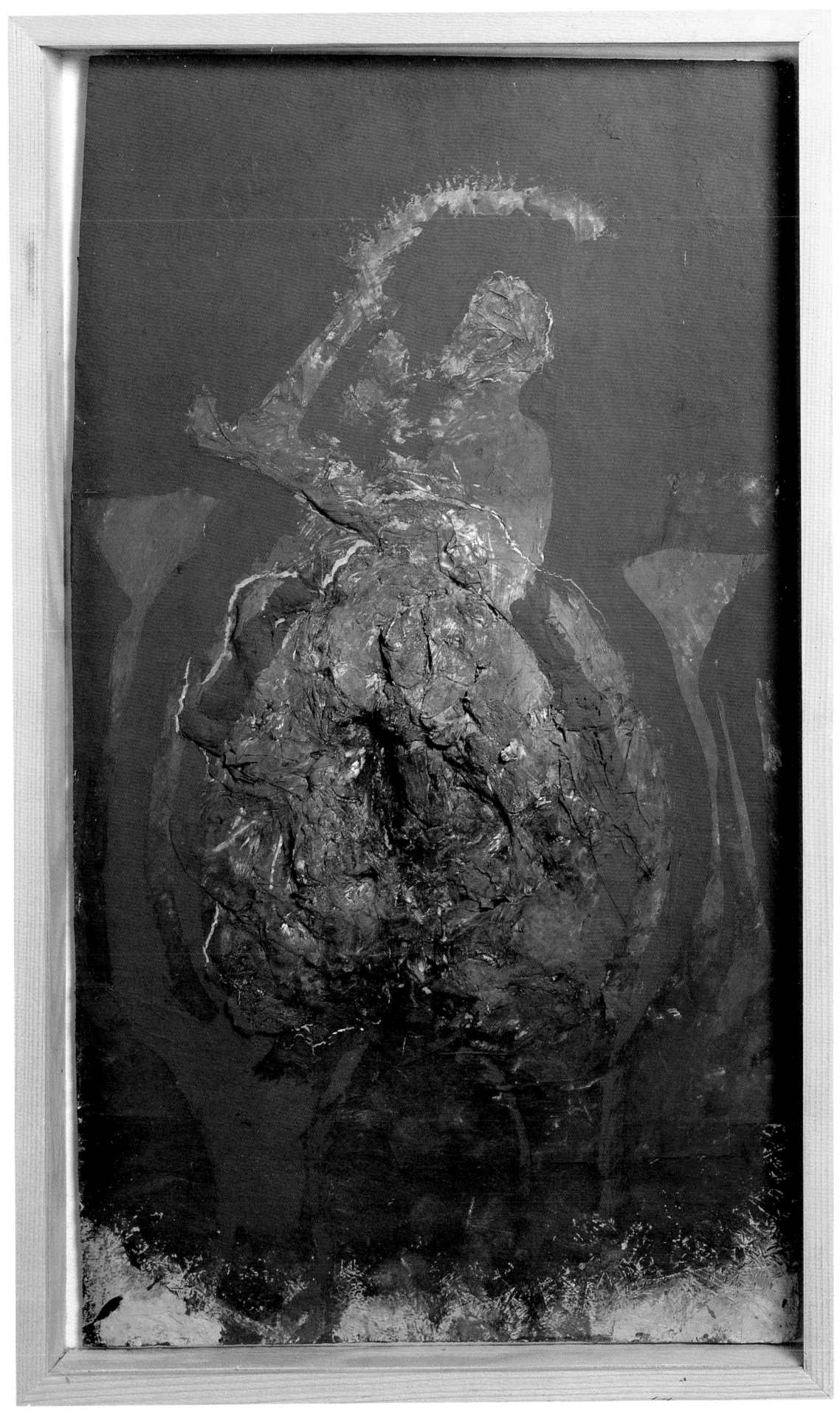

78 Ohne Titel 1962
Ölfarbe, Papiermaché, 61 x 34,8 x 2,6 cm, Kat. 297

79 Ohne Titel (Stehende Frau) 1963
Ölfarbe, Karton, Blech, 62,3 x 50,3 x 2 cm, Kat. 312

80 Objekt mit zwei angekreuzten Schokoladetafeln 1963
Ölfarbe, Schokolade, Leinen, Pappe, 29,5 x 32,8 x 11,8 cm, Kat. 314

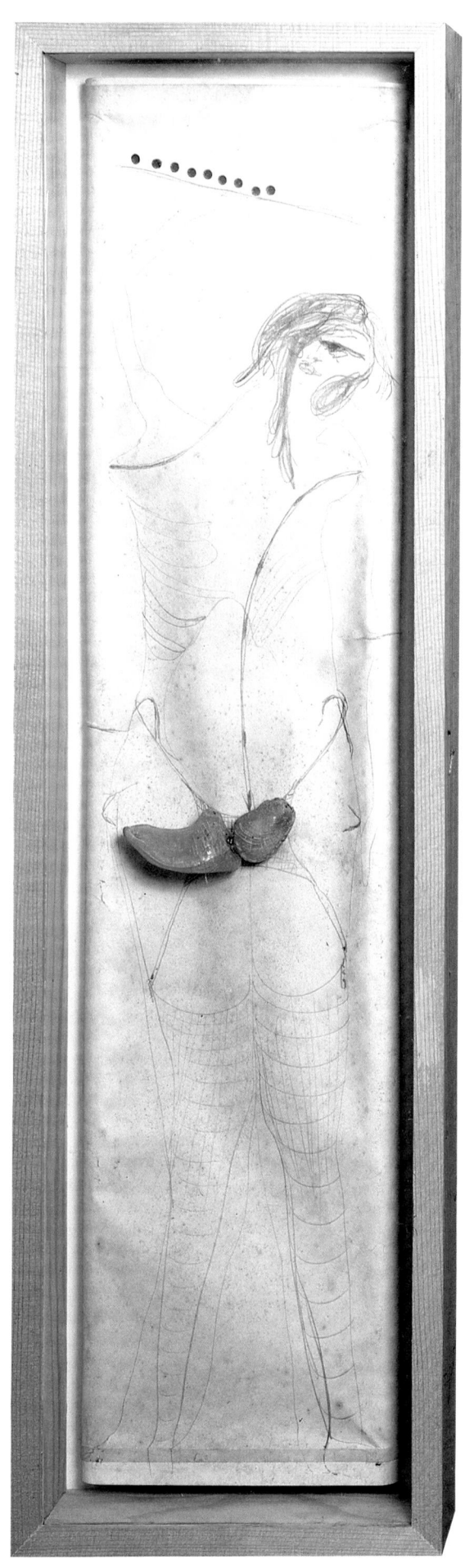

81 Frau mit Fischorgan 1966
Bleistift, Fischblase, Kunststoff, 75,9 x 18 x 6 cm, Kat. 364

82 Ohne Titel 1962
Bleistift, Ölfarbe (Braunkreuz), 2 Ampullen, 50 x 37 cm, Kat. 285

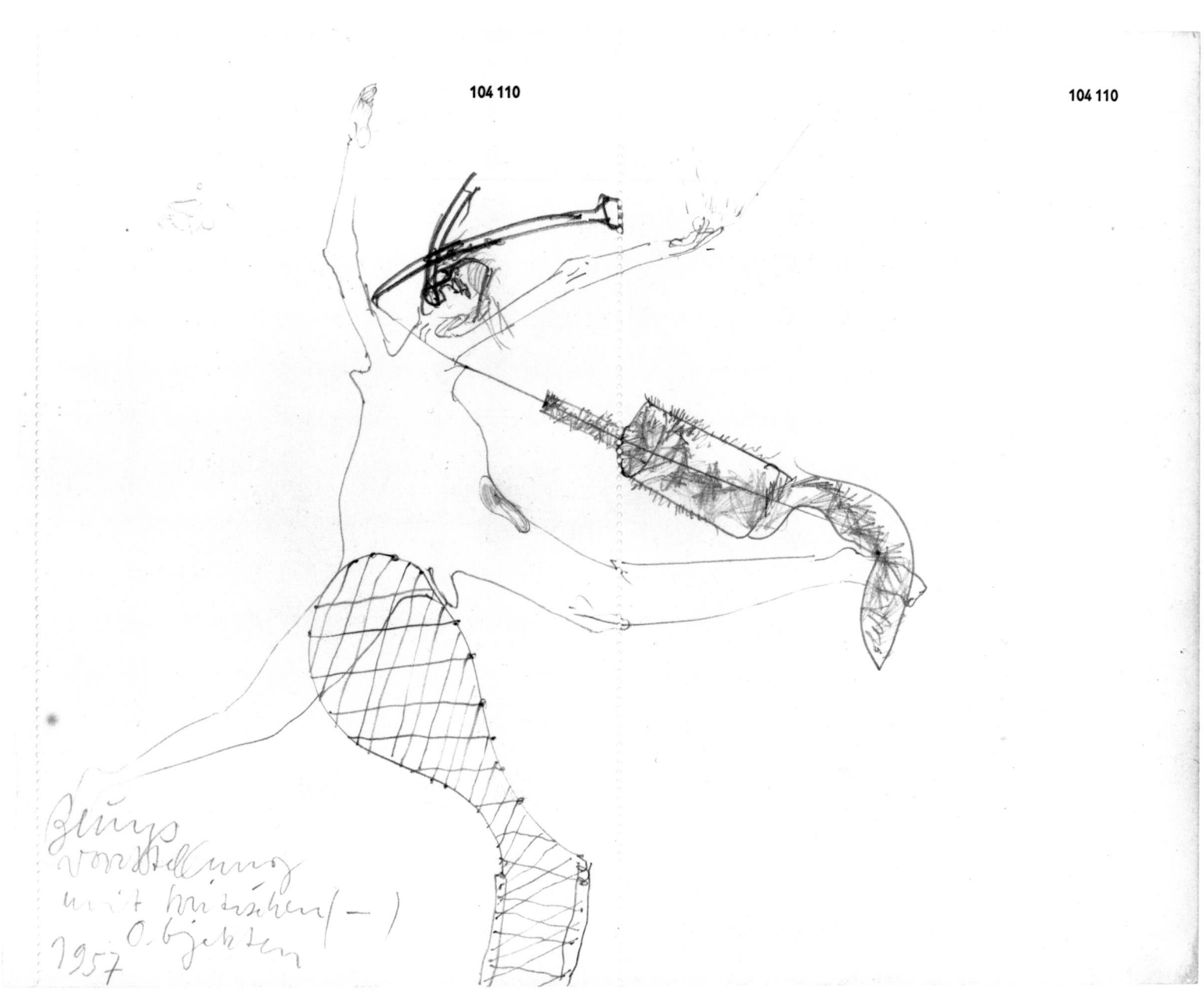

83 Darstellung mit kritischen (−) Objekten 1957
Bleistift, 20,8 x 26,4 / 26,9 cm, Kat. 162

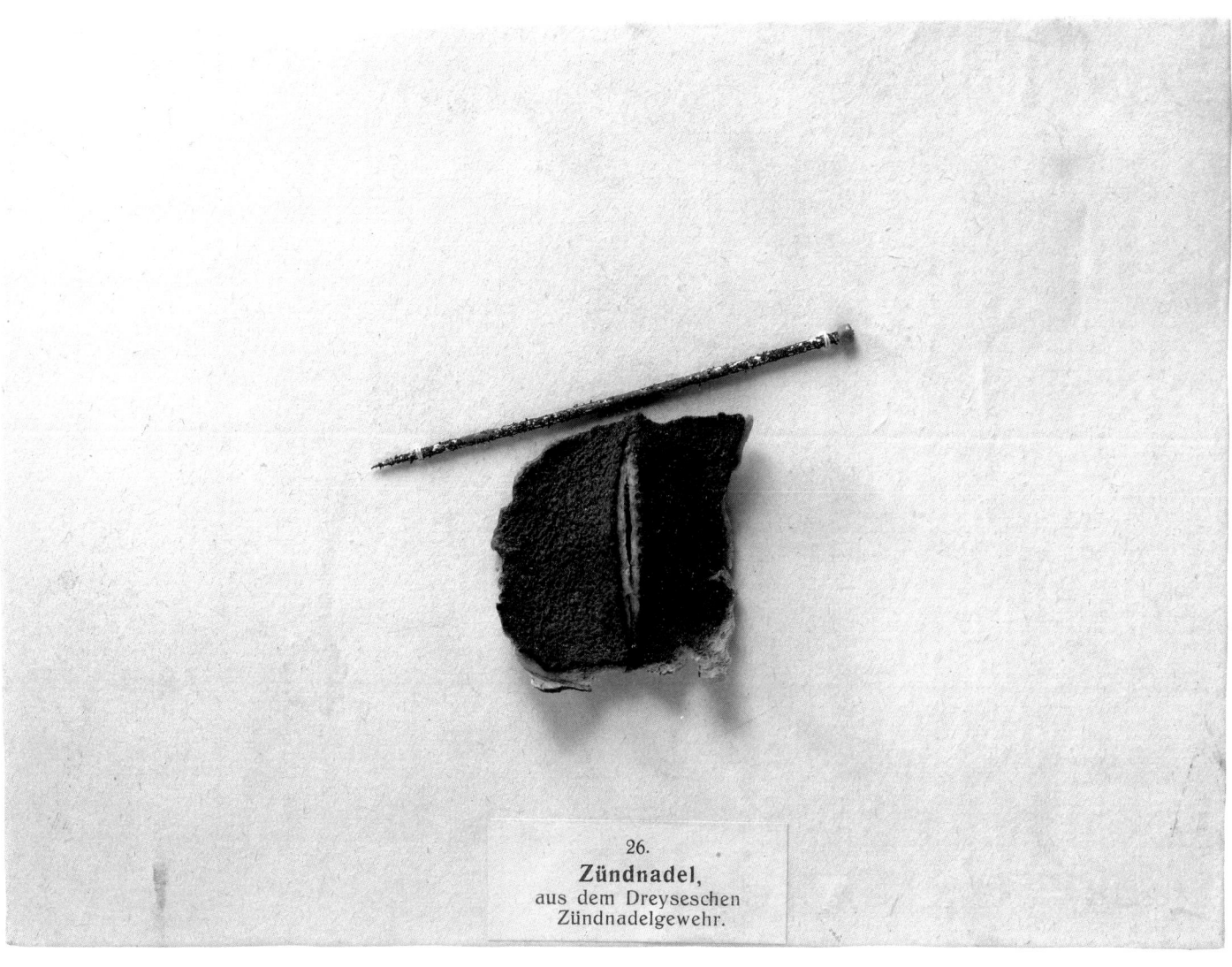

26.
Zündnadel,
aus dem Dreyseschen
Zündnadelgewehr.

84 Zündnadel 1961 / 73
Nadel, Orangenschale, 13,5 x 19 cm, Kat. 361

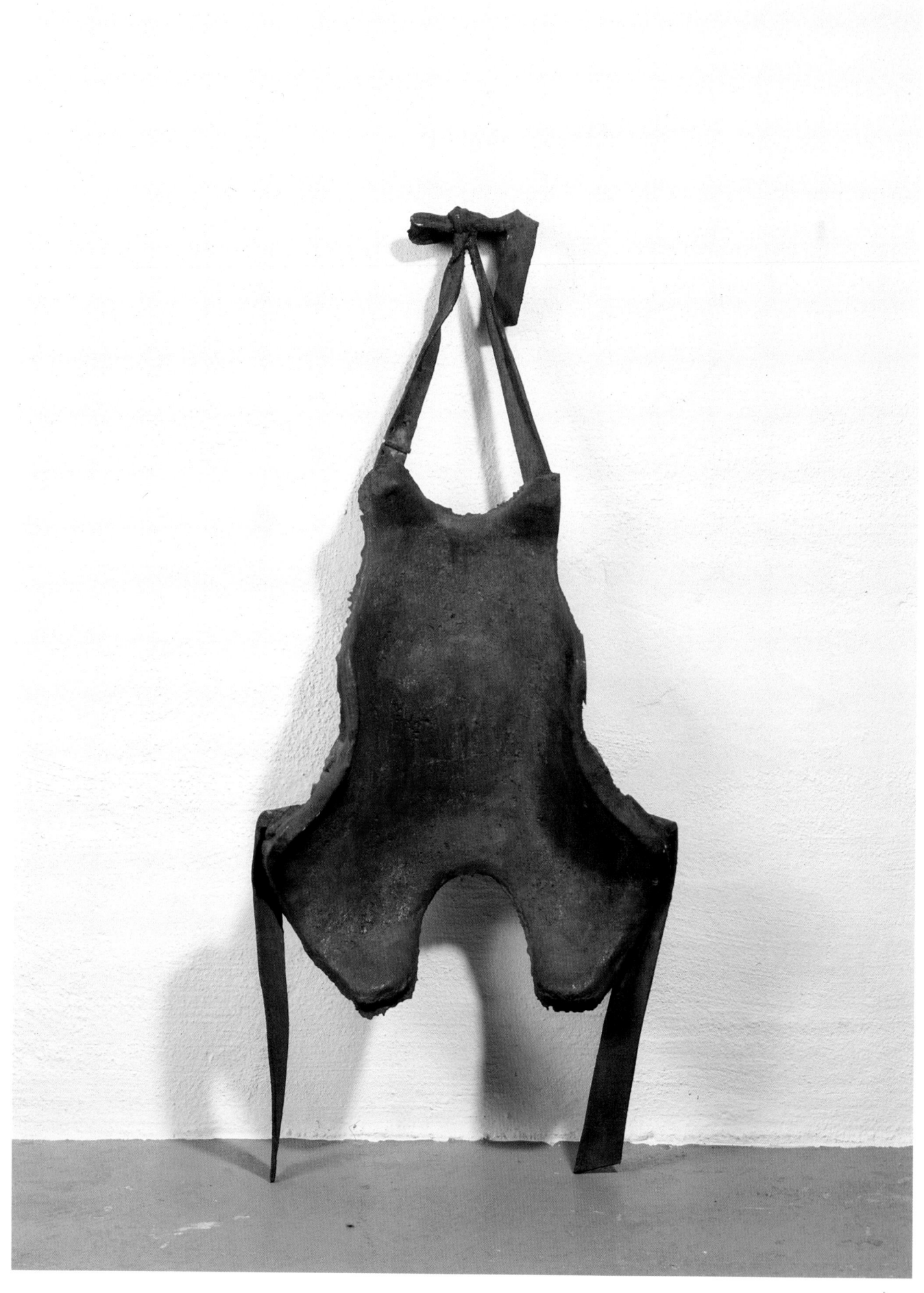

85 Rückenstütze eines feingliedrigen Menschen (Hasentypus) aus dem 20. Jahrhundert p. Chr. 1972
Eisenguß, 100 x 45 x 15 cm, Kat. 411

86 Holzjungfrau 1958
Öl- und Druckerfarbe, 18 x 24 cm, Kat. 185

87 Dem. Akad. (Demonstration Akademie?) 1961
Ölfarbe, 40,3 x 29,6 cm, Kat. 269

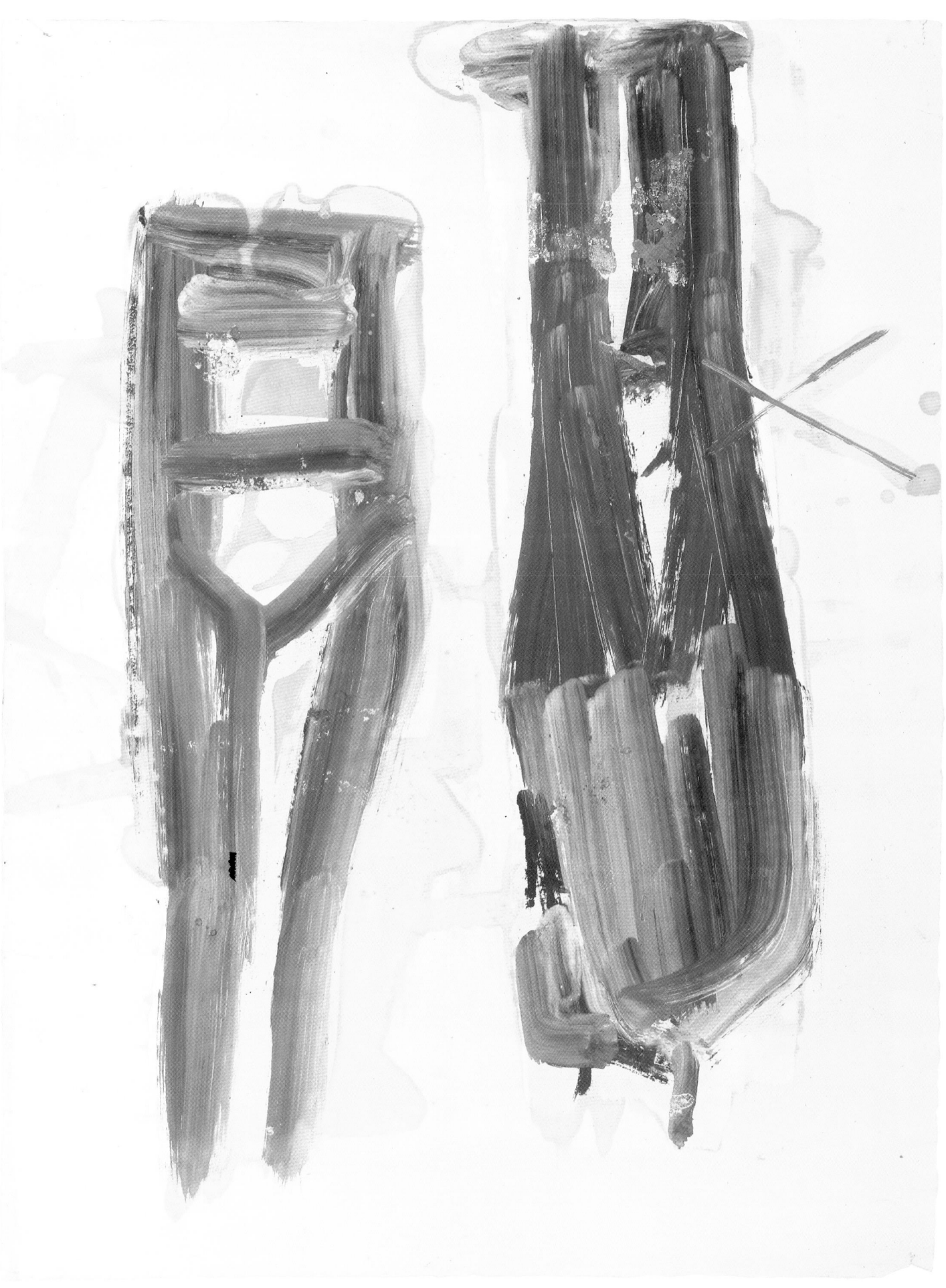

88 Ohne Titel 1958
Ölfarbe, 69,8 x 50 cm, Kat. 184

89 Ohne Titel 1968
Filz, Fingernägel, Fett, 11,5 x 14,2 cm, Kat. 360

90 Filzplastiken an Körperwinkeln 1964
Bleistift, Wasserfarbe, Ölfarbe, 20,5 x 14,5 cm, Kat. 328

91 Hirsch 1958/84
Aluminium, 46 x 175 x 105 cm, Kat. 487

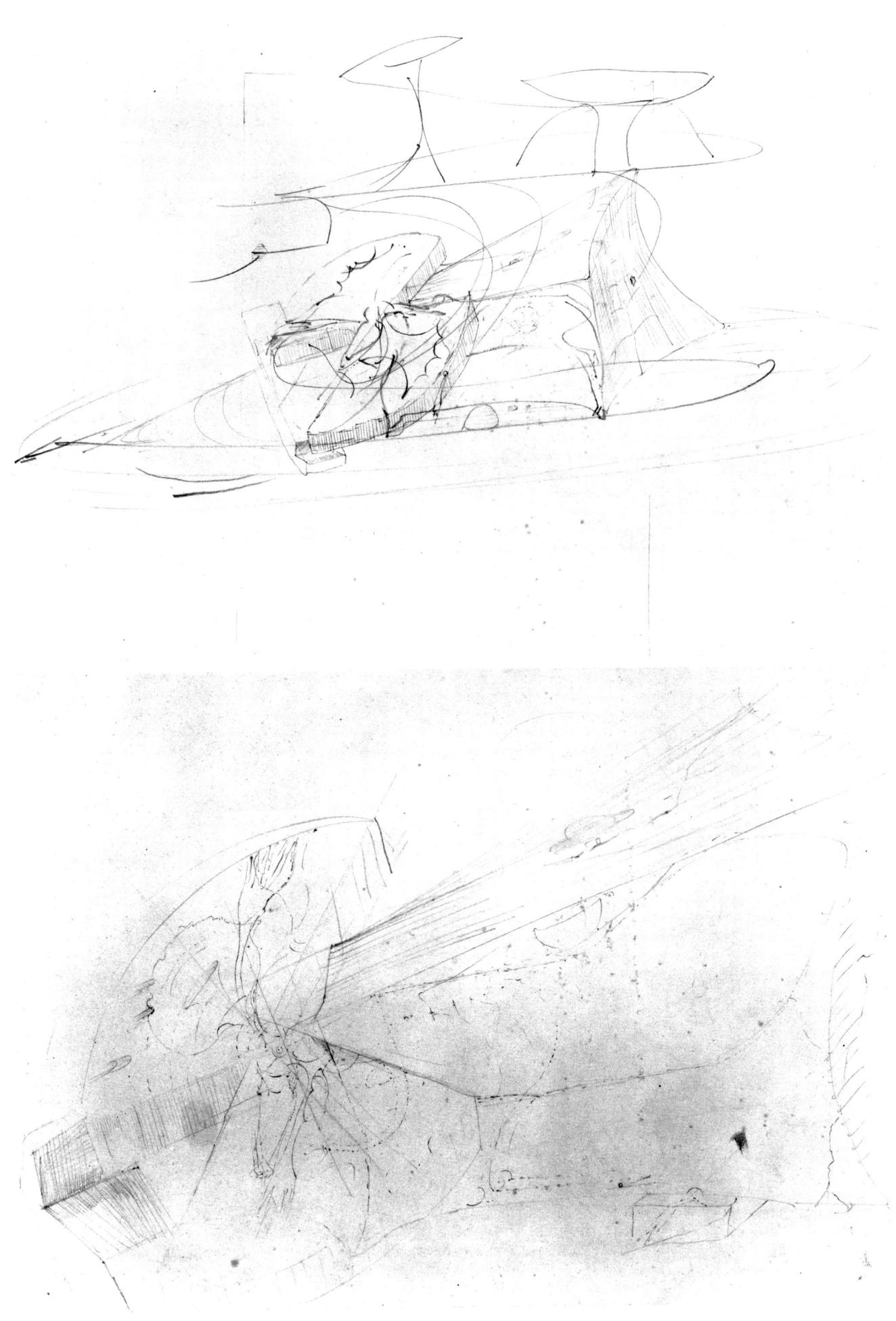

92 Hirschdenkmäler um 1956
Bleistift, 2 Blätter, je 21 x 29,8 cm, Kat. 134

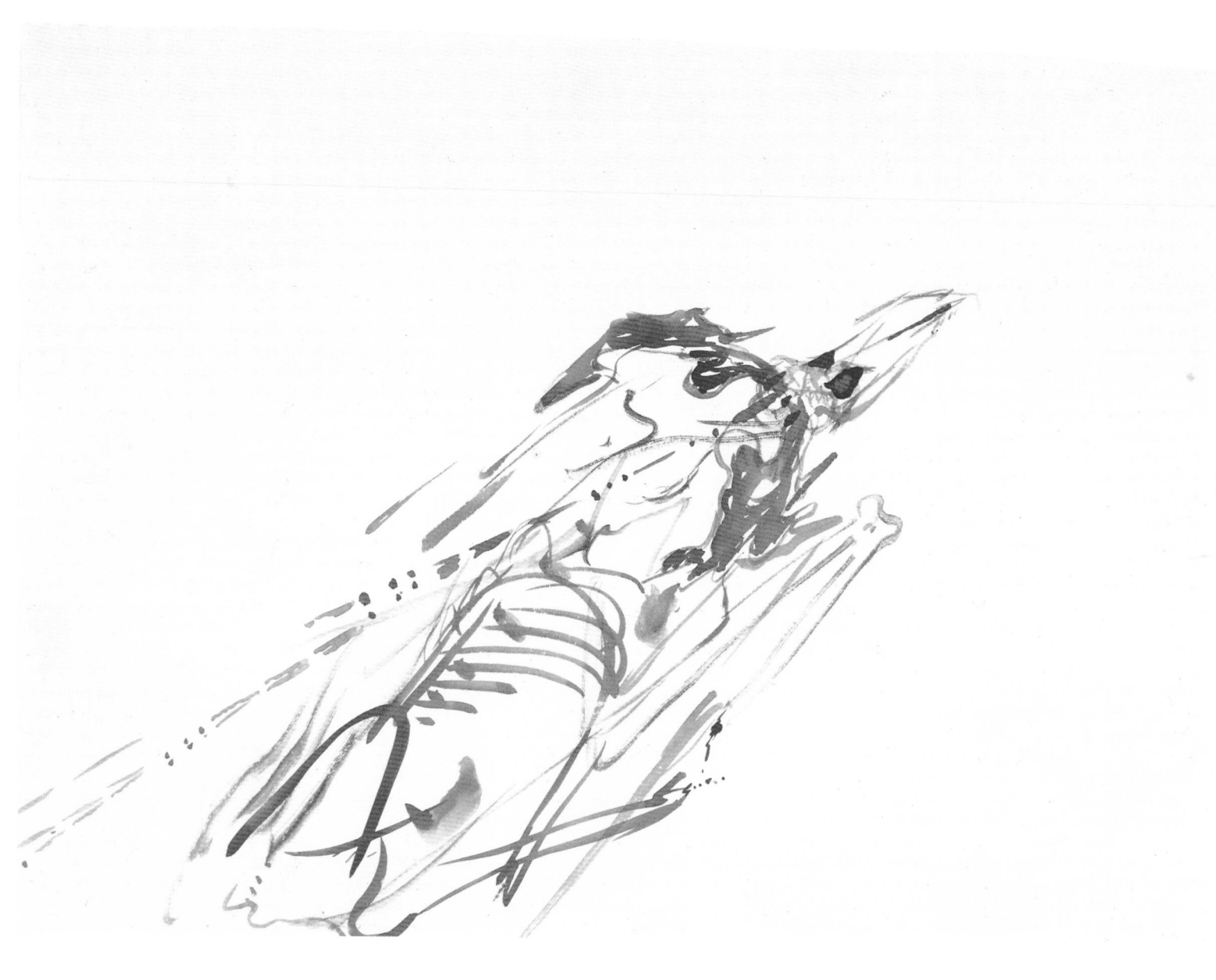

93 Roter Hirsch 1956
Wasserfarbe, 33 x 45 cm, Kat. 135

94 Hirschkuh 1952
Bleistift, 32 x 39 cm, Kat. 62

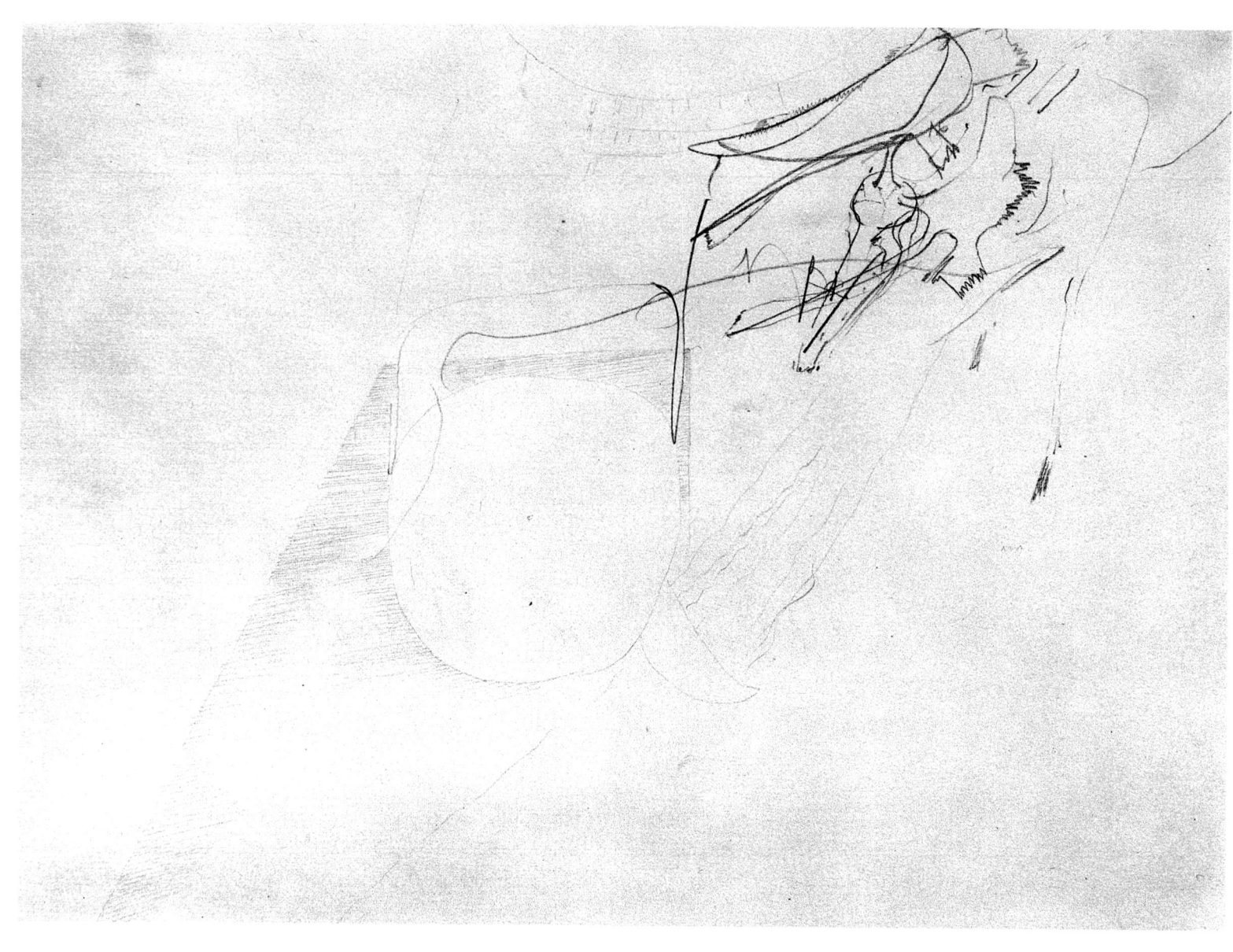

95 Hirsch und Mond 1954
Bleistift, 21 x 29,5 cm, Kat. 95

96 Hirsch 1955
Bleistift, 21,9 x 29,6 cm, Kat. 96

97 Toter Hirsch auf Urschlitten 1955
Bleistift, 44 x 50 cm, Kat. 97

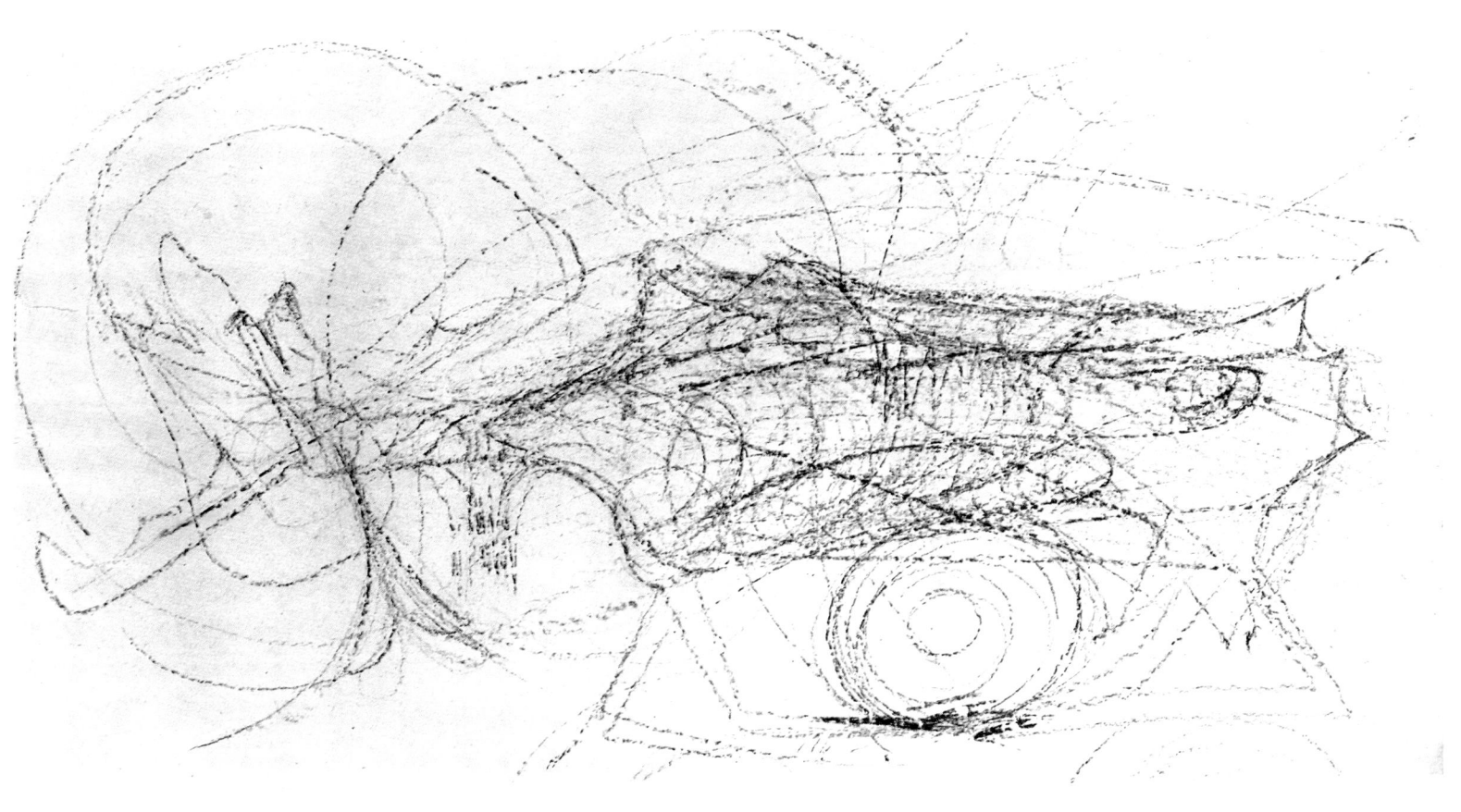

98 Elche mit Sonne 1957
Bleistift, 34 x 66 cm, Kat. 137

99 Toter Hirsch und Mond 1960
Wasserfarbe, Deckfarbe, 29,6 x 21,1 cm, Kat. 241

100 Ohne Titel 1960
Bleistift, Hasenblut, 3 Blätter je 20,8 x 14,5 cm, 1 Blatt 10,2 x 14,8 cm, Kat. 236

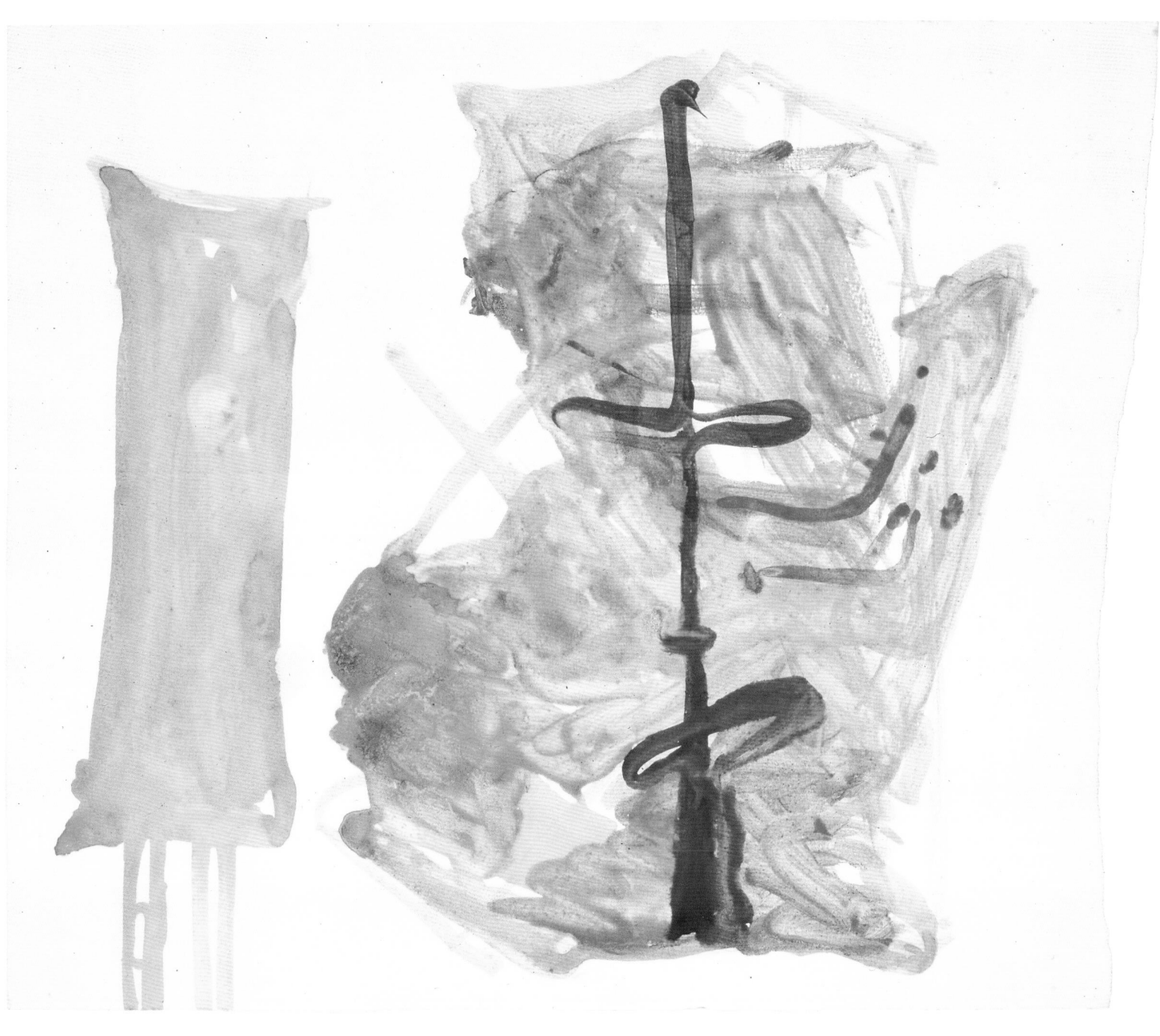

101 Ohne Titel 1959
Wasserfarbe, Beize, 32,6 x 39 cm, Kat. 210

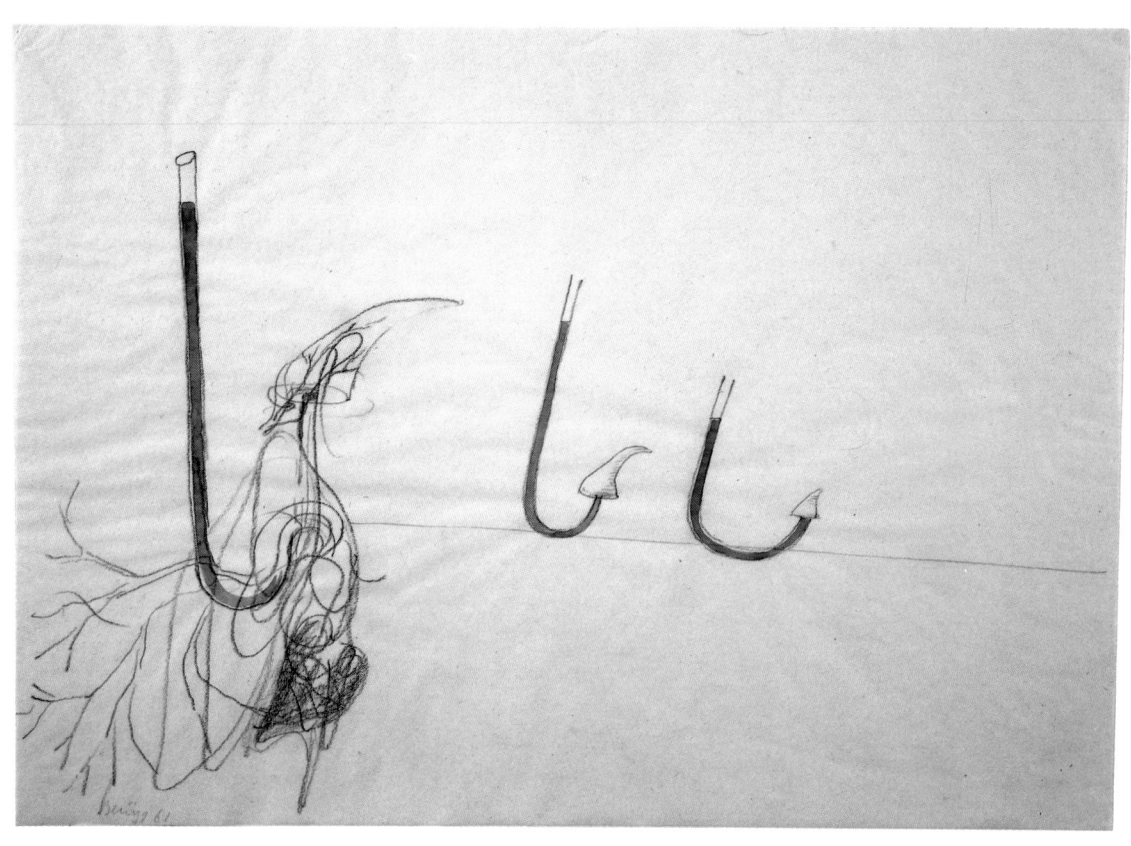

102 Ohne Titel (Hörner) 1961
Bleistift, Wasserfarbe, 21 x 30 cm, Kat. 251

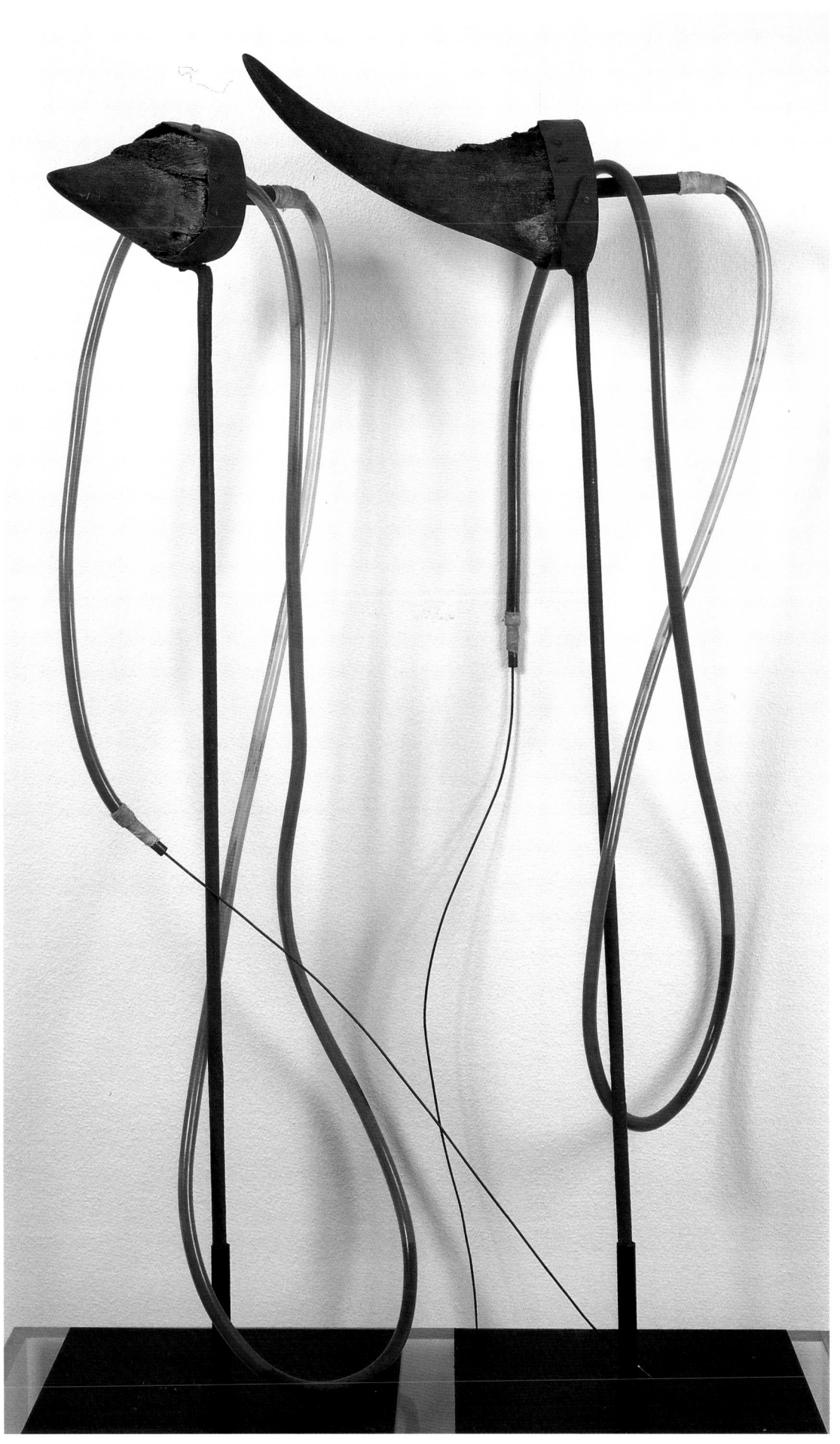

103 Hörner um 1961
Hörner, Metall, Kunststoff, Schläuche, Höhe 145 cm, Kat. 250

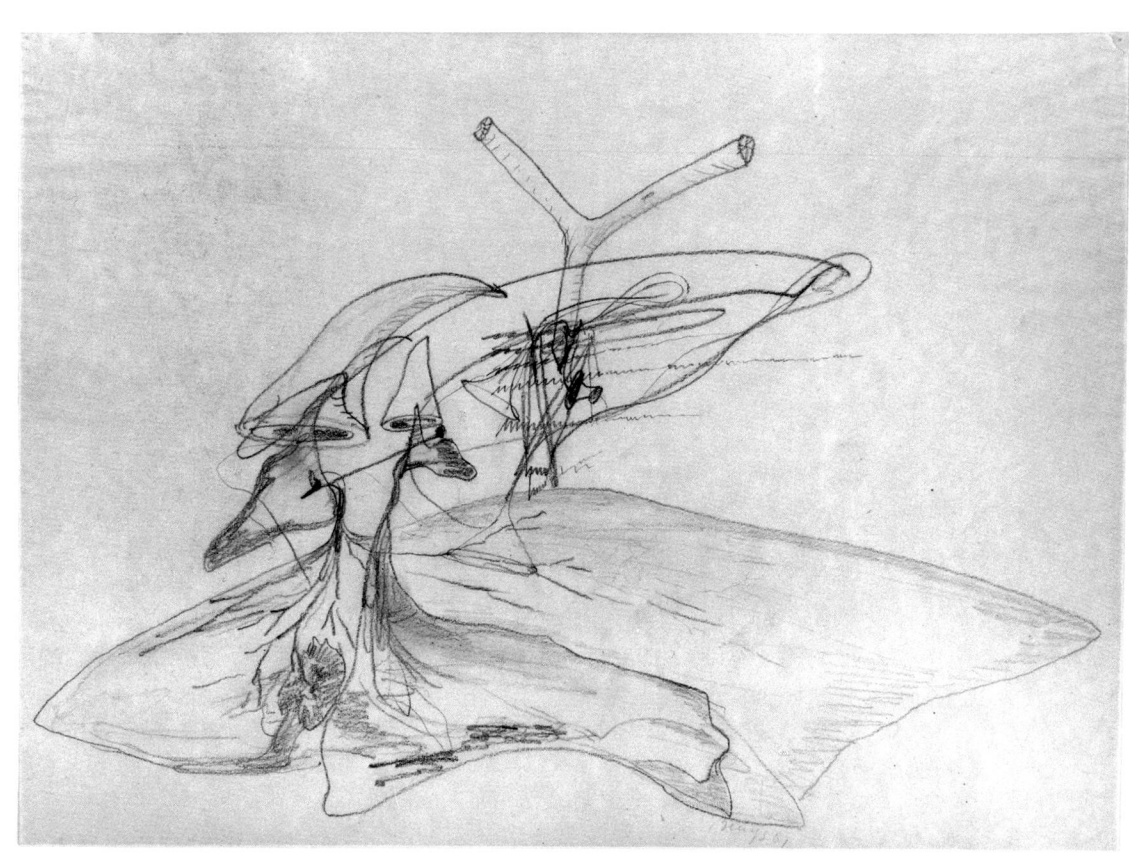

104 Ohne Titel (Hörner) 1961
Bleistift, Wasserfarbe, 21 x 30 cm, Kat. 252

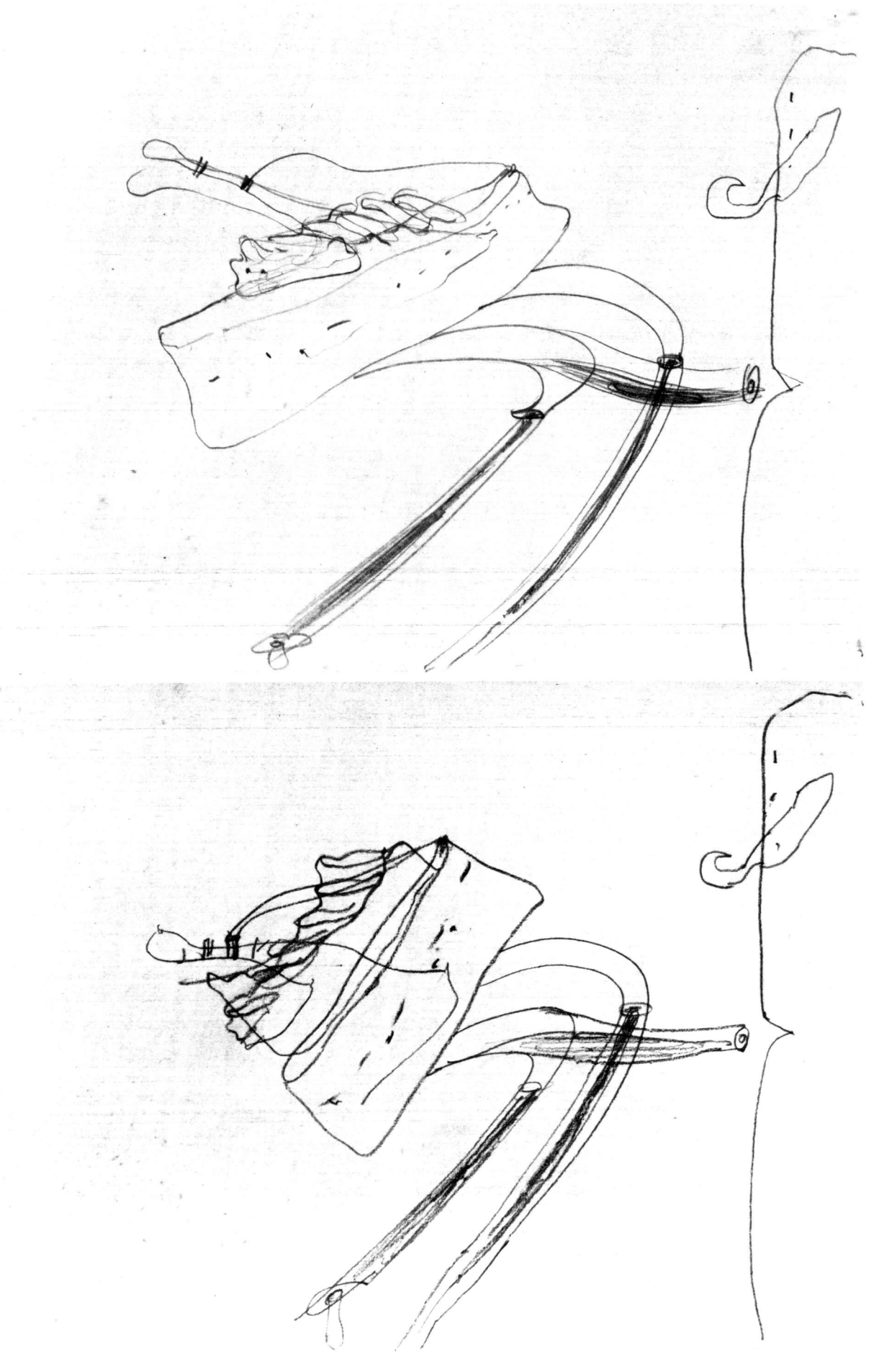

105 Aus: die Zähne (Doppelblatt) 1961
Bleistift, 2 Blätter, je 42,4 x 29,5 cm, Kat. 254

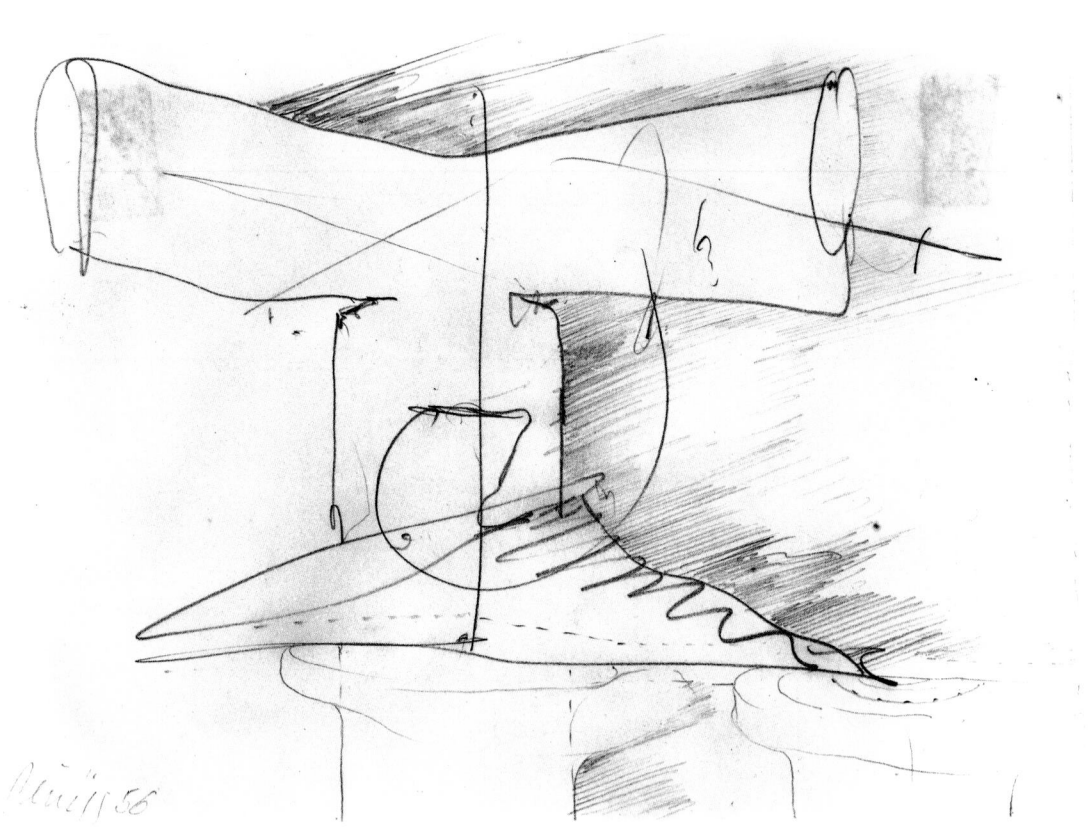

106 Entwurf für Plastik 1956
Bleistift, 14 x 21 cm, Kat. 111

107 SÅFG (Sonnenaufgang) 1953/68
Bronze, 88,5 x 28,5 x 9 cm, Kat. 75

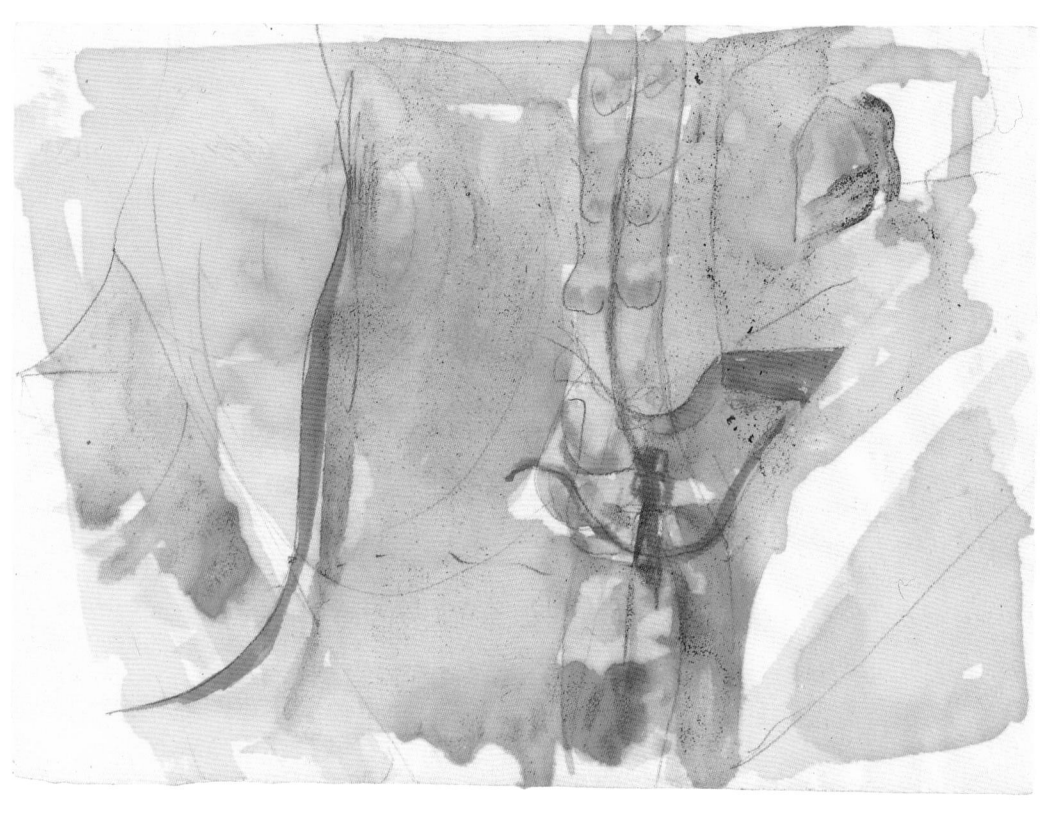

108 Drei Skulpturen 1958
Bleistift, Wasserfarbe, 10,2 x 14,2 cm, Kat. 182

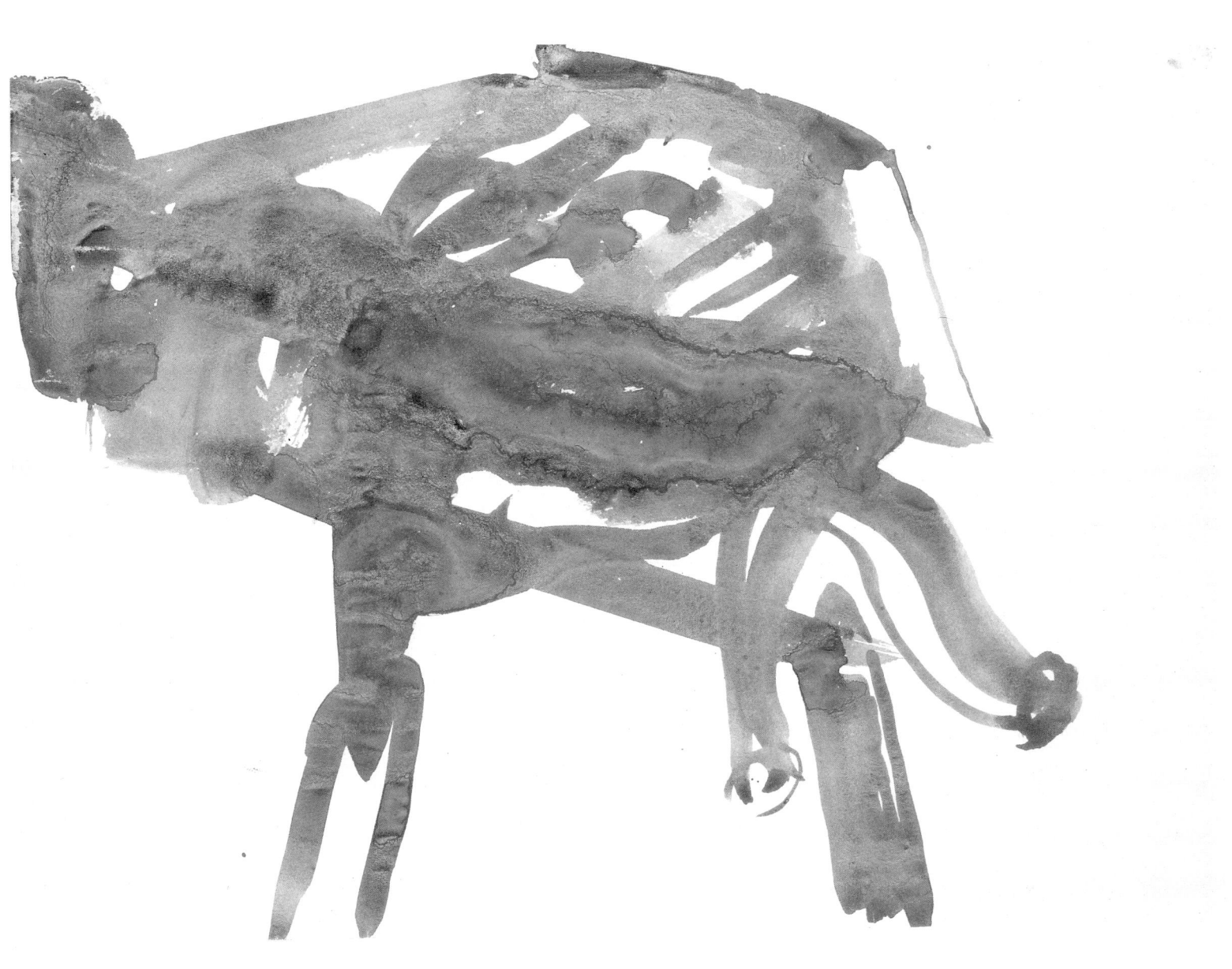

109 Ohne Titel 1959
Wasserfarbe, 21 x 29,5 cm, Kat. 209

110 Doppelaggregat 1969
4 Teile, Bronze, 107 x 60 x 320 cm, Kat. 381

111 Aggregat am Wasser 1957
Wasserfarbe, 23,6 x 32,6 cm, Kat. 144

112 Lumen I 1957
Bleistift, braune Farbe, blaue Tinte, 20,8 x 28,5 cm, Kat. 133

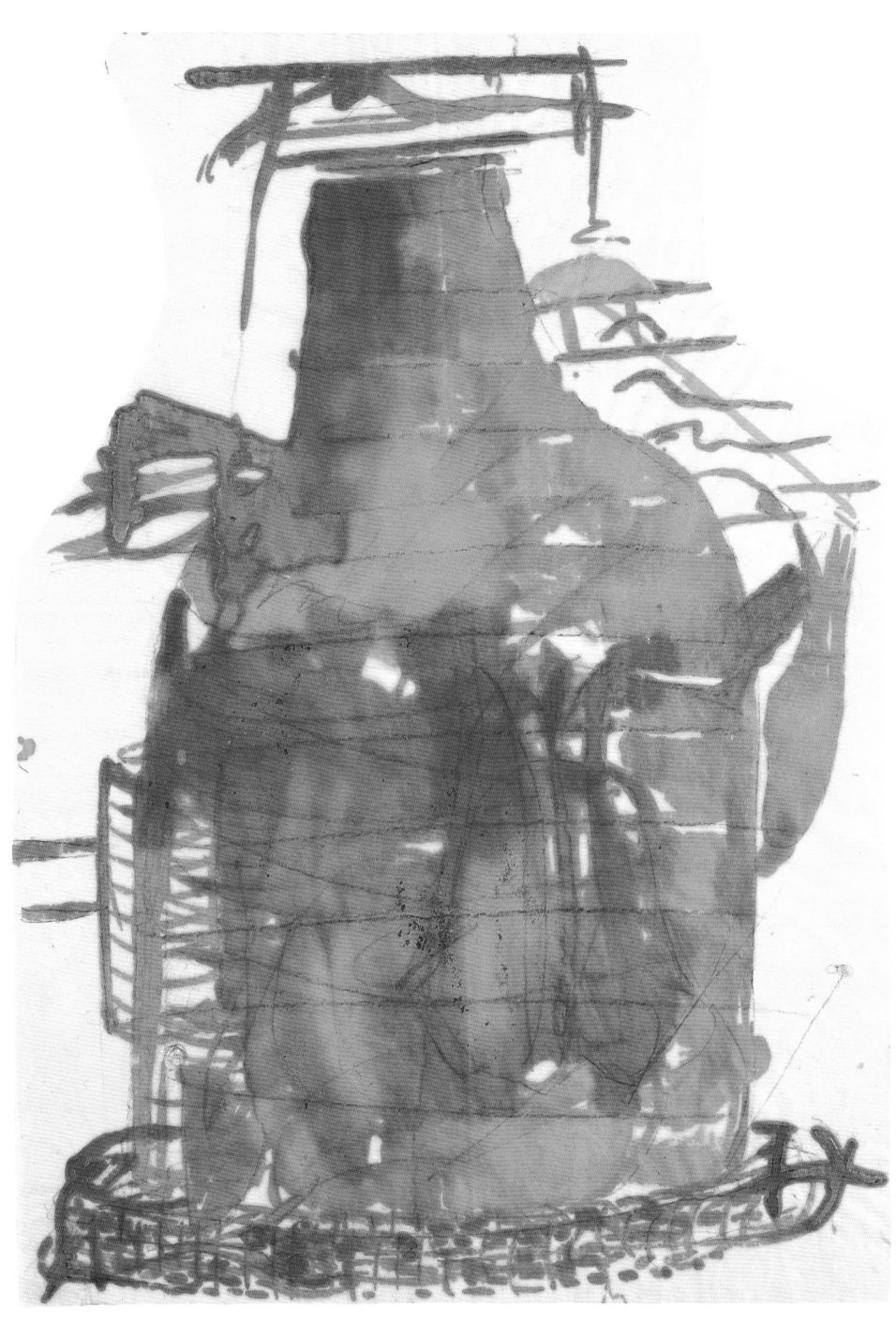

113 Condensator 1957
Bleistift, Beize, 34,5 x 24,5 cm, Kat. 146

114 Tisch mit Aggregat 1958/85
Bronze, Elektrokabel, 98,5 x 58 x 170 cm, Kat. 516

115 Hirschdenkmal 1958/82
Holz, Eisen, Kupfer, 124 x 96 x 290 cm, Kat. 476

116 Badewanne 1960
Emaillewanne, Heftpflaster, Mull, 100 x 100 x 45 cm, Kat. 245

117 Mutter und Kind 1961
Bleistift, Wachs, Bilderhaken, 29,6 x 20,9 cm, Kat. 247

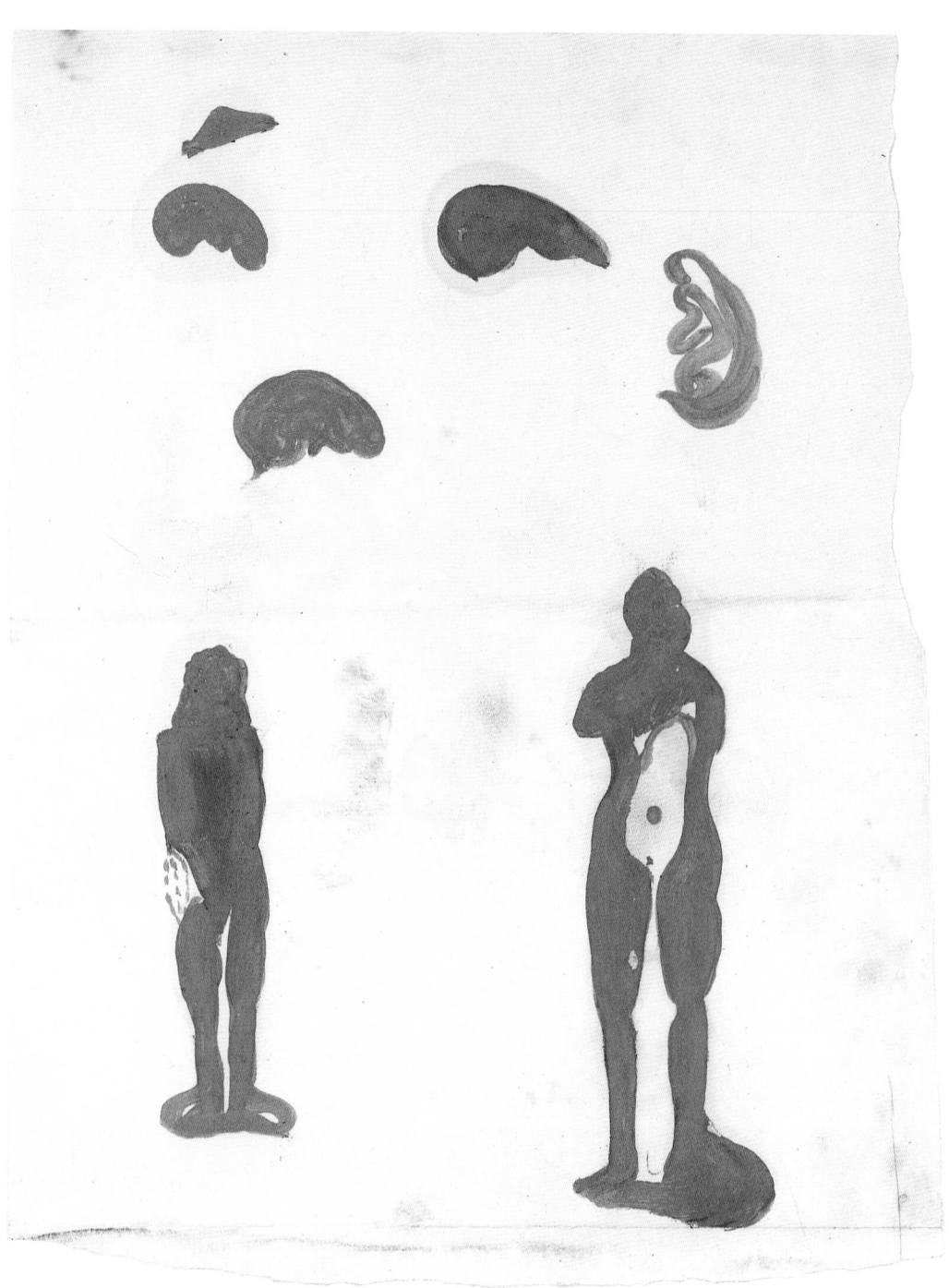

118 Frauendenkmäler 1961
Bleistift, Ölfarbe, 33,3 x 25,3 cm, Kat. 267

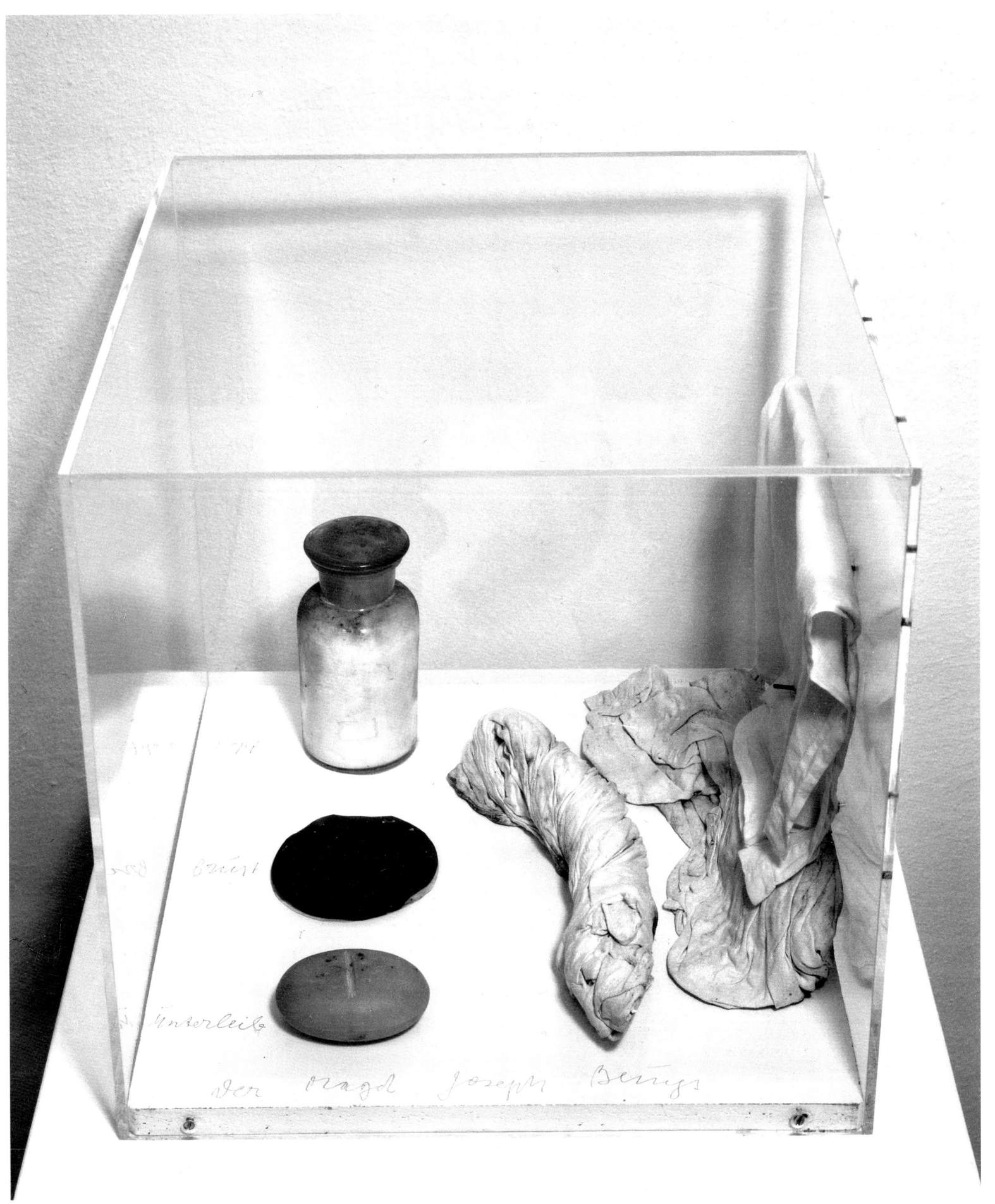

119 Kopf Brust Unterleib der Magd Joseph Beuys 1964
Verschiedene Materialien, 35,6 x 35,8 x 36,8 cm, Kat. 333

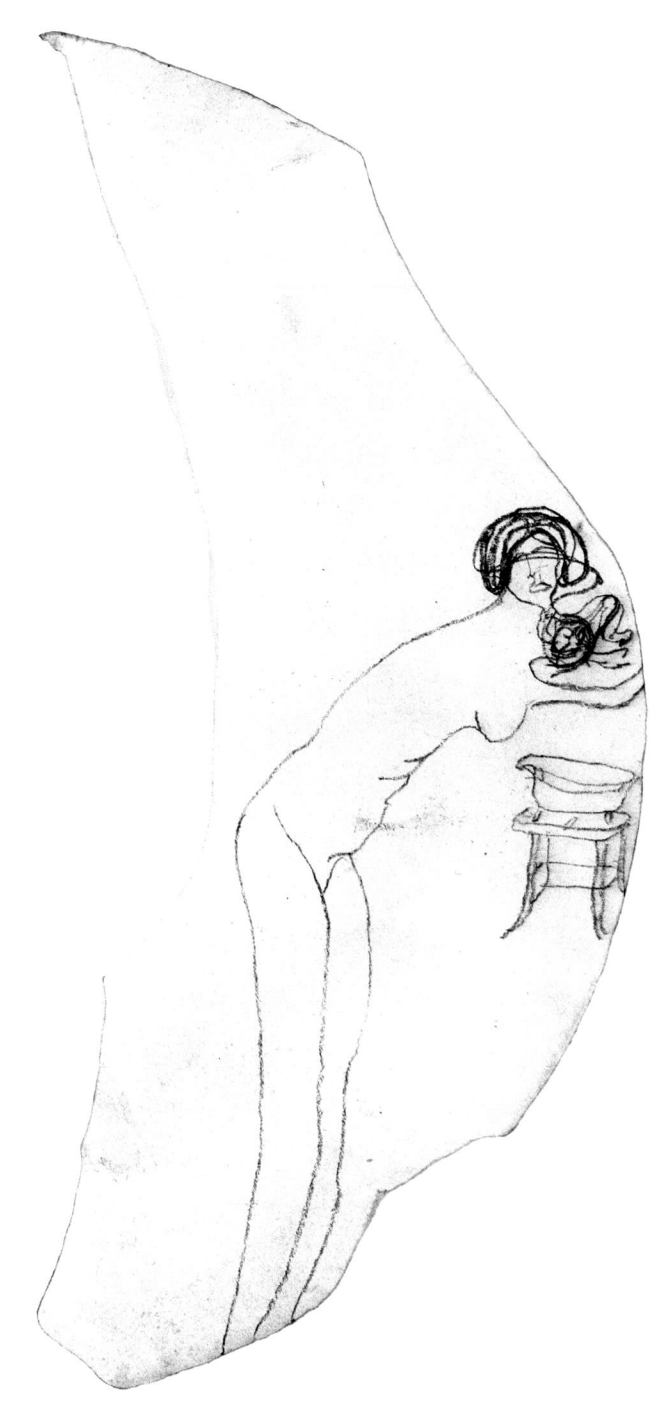

120 Frau ihr Kind badend 1950
Graphitstift auf Trommelfell, 58,5 x 29 cm, Kat. 57

121 Jason II 1962/80
Zinkwanne, 240 x 67 x 48 cm, Kat. 309

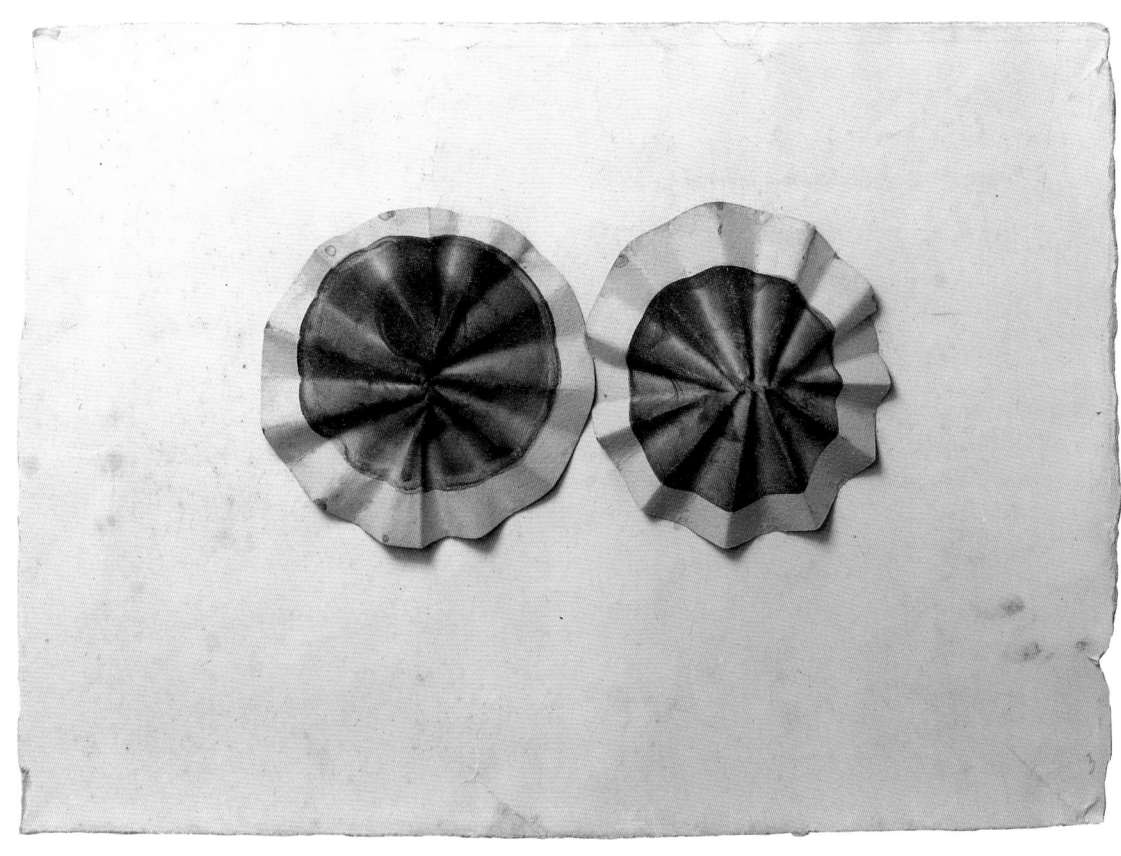

122 Filter (Doppelfilter) 1962
Kaffeefilter, 25,9 x 37,2 cm, Kat. 287

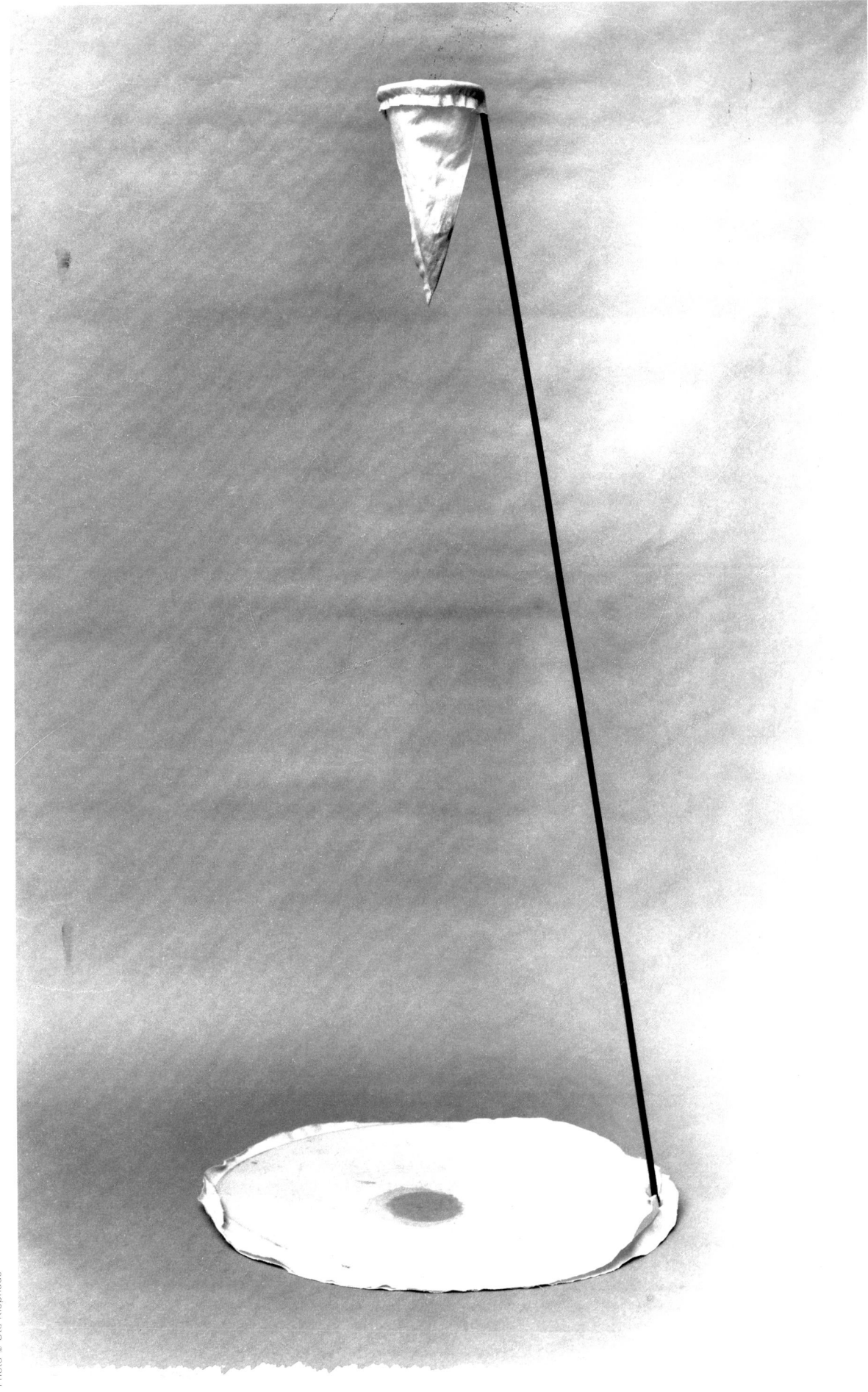

123 Lavendelfilter 1961
Baumwollfilter, Metall, 140 x 60 cm, Kat. 276

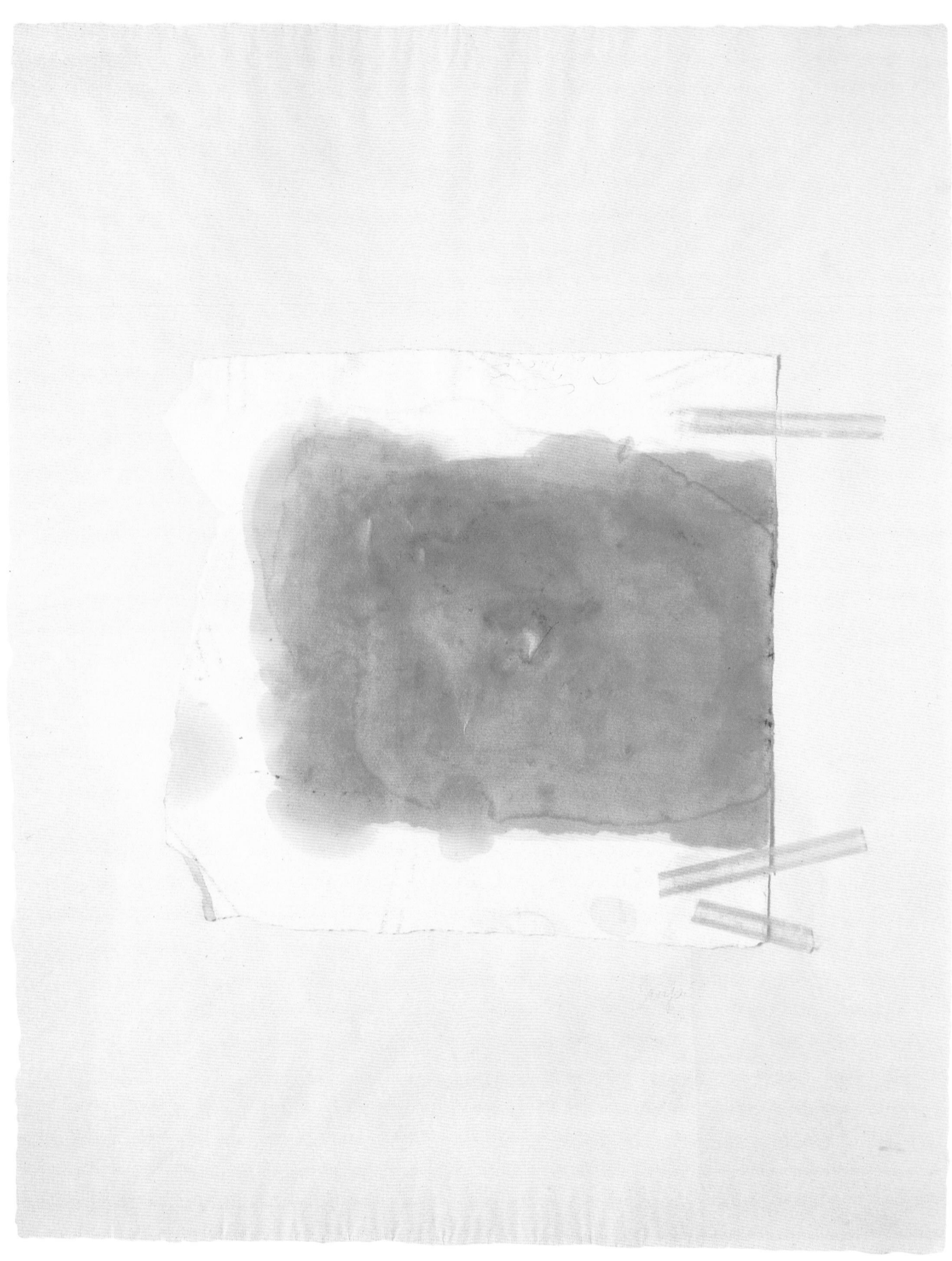

124 Ohne Titel 1951
Collage; Bleistift, Eisenchlorit, 30,4 x 32,5 cm, Kat. 67

125 Färbebild mit Montage 1958/59
Wasserfarbe, Leinen, 29,9 x 22 cm, Kat. 190

126 Filter 1959
Wasserfarbe, Beize, 19 x 43,7 cm, Kat. 211

127 Demonstration 1961
Wasserfarbe, Deckfarbe, 28 x 17,9 cm, Kat. 274

128 Eisbär 1960
Handbürste, Rasierpinselkopf, 11,8 x 21,2 x 12,1 cm, Kat. 244

129 Tierdenkmal 1961
Schokolade, 10 x 10 x 10 cm, Kat. 249

130 Ziegenkopf 1961 / 63
Transparentpapier, Ölfarbe, Konfetti, 29,5 x 21 x 2 cm, Kat. 315

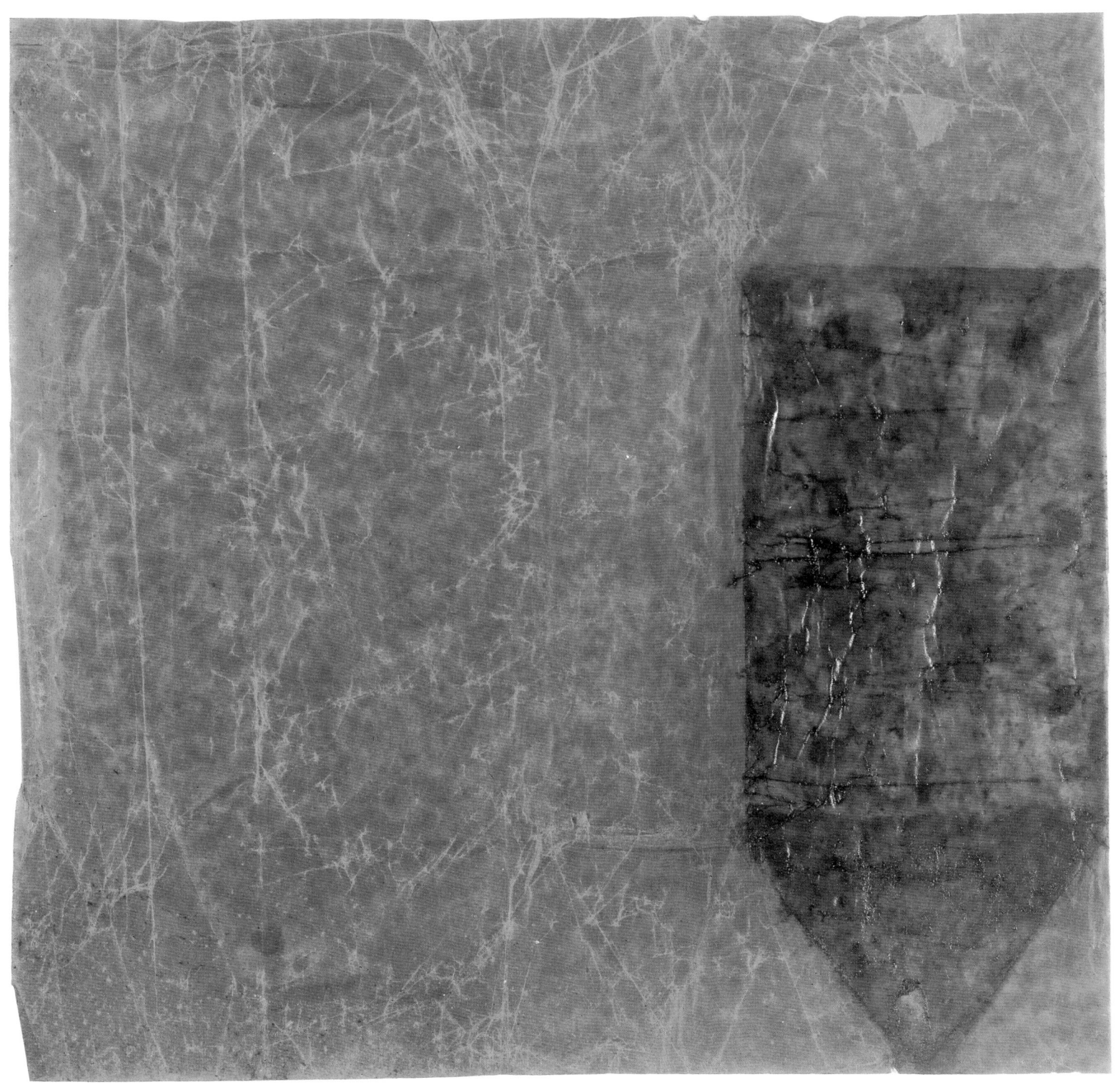

131 Am Arbeitsplatz installierte Energieplastik (FETT) 1960
Wachspapier, 78,5 x 61,4 cm, Kat. 237

132 Sonde 1964
Kupfer, Zinkblech, 26 x 29 x 15 cm, Kat. 334

133 Plateau Central 1964
Marmor, Bleistift, 32 x 32 x 3 cm, Kat. 335

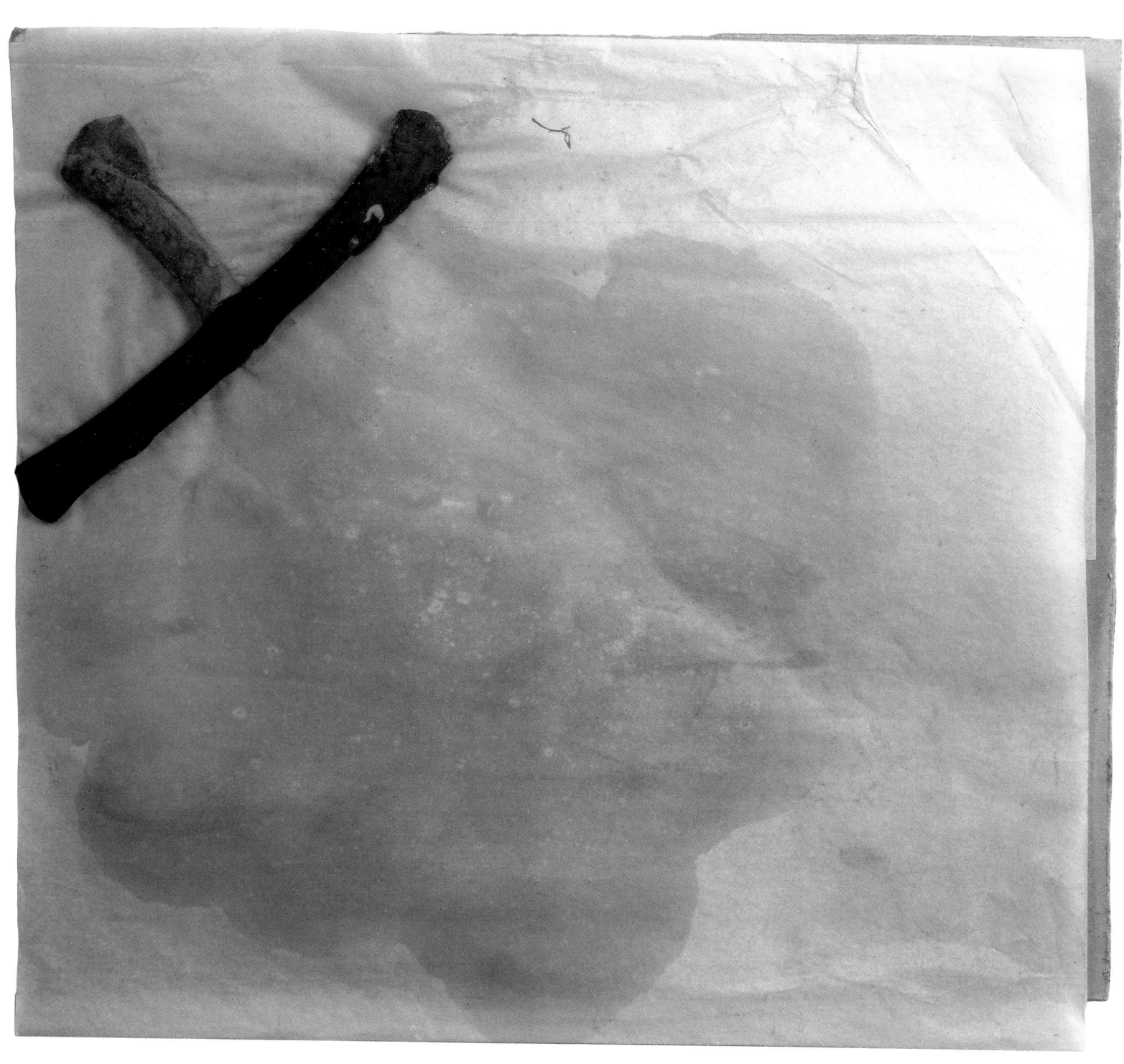

134 Ohne Titel 1962
Plastilin, auf Transparentpapier, 79,5 x 53 x 1,4 cm, Kat. 283

135 Filzwinkel am Hirschdenkmal 1963
Ölfarbe, 20 x 14,8 cm, Kat. 320

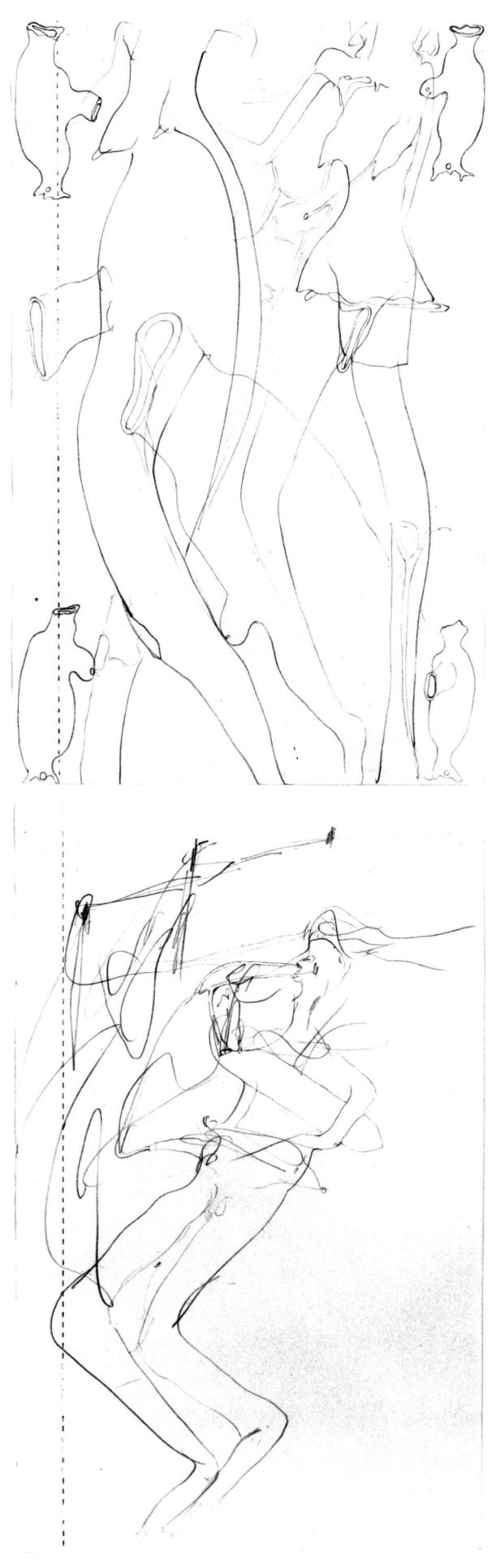

136 Für Cynthia 1970
Bleistift, 2 Blätter, je 21,4 x 13,9 cm, Kat. 388

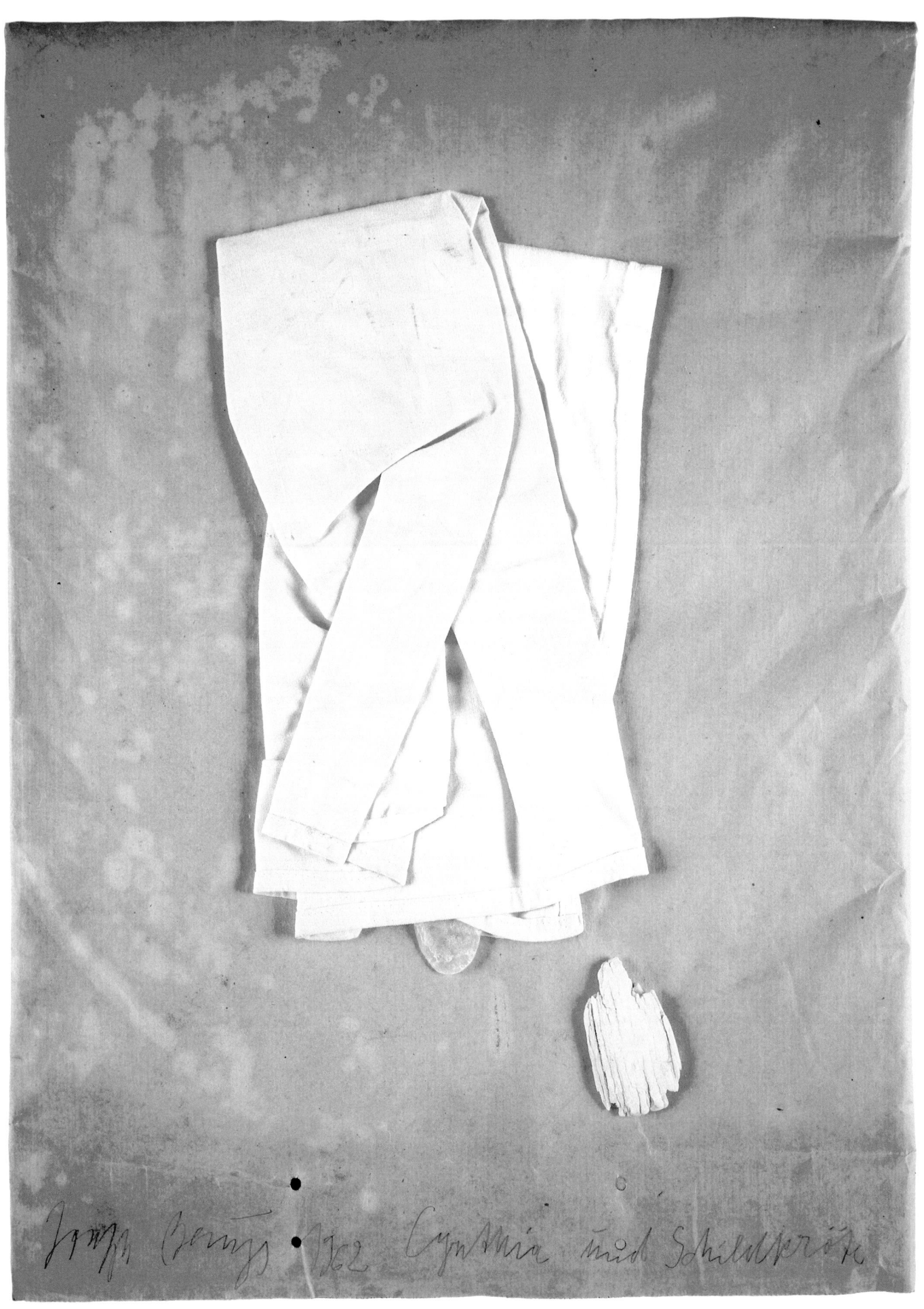

137 Cynthia und Schildkröte 1962
Leinenstoff, Seife, 50,5 x 37 cm, Kat. 284

138 Emanation Kopf, Hand mit Dreiecksspiegel 1959
Gouache, Ölfarbe, Kohle, 24,5 x 32,2 cm, Kat. 212

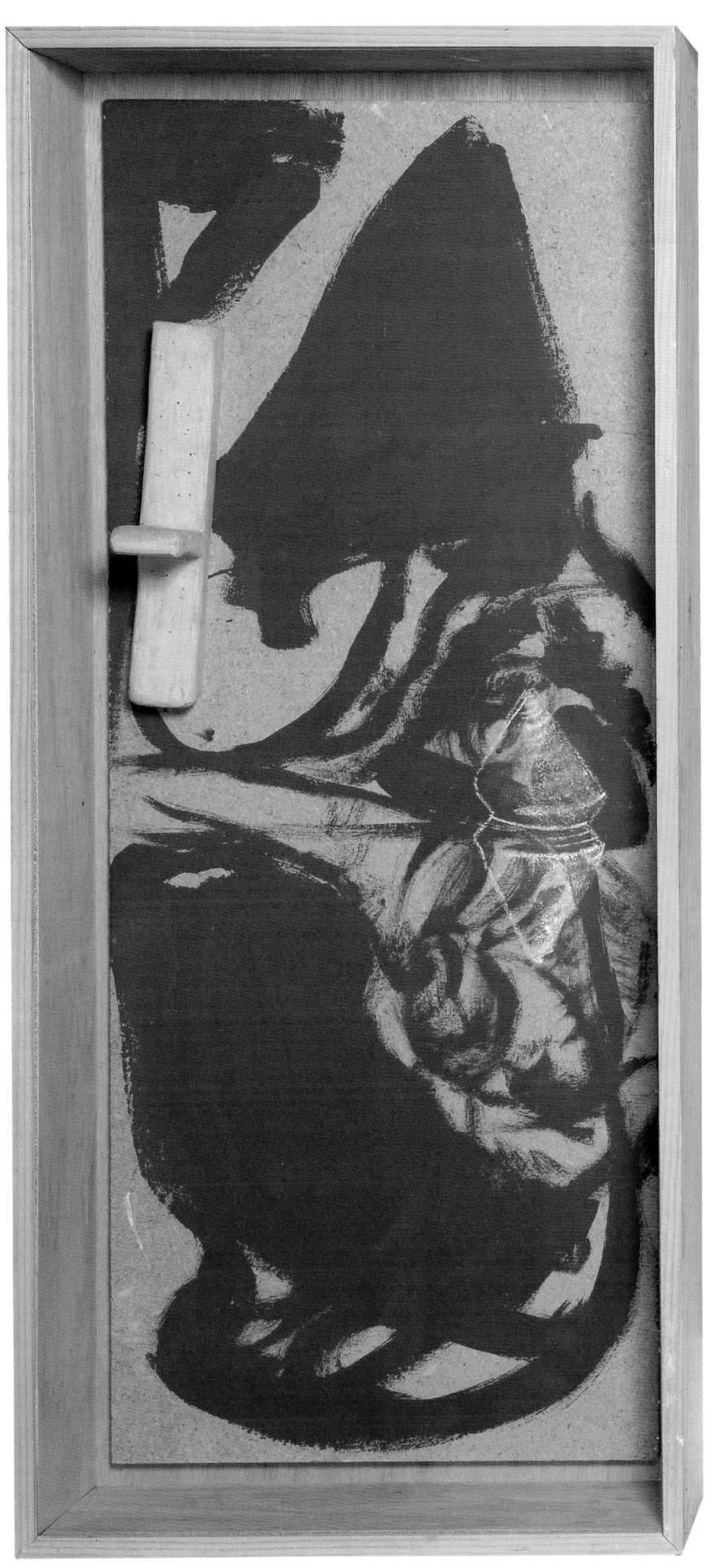

139 Urschlitten, Leber und Gyroscop 1964
Bleistift, Ölfarbe, Holz, 93,4 x 39 x 11 cm, Kat. 338

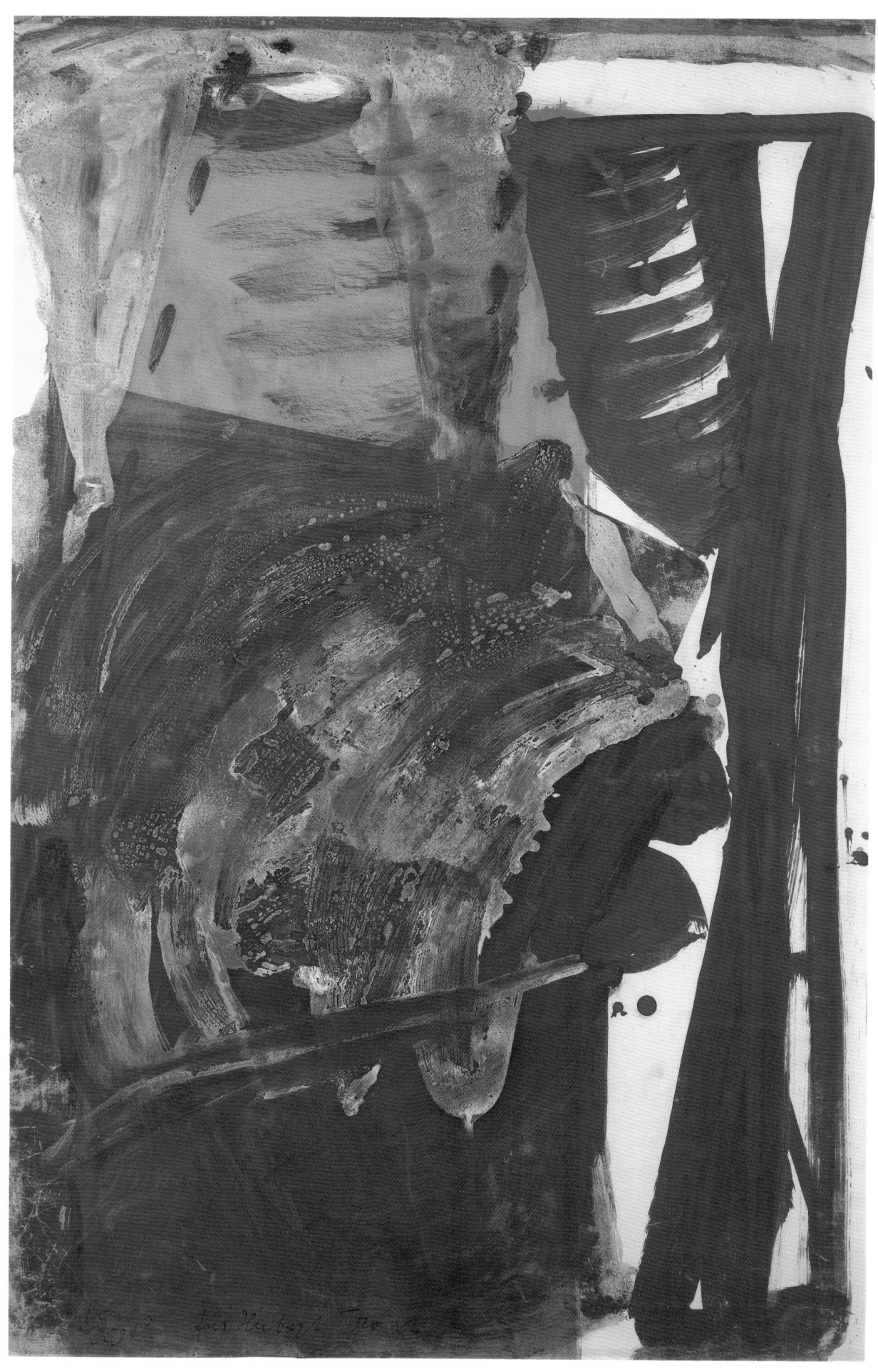

140 Ohne Titel (für Hubert Troost) 1959
Gouache, Ölfarbe, 78,5 x 52 cm, Kat. 216

141 Hornet's Hogan 1961
Ölfarbe, Kakaopulver, 63,2 x 89 cm, Kat. 275

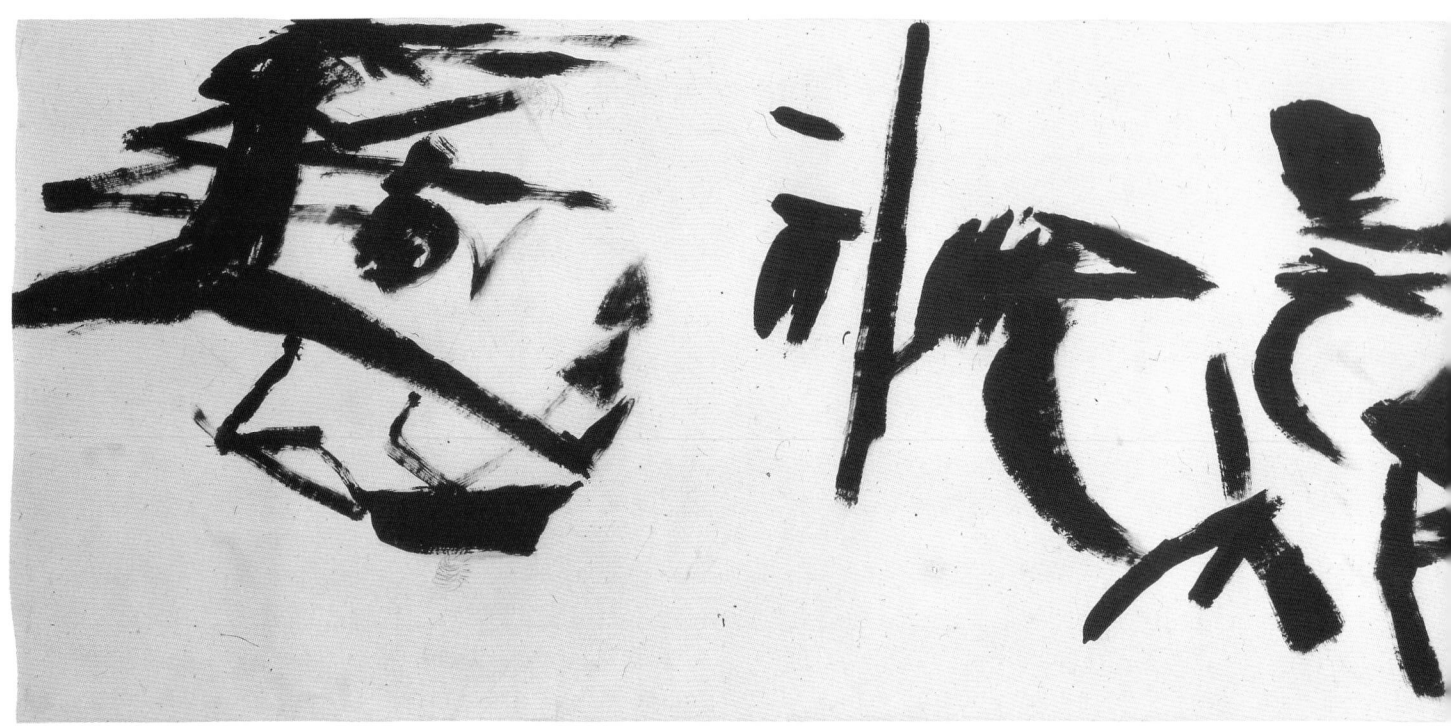

142 Queen 1962
Ölfarbe (Braunkreuz), 40 x 156 cm, Kat. 302

143 Intelligenz der Hasen 1960
Ölfarbe (Braunkreuz), 39,7 x 132 cm, Kat. 230

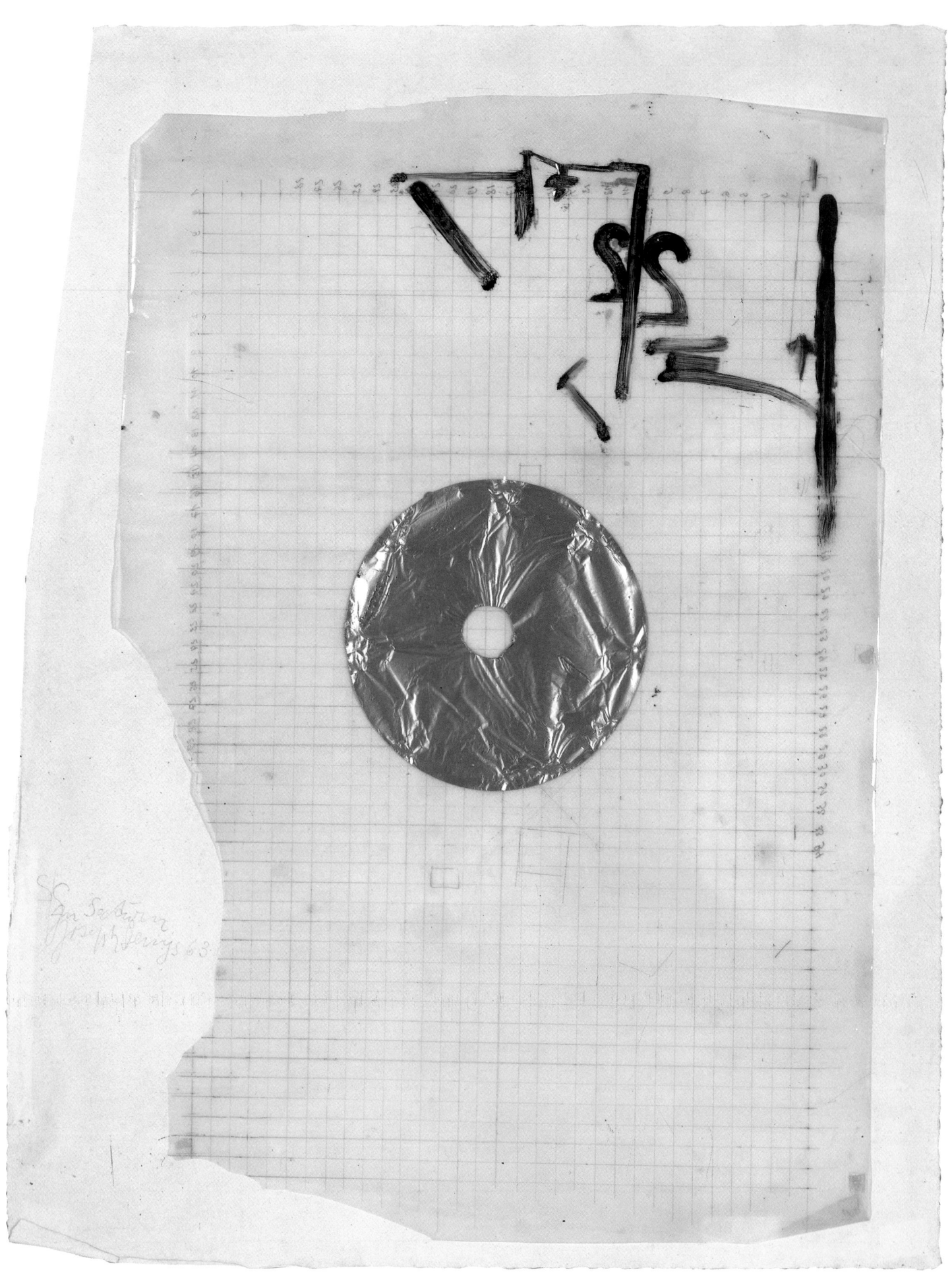

144 An Saturn 1963
Collage; Ölfarbe, Aluminiumfolie, 70 x 50 cm, Kat. 337

145 Bouillonscheibe 1974
Fett, Schieferplatte, 21 x 21 cm, Kat. 418

146 Ohne Titel 1966
verschiedene Materialien, 47 x 30 cm, Kat. 362

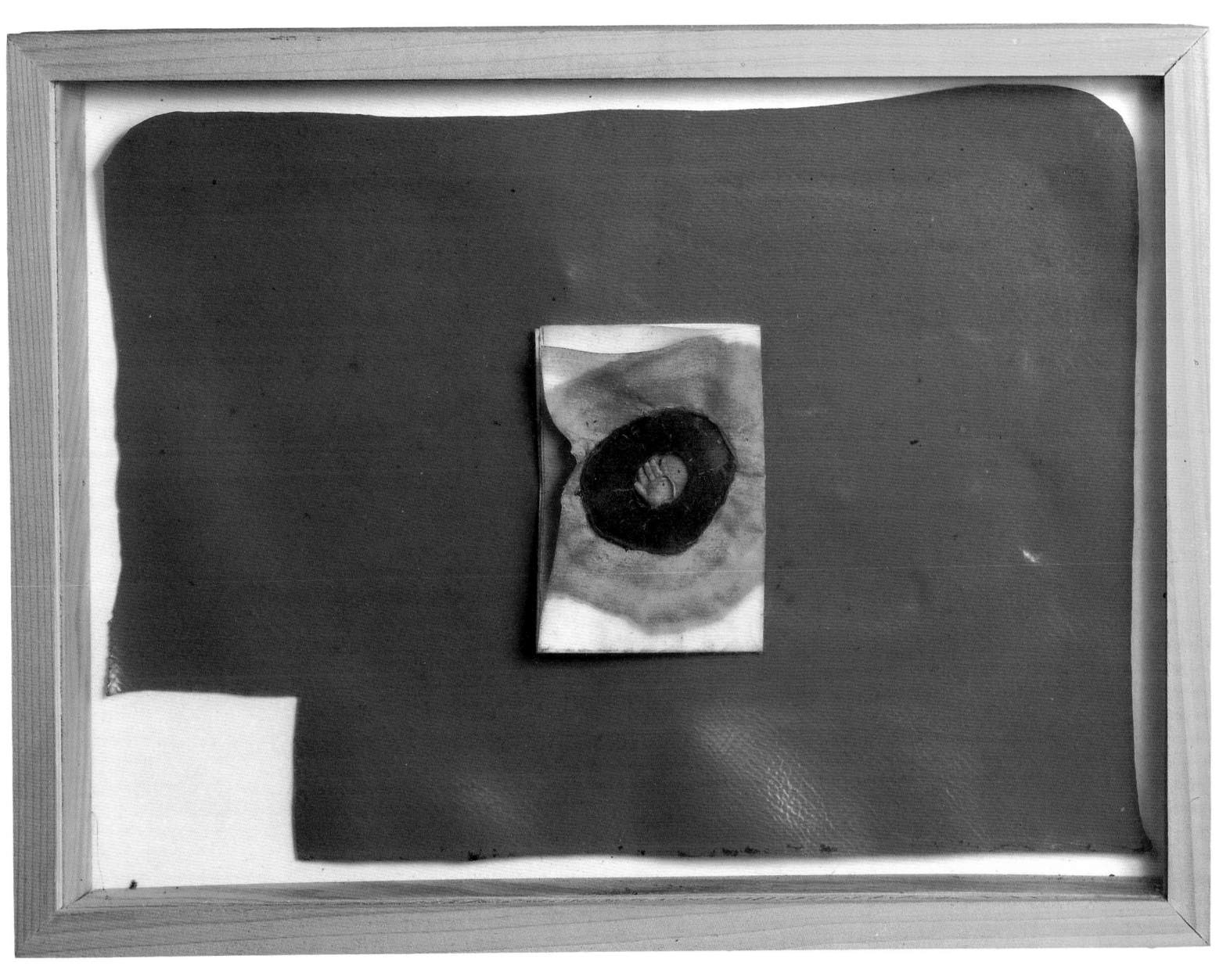

147 Händchen II 1958
Zelluloid, Kunstleder, 25 x 34,9 x 2 cm, Kat. 188

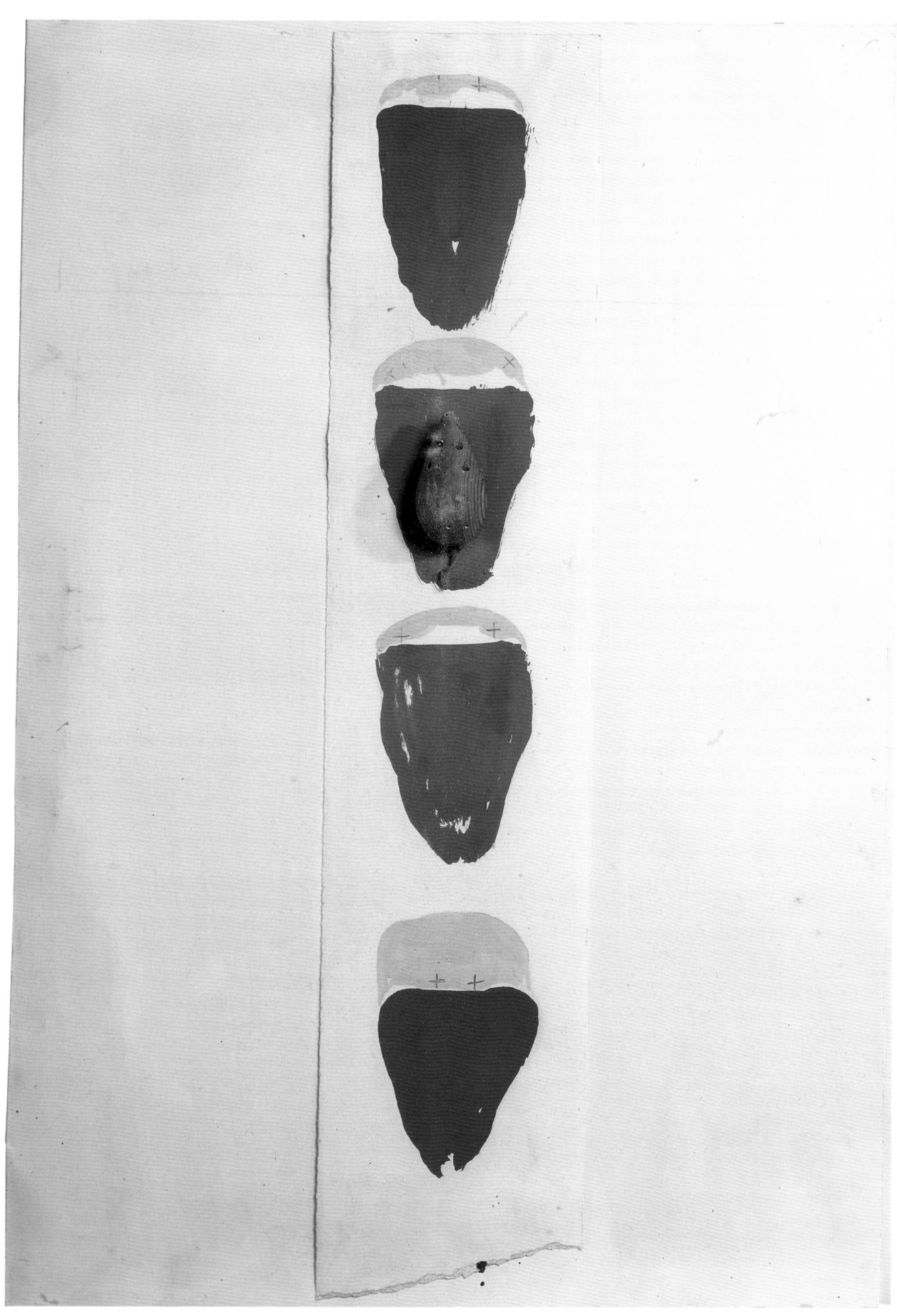

148 Ohne Titel 1964
Bleistift, Ölfarbe, Holz, 61,4 x 43,2 x 3 cm, Kat. 329

149 Painting Version 1/90 1976
Ölfarbe, Fett, 76 x 56 cm, Kat. 434

150 Drei Jurakreuze 1962
Gips, Holz, Weißblech, 51,5 x 65,2 x 10 cm, Kat. 280

151 Ohne Titel 1963
Ölfarbe, Latexfarbe, Aluminium, 50 x 40 x 7 cm, Kat. 313

152 Ohne Titel 1962
Ölfarbe, Holz, Stearin, 18,8 x 56 x 3,2 cm, Kat. 281

153 Was am Hirschhorn geschah 1959
Ölfarbe, 34 x 16,7 cm, Kat. 215

154 Ehrenmal für den gefallenen Artilleristen um 1960/63
Pappe, Gips, Farbe, 51 x 18 x 12 cm, Kat. 242

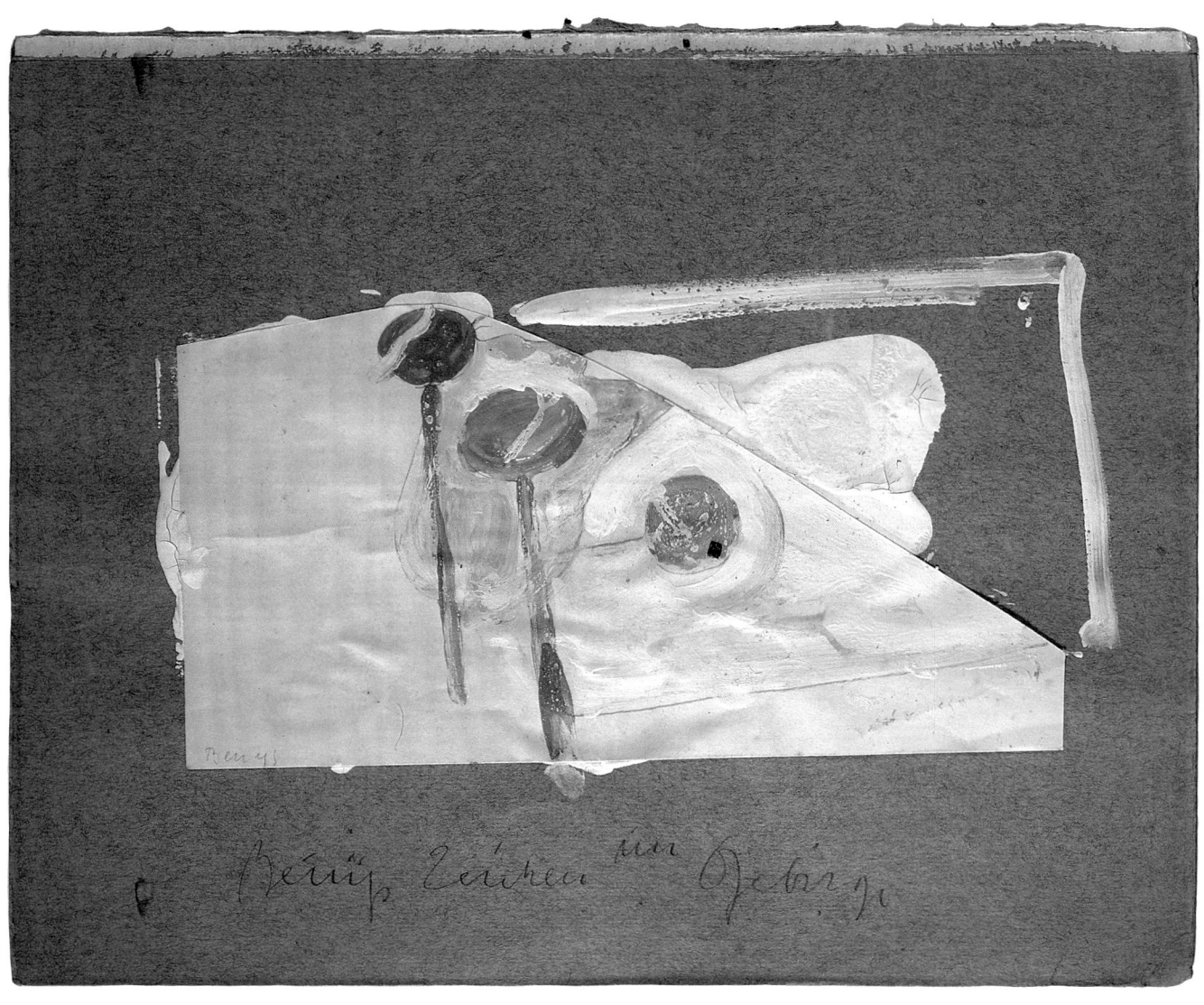

155 Zeichen im Gebirge 1958
Ölfarbe, 23,8 x 30 cm, Kat. 187

156 Winkel, Plastischer Punkt, Geleeflecken 1960
Gips, Farbe, Spanholz und andere Materialien, 12 x 31,7 x 26,1 cm, Kat. 243

157 Aus Kristallmessung: Wachsender Turmalin 1957
Wasserfarbe, 41,5 x 31 cm, Kat. 147

158 Verstrahlter Hangar 1962
Ölfarbe, Styropor, Holz, 19,5 x 47,7 x 45,8 cm, Kat. 282

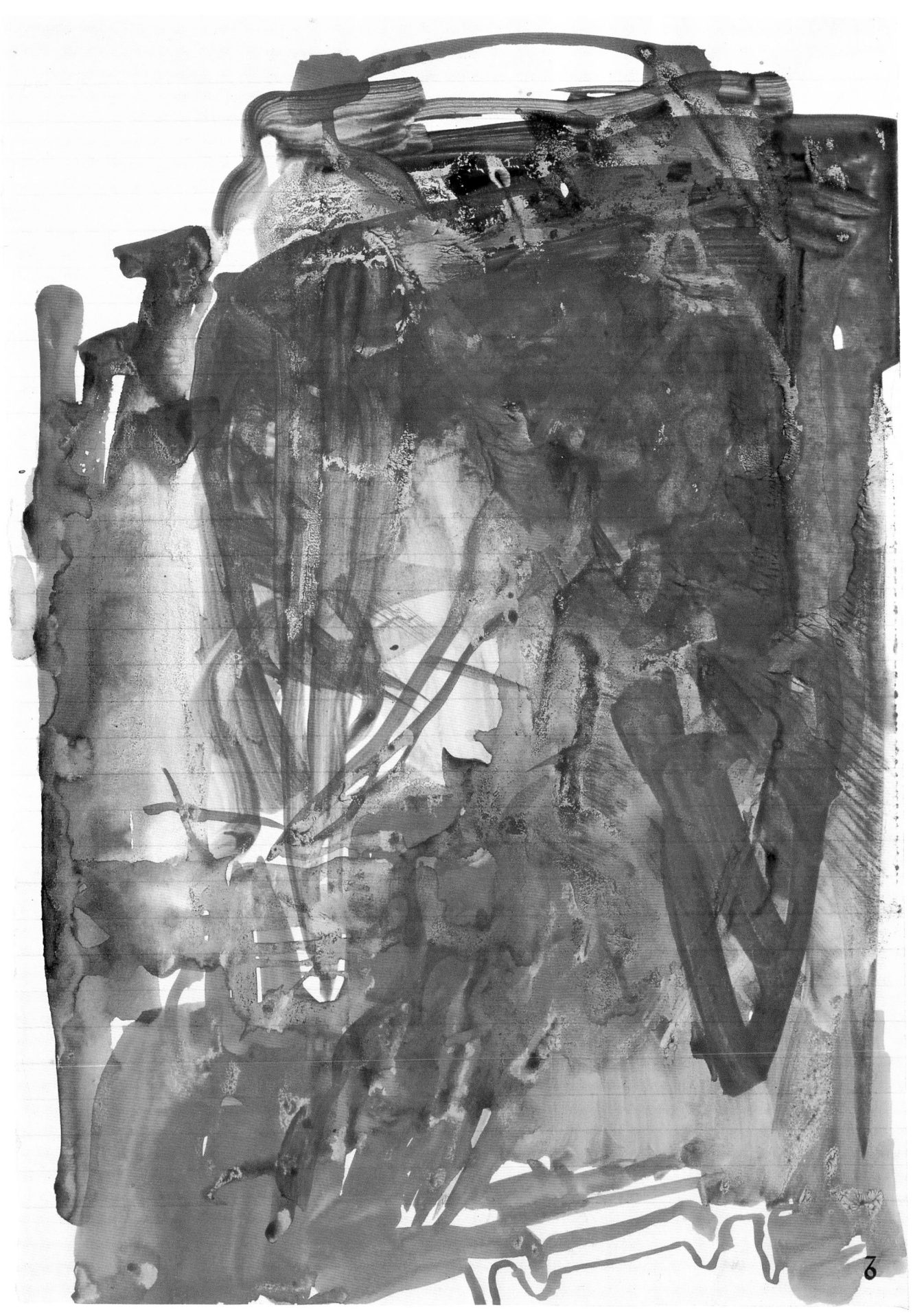

159 Accumulator (Entladung) 1959
Wasserfarbe, 29,5 x 21,4 cm, Kat. 207

160 Entladung 1956
Eisenhydroxyd, Silberchlorid, 43 x 42 cm, Kat. 129

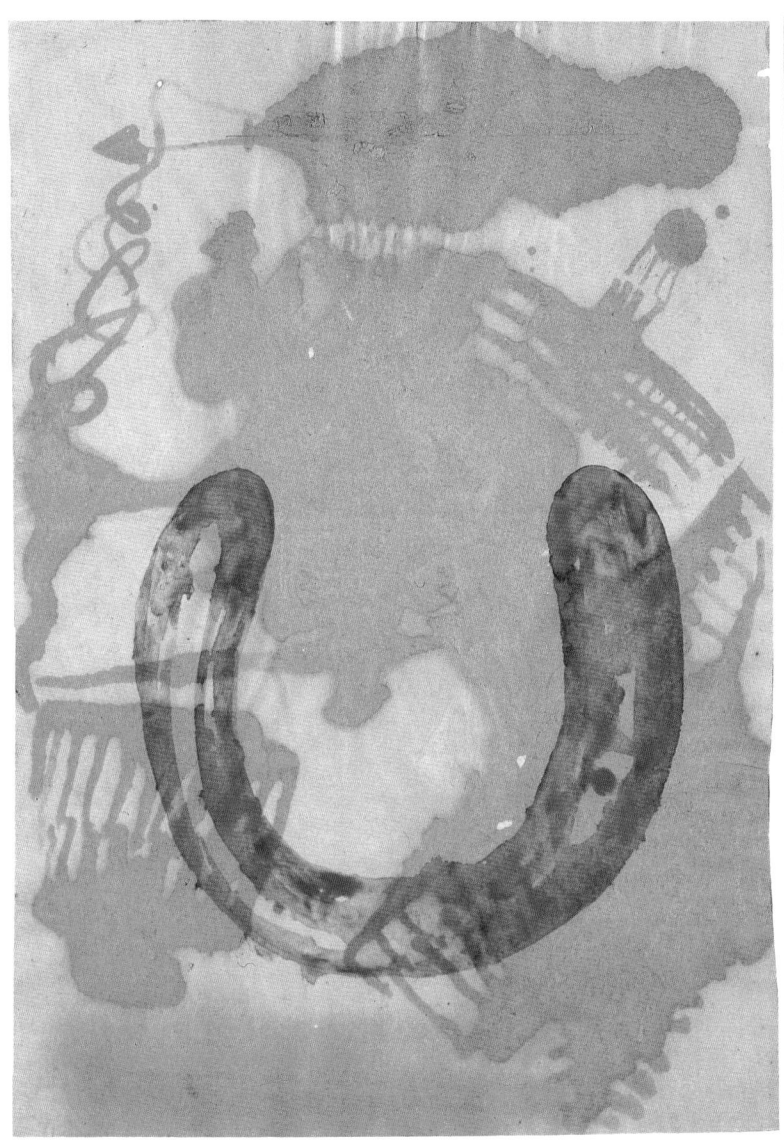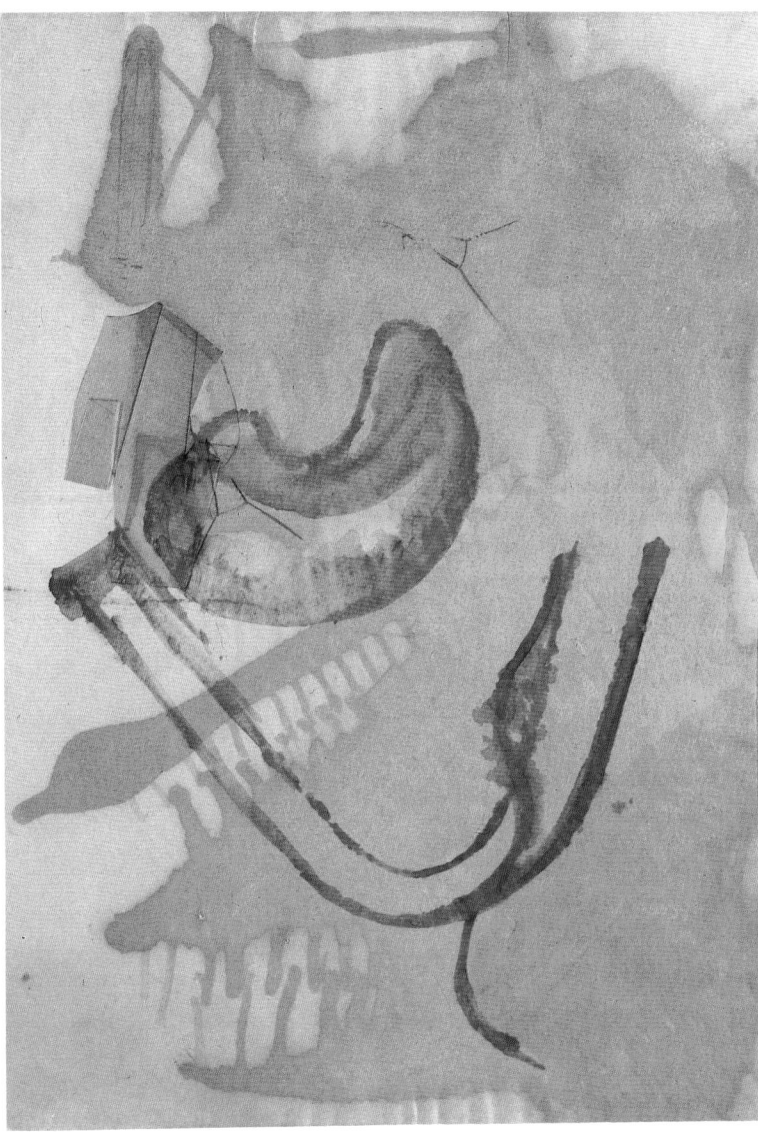

161 Ohne Titel um 1959/60
Bleistift, Wasserfarbe, 2 Blätter, je 32,2 x 23,8 cm, Kat. 226

162 Frau vor plastischer Erscheinung 1959/63
Ton, Plastilin, 11,8 x 34,2 x 23,8 cm, Kat. 311

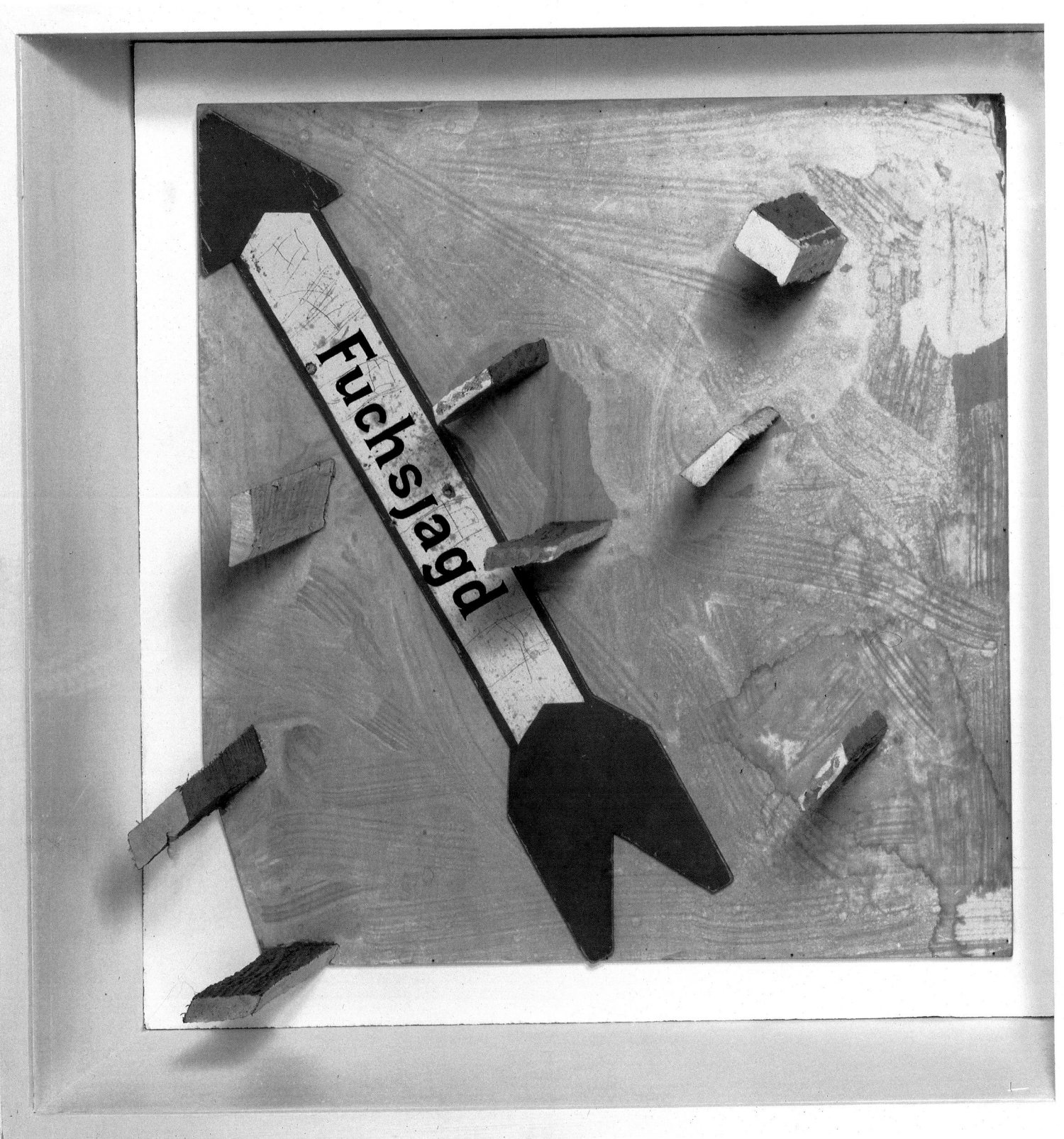

163 Fuchsjagd 1964
Latexfarbe, Holz, 60 x 59 x 20 cm, Kat. 332

164 Strahlende Materie, zwei aufgelegte Polstäbe 1959
Ölfarbe, andere Materialien, 86 x 63 cm, Kat. 231

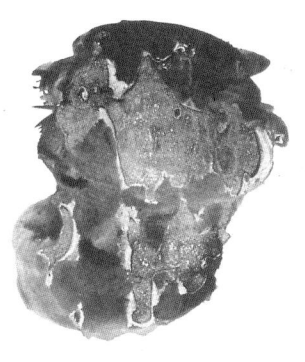

165 Gefährliche Wolke Chemische Reaktion 1960
Aquarell, Tonpapier, 50,5 x 19,5 cm, Kat. 232

166 Denkmal für einen Zwerg 1961
Holz, Plastilin, Ölfarbe, 19,5 x 22,6 x 24,5 cm, Kat. 248

167 Ohne Titel 1966
Filz, Gummi, Metall, 1,6 x 13,6 cm, Kat. 358

168 Gehörknochen 1959
Holz, Kunststoff, 44,2 x 10,5 x 2,9 cm, Kat. 218

169 Kordelobjekt um 1961
Holz, Kordel, Kamm, 145 x 18 x 3 cm, Kat. 278

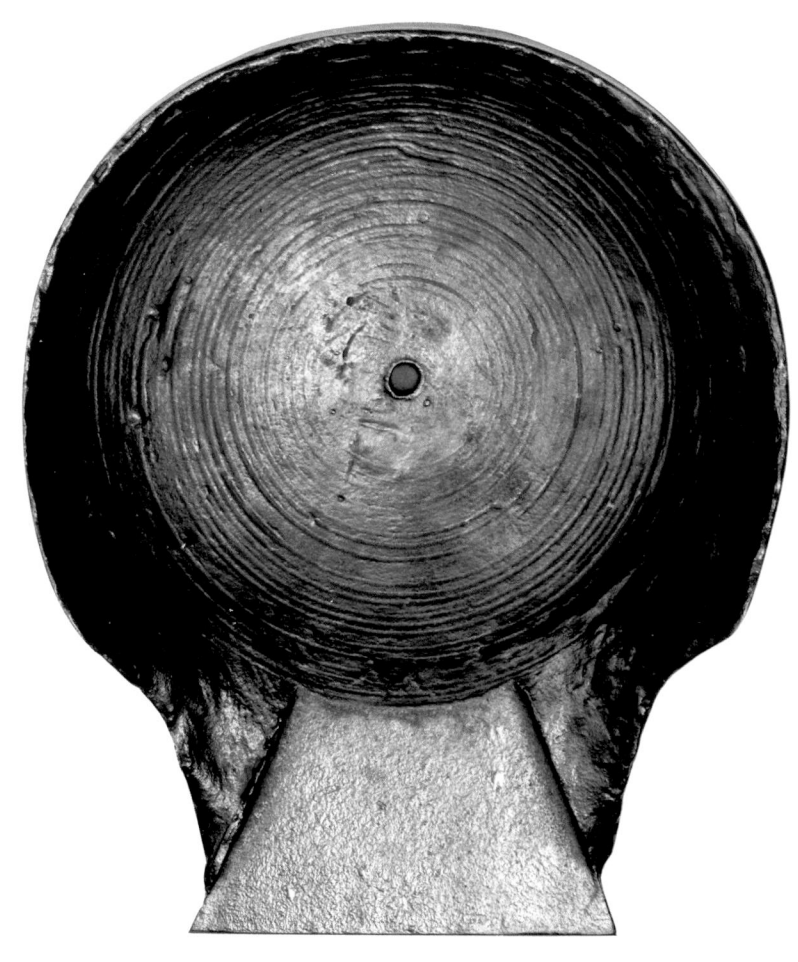

170 Eiserne Schädelplatte 1952
Eisenguß, 16,6 x 19,3 x 3,9 cm, Kat. 72

171 Ohne Titel 1961
Holz, Fett, Leder, Wurst, 125 x 131 cm, Kat. 277

172 Giocondologie (Hasenblut) 1963
Leinen, Hasenblut, 133 x 72,5 x 2,5 cm, Kat. 316

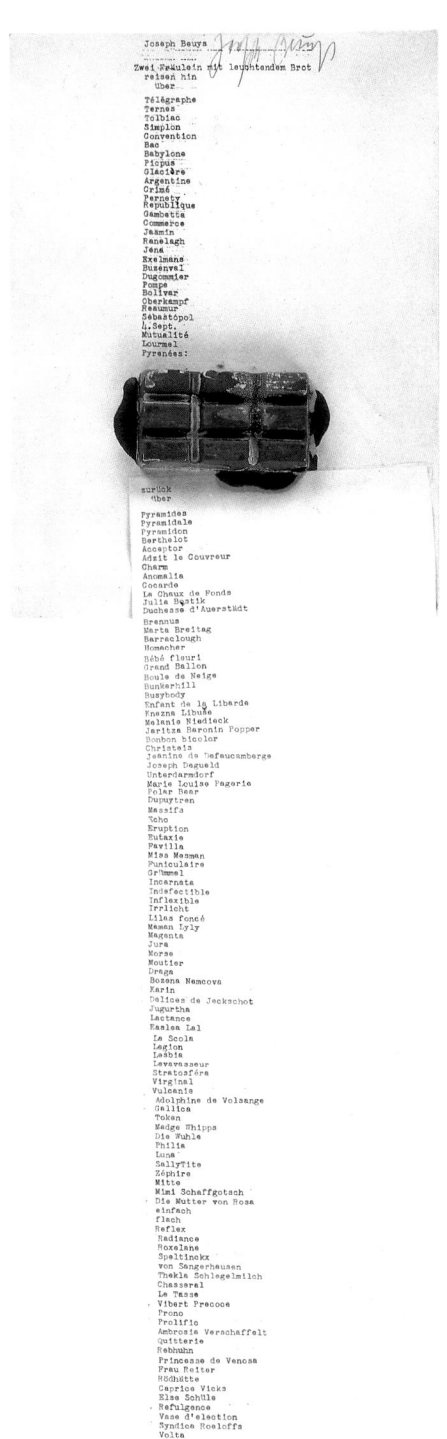

173 Zwei Fräulein mit leuchtendem Brot 1966
Collage; Pappe, Schokolade, 60 x 21 cm, Kat. 363

174 Vorgang beim Tod des Adlers 1959/60
Collage; Farbe, Papier, 29,5 x 40 cm, Kat. 223

175 Gulo Borealis 1959/60
Collage; Ölfarbe, Papier, 60,4 x 48 cm, Kat. 224

176 Im Gebirge (Wärmeplastik mit Fettwinkel) 1959
Collage; Ölfarbe, Filz, Papier, 38 x 47 x 1 cm, Kat. 227

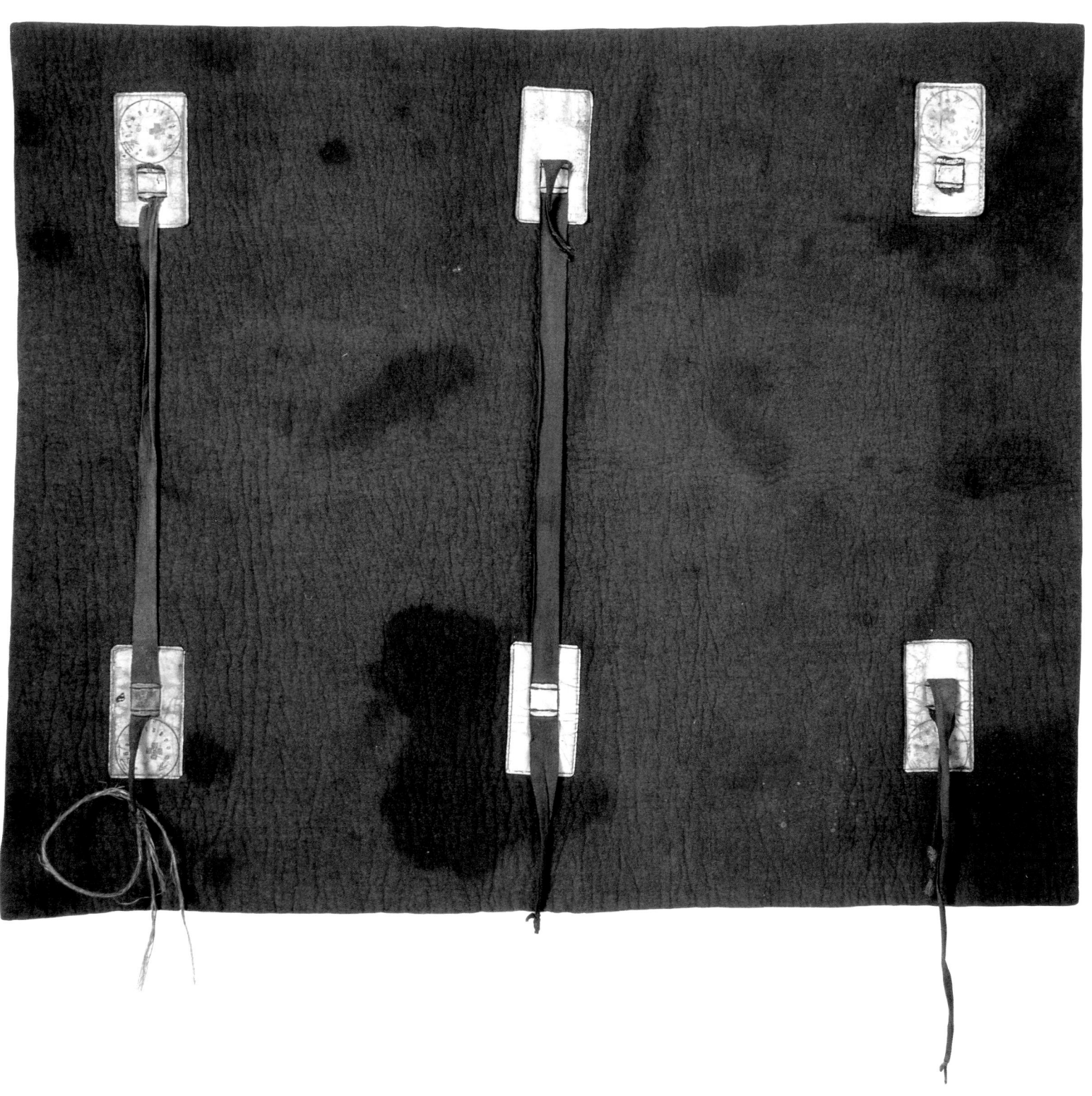

177 Ohne Titel o. J.
Filz, Leder, Leinen, 90 x 112 cm, Kat. 440

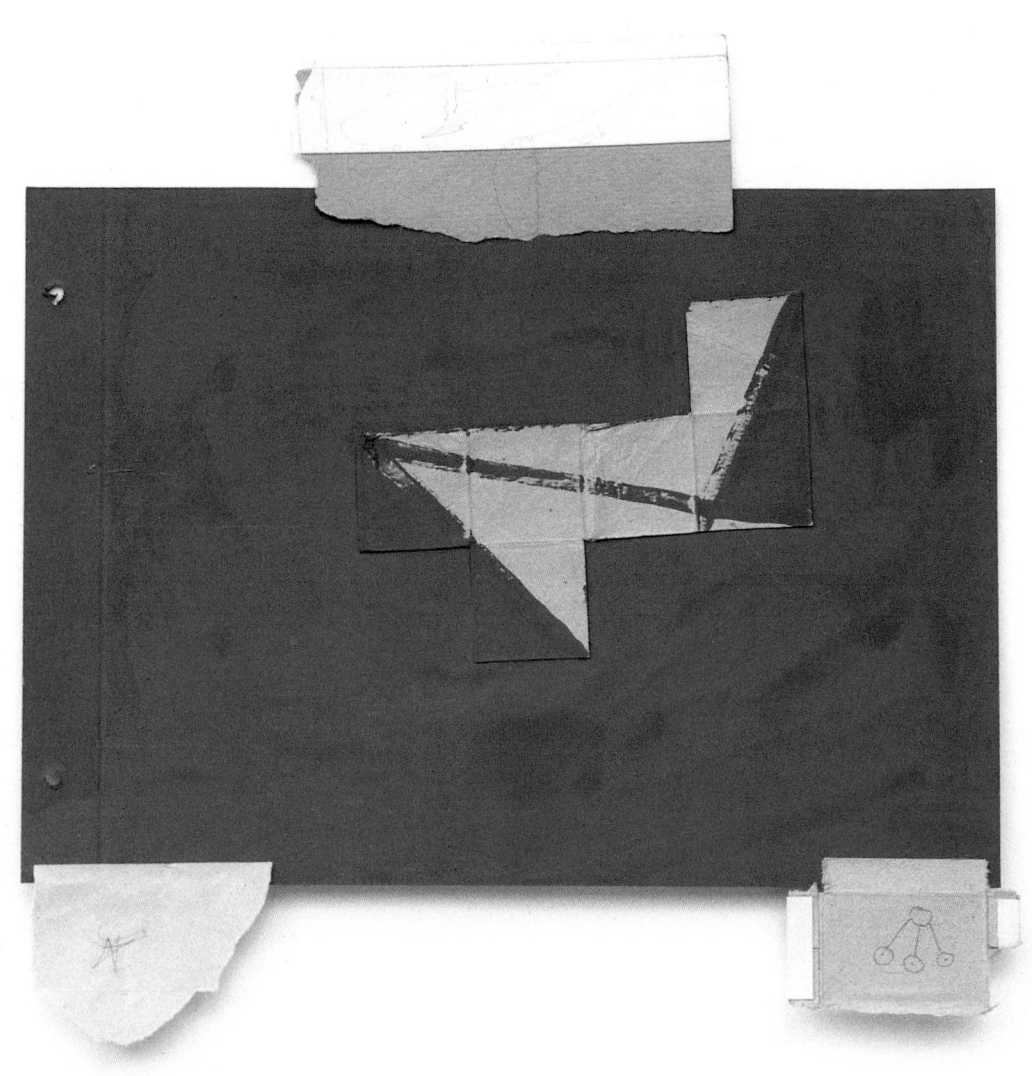

178 Rest der Mathematikaufgabe 1961
Collage; Ölfarbe, Bleistift, 30,5 x 31 cm, Kat. 262

179 Musikbox 1962/63
Schallplatte, Knochen, Wellpappe, 30 x 51 x 54 cm, Kat. 286

180 Energiefeld 1962
Collage; Ölfarbe (Braunkreuz), Fett, 62,2 x 47 cm, Kat. 292

181 Ohne Titel 1962
Collage; Ölfarbe, (Braunkreuz), 65,5 x 50 cm, Kat. 304

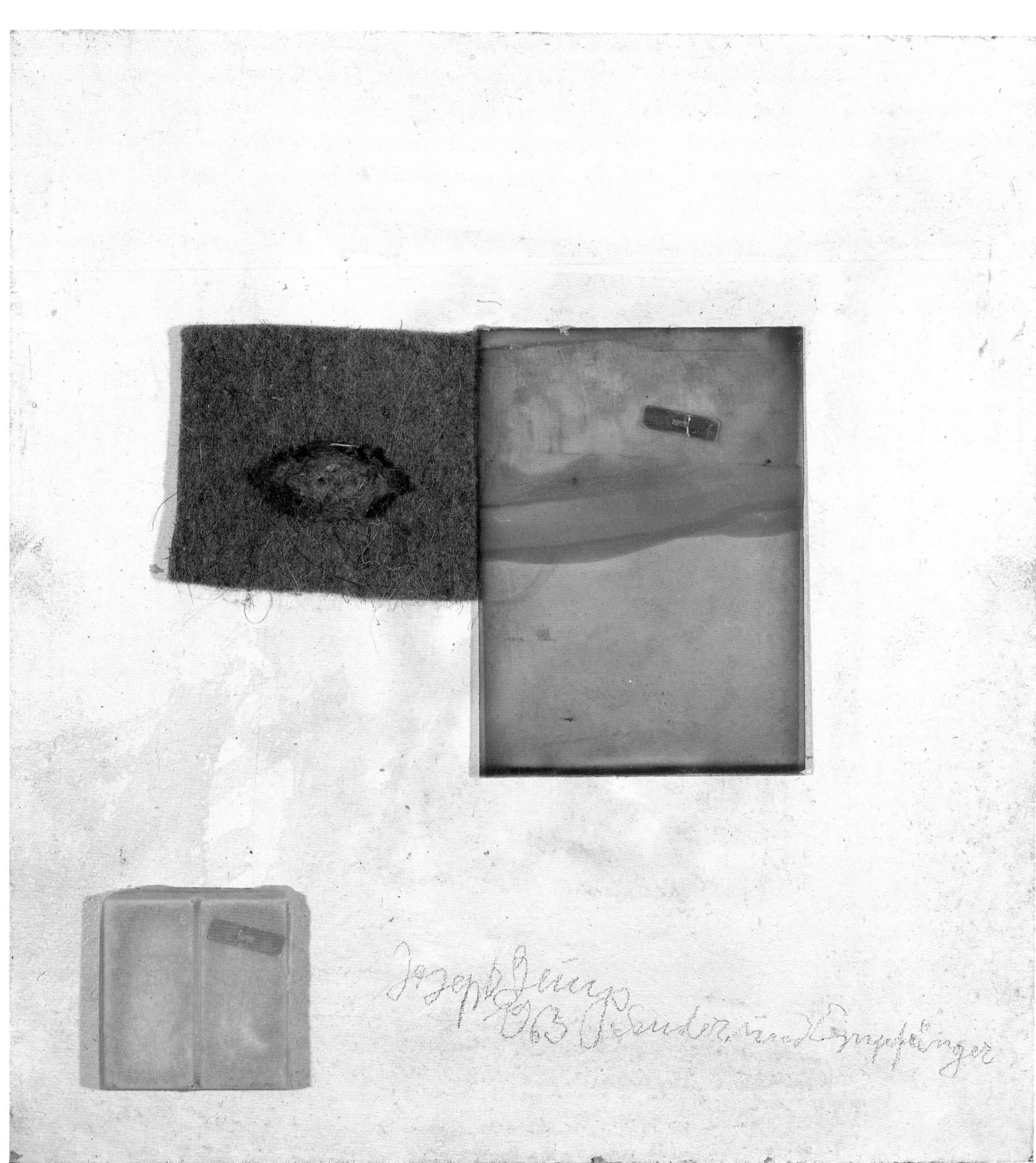

182 Sender und Empfänger 1963
Filz, Wachs, Glas, 30 x 27,7 cm, Kat. 318

183 Ohne Titel 1961
Pinsel, Holz, 67,5 x 37 cm, Kat. 279

184 Haus (Filzplastik) 1963
Ölfarbe, 21,1 x 14,6 cm, Kat. 319

185 Hasengrab 1962–67
verschiedene Materialien, 30 x 70 x 101 cm, Kat. 370

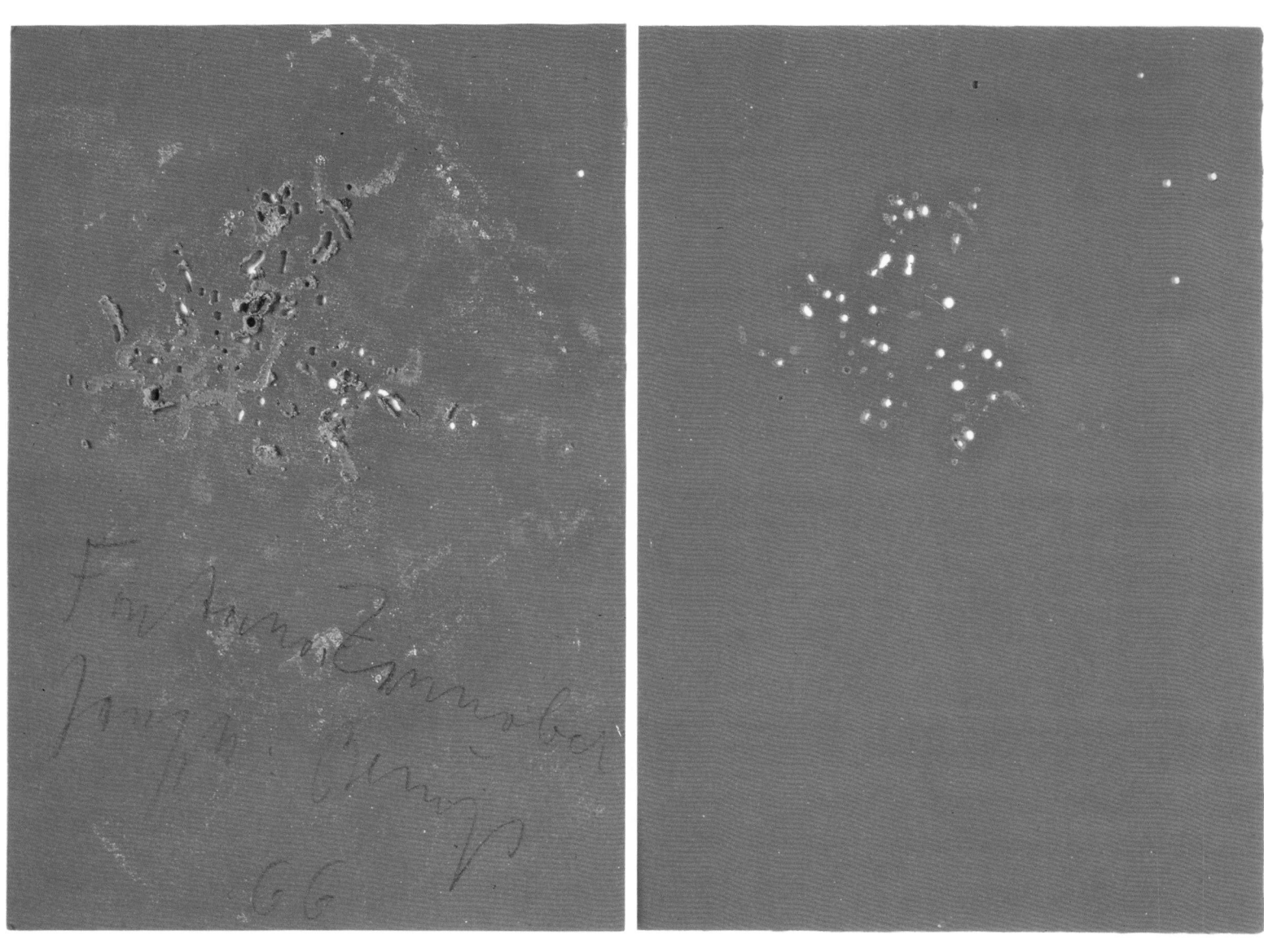

186 Fontana Zinnober 1966
Buntpapier, Bleistift, 2 Blätter, je 14,8 x 10,5 cm, Kat. 351

187 Ohne Titel 1947/66
Ölfarbe, 21 x 29,7 cm, Kat. 353

188 Urschlitten 1958
Ölfarbe, 21 x 15 cm, Kat. 192

189 Erdtelephon 1968
Telephon, Lehm, Holz, Heu, 20 x 47 x 76 cm, Kat. 371

190 Filzanzug 1970
Filz, 170 x 100 cm, Kat. 390

191 Konzertflügeljom (Bereichjom) 1969
Konzertflügel, Teile einer Geige, verschiedene Materialien, 60,5 x 160,5 x 181 cm, Kat. 380

192 Eisenkiste aus ''Vakuum ↔ Masse'' 1968
Eisen, Fett, Luftpumpen, 110 x 55 x 55 cm, Kat. 369

193 Schwerkraftraum 1974
Bleistift, 2 Blätter, je 29,7 x 21 cm, Kat. 426

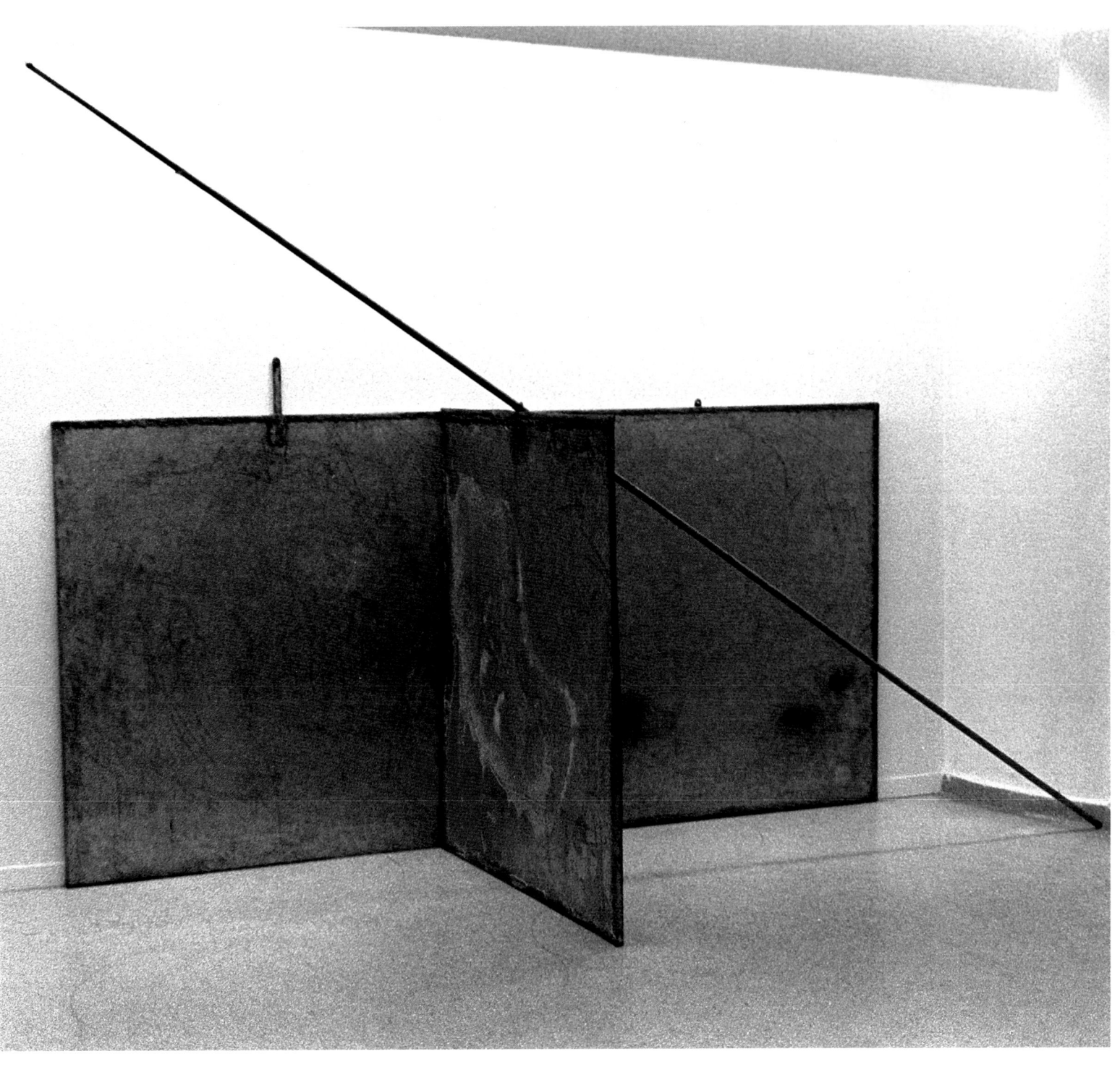

194 fat up to this level I 1972
3 Zinkplatten, je 133 x 135 cm, 1 Eisenstange, 400 cm, Kat. 410

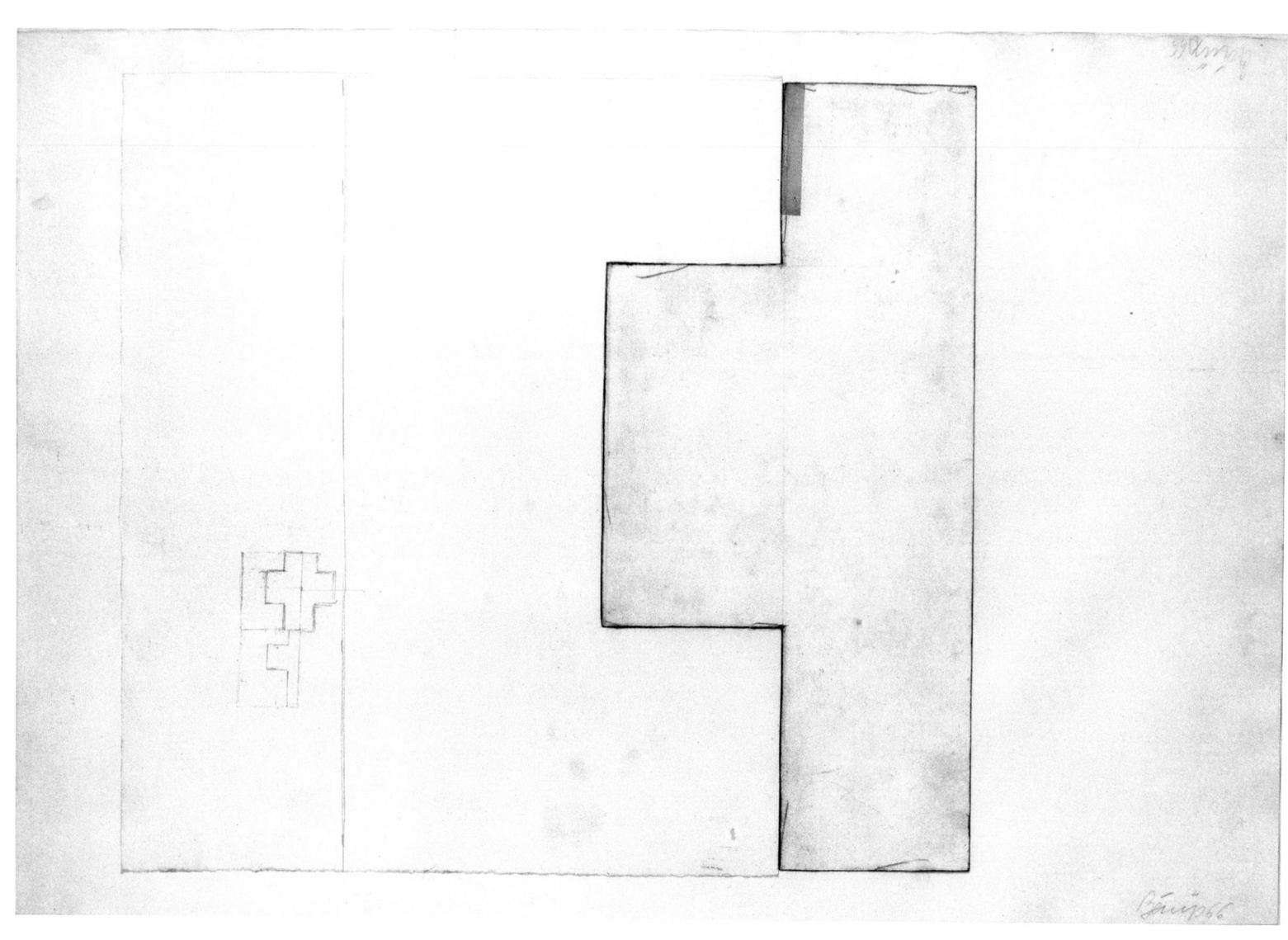

195 Entwurf für Filzkreuz 1966
Collage; Bleistift, Karton, 53 x 79 cm, Kat. 357

196 Der 62,2° Winkel 1972
Eisen, Schwefel, 67 x 53 x 22 cm, Eisenstange, 162 cm, Kat. 409

197 Blue Jeans mit getrockneten Fischen 1970
Blue Jeans, Fische, 100 x 82 cm, Kat. 391

198 Ofen 1970
Ofen, Filz, Kalk, Asbest, 110 x 70 x 52 cm, Kat. 392

199 Flamme in der Ecke 1955
Ölfarbe, 50 x 75 cm, Kat. 107

200 Das Medium um 1970
Collage; Stoff, Ölfarbe, 73,5 x 54 cm, Kat. 395

201 The Difficulty of Producing an Egg 1968
Bleistift, 25,4 x 26 cm, Kat. 373

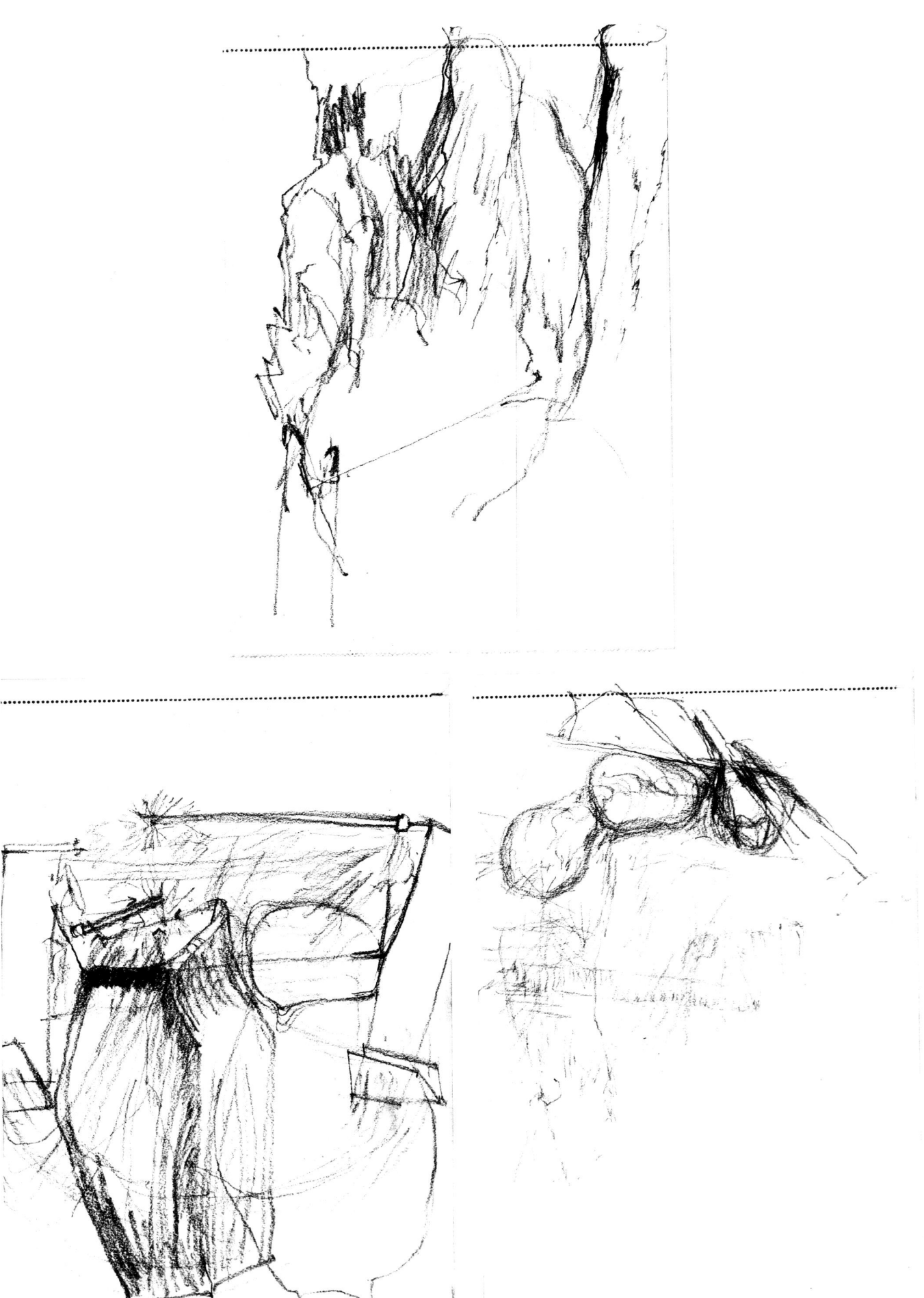

202 Strahlaggregate für Hochgebirge 1959
Bleistift, 3 Blätter, je 28,7 x 21 cm, Kat. 205

203 Mädchen winkend 1957
Eisenhydroxyd, 30 x 21 cm, Kat. 158

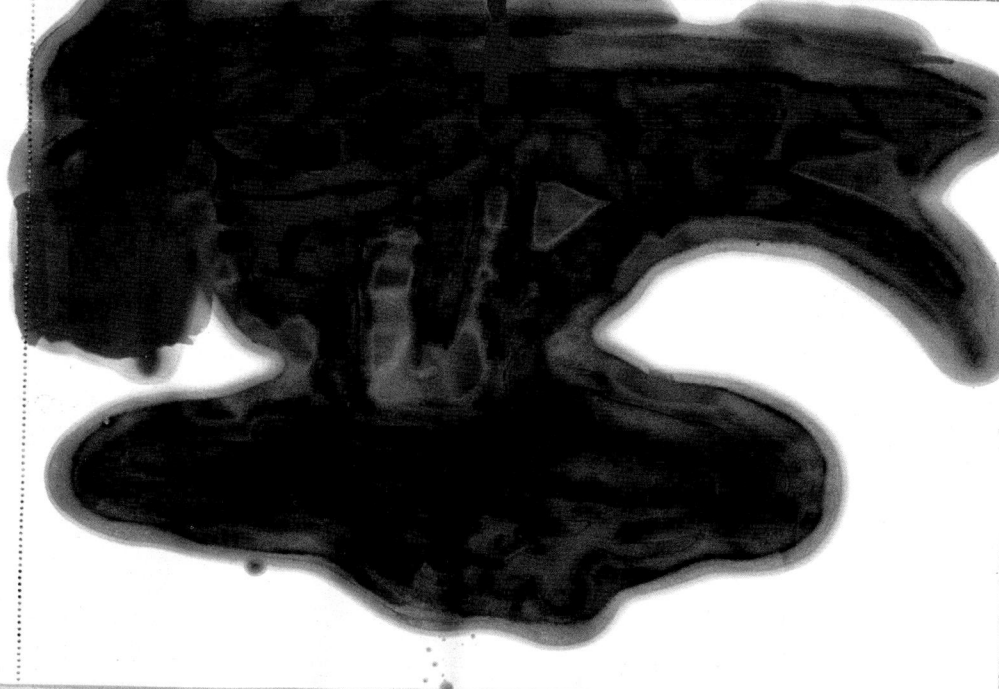

204 Atomkraftwerk 1964
Collage; Zeitung, Ölfarbe, 58 x 50,5 cm, Kat. 331

205 Ohne Titel 1961
Collage; Seidenpapier, Karton, Linkes Blatt 25,2 x 19,1 cm, Kat. 307

206 Ohne Titel 1961
Collage; Seidenpapier, Karton, Rechtes Blatt 25,5 x 19,1 cm, Kat. 307

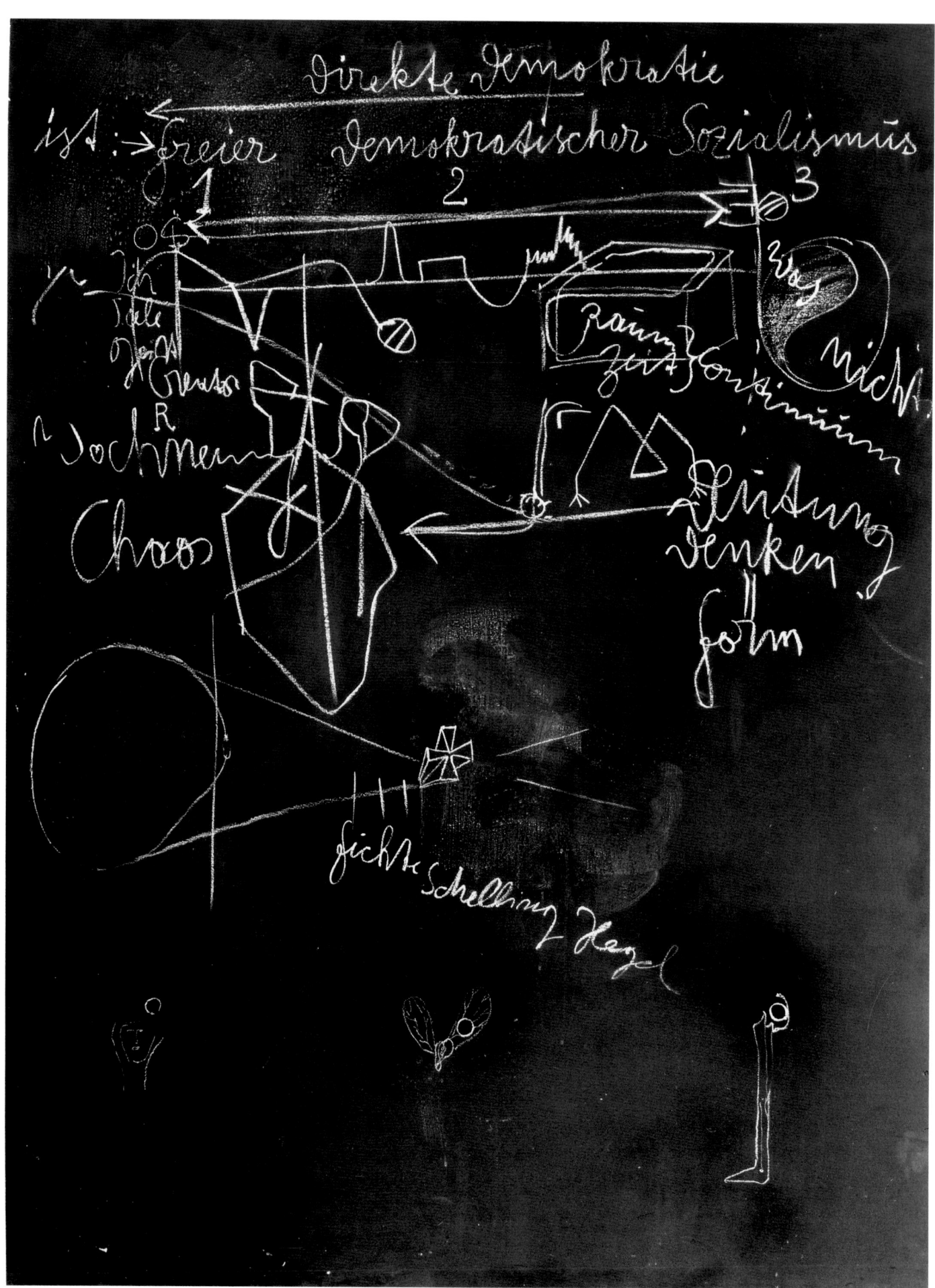

207 Diagramm-Zeichnung 1972
Tafel, Kreide, 200 x 150 cm, Kat. 412

208 "Aktion Dritter Weg" I 1978
Schiefertafel, Kreide, 133 x 133 cm, Kat. 452

209 "Aktion Dritter Weg" II 1978
Schiefertafel, Kreide, Spazierstock, 133 x 133 cm, Kat. 453

210 ''Aktion Dritter Weg'' III 1978
Schiefertafel, Kreide, 133 x 133 cm, Kat. 454

211 Ohne Titel 1960/75
Vitrine; verschiedene Objekte, 205,7 x 219,7 x 49,5 cm, Kat. 432

212 Grüne Geige 1974
Geige, Farbe, im Zinkkasten, 62 x 36 x 16 cm, Kat. 417

213 Aus dem Maschinenraum, Anhänger 1977
Vitrine; Fett, Filz, 2 Kartons, 180 x 150 x 55 cm, Kat. 441

214 Vitrine mit Pictish 1982
Vitrine; verschiedene Materialien, 205,7 x 219 x 49,5 cm, Kat. 467

215–216 Wirtschaftswerte 1980
(Details)

217 Wirtschaftswerte 1980
Regal mit verschiedenen Nahrungsmitteln, Gipsblock mit Fett, 290 x 400 x 265 cm, Kat. 463

218 Alarm I 1983
Vitrine; Bienenwaben, Lautsprecher und andere Materialien, 45 x 125 x 63 cm, Kat. 479

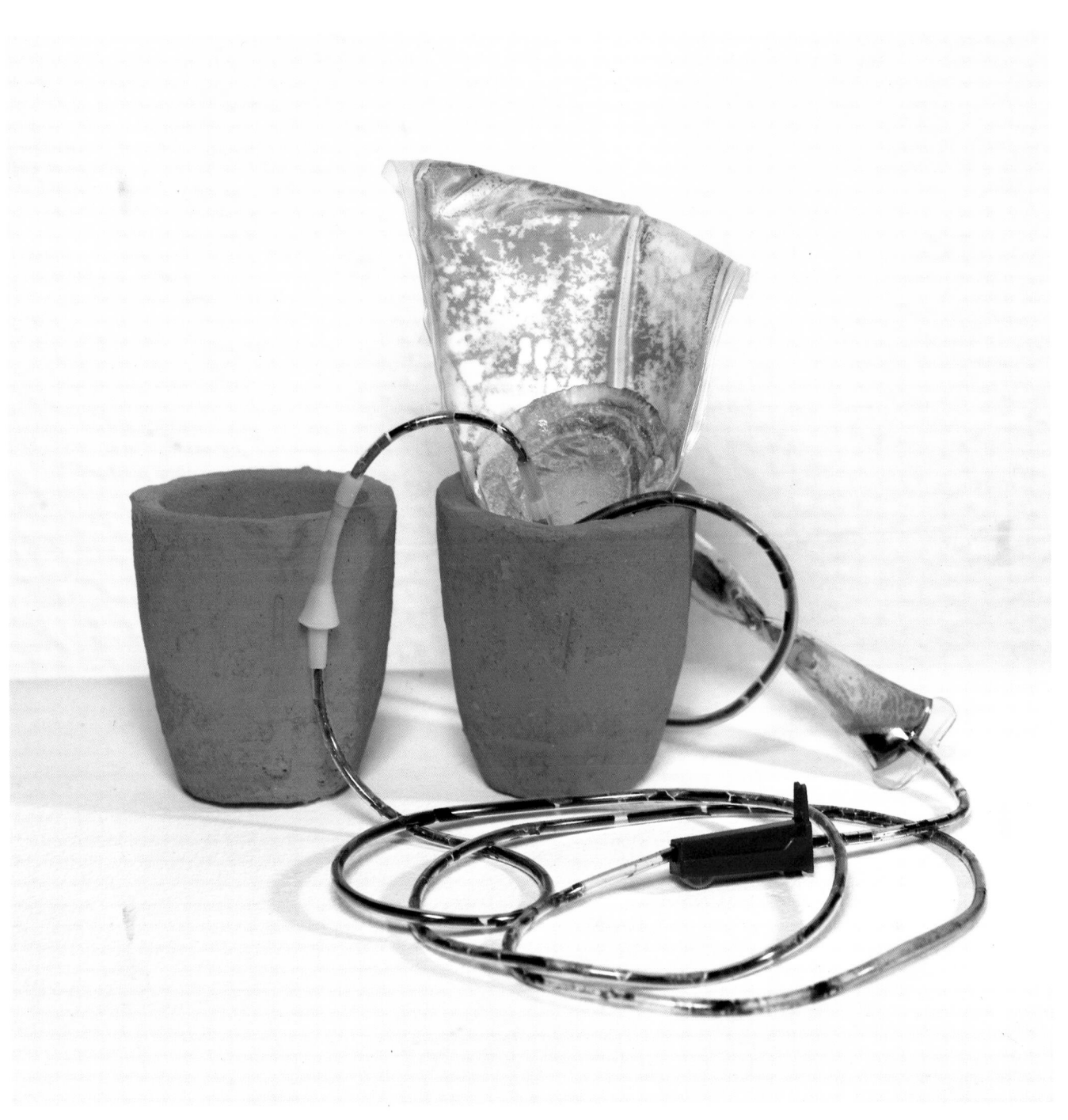

219 Alarm II 1983
Schmelztiegel, Bluttransfusionsbeutel, Muschel, 20 x 40 x 40 cm, Kat. 480

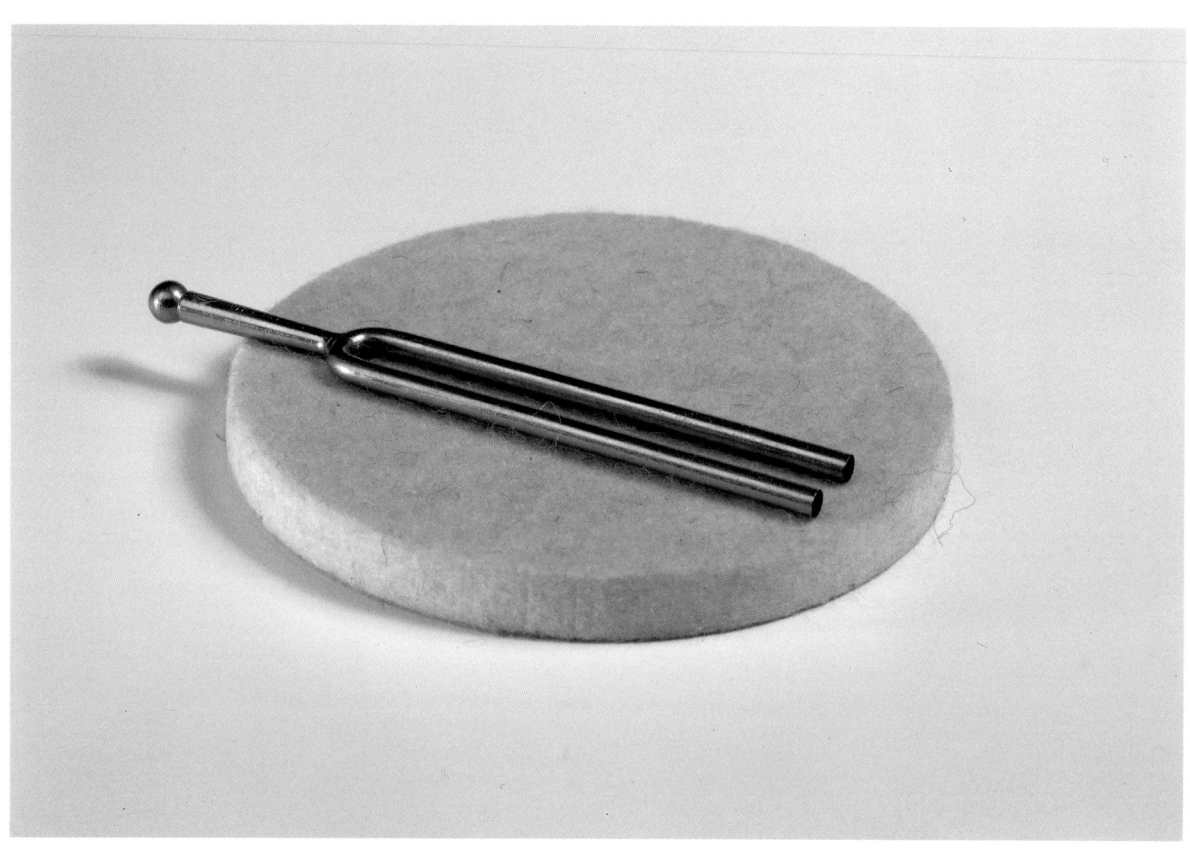

220 Ohne Titel 1966
Filz, Stimmgabel, 1 x 10 cm, Kat. 359

221 Vitrine mit Falsch 1/Falsch 2 1949/84
Vitrine mit verschiedenen Materialien, 205,7 x 219,7 x 49,5 cm, Kat. 489

222 Ohne Titel 1969/85
Vitrine mit verschiedenen Materialien, 205,7 x 219,7 x 49,5 cm, Kat. 494

223 Vitrine mit Multiples 1969/85
Vitrine mit verschiedenen Materialien, 205,7 x 219,7 x 49,5 cm, Kat. 495

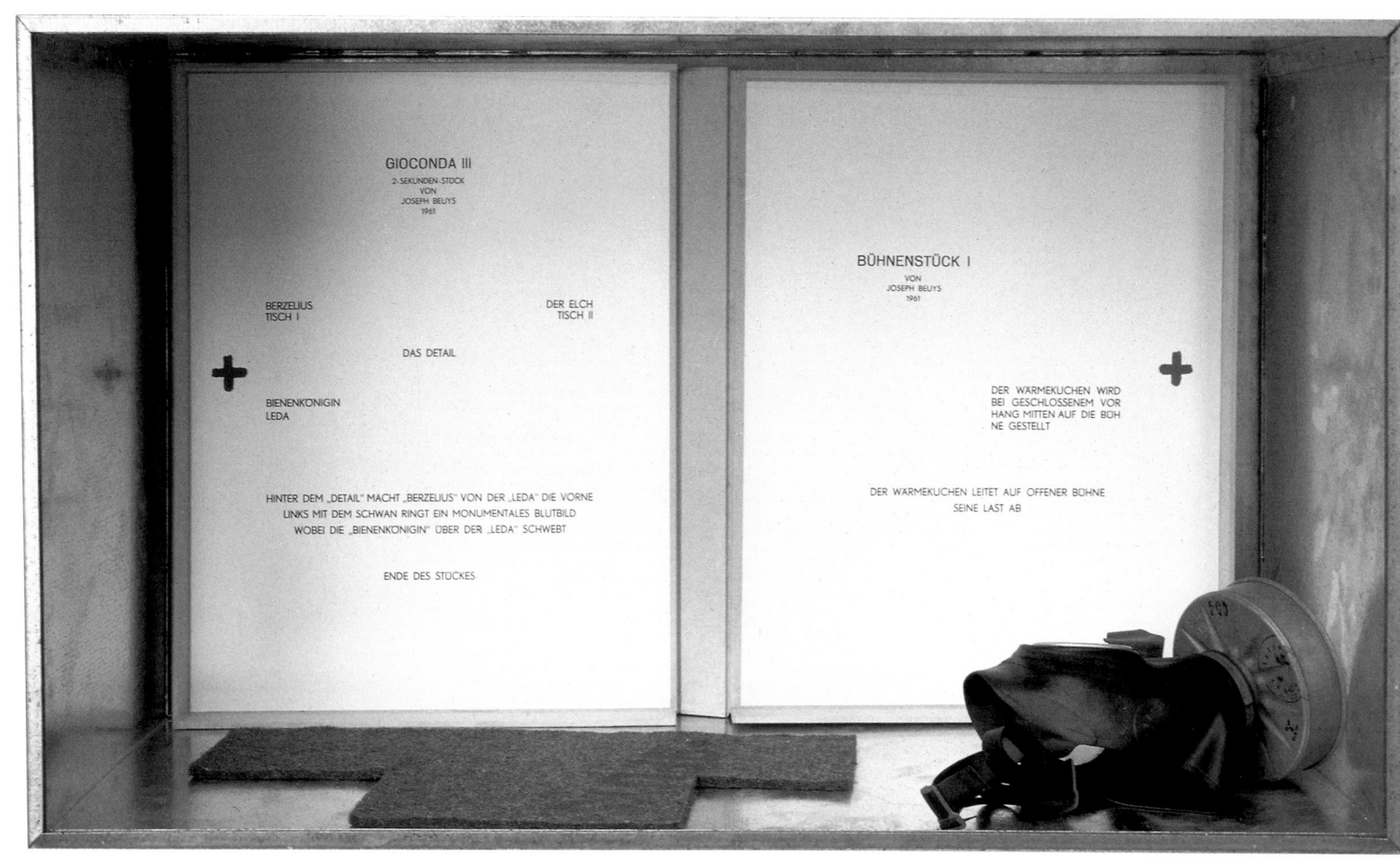

224 Ohne Titel 1966/84
Zinkvitrine, 50 x 85 x 36 cm, Kat. 488

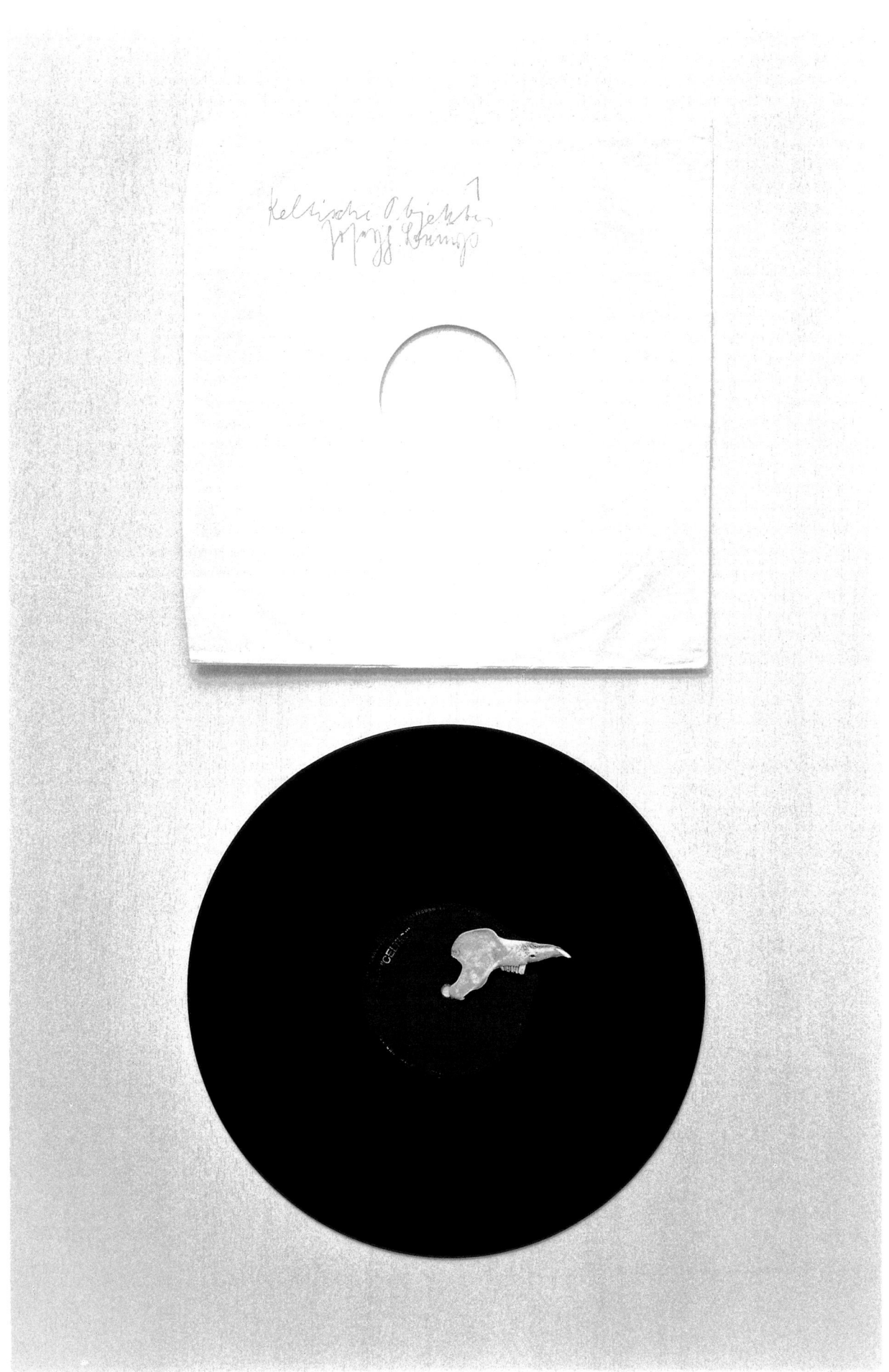

225 Keltische Objekte 1 1980
Schallplatte, Hasenkiefer, Schallplattenhülle, 80 x 60 cm, Kat.458

226 Vor dem Aufbruch aus Lager I 1970/80
Installation, 600 x 600 cm, Kat. 464

227 BRAUNRAUMPLATTE 1966
Ölfarbe (Braunkreuz), 40,8 x 72,2 cm, Kat. 367

228 NEGENTROPIE 1977
Ölfarbe (Braunkreuz), 45,6 x 62 cm, Kat. 437

229 Bogenlicht 1972
Ölfarbe (Braunkreuz), 23 x 16,5 cm, Kat. 408

230 Implosionsmaschine 1974
Ölfarbe (Braunkreuz), 28 x 19 cm, Kat. 424

231 Hirschdenkmal für George Maciunas 1964/82
Konzertflügel, Kupfer, Filz, 173 x 419 x 535 cm, Kat. 475

232 Nasse Wäsche Jungfrau 1985
Holz, Leinen, Seife, 65 x 145 x 200 cm, Kat. 499

233 Dumme Kiste 1983
Kupfer, Filz, 36,2 x 92,5 x 50,5 cm, Kat. 477

234 Aktion: Kinloch-Rannoch EDINBURGH 1970
Gelatine, Wachs, 15 x 22 cm, Kat. 393

235 Das Ende des 20. Jahrhunderts 1983
5 Basaltsteine, je ca. 190 x 60 x 60 cm, Kat. 478

236 Eiszeit 1983
Holzbrett mit Silberfarbe lackiert, Eisenrohr, Taschentuch, 250 x 50 x 50 cm, Kat. 485

237 Eiszeit 1952
Bleistift, 60 x 80 cm, Kat. 61

238 Cirkus 1958
Collage; Bleistift, Buntstift, 18 x 21 cm, Kat. 191

239 Eiszeit 1951
Bleistift, 21 x 29,6 cm, Kat. 60

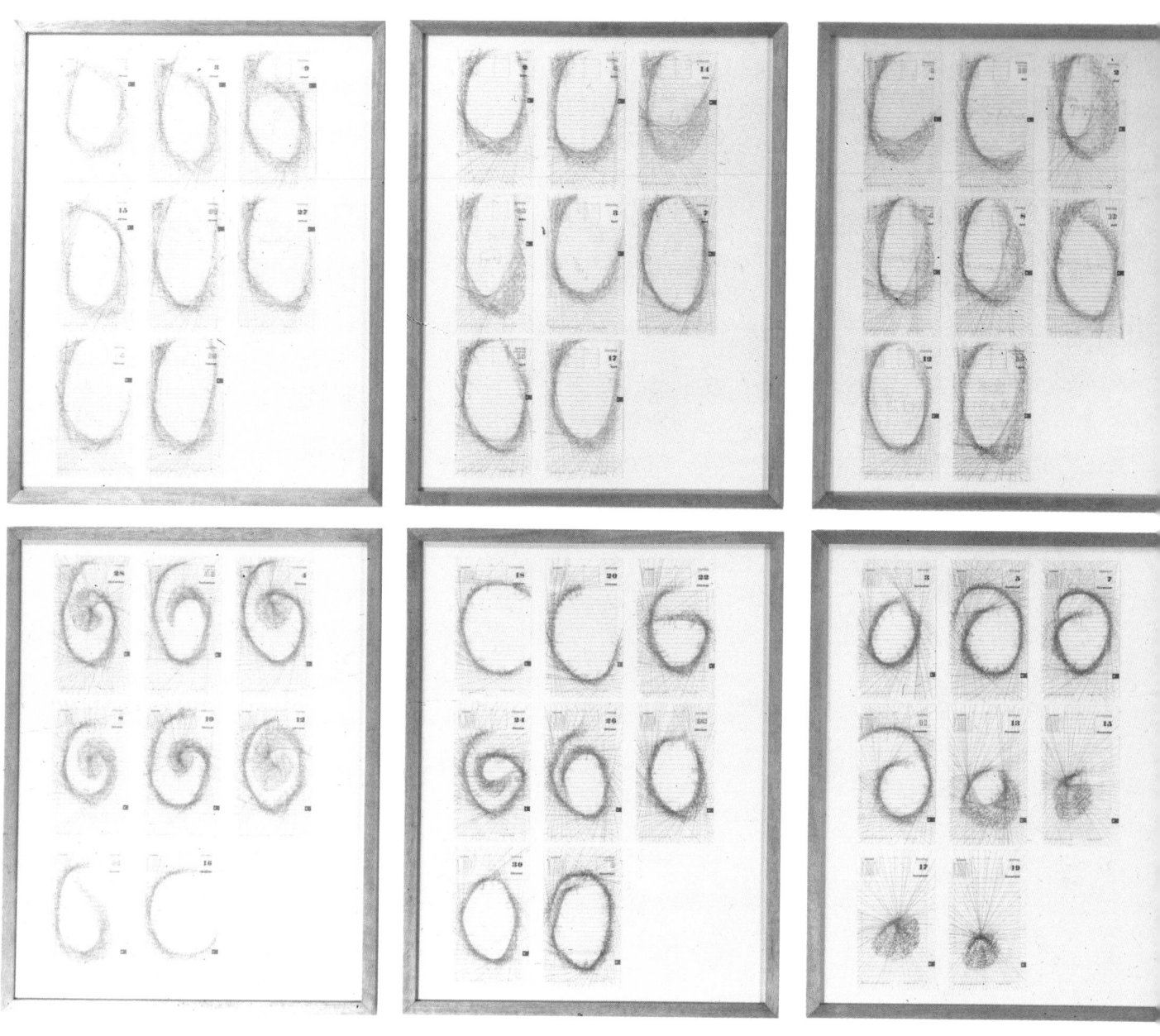

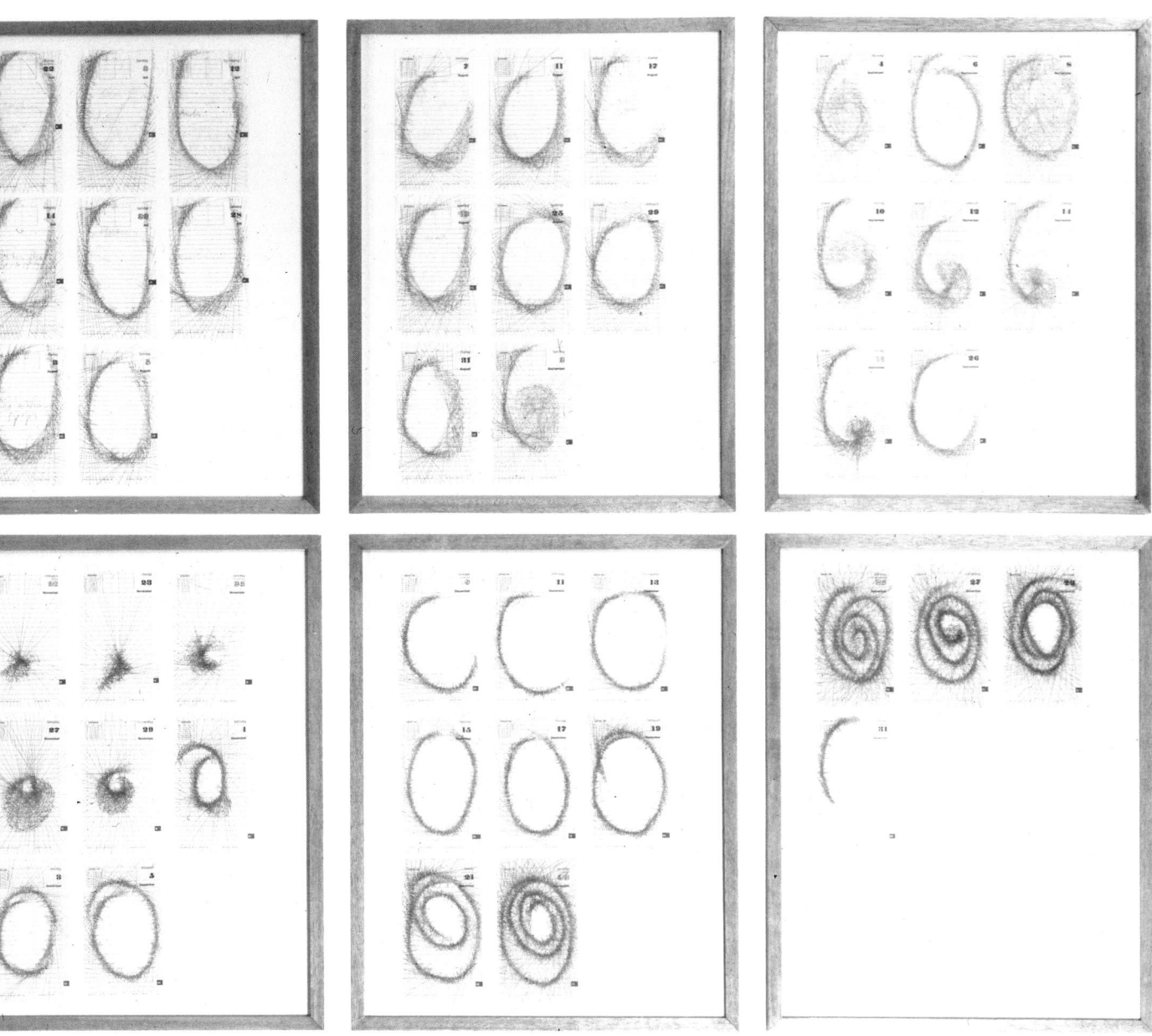

240 Words Which Can Hear 1979
Bleistift, 92 Blätter, je 19,4 x 11,1 cm, Kat. 456

241 Möbiuswerfer 1984
Rauminstallation, 13 Möbiusbänder aus Bleiblech auf Schnur, Zeichnung, Wurfobjekt aus Bleiblech, Länge 500 cm, Kat. 493

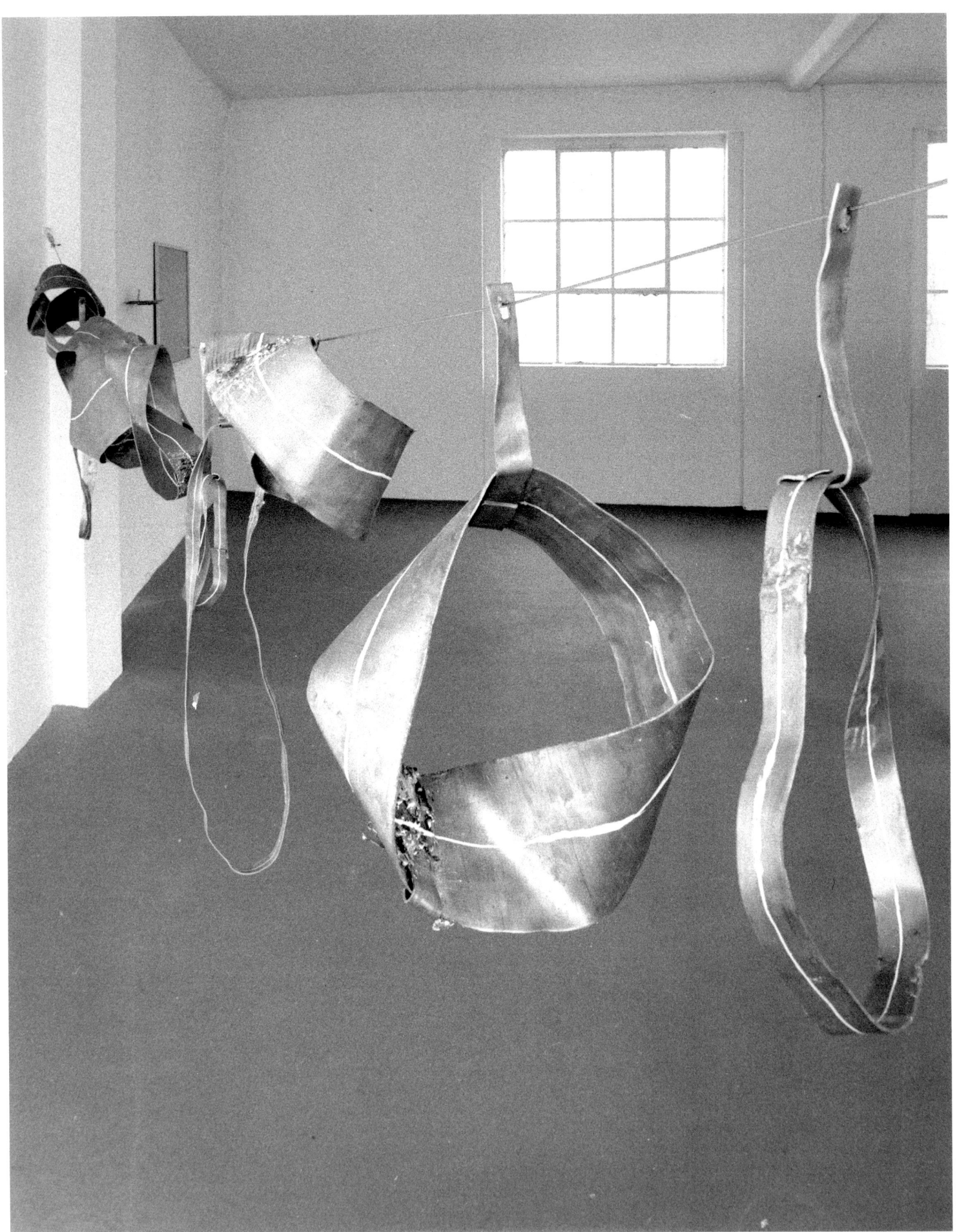

242 Möbiuswerfer 1984
(Detail)

243 Erdbeben 1976
Bleistift, 23 x 16,4 cm, Kat. 435

244 Terremoto in Palazzo 1981
Installation; verschiedene Materialien, 500 x 700 cm, Kat. 466

245 Ich glaube 1985
Eisenleiste, Orangen, Schwefel, 94,5 x 78 x 70 cm, Kat. 514

246 Terremoto 1981
Bleistift, 33 x 22,2 cm, Kat. 465

247 Ohne Titel um 1984
Bleistift, 29,7 x 21,8 cm, Teil eines Skizzenbuches, Kat. 473

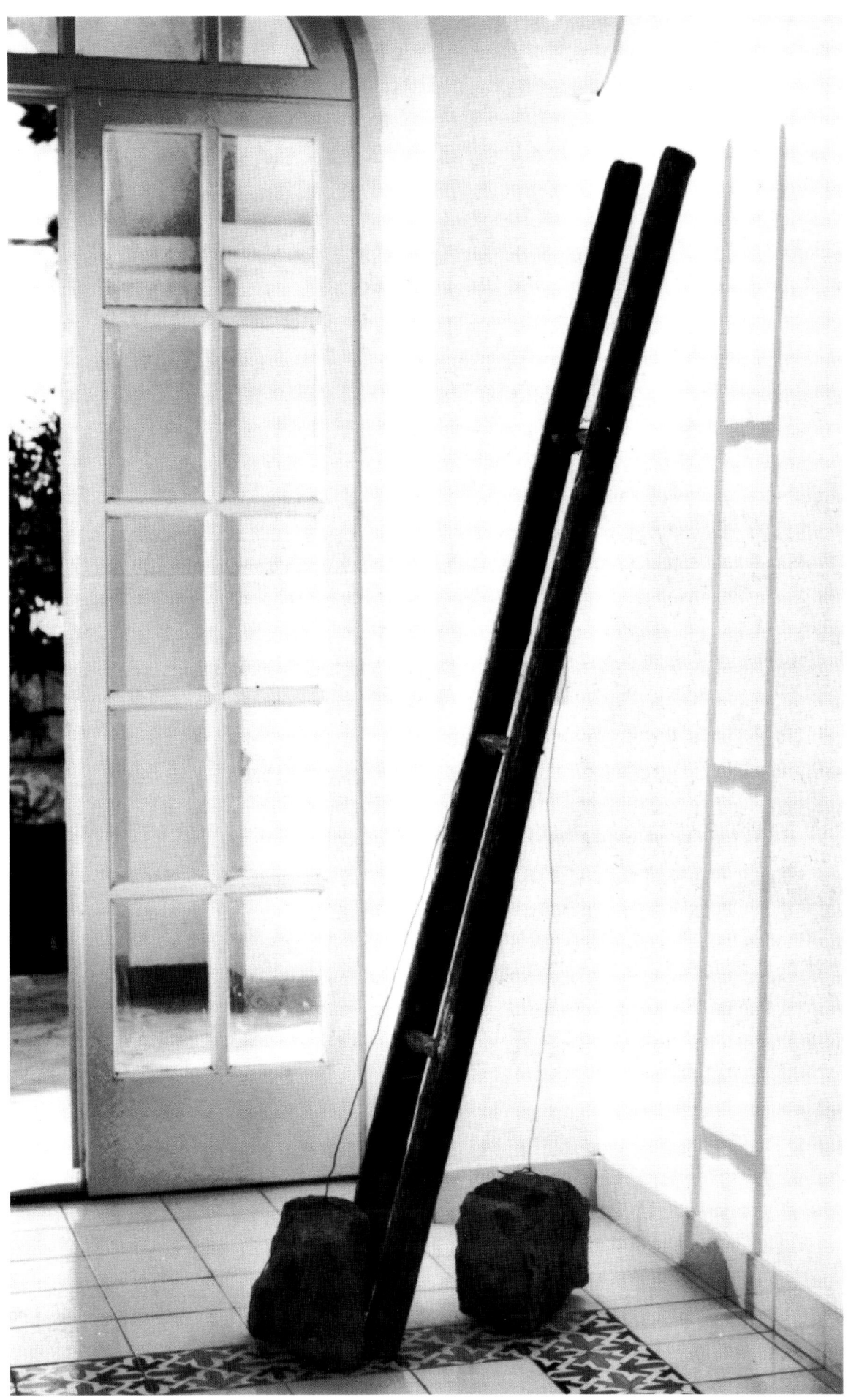

248 Scala libera 1985
Ernteleiter, Steine, 190 x 37 x 52 cm, Kat. 515

249 Palazzo Regale
(Detail)

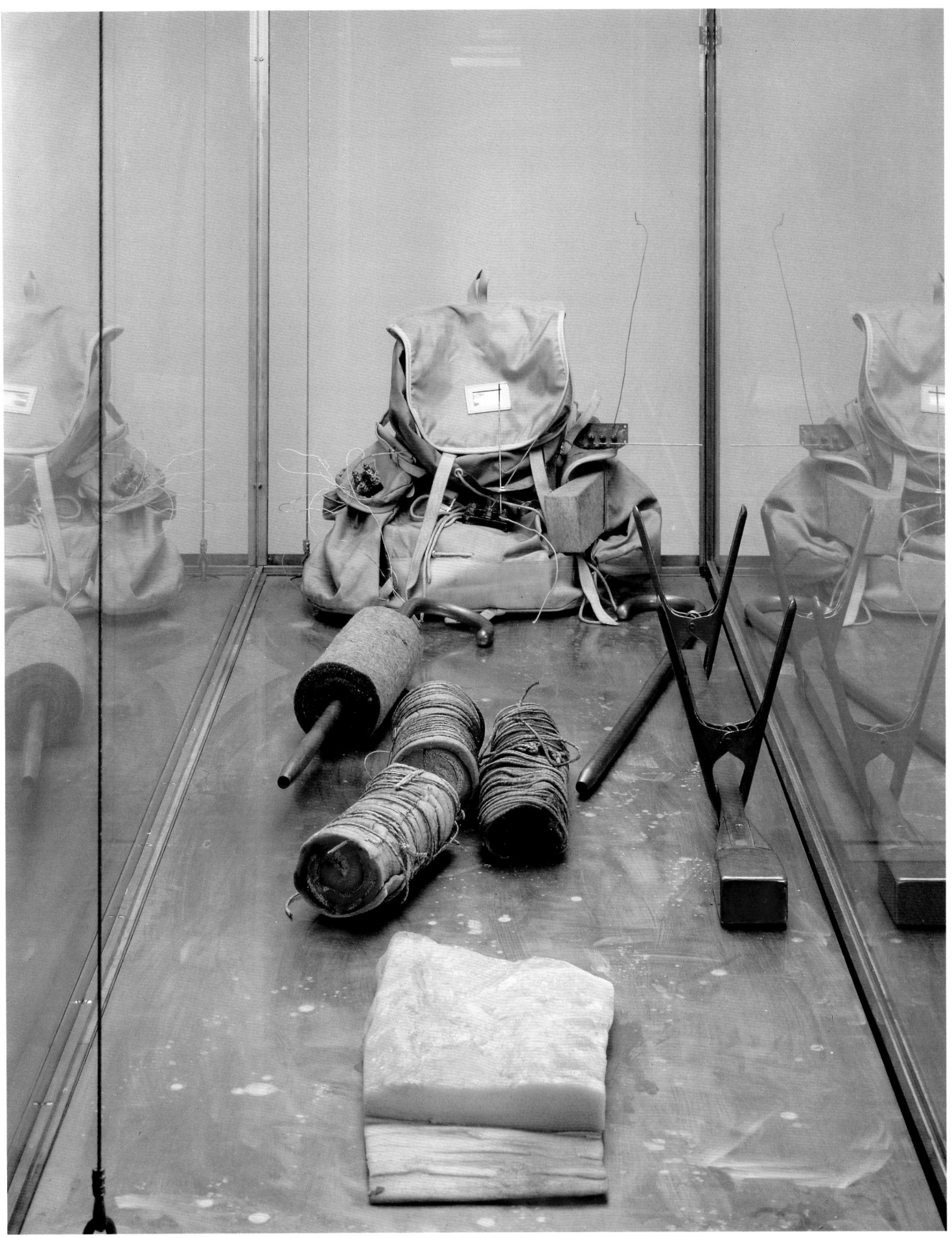

250 Palazzo Regale
(Detail)

251 Palazzo Regale
(Detail)

252 Palazzo Regale
(Detail)

253 Palazzo Regale 1985
Installation, zwei Vitrinen, sieben Messingtafeln, 598 x 1400 cm, Kat. 517

Katalog

Die Angaben zu diesem Katalog basieren teils auf Mitteilungen der Leihgeber, teils auf Überprüfungen anhand der Originale. Bei allen Maßangaben, wenn nicht anders vermerkt, steht die Höhe vor der Breite und der Tiefe.
Schwierigkeiten bereitete in manchen Fällen die Ermittlung eines authentischen, von Beuys stammenden Titels. Hier war es oft nur möglich, die überlieferten Bezeichnungen zu übernehmen. Gleiches gilt für die zeitliche Einordnung mancher Werke. Ein Schrägstrich zwischen zwei Jahreszahlen bezeichnet den ungefähren Zeitraum der Entstehung bzw. die Spanne zwischen Entwurf und Ausführung, was bei etlichen Bronzen von Beuys relevant ist. Bei den Vitrinen bezieht sich das erste Datum auf das früheste Objekt im Innern, das zweite auf die Fertigstellung der gesamten Arbeit.
Auf den Nachweis früherer Ausstellungen wurde ebenso verzichtet wie auf die Erwähnung der Exponate in der vorliegenden, inzwischen kaum noch zu überschauenden Beuys-Literatur.

1 Geranium chinesische Birke 1941

Collage; Wasserfarbe, Birkenrinde, vergilbtes Werkdruckpapier
30,4 x 21,4 cm
verso u. r. bez. [Joseph Beuys 1941 Geranium chines. Birke]
Sammlung Heiner und Céline Bastian

2 Baum in einem kroatischen Sumpf LUČKO 1944

Ölfarbe, Feldpostbrief von Joseph Beuys beidseitig mit Tinte beschrieben auf Karton geklebt
17 x 24 cm
Sammlung Ulbricht, Düsseldorf

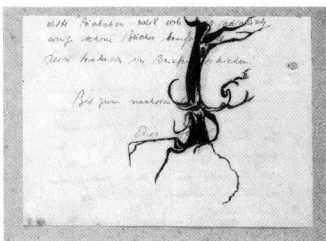

3 Ohne Titel (Landschaft in Italien) 1945

Feder, Wasserfarbe
13,1 x 29,6 cm
recto u. r. monogrammiert u. datiert [JB 45]
Privatbesitz
(Taf. 1)

4 Ohne Titel (Phoenix) 1946

Bleistift auf Papier auf Untersatzkarton auf Auflagekarton
18,5 x 9,2 cm
recto u. r. signiert u. datiert [Beuys 46]
Privatsammlung (Taf. 12)

5 Ohne Titel (Königspaar?) 1946

Bleistift auf Papier auf Untersatzkarton auf braunem Auflagekarton
21 x 14,9 cm
recto u. r. monogrammiert u. datiert [JB 46], verso 3 Figurenstudien
Privatsammlung

6 Ohne Titel (Madonnenstudien) 1947

Bleistift auf stark vergilbtem Papier auf Untersatzkarton auf Auflagekarton, zusammen montiert mit Kat.-Nr. 28, "Ohne Titel Tierstudie (Hirsch)", 1949
10,1 x 16,3 cm
recto o. r. monogrammiert u. datiert [JB 47]
Privatsammlung

7 Pflanze 1947

Bleistift
12 x 9 cm
Privatsammlung
(Taf. 22)

8 Pflanze 1947

Bleistift, 19,7 x 24 cm
Privatsammlung

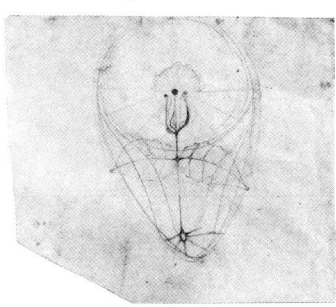

9 Blume und Sonne 1947

Bleistift, Wasserfarbe, 18,7 x 13,2 cm
Museum Schloß Moyland
Sammlung van der Grinten (Taf. 23)

10 DAS BILD 1947

Collage; Bleistift, getrocknetes Blatt, silberbeschichtetes Parpier, Karton
30,2 x 21,2 cm
verso u. M. bez. [DAS BILD Joseph Beuys 1947]
Sammlung Heiner und Céline Bastian

11 die verblaßten Farben 1947

Collage; Getrocknete Blüten, Japanpapier
30,9 x 21,8 cm
verso u.M. bez. [1947 Joseph Beuys die verblaßten Farben]
Sammlung Heiner und Céline Bastian

12 Liriodendron tulipifera 1947

Bleistift, Wasserfarbe, bedrucktes weißes Schreibpapier, am oberen Rand vier ausgerissene Heftlöcher
21 x 29,6 cm
verso u. bez. [JB 47 Liriodendron tulipifera]
Sammlung Heiner und Céline Bastian

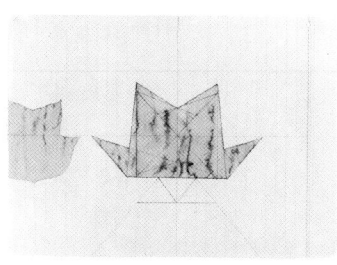

13 Ohne Titel (Schaf) 1947

Bleistift, Wasserfarbe
22,8 x 28,6 cm
recto u. r. monogrammiert u. datiert [JB 47], verso Widmung von Beuys zu Weihnachten 1950
Privatbesitz
(Taf. 13)

14 Schaf 1949

Bronze
6 x 12 x 2 cm
Privatbesitz
(Taf. 14)

15 Tier und Sonne 1947/48

Bleistift
9,7 x 17,3 cm
recto o. r. signiert [Beuys]
Monika Schmela, Düsseldorf
(Taf. 17)

16 Zwei plastische Formen für Bronze mit bildhafter Umgebung 1948

Bleistift, Wasserfarbe
11,3 x 16,9 cm
Museum Schloß Moyland
Sammlung van der Grinten

17 Röhrenherzen 1948

Bleistift, Wasserfarbe
30 x 25,3 cm
Museum Schloß Moyland
Sammlung van der Grinten
(Taf. 10)

18 Emblem (Doppeladler) 1948

Bleistift, Wasserfarbe
25,2 x 32,8 cm
Museum Schloß Moyland
Sammlung van der Grinten

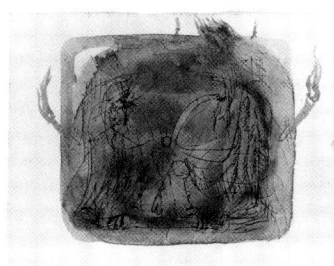

19 Niobe 1948

Collage; Wasserfarbe, geklebtes Papier
31 x 20 cm
Sammlung Ulbricht, Düsseldorf

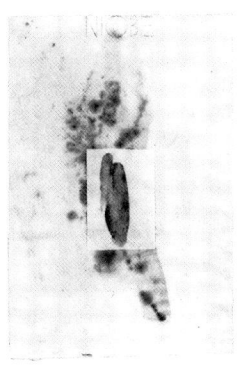

20 Körperstudien 1948

Bleistift
32,3 x 24,8 cm
recto u. M. signiert u. datiert [Beuys 48]
Josef W. Froehlich, Stuttgart

21 Mädchen 1948

Bleistift
30,7 x 21,9 / 22,6 cm
Ludwig Rinn
(Taf. 36)

22 Drei Frauen 1948

Bleistift, Wasserfarbe auf Karton
35,5 x 27 cm
Privatsammlung
(Taf. 32)

23 Pietá 1948

Bleistift
25 x 18,5 cm
Privatsammlung
(Taf. 54)

24 Ohne Titel (Mädchen im Profil) o. J.

Bleistift auf Papier auf Untersatzkarton,
zusammen montiert mit Kat.-Nr. 45,
''Ohne Titel'', 1949
21,5 x 16,6 cm
recto u. l. monogrammiert
Privatsammlung

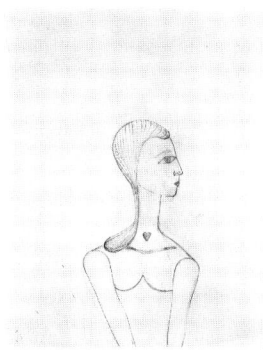

25 Ohne Titel (Mädchen mit erhobenem rechten Arm) o. J.

Bleistift auf Papier auf grauem
Untersatzkarton
16,3 x 17,2 cm
recto u. l. monogrammiert
Privatsammlung

26 Mit gerade herausragendem Hirschkopf 1948

Deckweiß und Bleistift auf
transparentem Millimeterpapier,
Klebestreifen
21 x 29,5 cm
Privatsammlung

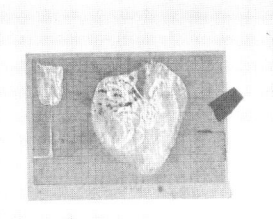

27 Ohne Titel (Drei Ziegen) 1948

Bleistift auf Papier auf Untersatzkarton
23,2 x 28,4 cm
recto u. l. signiert u. datiert [Beuys 48]
Privatsammlung
(Taf. 18)

28 Ohne Titel Tierstudie (Hirsch) 1949

Bleistift auf vergilbtem Papier auf
Untersatzkarton auf Auflagekarton,
zusammen montiert mit Kat.-Nr. 6,
''Ohne Titel (Madonnenstudien)'', 1947
10 x 13,8 cm
recto r. a. R. monogrammiert u. datiert
[JB 49]
Privatsammlung

29 Ohne Titel (Zwei junge Tiere) 1949

Bleistift
21 x 30 cm
Josef W. Froehlich, Stuttgart
(Taf. 16)

30 Ohne Titel (Tierstudie) 1949

Bleistift auf Papier, unregelmäßig
beschnitten, auf Untersatzkarton
17,2 x 13 cm
recto o. r. signiert u. datiert [Beuys 49]
Privatsammlung
(Taf. 15)

31 Schafskelett 1949

Gouache, Bleistift
10 x 17,5 cm
Privatsammlung
(Taf. 19)

32 3 Pferdestudien 1949

Bleistift auf Papier auf Untersatzkarton
auf Auflagekarton
9,2 x 18,5 cm
recto o. l. monogrammiert und datiert
[JB 49]
Privatsammlung

Blaue Tinte und Bleistift auf stark
vergilbtem Papier, auf Untersatzkarton
auf Auflagekarton
9,2 x 18,5 cm
recto o. l. monogrammiert und datiert
[JB 49]
Privatsammlung

Bleistift auf stark vergilbtem Papier, auf
Untersatzkarton auf Auflagekarton
9,2 x 18,5 cm
recto o. l. monogrammiert und datiert
[JB 49], verso bez. [Pferdestudie]
Privatsammlung

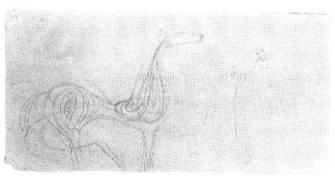

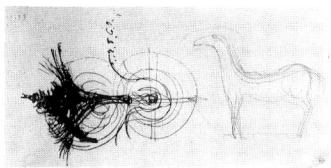

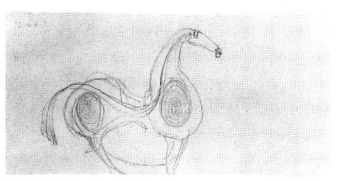

33 Tierfrau 1949/84

Bronze, Guß 1984, 7 [+1] Güsse,
Ex. 1/7
46 x 10 x 12 cm
Privatsammlung
(Taf. 28)

34 Ohne Titel (Amphoren) 1949

Bleistift, Wasserfarbe auf gerissenem
leichten Karton
17 x 12,5 cm
Privatsammlung
(Taf. 21)

35 Corsett 1949

Bronze
3 x 15 x 3,5 cm
Sammlung Ulbricht, Düsseldorf
(Taf. 25)

36 Ohne Titel (weibliche Figur) 1949

Bleistift auf Papier auf Untersatzkarton
auf Auflagekarton auf Untersatzkarton,
zusammen montiert mit Kat.-Nr. 37,
''Ohne Titel (Figurenstudie, Paar)'', 1949
17,7 x 10 cm
recto u. r. monogrammiert u. datiert
[JB 49]
Privatsammlung
(Taf. 30)

37 Ohne Titel (Figurenstudie, Paar) 1949

Bleistift auf Papier auf Untersatzkarton
auf Auflagekarton auf Untersatzkarton,
zusammen montiert mit Kat.-Nr. 36,
''Ohne Titel (weibliche Figur)'', 1949
17,7 x 10 cm
recto u. r. monogrammiert u. datiert
[JB 49]
Privatsammlung
(Taf. 29)

38 Bandagen 1949

Bleistift, Tinktur
12 x 16,8 cm
Privatsammlung
(Taf. 33)

39 Sonnenkreuz 1947/48

Bronze
39 x 19 x 2,5 cm
Privatbesitz
(Taf. 53)

40 Sonnenkreuz 1947/48

Messing-Eisen-Legierung, weiße Ölfarbe,
übermalt
36,2 x 21 cm
verso signiert [Beuys]
rechteckige Aussparung in der Farbe mit
Druckbuchstaben weiß bez. [MODELL
VERSUCH I]
Nachlaß Joseph Beuys

41 Zwei Mädchen betrachten Vulkan
und Geysir 1949

Bleistift, Wasserfarbe
27,5 x 31 cm
Privatsammlung
(Taf. 3)

42 Fabrik auf dem Berg 1949

Bleistift, Wasserfarbe
25 x 32,5 cm
Privatsammlung
(Taf. 2)

43 Die See 1949

Bleistift auf gelblichem Zeichenkarton
18,8 / 17,9 x 35,2 cm
Ludwig Rinn

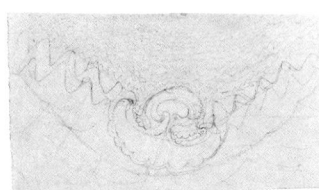

44 Ohne Titel 1951

Bleistift auf Papier auf Untersatzkarton,
zusammen montiert mit Kat.-Nr. 49,
"Ohne Titel", 1951
8 x 10,9 cm
recto l. M. monogrammiert, verso bez.
Privatsammlung

45 Ohne Titel 1949

Bleistift auf Papier auf Untersatzkarton,
zusammen montiert mit Kat.-Nr. 24,
"Ohne Titel (Mädchen im Profil)", o. J.
10,4 x 14,2 cm
recto o.l. monogrammiert u. datiert
[JB 49]
Privatsammlung

46 Baltrum 1949

Bleistift auf Karton
17,6 x 26,4 cm
Privatsammlung Düsseldorf

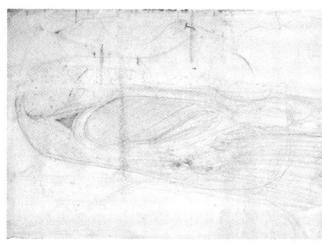

47 Ohne Titel 1949

Bleistift auf Papier auf Untersatzkarton
21 x 27,8 cm
recto o. r. monogrammiert u. datiert
[JB 1949]
Privatsammlung

48 Ohne Titel o. J.

Bleistift, Wasserfarbe und Beize auf
Untersatzkarton
19,6 x 29 cm
recto u. r. monogrammiert
Privatsammlung
(Taf. 24)

49 Ohne Titel 1951

Bleistift auf Papier auf Pergament auf
Untersatzkarton, zusammen montiert mit
Kat.-Nr. 44, "Ohne Titel", 1951
10,8 x 16 cm
recto o. r. datiert [1951], verso bez.
Privatsammlung

50 Ohne Titel (ornamentale
Studie) o. J.

Bleistift auf Papier, obere Kante
unregelmäßig, auf Untersatzkarton
23,7 x 21 cm
Privatsammlung

51 Planeten, Steine,
Wasserfall 1951/52

Bleistift auf festem Zeichenpapier
37,4 x 24,3/25 cm
Ludwig Rinn
(Taf. 4)

52 Torso 1949/51

Gips, Eisen, Gaze, Holz, Blei und Ölfarbe
auf Bildhauer-Modellierfuß
Modellierfuß: 126 x 87 x 86 cm
104,4 x 48 x 67 cm
Nachlaß Joseph Beuys
(Taf. 31)

53 Haifisch, Seespinne und
Muränen 1950

Farbkreide, Wasserfarbe
20,9 x 26,5 cm
Museum Schloß Moyland
Sammlung van der Grinten

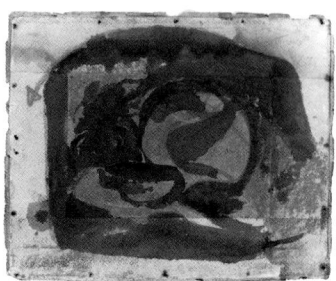

54 großer Gletscher 1950

Holzschnitt, Wachsspuren auf Papier
50 x 65 cm
Privatsammlung
(Taf. 7)

55 Badewanne für eine
Heldin 1950/61/84

2 Bronzen, Blei, Tauchsieder
Ofen (1950): 31 x 7 x 7,5 cm
Wanne (1961): 28 x 13 x 9,5 cm
Guß 1984
7 (+1) Güsse, Ex. 1/7
Privatsammlung
(Taf. 20)

56 Bett 1950/69

Bronze
Guß ca. 1969
Grundplatte: 24,4 x 39,2 cm
6 Güsse, Ex. 1/6
20 x 52 x 24,4 cm
Privatsammlung
(Taf. 27)

57 Frau ihr Kind badend 1950

Graphit auf Trommelfell
58,5 x 29 cm
Privatsammlung
(Taf. 120)

58 Tische 1950

Bleistift, Tinte, Goldbronze, leichtes
chamoisfarbenes Zeichenpapier
13,1 x 19,1 cm
verso u. bez. [J. Beuys Tische 1950]
Sammlung Heiner und Céline Bastian

59 Drei Elephanten 1950

Braune Beize, Pinsel
15,8 x 8 cm
Privatsammlung

60 Eiszeit 1951

Bleistift, 21 x 29,6 cm
verso bez. [Joseph Beuys 1951 Eiszeit]
Private Collection, Courtesy
Anthony d'Offay Gallery, London
(Taf. 239)

61 Eiszeit 1952

Bleistift auf gefaltetem Papier
60 x 80 cm
Sammlung Ulbricht, Düsseldorf
(Taf. 237)

62 Hirschkuh 1952

Bleistift
32 x 39 cm
Privatsammlung
(Taf. 94)

63 Ohne Titel 1951

Bleistift auf Papier auf Untersatzkarton,
zusammen montiert mit Kat.-Nr. 64,
"Ohne Titel", 1952
25,5 x 25 cm
recto u. l. monogrammiert u. datiert
[JB 51]
Privatsammlung

64 Ohne Titel 1952

Bleistift, Tusche auf Untersatzkarton,
zusammen montiert mit Kat.-Nr. 63,
"Ohne Titel", 1951
25,7 x 15,5 cm
recto u. r. monogrammiert u. datiert

[JB 52], verso Skizze in blauer Kreide
Privatsammlung

65 Ohne Titel 1951

Bleistift
18,2 x 24,7 cm
Monika Schmela, Düsseldorf
(Taf. 5)

66 Tod und Leben 1952

Bleistift
20,5 x 28,5 cm
Privatsammlung
(Taf. 8)

67 Ohne Titel 1951

Collage; Bleistift, Wasserfarbe,
Eisenchlorit, Fett, 3 Tesastreifen auf
festem Bütten, unregelmäßig gerissen,
montiert auf gelblichem J. W. Zander-
Bütten, in kupferbeschlagenem
Holzrahmen
30,4 x 32,5 cm
Privatsammlung
(Taf. 124)

68 Ohne Titel (Doppelblatt) 1952

Collage; Bleistift auf Papier
53 x 21 cm
Privatsammlung
(Taf. 9)

69 "Warum??" 1952

Bleistift, Beize auf festem Papier auf
Untersatzblatt (gelbliches Bütten)
25,2 x 37,9 cm
recto u. M. auf dem Untersatzblatt bez.
[Beuÿs 1952 Warum??]
Privatsammlung
(Taf. 57)

70 Abwehrende Frau 1952

Bleistift
32 x 44,6 cm
Privatsammlung

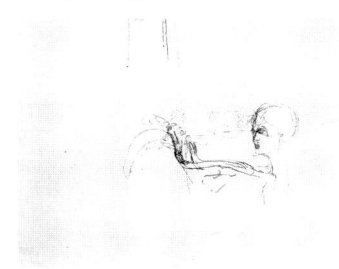

71 Ohne Titel 1952

Gouache, Bleistift, Wasserfarbe
25 x 32 cm
recto u. r. signiert u. datiert [Beuÿs 1952]
Josef W. Froehlich, Stuttgart

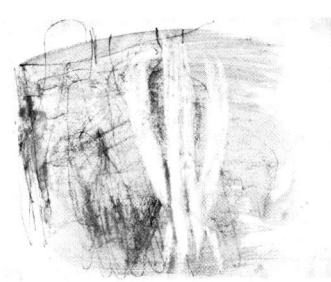

72 Eiserne Schädelplatte 1952

Eisenguß
16,6 x 19,3 x 3,9 cm
Privatbesitz
(Taf. 170)

73 Ohne Titel (Wurfkreuz) 1949/52

Bronze
17,8 x 13 x 0,9 cm
mit Schlagstempel [Beuys]
Monika Schmela, Düsseldorf
(Taf. 55)

**74 Wurfkreuz mit Stoppuhr auf
Pflockkreuz 1952/66**

Bronze
34 x 25 x 3 cm
Privatbesitz
(Taf. 56)

75 Sonnenaufgang (SÅFG) 1953/68

Bronze
Einzelguß (1968) des rechten Teils von
"SåFG, SåUG (Sonnenaufgang –
Sonnenuntergang)", 1953/58; der
Einzelguß erfolgte im selben Jahr (1968)
wie ein zweiter Guß der gesamten Arbeit
88,5 x 28,5 x 9 cm
Privatsammlung
(Taf. 107)

**76 Ohne Titel (liegender Frauenakt
über Kugel) 1952**

Bleistift, Eisenhydroxyd auf Papier auf
Untersatzkarton
13 x 21,5 cm
recto u. r. signiert u. datiert [Beuÿs 52]
Privatbesitz
(Taf. 26)

77 Mädchen am Bett 1953

Bleistift
50,3 x 37,6 cm

verso. u. M. bez. [Joseph Beuys
Mädchen am Bett 1953]
Udo und Anette Brandhorst

78 Amazone 1953

Gouache, Bleistift auf Papier auf
Untersatzkarton
16 x 13 cm
Josef W. Froehlich, Stuttgart

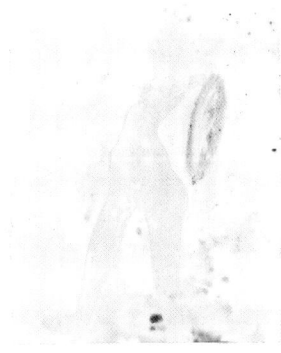

79 Ohne Titel (Geburt) 1953

Bleistift, Ölfarbe (Braunkreuz) aus:
Edition ". . . mit Braunkreuz", 1966
21 x 29,5 cm
Privatsammlung
(Taf. 58)

**80 Hase und verschiedene
Skizzen 1953**

Bleistift, Eisenhydroxyd
30 x 41,5 cm
Josef W. Froehlich, Stuttgart

81 Savelandschaft 1953

Tinte, Wasserfarbe
16,5 x 33 cm
Museum Schloß Moyland
Sammlung van der Grinten
(Taf. 11)

82 Zwei männliche Skelette (Doppelblatt) 1954

Bleistift, gelbliches Schreibpapier (2 Heftseiten), in der Mittelnaht regelmäßig gerissen und nebeneinandergeklebt
16,4 x 29,2 cm
mit Bleistift verso auf dem linken Blatt bez. [Beuys 1954 Doppelblatt: 2 männliche Skelette], darüber skizzenhafte Zeichnung; auf dem rechten Blatt bez. [Beuys 1954: 2 männliche Skelette Doppelblatt], darüber skizzenhafte Zeichnung
Museum Schloß Moyland
Sammlung van der Grinten

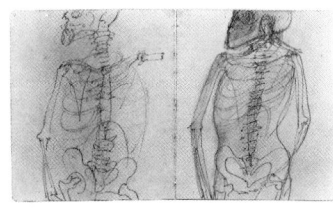

83 Sibylla – Pythonissa 1954

Sepia mit Feder aufgetragen und Fett
62 x 48 cm
Privatsammlung Düsseldorf
(Taf. 35)

84 Waschbrett 1954

Wasserfarbe
36,8 x 18,1 cm
Museum Schloß Moyland
Sammlung van der Grinten

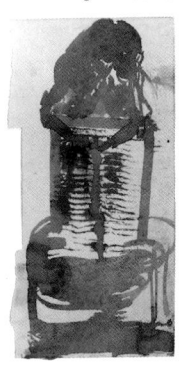

85 Weisse Frau im Gras (fairy) 1954

Bleistift, Wasserfarbe auf Pappe
19,4 x 12,3 cm
verso bez. [Joseph Beuys 1954 Weisse Frau im Gras (fairy)]
Private Collection, Courtesy
Anthony d'Offay Gallery, London
(Taf. 34)

86 Hockender weiblicher Akt 1954

Wasserfarbe auf Papier (unten links waagerechter Einschnitt) auf Untersatzkarton mit teils loser Falzlinie, rückseitig Druck eines Bauplanes
21,3 x 29,4 cm
verso u. l. signiert u. datiert [Beuys 1954] recto auf Untersatzkarton u. M. signiert u. datiert [Beuys 1954]
Nachlaß Joseph Beuys

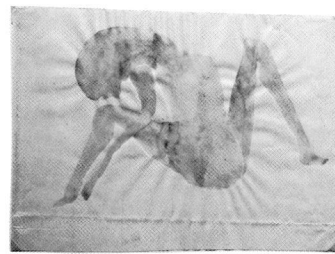

87 Kristallmessung 1954

Wasserfarbe, 27,5 x 30,5 cm
verso bez. [Joseph Beuys 1954 Kristallmessung]
Private Collection, Courtesy
Anthony d'Offay Gallery, London
(Taf. 47)

88 Zwei Plastiken 1954

Eisenhydroxyd, 2 Blätter auf Untersatz
15 x 21 cm
Josef W. Froehlich, Stuttgart

89 Braun-Kreuz 1954

Ölfarbe, 21 x 15 cm
Josef W. Froehlich, Stuttgart

90 2 rote Fische 1954

Wasserfarbe auf Papier, an der rechten Seite unregelmäßig gerissen
40 x 46,8 cm
verso bez. [Joseph Beuys 1954 2 rote Fische]. Private Collection, Courtesy Anthony d'Offay Gallery, London

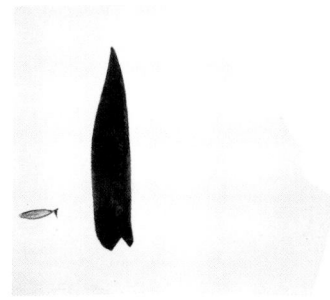

91 Im Haus des Schamanen 1954

Gouache; Wasserfarbe, Bleistift
21,9 x 26,4 cm
Josef W. Froehlich, Stuttgart

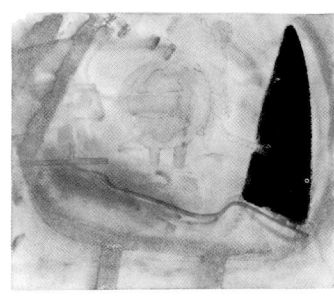

92 Skulpturen 1954

Bleistift, Wasserfarbe auf Pergamentpapier, 2 Blätter, je 24,6 x 34,7 cm
Private Collection, Courtesy
Anthony d'Offay Gallery, London

93 Kind küsst den Berggeist 1954/55

Bleistift, vergilbtes Werkdruckpapier
24,8 x 31,1 cm
verso u. M. bez. [Joseph Beuys Kind küßt den Berggeist 1954/55]
Sammlung Heiner und Céline Bastian

94 Ohne Titel 1955

Bleistift, Wasserfarbe
10,5 x 26 cm
Privatsammlung

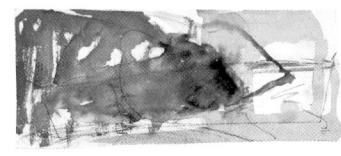

95 Hirsch und Mond 1954

Bleistift
21 x 29,5 cm
Privatsammlung
(Taf. 95)

96 Hirsch 1955

Bleistift
21,9 x 29,6 cm
Privatsammlung
(Taf. 96)

97 Toter Hirsch auf Urschlitten 1955

Bleistift
44 x 50 cm
verso signiert u. bez.
Josef W. Froehlich, Stuttgart
(Taf. 97)

98 Regenbogen 1955

Bleistift auf glattem Maschinenpapier
29,6 x 21 cm
recto u. r. signiert u. datiert [Beuÿs 55]
Ludwig Rinn

99 Ohne Titel o. J.

Bleistift
48,5 x 64,5 cm
Karsten Greve, Köln / Paris
(Taf. 38)

100 Der Schatten 1955

Bleistift
21 x 29,5 cm
Privatsammlung

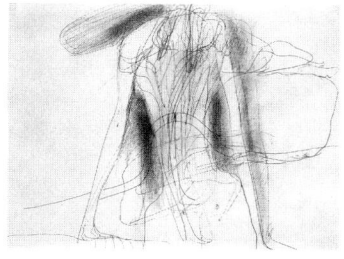

101 Zu: Gletscher 1955

Bleistift auf Papier auf gemeinsamem Untersatzkarton
2 Blätter, je 21,2 x 29,8 cm

bez. [Joseph Beuys 1955, Zu: Gletscher]
Museum Schloß Moyland
Sammlung van der Grinten

102 Doppelblatt im Gebirge 1955

Bleistift auf Papier auf gemeinsamem
Untersatzkarton
2 Blätter, je 21 x 29,8 cm
auf Untersatz bez. [Doppelblatt im
Gebirge, Joseph Beuys 1955]
Museum Schloß Moyland
Sammlung van der Grinten

103 Ohne Titel
(Mädchengesicht) 1955

Bleistift, Wasserfarbe
20,8 x 14,8 cm
Privatsammlung

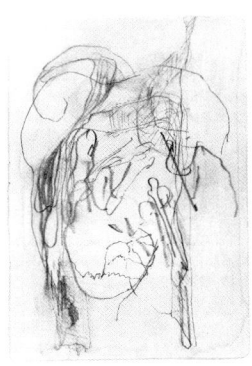

104 Ohne Titel (Kopfstudien) 1955

Bleistift auf Papier auf gemeinsamem
Untersatzkarton
2 Blätter, je 6 x 8,5 cm
obere Zeichnung: u.l. signiert [Beuys]
untere Zeichnung: u.l. signiert u. datiert
[Beuys, 1955]
Privatsammlung
(Taf. 52)

105 Mädchen mit Seehund im Gespräch 1955

Bleistift, Wasserfarbe
21 x 28,2 cm
Privatsammlung Düsseldorf

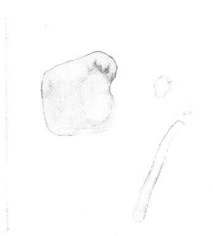

106 Passage der Zukunftplanetoiden 1955

Wasserfarbe auf Pappe, 29,6 x 40,3 cm
verso bez. [Joseph Beuys 1955 Passage
der Zukunftplanetoiden]
Private Collection, Courtesy
Anthony d'Offay Gallery, London

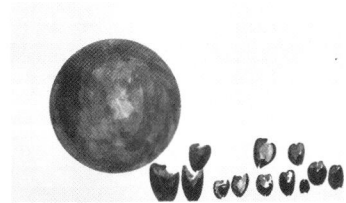

107 Flamme in der Ecke 1955

Ölfarbe auf Packpapier
50 x 75 cm
Privatsammlung
(Taf. 199)

108 Ohne Titel 1955

Collage; Blatt (Persimone), Kalk, fester
hellgrauer, an den Rändern leicht
verblichener Karton
30,4 x 24,4 cm
verso u.M. bez. [Joseph Beuys 1955
o. T.]
Sammlung Heiner und Céline Bastian

109 Prunus Laurocerasus 1955

Collage; getrocknetes Lorbeerblatt,
Ölfarbe, Wachspapier, montiert auf
schwarzem Karton
45,1 x 34,3 cm

verso u.M. bez. [Joseph Beuys Prunus
Laurocerasus]
Sammlung Heiner und Céline Bastian

110 Plastiken für Meer 1956

Bleistift auf Papier auf gemeinsamem
Untersatzkarton
2 Blätter, je 21 x 29,6 cm
recto u.M. auf dem Untersatzkarton bez.
[Beuys 56: Plastiken für Meer]
Privatsammlung (Taf. 40)

111 Entwurf für Plastik 1956

Bleistift
14 x 21 cm
recto u.l. signiert u. datiert [Beuys 56]
Sammlung Ulbricht, Düsseldorf
(Taf. 106)

112 Ohne Titel (alte Frau) 1956

Bleistift, Ölfarbe (Braunkreuz), aus:
Edition ''... mit Braunkreuz'', 1966
22 x 33 cm
verso skizzierter Frauenakt
Privatsammlung

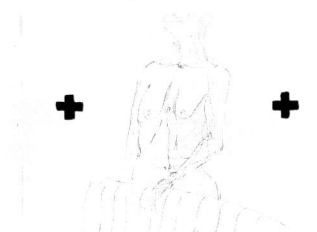

113 Ohne Titel (Frau) 1956

Bleistift
18 x 25,9 cm
Privatsammlung

114 Aktrice 1956

Kreide, Wasserfarbe auf Papier, oben
unregelmäßig gerissen
25,2 x 20 cm
Private Collection, Courtesy Anthony
d'Offay Gallery, London (Taf. 43)

115 Frau 1956

Bleistift, Wasserfarbe auf glattem
Maschinenpapier
29,5 x 21 cm
Privatsammlung (Taf. 44)

116 Zwei Figuren 1956

Eisenhydroxyd
50 x 23,5 cm
Josef W. Froehlich, Stuttgart
(Taf. 64)

117 Die Keltin 1956

Bleistift, 29,5 x 11 cm
Josef W. Froehlich, Stuttgart

118 Ohne Titel (weibliche Aktfigur) um 1956

Bleistift auf Papier mit perforierter
Oberkante
32,8 x 21,6 cm
Nachlaß Joseph Beuys

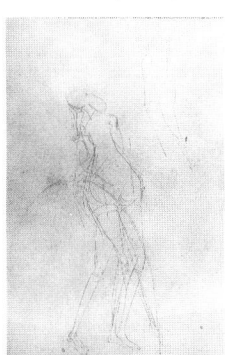

119 Vier Frauen 1956

Bleistift auf Papier auf Untersatzpapier
46 x 32 cm
recto u.M. bez. [Beuÿs 1956 4 Frauen]
Josef W. Froehlich, Stuttgart

120 Liegender weiblicher Akt (Marionette) 1956

Bleistift
17 x 27 cm
Privatsammlung
(Taf. 70)

121 Auf dem Bett 1956

Bleistift auf Papier auf Untersatzpapier
23,5 x 30 cm
Josef W. Froehlich, Stuttgart

122 Zweimal Portrait 1956

Bleistift, ein vergilbter und ein weißer Briefumschlag, nebeneinandergeklebt
16,2 x 23,2 cm
verso auf dem weißen Umschlag bez. [Beuys 2 x Portrait], recto auf dem vergilbten Umschlag bez. [Beuys 2 x Portrait]
Museum Schloß Moyland
Sammlung van der Grinten

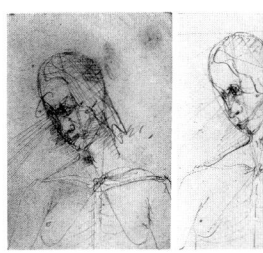

123 Wärmeplastik im Gebirge 1956

Bleistift auf glattem Maschinenpapier, 2 Blätter, je 21 x 29,6 cm
Ludwig Rinn
(Taf. 49)

124 Leuchtturm 1956

Bleistift auf Papier auf Untersatzkarton 2 Blätter, je 21 x 29,8 cm
recto auf Untersatz bez. [Doppelblatt Joseph Beuys Leuchtturm 1956]
Museum Schloß Moyland
Sammlung van der Grinten
(Taf. 50)

125 Doppelblatt: Zwei Schalltrichter 1956

Bleistift auf Papier auf Untersatzkarton 2 Blätter, je 21 x 29,8 cm
verso auf dem Untersatz Pappstreifen bez. [Beuys 1956 Doppelblatt 2 Schalltrichter]
Museum Schloß Moyland
Sammlung van der Grinten

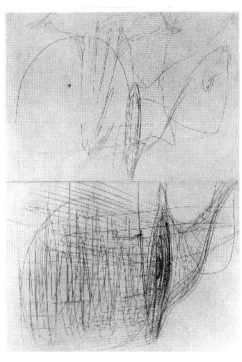

126 Ohne Titel ca. 1956

Bleistift auf Papier auf Untersatzkarton 2 Blätter, je 21 x 29,8 cm
Museum Schloß Moyland
Sammlung van der Grinten

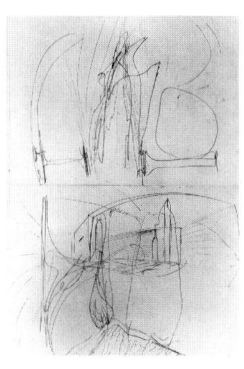

127 Kristallklarer Bergbach 1956/57

Collage; Bleistift, 3 Blätter
29,5 x 29,5 cm
recto o. l. auf dem großen Blatt monogrammiert [B]
Josef W. Froehlich, Stuttgart

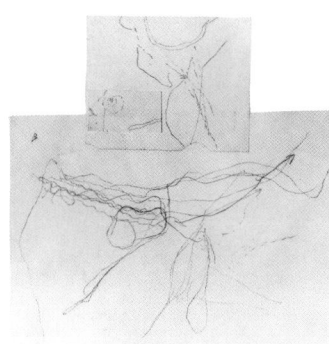

128 Aus dem Leben der Bienen 1956

Eisenhydroxyd auf Papier, an der linken Seite unregelmäßig gerissen
48 x 64,5 cm
Josef W. Froehlich, Stuttgart

129 Entladung 1956

Eisenhydroxyd, Silberchlorid, Cuprum metallicum, Ölkreide
43 x 42 cm
Josef W. Froehlich, Stuttgart
(Taf. 160)

130 Ohne Titel 1956

Gouache, Gold- und Silberbronze
32,5 x 49,5 cm
Privatsammlung

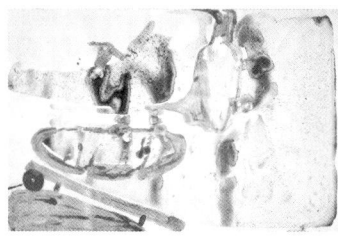

131 Brücke der Verständigung 1956

Bronze
Entwurf für eine Plakette für das 10jährige Jubiläum der Städtepartnerschaft Duisburg-Portsmouth
Ø 14,8 cm
Privatbesitz
(Taf. 6)

132 Accu 1957

Tinktur und Bleistift auf liniertem Papier
20,5 x 14,6 cm
Privatsammlung

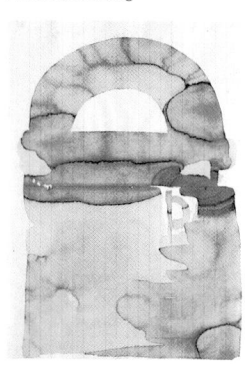

133 Lumen I 1957

Bleistift, blaue Tinte, braune Farbe
20,8 x 28,5 cm
verso weitere Zeichnung
Privatsammlung
(Taf. 112)

134 Hirschdenkmäler um 1956

Bleistift auf Papier auf Untersatzkarton 2 Blätter, je 21 x 29,8 cm
recto auf Untersatz bez. [Doppelblatt Joseph Beuys Hirschdenkmäler 1956]
Museum Schloß Moyland
Sammlung van der Grinten
(Taf. 92)

135 Roter Hirsch 1956

Wasserfarbe
33 x 45 cm
Privatsammlung
(Taf. 93)

136 Zersplitterter Eisberg, Elch und Faunesse 1957

Collage; Bleistift, Wasserfarbe auf Papier auf Packpapier, oben unregelmäßig gerissen
43,9 x 50 cm
Museum Schloß Moyland
Sammlung van der Grinten

137 Elche mit Sonne 1957

Bleistift
34 x 66 cm
Josef W. Froehlich, Stuttgart
(Taf. 98)

138 Kämpfende Elche 1957

Wasserfarbe
37,5 x 49,8 cm
Museum Schloß Moyland
Sammlung van der Grinten

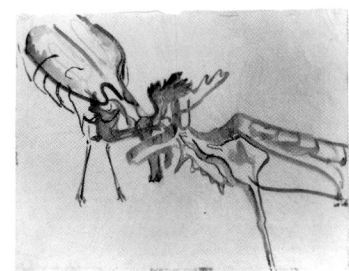

139 Ohne Titel 1957

Wasserfarbe
27,6 x 38,8 cm
Museum Schloß Moyland
Sammlung van der Grinten

140 Ohne Titel 1957

Wasserfarbe
11,5 x 20,5 cm
Museum Schloß Moyland
Sammlung van der Grinten

141 Monument im Gebirge 1957

Wasserfarbe
12,1 x 20,5 cm
Museum Schloß Moyland
Sammlung van der Grinten

142 Zwei Boote 1957

Wasserfarbe
11,1 x 20,5 cm
Museum Schloß Moyland
Sammlung van der Grinten

143 Yellowstone 1957

Wasserfarbe
36,5 x 54,9 cm
Museum Schloß Moyland
Sammlung van der Grinten
(Taf. 48)

144 Aggregat am Wasser 1957

Wasserfarbe
23,6 x 32,6 cm
Museum Schloß Moyland
Sammlung van der Grinten
(Taf. 111)

145 Australo-kretischer Altar 1957

Wasserfarbe
30,8 x 41,1 cm
recto u. r. bez. [Australo-kretischer Altar]
Museum Schloß Moyland
Sammlung van der Grinten

146 Condensator 1957

Bleistift, Beize
34,5 x 24,5 cm
Museum Schloß Moyland
Sammlung van der Grinten
(Taf. 113)

147 Aus Kristallmessung: Wachsender Turmalin 1957

Wasserfarbe auf Papier, unregelmäßig
gerissen
41,5 x 31 cm
Museum Schloß Moyland
Sammlung van der Grinten
(Taf. 157)

148 Schilder in Neufundland 1957

Bleistift auf Schreibpapier auf
gemeinsamem Untersatzkarton, verso
Bleistiftzeichnungen
2 Blätter, je 21 x 29,8 cm
verso auf dem Untersatzkarton bez.
[Beuys 1957 Schilder in Neufundland]
Museum Schloß Moyland
Sammlung van der Grinten

149 Brunnen im Wald, Ofen im Wald 1957

Bleistift auf Schreibpapier auf
gemeinsamem Untersatzkarton
2 Blätter, je 29,8 x 21 cm
verso u. auf dem Untersatzkarton bez.
[Beuys 1957 Brunnen im Wald, Ofen im
Wald]
rechtes Blatt verso bez. [der Backofen]
Museum Schloß Moyland
Sammlung van der Grinten

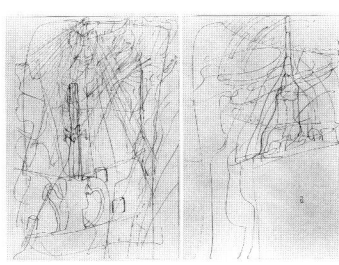

150 Ohne Titel (Tierstudie) ca. 1957

Blaue Tinte auf Papier auf
gemeinsamem Untersatzkarton
2 Blätter, je 21 x 29,8 cm
Museum Schloß Moyland
Sammlung van der Grinten

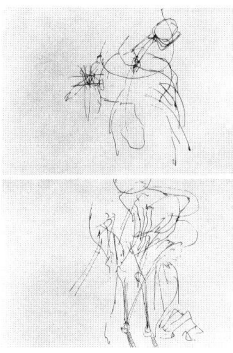

151 Der Tod und das Mädchen 1957

Verdünnte Farbe auf gelblichem
Briefumschlag, rechts oben Stempel
17,6 x 25,2 cm
Ludwig Rinn (Taf. 59)

152 Frau 1957

Bleistift, Ölfarbe auf Schreibpapier, auf
braune Pappe aufgezogen
35 x 27 cm
Museum Schloß Moyland
Sammlung van der Grinten (Taf. 45)

153 Torso, sich entkleidend 1957

Bleistift, Wasserfarbe auf Papier, geklebt
32,5 x 22,8 cm
Museum Schloß Moyland
Sammlung van der Grinten
(Taf. 63)

154 Handfußmädchen 1957

Collage; Bleistift, Wasserfarbe
47,4 x 50,3 cm
Museum Schloß Moyland
Sammlung van der Grinten
(Taf. 60)

155 Mädchen 1957

Bleistift und Heftpflaster, geklebt
29,7 x 21 cm
Museum Schloß Moyland
Sammlung van der Grinten
(Taf. 62)

156 Akt in Gold 1957

Wasserfarbe
40,5 x 13,5 cm
Josef W. Froehlich, Stuttgart

157 Ohne Titel (Aktfiguren) 1957

Bleistift, Wasserfarbe
22,4 x 15 cm
Josef W. Froehlich, Stuttgart
(Taf. 65)

158 Mädchen winkend 1957

Eisenhydroxyd
30 x 21 cm
Josef W. Froehlich, Stuttgart
(Taf. 203)

159 Mutter mit Kind und drei Zeichen der Geburt 1957

Wasserfarbe
34,9 x 50,2 cm
Museum Schloß Moyland
Sammlung van der Grinten
(Taf. 46)

160 Mädchen 1957/58

Bleistift, Ölfarbe auf Zeichenpapier
27 x 18 cm
recto u. M. signiert u. datiert [J. Beuys
57–1958]
Ludwig Rinn
(Taf. 72)

161 Ohne Titel 1957

Goldbronze
21 x 15 cm
Privatsammlung
(Taf. 66)

162 Darstellung mit kritischen (−) Objekten 1957

Bleistift auf glattem Maschinenpapier,
Zahlenaufdruck
20,8 x 26,4/26,9 cm
recto u. l. bez. [Beuys Darstellung mit
kritischen (−) Objekten 1957]
Ludwig Rinn (Taf. 83)

163 Ohne Titel 1957

Bleistift, Goldbronze, Aquarell, collagiert
29,8 x 21 cm
Städtische Galerie im Lenbachhaus,
München

164 Ohne Titel 1954

Bleistift, Wasserfarbe auf gemeinsamem
Untersatzpapier
2 Blätter, je 14 x 21 cm
linkes Blatt recto u. M. signiert u. datiert
[Beuys 1954]
Josef W. Froehlich, Stuttgart

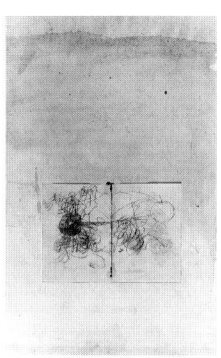

165 Boethia Felix 1957

Bleistift
17,4 x 27 cm
Privatsammlung Düsseldorf
(Taf. 51)

166 Der Schwamm 1957

Bleistift, Wasserfarbe
29,5 x 21 cm
Privatsammlung Düsseldorf

167 Zwei Zitronen 1957

Wasserfarbe auf Chinaweiß
16 x 16 cm
Josef W. Froehlich, Stuttgart

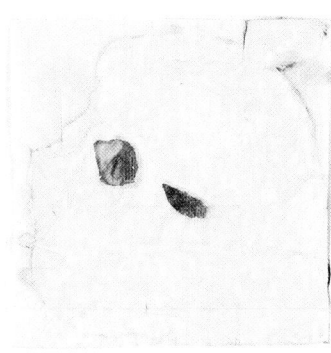

168 Ohne Titel 1957/58

Bleistift, Ölfarbe
21 x 29,5 cm
Privatsammlung Düsseldorf

169 Brutkasten (Solar) 1957/58

Wasserfarbe
22,8 x 31,1 cm
recto u. r. signiert u. datiert [Beuÿs
57/58], recto o. l. signiert [Beuys]
Josef W. Froehlich, Stuttgart

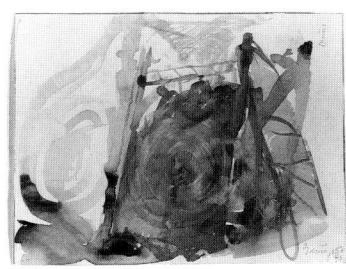

170 Ohne Titel (S – ∃) 1958

Bleistift auf leichtem perforierten Karton
21 x 27,2 cm
Privatsammlung

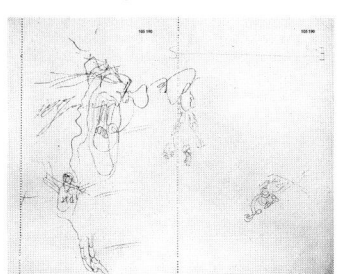

171 Ohne Titel (Doppelzeichnung mit Hammer) 1958

Bleistift auf Untersatz
2 Blätter, je 21,1 x 29,6 cm
unteres Blatt recto u. l. signiert u. datiert
[Beuys 1958]
Privatsammlung

172 Ohne Titel (Salamander I) 1958

Bleistift, Tinktur, Hasenblut auf glattem
Elfenbeinkarton
29,5 x 21 cm
Privatsammlung
(Taf. 67)

173 Ohne Titel (Salamander II) 1958

Bleistift, Tinktur, Hasenblut, Fett auf
glattem Elfenbeinkarton
25,5 x 20,5 cm
Privatsammlung
(Taf. 68)

174 Urschlitten 1958

Bleistift auf leichtem Karton mit
Perforierungslinien
2 Blätter, je 19,5 x 26,3 cm
oberes Blatt recto u. l. bez. [Joseph
Beuys Urschlitten, 1958 Doppelblatt]
unteres Blatt o. M. bez. [Doppelblatt],
recto u. l. bez. [Joseph Beuys Urschlitten
1958]
Privatsammlung

175 Kopf (im Feld) 1958

Bleistift auf Papier auf Untersatzbütten
20,9 x 29 cm
Privatsammlung

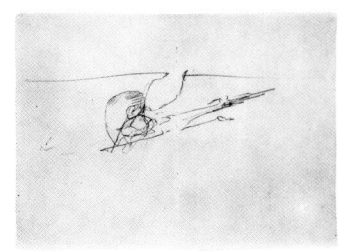

**176 Aus: Intelligenz der
Schwäne 1958**

Bleistift auf Pappe, mit Nägeln montiert
22,6 x 16,8 cm
Museum Schloß Moyland
Sammlung van der Grinten
(Taf. 39)

177 Ohne Titel (Schwan)

Bleistift
21,5 x 27,6 cm
Nachlaß Joseph Beuys
(Taf. 37)

178 Die Gänsemagd 1958

Collage; Bleistift
21 x 29,8 cm
Sammlung Ulbricht, Düsseldorf

179 Schmied II 1958

Bleistift auf Pappe
21 x 29,5 cm
verso bez. [Joseph Beuys 1958
Schmied II]
Private Collection, Courtesy
Anthony d'Offay Gallery, London

180 Sender und Empfänger im Gebirge 1958

Bleistift auf Papier auf Untersatz
15 x 21 cm
Josef W. Froehlich, Stuttgart

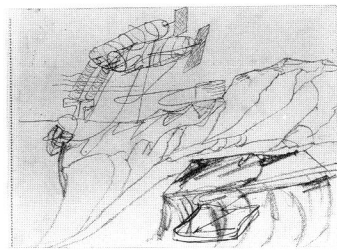

181 Fabrik auf dem Berg 1958

Wasserfarbe
17 x 12,5 cm
Sammlung Ulbricht, Düsseldorf

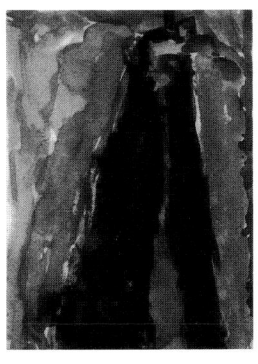

182 Drei Skulpturen 1958

Bleistift, Wasserfarbe
10,2 x 14,2 cm
Privatsammlung (Taf. 108)

183 Für zwei Holzplastiken 1958

Ölfarbe auf Papier auf Untersatzkarton
23 x 32 cm
recto auf dem Untersatzkarton u. M. bez.
[für 2 Holzplastiken Joseph Beuys 1958]
Josef W. Froehlich, Stuttgart

184 Ohne Titel 1958

Ölfarbe auf Büttenpapier auf schwerem
Zeichenkarton, 69,8 x 50 cm
verso auf dem Büttenpapier u. r. signiert
u. datiert [Beuys 1958]
Sammlung Heiner und Céline Bastian
(Taf. 88)

185 Holzjungfrau 1958

Ölfarbe, Druckerfarbe
18 x 24 cm
Privatsammlung Düsseldorf (Taf. 86)

186 Ohne Titel 1958

Ölfarbe, Bleistift auf dünner brauner
Strohpappe, Klebestreifenreste am linken
Rand
35 x 43 cm
recto u. l. signiert [Beuys], verso M. bez.
[Joseph Beuys 1958 o. T.]
Museum Schloß Moyland
Sammlung van der Grinten

187 Zeichen im Gebirge 1958

Ölfarbe auf Zeichenpapier auf grauem
Karton, oberer Rand gefalzt und
unregelmäßig gerissen, Rückseite
bedruckt
23,8 x 30 cm
recto auf dem Zeichenpapier u. r. signiert
[Beuys], recto auf dem Untersatz u. M.
bez. [Beuÿs Zeichen im Gebirge]
Museum Schloß Moyland
Sammlung van der Grinten
(Taf. 155)

188 Händchen II 1958

Zelluloid und Leim auf Papier, Kunstleder,
geklebt
25 x 34,9 x 2 cm
Museum Schloß Moyland
Sammlung van der Grinten
(Taf. 147)

189 Schwanenfrau 1958

Bleistift, Wasserfarbe
29,6 x 20,7 cm
verso bez. [Schwanenfrau Joseph Beuys
1958]
Private Collection
(Taf. 75)

190 Färbebild mit Montage 1958/59

Wasserfarbe auf Papier, Leinen, montiert
29,9 x 22 cm
Museum Schloß Moyland
Sammlung van der Grinten
(Taf. 125)

191 Cirkus 1958

Collage; Bleistift, Buntstift
18 x 21 cm
Josef W. Froehlich, Stuttgart
(Taf. 238)

192 Urschlitten 1958

Ölfarbe auf Papier auf Untersatz
21 x 15 cm
Josef W. Froehlich, Stuttgart
(Taf. 188)

193 In der Nacht ... 1958

Bleistift auf Schreibmaschinenpapier
29,7 x 21 cm
Ludwig Rinn

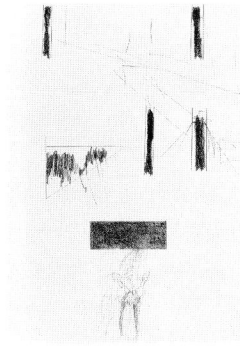

194 Zerstörter Brunnen 1958

Bleistift
2 Blätter, zusammen 19,5 x 34,7 cm
Inge Rodenstock, München

195 Ohne Titel (Frauenakt) 1958

Bleistift auf hellblauem Karton
20,9 x 29,6 cm
Sammlung Dr. Speck, Köln (Taf. 73)

196 Ohne Titel (Doppelakt) um 1959

Bleistift auf Papier mit Perforierung auf
Untersatz
2 Blätter, oberes Blatt: 20,7 x 27,4 cm,
unteres Blatt: 20,7 x 26,7 cm
Privatsammlung

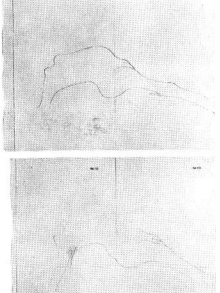

197 Ohne Titel (Frauenakt) 1959

Bleistiftzeichnung auf gelblichem, perforiertem Papiermuster, 20,9 x 29,6 cm
Sammlung Dr. Speck, Köln

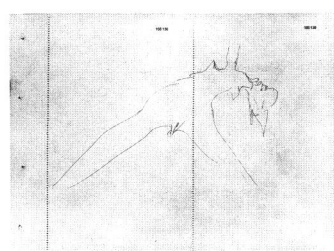

198 Ohne Titel (Frauenakt) 1959

Bleistiftzeichnung auf gelblichem,
perforiertem Papiermuster
20,9 x 29,6 cm
Sammlung Dr. Speck, Köln

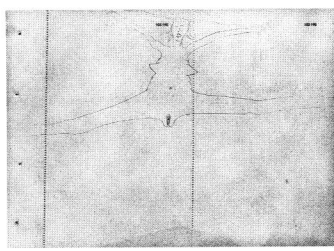

199 Ohne Titel (Frauenakt) 1959

Bleistiftzeichnung auf gelblichem,
perforiertem Papiermuster
20,9 x 29,6 cm
Sammlung Dr. Speck, Köln

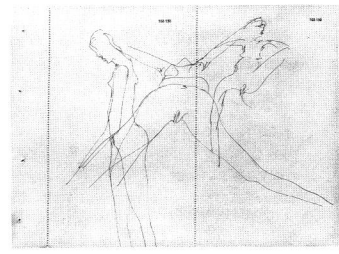

200 Hexen Feuer speiend 1959

Bleistift, Ölfarbe (Braunkreuz)
20,8 x 29,5 cm
verso bez. [Joseph Beuys 1959 Hexen
Feuer speiend]
Private Collection, Courtesy
Anthony d'Offay Gallery, London
(Taf. 71)

201 Ohne Titel (Frau) 1959

Collage; mehrfach gefaltetes Leinentuch,
braune Ölfarbe auf Wellpappe auf
Untersatzblatt (leichtes Bütten) montiert
Leinentuch gefaltet: 25 x 20 cm
Wellpappe: 21 x 30,8 cm
21 x 30,8 cm
recto u. l. signiert u. datiert [Beuys
1959]
Privatsammlung

202 Kopf W.B. 1959

Bleistift
29,8 x 21,9 cm
Sammlung Ulbricht, Düsseldorf

203 Kopf der Seherin 1959

Bleistift, 29,8 x 21,9 cm
Sammlung Ulbricht, Düsseldorf

204 Göre 1959

Bleistift
29,8 x 21,9 cm
Sammlung Ulbricht, Düsseldorf

205 Strahlaggregate für Hochgebirge 1959

Bleistift
3 Blätter, je 28,7 x 21 cm
Sammlung Ulbricht, Düsseldorf
(Taf. 202)

206 das Licht in den Nordbergen I (Triptychon) 1959

Collage; Bleistift, Ölfarbe
63,9 x 48 cm

verso bez. [Joseph Beuys 1959 das Licht in den Nordbergen (Triptych)]
Private Collection, Courtesy
Anthony d'Offay Gallery, London

206 das Licht in den Nordbergen II (Triptychon) 1959

Collage; Bleistift, Ölfarbe
63,9 x 48 cm
verso bez. [Joseph Beuys 1959 das Licht in den Nordbergen (Triptych)]
Private Collection, Courtesy
Anthony d'Offay Gallery, London

206 das Licht in den Nordbergen III (Triptychon) 1959

Collage; Bleistift, Ölfarbe
63,9 x 48 cm
verso bez. [Joseph Beuys 1959 das Licht in den Nordbergen (Triptych)]
Private Collection, Courtesy
Anthony d'Offay Gallery, London

207 Accumulator (Entladung) 1959

Wasserfarbe
29,5 x 21,4 cm
Museum Schloß Moyland
Sammlung van der Grinten
(Taf. 159)

208 Kraftwerk am Wasser 1959

Ölfarbe auf vergilbtem Maschinenbütten, unterer Rand unregelmäßig geschnitten, Einriß oben rechts, Fettränder; rückseitig Zeichnung von fremder Hand
36,3 x 50,3 cm
Museum Schloß Moyland
Sammlung van der Grinten

209 Ohne Titel 1959

Wasserfarbe
21 x 29,5 cm
Sammlung Ulbricht, Düsseldorf
(Taf. 109)

210 Ohne Titel 1959

Wasserfarbe, Beize
32,6 x 39 cm
Museum Schloß Moyland
Sammlung van der Grinten
(Taf. 101)

211 Filter 1959

Wasserfarbe, Beize
19 x 43,7 cm
Museum Schloß Moyland
Sammlung van der Grinten
(Taf. 126)

212 Emanation Kopf, Hand mit Dreiecksspiegel 1959

Gouache, Kohle, Ölfarbe auf zwei Untersätzen
24,5 x 32,2 cm
recto auf dem ersten Untersatz bez.
[Emanation Kopf, Hand mit Dreiecksspiegel Beuys 1959]
Museum Schloß Moyland
Sammlung van der Grinten
(Taf. 138)

213 Fünf Blätter 1959

Graue Ölfarbe auf Packpapier, am unteren Rand gerissen
21,5 x 49,5 cm
recto M. bez. [Joseph Beuys 1959 fünf Blätter]
Privatsammlung

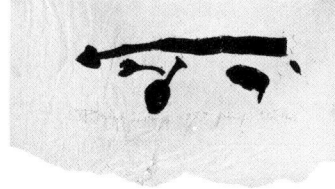

214 Unter dem fliehenden Hirschfuß 1959

Ölfarbe und Wasserfarbe auf Papier, geklebt, rechter Rand unregelmäßig gerissen, oben horizontale Knickfalte, rückseitig Architekturpause
33,7 x 17,6 cm
Museum Schloß Moyland
Sammlung van der Grinten

215 Was am Hirschhorn geschah 1959

Ölfarbe
34 x 16,7 cm
Museum Schloß Moyland
Sammlung van der Grinten
(Taf. 153)

216 Ohne Titel 1959

Gouache, Ölfarbe
78,5 x 52 cm
mit der Widmung [für Hubert Troost]
Josef W. Froehlich, Stuttgart
(Taf. 140)

217 Söhne des Dschingis 1959

Kreide, Wasserfarbe und Goldbronze auf Papier, geklebt
65 x 33,8 x 11 cm
Museum Schloß Moyland
Sammlung van der Grinten

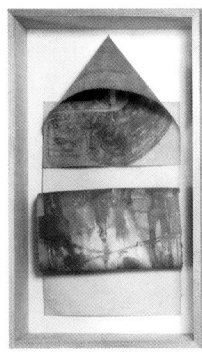

218 Gehörknochen 1959

Bemaltes Holz, Kunststoff, Holz, Draht, geklebt
44,2 x 10,5 x 2,9 cm
Museum Schloß Moyland
Sammlung van der Grinten
(Taf. 168)

219 Ohne Titel ca. 1955–58

Gips mit Mull
32 x 14 x 10 cm
Nachlaß Joseph Beuys

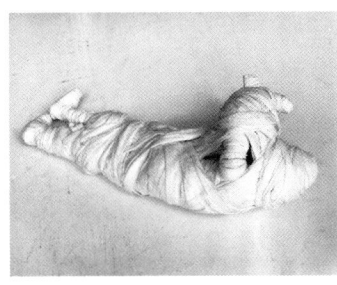

220 Ohne Titel um 1959

Bemaltes Stück Ton auf grundiertem,
braun-grauem Karton, darunter Fläche
aus grauer Ölfarbe unter klarem Lack
28,8 x 21 cm
Museum Schloß Moyland
Sammlung van der Grinten
(Taf. 61)

221 Sonnenzeichen 1959

Collage; Fototüte, Bleifolie, Ölfarbe auf
Untersatzpapier
30 x 19 cm
recto auf dem Untersatz u. M. bez.
[Joseph Beuys 1959 Sonnenzeichen]
Josef W. Froehlich, Stuttgart

222 Steinbock 1959

Ölfarbe auf Leinwand auf perforiertem
Papier
15 x 14 cm
recto auf dem Untersatz o. M. bez.
[Joseph Beuys 1959 Steinbock]
Josef W. Froehlich, Stuttgart

**223 Vorgang beim Tod des
Adlers 1959/60**

Collage; Farbe, Papier
29,5 x 40 cm
verso signiert und betitelt
Karsten Greve, Köln / Paris
(Taf. 174)

224 Gulo Borealis 1959/60

Collage; Ölfarbe, Papier
48 x 60,4 cm
Josef W. Froehlich, Stuttgart
(Taf. 175)

225 Braunkreuz, Wohnplatz 1960

Ölfarbe, Briefumschlag
32,5 x 23 cm
recto u. M. bez. [Joseph Beuys . . . .
Braunkreuz, Wohnplatz]
Josef W. Froehlich, Stuttgart

226 Ohne Titel um 1958/60

Bleistift, violette Wasserfarbe,
ockergelbe Wasserfarbe,
Schnittmusterpapier, eingefügt auf
grünem Karton
2 Blätter, je 32,2 x 23,8 cm
verso jeweils signiert [Joseph Beuys]
Nachlaß Joseph Beuys (Taf. 161)

**227 Im Gebirge (Wärmeplastik mit
Fettwinkel) 1959**

Collage; Papier (18 x 10 cm), mit Öl auf
grauem Filz (36 x 47 x 1 cm) mit zwei
Stecknadeln auf Untersatzkarton
befestigt, 36 x 47 x 1 cm
Josef W. Froehlich, Stuttgart
(Taf. 176)

228 Wärmefähre 1960

Bleistift und Farbspritzer auf glattem
Schreibmaschinenpapier
31,5 / 32,4 x 45 cm
recto u. r. signiert u. datiert [Beuys 1960]
Ludwig Rinn

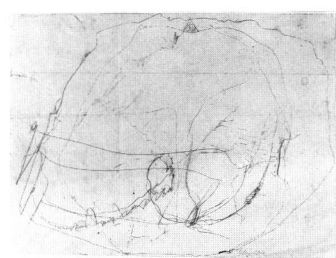

229 Schädelphysiologie 1959

Bleistift auf Papier auf hellbraunem
Karton
34 x 48 cm
recto u. r. signiert u. datiert [Beuÿs 59]
Privatsammlung

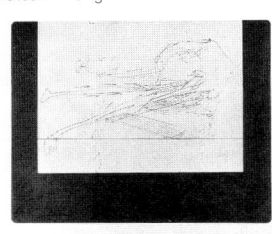

230 Intelligenz der Hasen 1960

Ölfarbe (Braunkreuz), Werkdruckpapier,
linker Rand unregelmäßig geschnitten
39,7 x 132 cm
verso u. r. signiert u. datiert [Joseph
Beuys 1960]
Sammlung Heiner und Céline Bastian
(Taf. 143)

**231 Strahlende Materie, zwei
aufgelegte Polstäbe 1959**

Collage; Ölfarbe, Papier, Tesafilm
86 x 63 cm
Josef W. Froehlich, Stuttgart
(Taf. 164)

**232 Gefährliche Wolke; Chemische
Reaktion 1960**

Wasserfarbe auf feinem weißen Papier,
z. T. collagiert auf violettem Tonpapier
50,5 x 19,5 cm
Privatsammlung
(Taf. 165)

**233 Frau mit einer
Krankentrage 1959**

Bleistift, Jodfarbe auf perforiertem
Papier
20,5 x 28 cm
Josef W. Froehlich, Stuttgart

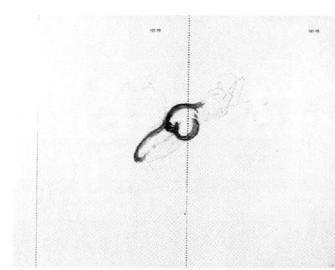

234 Torso 1960

Braune Ölfarbe, gelbliches Sulfat
20,8 x 12,4 cm
Privatsammlung

235 Ohne Titel 1960

Ölfarbe auf Papier auf Nessel
32 x 40 cm
recto u. r. signiert und datiert [Beuÿs 60]
Karsten Greve, Köln / Paris

236 Ohne Titel 1960

Bleistift, Hasenblut auf Papier auf
Untersatzkarton
3 Blätter, je 20,8 x 14,5 cm, 1 Blatt 10,2
x 14,8 cm
41,5 x 59,4 cm
jedes Blatt verso signiert u. datiert, auf
dem Untersatzkarton signiert u. datiert
[Beuys 1960]
Privatbesitz
(Taf. 100)

**237 am Arbeitsplatz installierte
Energieplastik (FETT) 1960**

Fettgetränktes dünnes Wachspapier,
montiert auf leichtem gelblichen Karton,
dunkle Farbspuren entlang des rechten
Randes
78,5 x 61,4 cm
verso u. l. bez. [am Arbeitsplatz
installierte Energieplastik (FETT)]
Sammlung Heiner und Céline Bastian
(Taf. 131)

238 CYPRESSE (Lebensbaum) 1959

Collage; Ölfarbe, Bleistift, verschiedene
Kartons
32,1 x 25,3 cm

verso u. M. bez. [Beuys 1959 CYPRESSE
(Lebensbaum)]
Sammlung Heiner und Céline Bastian

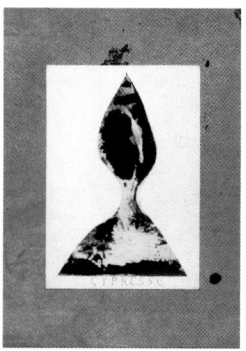

239 Oleander 1960

Collage; Blatt (Oleander), Kupferoxyd,
Bleistift, leichter hellbrauner Karton,
grauer Karton
2 Blätter, linkes Blatt:
32 x 15 cm
verso u. M. bez. [Joseph Beuys 1960
Doppelblatt links]
Sammlung Heiner und Céline Bastian

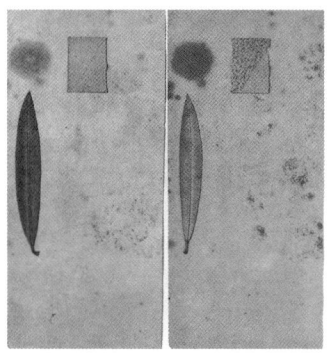

239 Oleander 1960

Collage; Blatt (Oleander), Kupferoxyd,
Bleistift, leichter hellbrauner Karton,
grauer Karton
2 Blätter, rechtes Blatt:
32 x 15,3 cm
verso u. M. bez. [Joseph Beuys Doppel]
Sammlung Heiner und Céline Bastian

240 Ohne Titel 1960

Bleistift, Ölfarbe auf Pergamentpapier,
links eingeschnitten, auf Untersatzkarton
22 x 73,8 cm
recto auf Untersatzkarton u. M. bez.
[ohne Titel 1960 Joseph Beuys]
Nachlaß Joseph Beuys

241 Toter Hirsch und Mond 1960

Wasserfarbe, Deckfarbe auf Papier auf
Untersatzkarton
29,6 x 21,1 cm
recto auf dem Untersatzkarton u. M. bez.
[1960 Beuys Toter Hirsch und Mond]
Museum Schloß Moyland
Sammlung van der Grinten
(Taf. 99)

**242 Ehrenmal für den gefallenen
Artilleristen um 1960/63**

Pappe, Gips, Schuhband aus Leder,
Stroh, Metallstift, Farbe
51 x 18 x 12 cm
Privatsammlung
(Taf. 154)

**243 Winkel, Plastischer Punkt,
Geleeflecken 1960**

Gips, Farbe, Spanholz, Zucker,
Schokolade, geklebt
12 x 31,7 x 26,1 cm
Museum Schloß Moyland
Sammlung van der Grinten
(Taf. 156)

244 Eisbär 1960

Handbürste, senkrecht stehend, mit dem
Pinselkopf eines Rasierpinsels
verbunden, auf Holzbrett montiert, Holz,
Kalk, Borsten, geklebt und gesteckt
11,8 x 21,2 x 12,1 cm
Museum Schloß Moyland
Sammlung van der Grinten
(Taf. 128)

245 Badewanne 1960

Emaillewanne mit Untersatz,
Heftpflaster, fettgetränkte Mullbinden
100 x 100 x 45 cm
Privatsammlung
(Taf. 116)

246 Kreuz 1960

Mischtechnik
28,5 x 42,8 cm
verso signiert und datiert
Privatbesitz

247 Mutter und Kind 1961

Bleistift, Metall und Wachs auf Papier,
geklebt
29,6 x 20,9 cm
Museum Schloß Moyland
Sammlung van der Grinten
(Taf. 117)

248 Denkmal für einen Zwerg 1961

Objekt aus Plastilin und Holz, mit Ölfarbe
bemalt, auf grundierter Holzunterlage
19,5 x 22,6 x 24,5 cm
Museum Schloß Moyland
Sammlung van der Grinten (Taf. 166)

249 Tierdenkmal 1961

Braune und weiße Schokolade
10 x 10 x 10 cm
auf Aufkleber u. dem Sockel bez.
[Joseph Beuys Tierdenkmal 1961]
Sammlung Dr. Speck, Köln
(Taf. 129)

250 Hörner um 1961

Zwei Hörner eines afrikanischen
Nashorns, rostrot bemalte Metallstangen
und Fassungen der Hörner, mit roter
Flüssigkeit gefüllte Kunststoffschläuche,
Bronzeenden der Schläuche mit
Netzpflaster umwickelt
gr. Horn 60 cm, kl. Horn 40 cm, Sockel
je 30 x 40 cm
Höhe: 145 cm
Privatsammlung
(Taf. 103)

251 Ohne Titel (Hörner) 1961

Bleistift, Wasserfarbe
21 x 30 cm
recto u. r. signiert u. datiert [Beuÿs 61]
Privatsammlung
(Taf. 102)

252 Ohne Titel (Hörner) 1961

Bleistift, Wasserfarbe
21 x 30 cm
recto u. M. signiert u. datiert [Beuys 61]
Privatsammlung
(Taf. 104)

253 Horn 1961

Bronze mit Schläuchen und roter Farbe
Guß 1969
Aus der Korrespondenz des Leihgebers
geht hervor, daß Beuys auf der
Rückseite einer SW-Photographie der
Arbeit schrieb: "Diese Arbeit 'Horn' von
1959 Bronze mit Schläuchen + roter
Farbe ist von mir als Abguss 1969
gemacht worden Joseph Beuys".
Höhe der Arbeit 140 cm, Schlauchlänge
570 cm
140 x 30 x 15 cm
Sammlung Ingrid und Willi Kemp

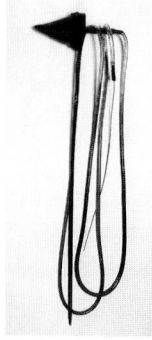

**254 Aus: Die Zähne
(Doppelblatt) 1961**

Bleistift, gelbliches Seidenpapier auf
Untersatz
2 Blätter, zusammen 42,4 x 29,5 cm
Museum Schloß Moyland
Sammlung van der Grinten
(Taf. 105)

**255 Verkehr zwischen Erde und
Himmelskörper 1961**

Bleistift auf Leinenpapier
21 x 29,5 cm
Privatsammlung Düsseldorf

**256 Braunkreuz/mit
Transmission 1961**

Bleistift, graue und braune Ölfarbe, verso
weitere Zeichnung
29,4 x 29,7 cm
Privatsammlung

257 Ohne Titel

Bleistift, Tusche, Ölfarbe
59 x 40,5 cm
Karsten Greve, Köln/Paris

258 Hase und Fee 1961

Ölfarbe, 21 x 30 cm
Josef W. Froehlich, Stuttgart

259 Hasengeist vor Hasenfalle 1961

Bleistift, Ölfarbe, 30 x 21 cm
Josef W. Froehlich, Stuttgart

260 Vogelschädel 1961

Ölfarbe, 45,5 x 30 cm
Josef W. Froehlich, Stuttgart

261 In dieser Weise benutze ich Werkzeug 1961

Bleistift, braune, graue und blaue Ölfarbe
40 x 50 cm
Inge Rodenstock, München

262 Rest der Mathematikaufgabe 1961

Collage; Bleistift, Ölfarbe auf Papier auf Untersatzblatt, 30,5 x 31 cm
recto auf dem Untersatzblatt bez. [Rest der Mathematikaufgabe, Beuys 61]
Privatsammlung (Taf. 178)

263 Schmetterlingskasten, Schmetterlinge, Schmetterlingsnetz 1961

Bleistift, Ölfarbe, auf doppeltgelegter Papierserviette, 16,5 x 33 cm
Ludwig Rinn

264 Ohne Titel (Akt mit rotem Kreuz) um 1961

Ölfarbe auf bedrucktem Papier, senkrechte Mittelfalte (Buchblock) auf Untersatzkarton, 26,1 x 24,3 cm
verso auf dem Untersatzkarton l. bez. [Beuys 1959–60 weiße Silhouette]
Museum Schloß Moyland
Sammlung van der Grinten

265 Ohne Titel (Frauen) 1961

Bleistift, weiße Deckfarbe auf bräunlichem Papier, 48 x 23,7 cm
Privatsammlung (Taf. 76)

266 Mädchen drückt elastische Plastik ein 1961

Collage; Ölfarbe (Braunkreuz)
24 x 34 cm
verso bez. [Joseph Beuys 1961 Mädchen drückt elastische Plastik ein]
Private Collection, Courtesy Anthony d'Offay Gallery, London

267 Frauendenkmäler 1961

Bleistift, Ölfarbe auf Werkdruckpapier
33,3 x 25,3 cm
verso u. bez.
Museum Schloß Moyland
Sammlung van der Grinten (Taf. 118)

268 Weiblicher Akt 1961

Ölfarbe auf Papier, an der rechten Seite gerissen, auf Untersatzpapier
70 x 54 cm
verso bez. [Joseph Beuys Weiblicher Akt 1961]
Karsten Greve, Köln / Paris

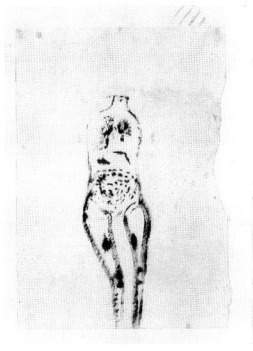

269 Dem. Akad. (Demonstration Akademie?) 1961

Ölfarbe
40,3 x 29,6 cm
Privatsammlung Düsseldorf (Taf. 87)

270 Actrice 1961

Ölfarbe (Braunkreuz) auf leichtem, chamoisfarbenen Zeichenkarton
61,1 x 43 cm
verso bez. [Beuys 1961 Actrice Braunkreuz]
Sammlung Heiner und Céline Bastian

271 Wärmeplastik im Gebirge 1961

Ölfarbe (Braunkreuz) auf weißem Schreibpapier, 2 Blätter, oberes Blatt:
20,8 x 29,7 cm
verso u. r. signiert u. datiert [Joseph Beuys 1961]
Sammlung Heiner und Céline Bastian

271 Wärmeplastik im Gebirge 1961

Ölfarbe (Braunkreuz) auf weißem Schreibpapier, 2 Blätter, unteres Blatt:
29,5 x 21 cm

verso u. r. bez. [Joseph Beuys 1961 Wärmeplastik im Gebirge]
Sammlung Heiner und Céline Bastian

272 der Tod und das Mädchen die Eltern 1961

Ölfarbe (Braunkreuz) auf weißem Zeichenpapier, linker Rand perforiert, auf chamoisfarbenem Papier
24 x 34,7 cm
verso u. l. bez. [der Tod und das Mädchen die Eltern J. Beuys 1961]
Sammlung Heiner und Céline Bastian

273 FRONT 1961

Ölfarbe (Braunkreuz) auf leicht verschmutztem, weißem Zeichenkarton, am oberen Rand perforiert, linke obere Ecke ausgerissen
58 x 34 cm
verso u. M. bez. [FRONT Joseph Beuys 1961]
Sammlung Heiner und Céline Bastian

274 Demonstration 1961

Bleistift, Wasserfarbe, Deckfarbe, Ölfarbe
28 x 17,9 cm
Museum Schloß Moyland
Sammlung van der Grinten
(Taf. 127)

275 Hornet's Hogan 1961

Ölfarbe, Kakaopulver auf leichtem, verblichenen chamoisfarbenen Zeichenpapier auf blauem, verschmutzten Untersatz auf Unterlagebogen
63,2 x 89 cm
recto u. l. Zeichnung eines Fußes
Sammlung Heiner und Céline Bastian
(Taf. 141)

276 Lavendelfilter 1961

Baumwollfilter, Lavendelöl, Gips und Metall
140 x 60 cm
Privatsammlung
(Taf. 123)

277 Ohne Titel 1961

Holz, Fett, Leder, getrocknete Wurst
125 x 131 cm
auf einem Photo der Arbeit von Beuys
verso bez. [Beuys 1959 Kreuz]
Courtesy Galerie Isy Brachot, Brüssel-Paris
(Taf. 171)

278 Kordelobjekt um 1961

Holz, Kordel, Hornkamm
145 x 18 x 3 cm
Privatsammlung
(Taf. 169)

279 Ohne Titel 1961

Holz, Pinsel, Handbürste
67,5 x 37 cm
Privatbesitz
(Taf. 183)

280 Drei Jurakreuze 1962

Gips auf Holz, Weißblech, Nägel, montiert
51,5 x 65,2 x 10 cm
Museum Schloß Moyland
Sammlung van der Grinten
(Taf. 150)

281 Ohne Titel 1962

Ölfarbe auf Holz, Stearin, Docht, Gips, geklebt, 18,8 x 56 x 3,2 cm
Museum Schloß Moyland
Sammlung van der Grinten
(Taf. 152)

282 Verstrahlter Hangar 1962

Ölfarbe, Styropor, Holz, geklebt
19,5 x 47,7 x 45,8 cm
Museum Schloß Moyland
Sammlung van der Grinten
(Taf. 158)

283 Ohne Titel 1962

Plastilin auf Transparentpapier und Karton, Papier, geklebt
53 x 79,5 x 1,4 cm
Museum Schloß Moyland
Sammlung van der Grinten
(Taf. 134)

284 Cynthia und Schildkröte 1962

Collage; gefalteter, geklebter Leinenstoff, 2 Seifenstücke (honigfarben und weiß-blau), montiert auf wattiertem Umschlag
50,5 x 37 cm
Privatsammlung (Taf. 137)

285 Ohne Titel 1962

Bleistift, Braunkreuz und 2 Ampullen auf Papier, auf Untersatzkarton in Zinkkasten
50 x 37 cm
auf dem Untersatzkarton o. r. signiert u. datiert [1962]
Privatbesitz (Taf. 82)

286 Musikbox 1962/63

Karton, Schallplatte, Holz, Knochen, Wellpappe, Ölfarbe (Braunkreuz)
30 x 51 x 54 cm
verso signiert u. datiert [Joseph Beuys/63], auf der Grundplatte signiert u. datiert [Joseph Beuys 62–63]
Monika Schmela, Düsseldorf
(Taf. 179)

287 Filter (Doppelfilter) 1962

2 Kaffeefilter (linker Filter Ø 11,5 cm, rechter Filter Ø 10,5 cm), rosettenartig gefaltet, an den Rändern in blau-schwarzer Flüssigkeit getränkt, auf Untersatzkarton
25,9 x 37,2 cm
Museum Schloß Moyland
Sammlung van der Grinten
(Taf. 122)

288 Filter (Doppelfilter) 1962

2 Kaffeefilter (linker Filter Ø 11,7 cm, rechter Filter Ø 11,5 cm), rosettenartig gefaltet, an den Rändern in hellbrauner Flüssigkeit getränkt, auf Untersatzkarton
21,8 x 33,5 cm
Museum Schloß Moyland
Sammlung van der Grinten

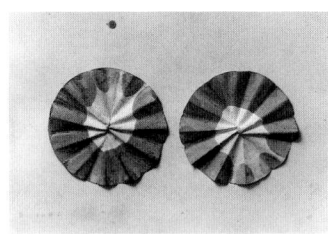

289 Braunkreuz 1962

Ölfarbe (Braunkreuz) auf kariertem Papier
21 x 29,3 cm
Privatsammlung

290 Braunkreuz 1962

Ölfarbe (Braunkreuz), Kugelschreiber, Fett auf kariertem Papier
29,5 x 21 cm
Privatsammlung

291 Revolution 1962

Ölfarbe, Hasenblut auf Karton
44,2 x 42 cm
Sammlung Ulbricht, Düsseldorf

292 Energiefeld 1962

Ölfarbe (Braunkreuz), Fett auf Holzbrett
62,2 x 47,1 cm
verso bez. [Joseph Beuys 1962 Energiefeld]
Private Collection, Courtesy Anthony d'Offay Gallery, London
(Taf. 180)

293 Norne und Webstuhl 1953–62

Bleistift, Ölfarbe (Braunkreuz), graue Ölfarbe auf Acetat, auf Untersatzkarton
26 x 26 cm
verso auf dem Untersatzkarton bez. [Beuys 1953 Norne und Webstuhl Farbe 1962]
Private Collection, Courtesy Anthony d'Offay Gallery, London

294 Schwarze See 1962

Ölfarbe auf starkem gelblichen Karton, unterer Rand unregelmäßig geschnitten
29,8 x 21,1 cm
Museum Schloß Moyland
Sammlung van der Grinten

295 Vier Erdelemente 1962

Wasserfarbe
46,6 x 24,7 cm
Museum Schloß Moyland
Sammlung van der Grinten

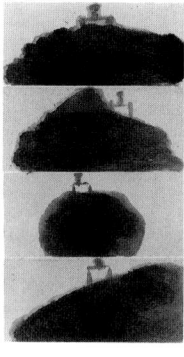

296 Wassermann im Gebirge 1962

Bleistift, Tusche auf Papier auf Untersatzkarton
21 x 27,5 cm
Josef W. Froehlich, Stuttgart

297 Ohne Titel 1962

Graue und braune Ölfarbe auf Papiermaché, Spanholz, geklebt
61 x 34,8 x 2,6 cm
Museum Schloß Moyland
Sammlung van der Grinten
(Taf. 78)

298 Hasenblut 1962

Bleistift, Hasenblut auf Papier, an den Rändern unregelmäßig gerissen
24,8 x 34 cm

verso bez. [Beuys 1962 Hasenblut]
Private Collection, Courtesy
Anthony d'Offay Gallery, London
(Taf. 69)

299 zu: Tierfrau 1962

Bleistift, Ölfarbe (Braunkreuz) auf
Fließpapier, linker, rechter und unterer
Rand unregelmäßig gerissen, auf
Untersatzkarton, 36,5 x 44,4 cm
verso auf dem Fließpapier M. bez.
[Joseph Beuys 1962 zu: Tierfrau]
Sammlung Heiner und Céline Bastian
(Taf. 77)

300 Die Zähne 17 1962

Bleistift, Ölfarbe auf Werkdruckpapier
(Rückseite eines Plakatstücks) auf
Untersatzkarton
69,4 x 29,5 cm
verso u. r. bez., verso auf dem
Untersatzkarton M. bez.
Museum Schloß Moyland
Sammlung van der Grinten

301 Tails 1962

Bleistift, Ölfarbe (Braunkreuz) und Filz
40 x 156 cm
verso signiert u. datiert [Beuys 1962]
Private Collection, Courtesy
Anthony d'Offay Gallery, London

302 Queen 1962

Bleistift, Ölfarbe (Braunkreuz)
40 x 156 cm
verso bez. [Joseph Beuys 1962 Queen]
Private Collection, Courtesy
Anthony d'Offay Gallery, London
(Taf. 142)

303 Drei Wimpel 1962

Ölfarbe auf Karton, 61 x 81 cm
Josef W. Froehlich, Stuttgart

304 Ohne Titel (Braunkreuz) 1962

Collage; Ölfarbe (Braunkreuz) auf Papier
auf Untersatz
65,5 x 50 cm
recto auf dem Untersatz u. l. signiert u.
datiert [Beuys 62]
Josef W. Froehlich, Stuttgart
(Taf. 181)

**305 Farben und plastische
Substanz 1962**

2 Blätter, zusammen gerahmt, oberes
Blatt: Collage; Abdeckfarbe auf
Farbmusterbogen (20,9 x 27,5 cm),
unteres Blatt: Collage; Abdeckfarbe auf
Papier (14 x 21 cm)
oberes Blatt verso u. bez. [Farben in
plastischer Substanz Beuys 1962],
unteres Blatt verso u. bez. [Beuys 62
Farben und plastische Substanz]
Udo und Anette Brandhorst

306 Ohne Titel 1962–63

Bleistift auf gefaltetem Papier mit
Wasserfleck und Abriß
43,5 x 61 cm
Sammlung Dr. Speck, Köln

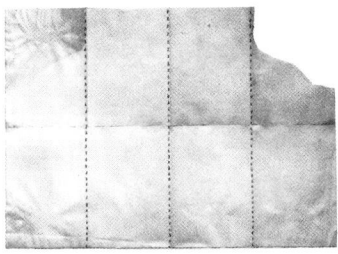

307 Ohne Titel 1961

Collage; Seidenpapier, Karton; 2 Blätter,
linkes Blatt:
25,2 x 19,1 cm
verso u. M. bez. [Joseph Beuys 1961
links]
Sammlung Heiner und Céline Bastian
(Taf. 205)

307 Ohne Titel 1961

Collage; Seidenpapier, Karton; 2 Blätter,
rechtes Blatt:
25,5 x 19,1 cm
verso u. M. bez. [Joseph Beuys 1961
rechts]
Sammlung Heiner und Céline Bastian
(Taf. 206)

308 Ohne Titel 1962

Collage; silberbeschichtetes Papier
(Filmkassette), grauer Karton; 2 Blätter,
linkes Blatt:
32,7 x 19 cm
verso M. l. bez. [links Joseph]
Sammlung Heiner und Céline Bastian

308 Ohne Titel 1962

Collage; silberbeschichtetes Papier
(Filmkassette), grauer Karton; 2 Blätter,
rechtes Blatt:
32,8 x 19 cm
verso. M. r. signiert u. datiert [Beuys
1962]
Sammlung Heiner und Céline Bastian

309 Jason II 1962/80

Zinkwanne, Eisenkopf, Holz, Farbe,
Bleistift, Eisendraht
240 x 67 x 48 cm
auf der Außenseite der Zinkwanne u. l.
signiert [Joseph Beuys]
Privatsammlung
(Taf. 121)

310 Ohne Titel 1963

Collage; silberbeschichtetes Papier
(Filmkassette), Seidenpapier, Karton
60,1 x 43,5 cm
verso u. r. signiert u. datiert [Joseph
Beuys 1963]
Sammlung Heiner und Céline Bastian

**311 Frau vor plastischer
Erscheinung 1959/63**

Ton, Plastilin, Papier, Schnur, bemalte
Wellpappe, geklebt
11,8 x 34,2 x 23,8 cm
Museum Schloß Moyland
Sammlung van der Grinten
(Taf. 162)

312 Ohne Titel (Stehende Frau) 1963

Ölfarbe auf Papier, Blech und Karton,
montiert
50,3 x 62,3 x 2 cm
Museum Schloß Moyland
Sammlung van der Grinten
(Taf. 79)

313 Ohne Titel 1963

Ölfarbe auf Faserplatte, Latexfarbe,
Spachtel aus Aluminium
50 x 40 x 7 cm
Museum Schloß Moyland
Sammlung van der Grinten
(Taf. 151)

**314 Objekt mit zwei angekreuzten
Schokoladetafeln 1963**

Ölfarbe (Braunkreuz) auf Schokolade,
Wachs auf Karton und Leinen, bemalter
Karton, geklebt
29,5 x 32,8 x 11,8 cm
Museum Schloß Moyland
Sammlung van der Grinten
(Taf. 80)

315 Ziegenkopf 1961/63

Konfetti, Transparentpapier, Ölfarbe
(Braunkreuz)
29,5 x 21 x 2 cm
Museum Schloß Moyland
Sammlung van der Grinten
(Taf. 130)

316 Giocondologie (Hasenblut) 1963

Leinen, Hasenblut, Hasenhaare
133 x 72,5 x 2,5 cm
Museum Schloß Moyland
Sammlung van der Grinten
(Taf. 172)

317 Ohne Titel um 1963

Aluminiumplatte, mit vier Klammern an
den Ecken auf dem Untergrund
befestigt, graue Ölfarbe
27,5 x 13 cm
Museum Schloß Moyland
Sammlung van der Grinten

318 Sender und Empfänger 1963

Filz, Wachs, Glas auf hell gefaßter
Spanplatte
30 x 27,7 cm
recto u. M. bez. [Joseph Beuys 1963
Sender und Empfänger]
Privatbesitz (Taf. 182)

319 Haus (Filzplastik) 1963

Ölfarbe auf gelblichem Papier, rechter
Rand unregelmäßig gerissen
21,1 x 14,6 cm
verso u. M. bez. [Joseph Beuys 1963
Haus (Filzplastik)]
Sammlung Heiner und Céline Bastian
(Taf. 184)

**320 Filzwinkel am
Hirschdenkmal 1963**

Ölfarbe, 20 x 14,8 cm
Privatsammlung (Taf. 135)

321 Schamanin 1963

Ölfarbe auf Deutschjapan-Papier auf
Unterlagekarton, 65 x 50 cm
Ludwig Rinn

322 Filz-Aktion 1963

Ölfarbe und Filz auf Papier auf
Untersatzpapier, 65 x 43,5 cm
Privatsammlung Düsseldorf

323 Filzplastik 1964

Bleistift, 29,7 x 21 cm
Sammlung Ulbricht, Düsseldorf

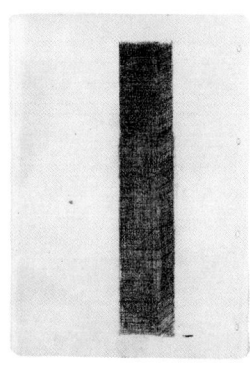

**324 Doppelblatt: Aufzeichnung für
Fluxus-Filz-Demonstration 1964**

Bleistift, Kopierstift auf weißem
Zeichenpapier auf Untersatz
2 Blätter, zusammen 20 x 30,3 cm
verso über beide Blätter bez. [1964
Doppelblatt Aufzeichnung für Fluxus-
Filzdemonstration]
Museum Schloß Moyland
Sammlung van der Grinten

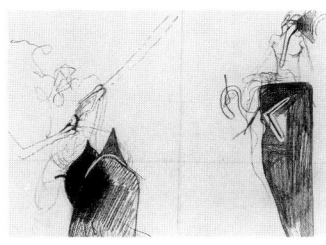

325 Schamane 1964

Tusche
2 Blätter, je 29,5 x 23 cm
Josef W. Froehlich, Stuttgart

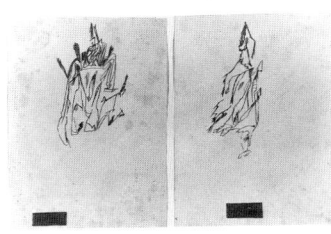

326 Ohne Titel 1964

Collage; Bleistift, Filz, Goldstaub
41 x 29 cm
Sammlung Murken

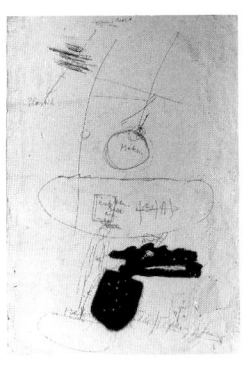

327 Aktrice 1964

Bleistift auf Pappe, spitzwinklig nach
unten zulaufend
57 x 21 cm
Privatsammlung Düsseldorf
(Taf. 74)

**328 Filzplastiken an
Körperwinkeln 1964**

Bleistift, Wasserfarbe, Ölfarbe, auf
liniertem Papier auf Untersatz
20,5 x 14,5 cm
Josef W. Froehlich, Stuttgart
(Taf. 90)

329 Ohne Titel 1964

Bleistift, Ölfarbe auf Papier, geklebt,
Holzmaus
61,4 x 43,2 x 3 cm
Museum Schloß Moyland
Sammlung van der Grinten
(Taf. 148)

330 Ohne Titel 1964

Collage; Ölfarbe, Holz auf Zeitungspapier
der FAZ
57 x 80 cm
Museum Schloß Moyland
Sammlung van der Grinten

331 Atomkraftwerk 1964

Collage; Ölfarbe (Braunkreuz) auf Papier,
Silbernitrat, aufgeklebt auf FAZ vom
15.09.64, S. 11–20
58 x 50,5 cm
recto u. r. signiert u. datiert [Beuys
1960–64]
Sammlung Ulbricht, Düsseldorf
(Taf. 204)

332 Fuchsjagd 1964

Latexfarbe, bemaltes Holz, mit
Kugelschreiberzeichnung auf Holz
60 x 59 x 20 cm
Museum Schloß Moyland
Sammlung van der Grinten
(Taf. 163)

**333 Kopf Brust Unterleib der Magd
Joseph Beuys 1964**

Medizinflasche (''Kopf''), grau bemalte
kreisrunde Scheibe (''Brust''),
eingekerbte Seife von dunkelgelber
Farbe (''Unterleib''), in Leinentücher
gehüllte, verborgene Instrumente, in die
Seitenwand des Plexiglasgehäuses
geschraubtes Leinentuch
35,6 x 35,8 x 36,8 cm
auf der Grundplatte bez.
[Kopf / Brust / Unterleib / der Magd Joseph
Beuys]
Sammlung Ulbricht, Düsseldorf
(Taf. 119)

334 Sonde 1964

Verzinktes Kupfer, Zinkblech, in
Zinkblechkasten
26 x 29 x 15 cm
verso auf dem Zinkblechkasten oberhalb
d. M. bez. [Sonde 1964], gestempelt mit
Ölfarbe (Braunkreuz) [BEUYS +]
Josef W. Froehlich, Stuttgart
(Taf. 132)

335 Plateau Central 1962

Bleistift, Marmor, in Zinkblechkasten
32 x 32 x 3 cm
verso auf dem Zinkblechkasten datiert
[1964], mit Schablone signiert [Joseph
Beuys]
Privatsammlung Düsseldorf
(Taf. 133)

336 Ohne Titel 1964

Gummischeibe gelocht, auf Papier auf
Karton, Loch Ø 2 cm
Ø 11 cm
verso o. signiert u. datiert [Joseph Beuys
1964]
Sammlung Dr. Speck, Köln

337 An Saturn 1963

Collage; Bleistift, Ölfarbe, Aluminiumfolie
auf Transparentfolie, auf Papier auf
braunem Karton
70 x 50 cm
recto u. l. bez. [An Saturn Joseph Beuys
63]
Karsten Greve, Köln / Paris
(Taf. 144)

**338 Urschlitten, Leber und
Gyroscop 1964**

Bleistift, Ölfarbe, Holz, weiße Kreide auf
Spanplatte
93,4 x 39 x 11 cm
Museum Schloß Moyland
Sammlung van der Grinten
(Taf. 139)

339 Schamane 1964

Bleistift, Ölfarbe (Braunkreuz) auf
weißem Zeichenkarton
29,8 x 21,8 cm
verso u. l. bez. [Schamane Joseph Beuys
1964]
Sammlung Heiner und Céline Bastian

340 (SCHAMANEN)-Tanz 1964

Bleistift, Ölfarbe (Braunkreuz) auf leicht
vergilbtem, weißen Zeichenkarton,
oberer Rand mit Perforation und
unregelmäßig gerissen
47,8 x 33,7 cm
verso u. r. bez. [Braunkreuz Joseph
Beuys 1964 (SCHAMANEN)-Tanz]
Sammlung Heiner und Céline Bastian

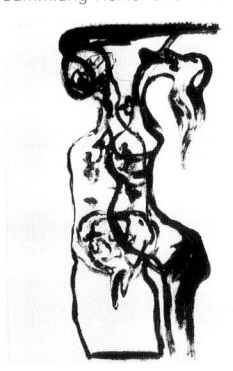

341 Kamera des Schamanen 1966

Bleistift, Kohle, Ölfarbe auf Papier auf
Untersatzkarton
29,4 x 20,8 cm
recto auf dem Untersatzkarton bez.
[Joseph Beuys 1966 Kamera des
Schamanen]
Sammlung Ingrid und Willi Kemp

342 Schwarzes Herz als junger Stierkopf 1964

Ölfarbe, silberbeschichtetes Papier
(Filmkassette)
48,9 x 32,6 cm
verso u. M. bez. [Schwarzes Herz als
junger Stierkopf Beuys 1964]
Sammlung Heiner und Céline Bastian

343 Häuser des Schamanen 1965

Bleistift, Ölfarbe (Braunkreuz); 2 Blätter,
linkes Blatt:
35,7 x 26 cm
verso bez. [Beuys Häuser des
Schamanen 1965]
Private Collection, Courtesy
Anthony d'Offay Gallery, London

343 Häuser des Schamanen 1965

Bleistift, Ölfarbe (Braunkreuz); 2 Blätter,
rechtes Blatt:
35,5 x 25,8 cm
verso bez. [Beuys Häuser des
Schamanen 1965]
Private Collection, Courtesy
Anthony d'Offay Gallery, London

344 Filzaktion für eine Aktrice 1965

Bleistift, Ölfarbe
21 x 29,5 cm
Privatsammlung Düsseldorf

345 Zwerg 1965

Bleistift auf Papier, linker Rand gerissen
29,8 x 21 cm
verso bez. [Joseph Beuys 1965 Zwerg],
recto o. l. bez. [ZWERG]
Private Collection, Courtesy
Anthony d'Offay Gallery, London

346 Von Tod zu Tod 1965

Bleistift, Illustration zu Schaukals
"Von Tod zu Tod"
18,7 x 13,5 cm

recto u. r. signiert [Beuÿs]
Nicht in der Ausstellung

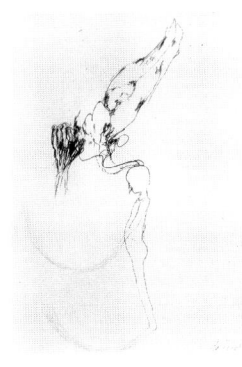

347 Ein Traum 1965

Bleistift, Illustration zu Schaukals
"Von Tod zu Tod"
18,7 x 13,5 cm
recto u. M. signiert [Beuÿs]
Nicht in der Ausstellung

348 Partitur 1965

Bleistift, Stempel
13 Blätter und ein Doppelblatt,
je 29,2 x 20,8 cm
Privatsammlung

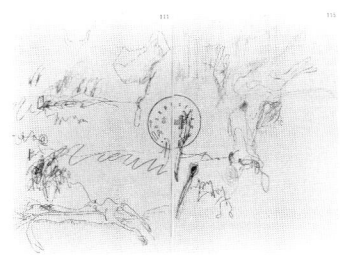

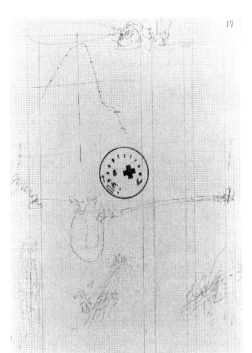

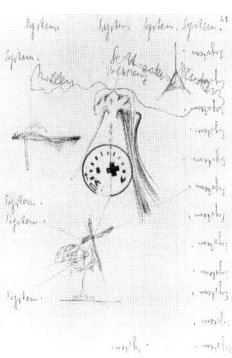

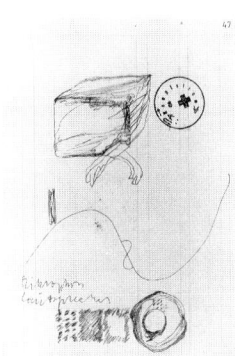

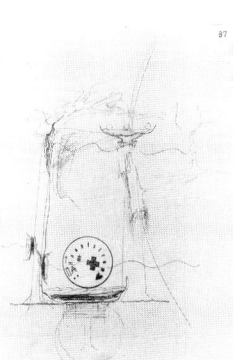

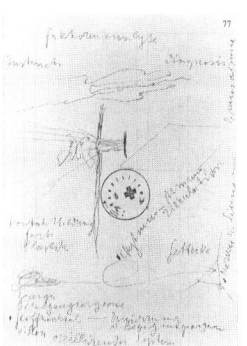

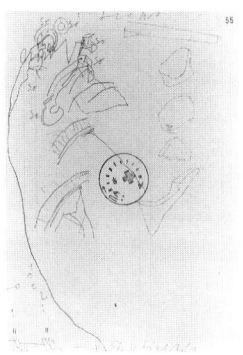

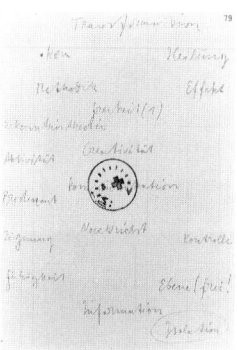

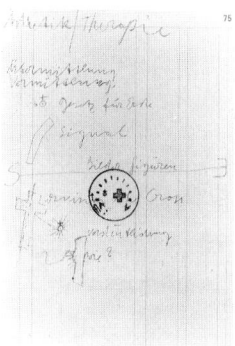

349 Fontana-Bild 1966

Bleistift, Fett auf perforiertem, grauen
Karton
14,7 x 10,8 cm
recto u. bez. [Fontana-Bild Joseph
Beuys 66]
Privatsammlung

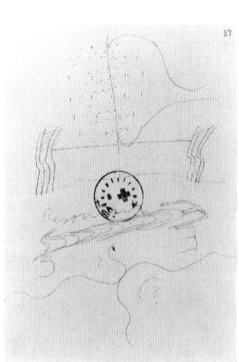

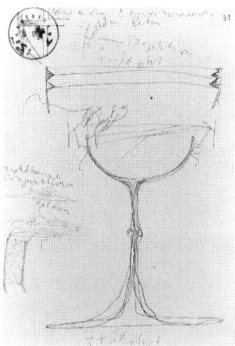

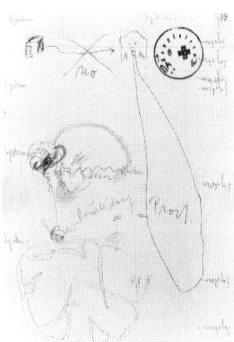

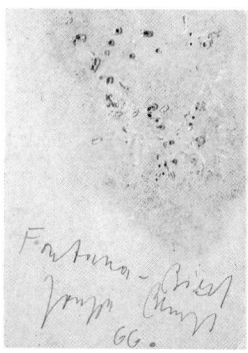

350 Fontana Zinnober verso 1966

Bleistift auf perforiertem, roten
Buntpapier
14,8 x 10,5 cm
recto u. bez. [Fontana Zinnober verso
Joseph Beuys 66]
Privatsammlung

351 Fontana Zinnober 1966

Bleistift auf perforiertem, roten
Buntpapier
2 Blätter, je 14,8 x 10,5 cm
linkes Blatt recto u. bez. [Fontana
Zinnober Joseph Beuys 66]
Privatsammlung
(Taf. 186)

352 Fontana Zinnober 1966

Bleistift auf perforiertem, roten
Buntpapier
3 Blätter, je 14,8 x 10,5 cm
recto über alle 3 Blätter u. bez.
[Fontana-Zinnober Joseph Beuys 66]
Privatsammlung

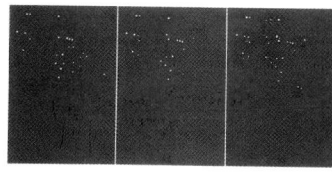

353 Ohne Titel 1947/66

Ölfarbe auf Papier auf Untersatzkarton
21 x 29,7 cm
verso M. bez. [Beuys 1947
2 Mineralien], recto auf dem
Untersatzkarton u. M. signiert u. datiert
[Beuys 1966]
Nachlaß Joseph Beuys
(Taf. 187)

354 Das große Zahnbluten 1966

Wasserfarbe auf Papier auf Untersatz
11,2 x 16,4 cm
Josef W. Froehlich, Stuttgart

355 Fossiler Phoenix 1966

Filzstift, Wasserfarbe auf Papier auf
Untersatz
21 x 15 cm
Josef W. Froehlich, Stuttgart

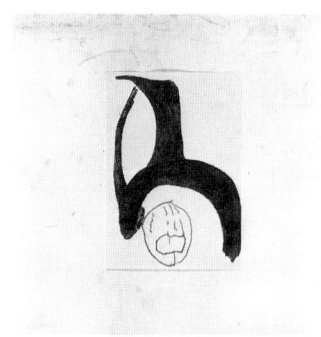

356 Ohne Titel 1966

Bleistift, Ölfarbe (Braunkreuz)
aus Edition "… mit Braunkreuz", 1966
22,5 x 23 cm
Monika Schmela, Düsseldorf

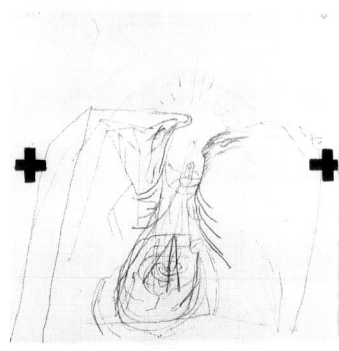

357 Entwurf für Filzkreuz 1966

Collage; Bleistift, Karton auf Untersatz
Entwurf für das Filzkreuz aus Edition "…
mit Braunkreuz", 1966
53 x 79 cm
recto auf dem Untersatz u. r. signiert u.
datiert [Beuys 66]
Privatsammlung
(Taf. 195)

358 Ohne Titel 1966

Filzscheibe mit Stopfnadel und
Gummifingerhut auf Untersatz
⌀ 13,6 x 1,6 cm
recto auf dem Untersatz bez. [Joseph
Beuys 1966 o. T.]
Sammlung Dr. Speck, Köln
(Taf. 167)

359 Ohne Titel 1966

Helle Filzscheibe mit Stimmgabel (Länge
10 cm)
⌀ 10 x 1 cm
auf Aufkleber auf dem Boden bez.
[Joseph Beuys 1966 o. T.]
Sammlung Dr. Speck, Köln
(Taf. 220)

360 Ohne Titel 1968

Zwei abgeschnittene Fingernägel und
Fett auf Filzscheibe
11,5 x 14,2 cm
Sammlung Dr. Speck, Köln
(Taf. 89)

361 Zündnadel 1961/73

Nadel und Orangenschale auf Karton,
Zettel mit dem Zusatz [26. Zündnadel
aus dem Dreyseschen Zündnadel-
gewehr]
13,5 x 19 cm
Sammlung Dr. Speck, Köln
(Taf. 84)

362 Ohne Titel 1966

Schuhcremedose, Brot, Dübel, Holz,
Fruchtkerne auf Holzplatte
47 x 30 cm

verso bez. von fremder Hand [2 Brust-
warzen, 1 Taschenlampe]
Privatbesitz
(Taf. 146)

363 Zwei Fräulein mit leuchtendem Brot 1966

Collage; Pappe, Papier, braun bemalte
Schokolade
WV "Multiples", 1985, Nr. 2
60 x 21 cm
Privatsammlung
(Taf. 173)

364 Frau mit Fischorgan 1966

Collage; Bleistift, Papier, Kunststoff,
Holz, Fischblase, geklebt
75,9 x 18 x 6 cm
Museum Schloß Moyland
Sammlung van der Grinten
(Taf. 81)

365 Schmela 1966

Bleistift auf glattem, schweren weißen
Zeichenkarton; 2 Blätter, linkes Blatt:
40 x 30 cm
verso u. l. datiert u. monogrammiert
[1980 J. B.]
Sammlung Heiner und Céline Bastian

365 Schmela 1966

Ölfarbe (Braunkreuz) auf leichtem
Werkdruckpapier, oberer und rechter
Rand unregelmäßig gerissen; 2 Blätter,
rechtes Blatt:
40 x 56,5 cm
verso u. M. bez. [Schmela Joseph Beuys
1966]
Sammlung Heiner und Céline Bastian

366 Akteur (Maschine) 1966

Bleistift, Ölfarbe (Braunkreuz) auf
leichtem chamoisfarbenen Papier, verso
bedruckt, 34,5 x 16 cm
recto u. l. bez. [Akteur (Maschine)],
verso u. M. signiert u. datiert [Joseph
Beuys 1966]
Sammlung Heiner und Céline Bastian

367 BRAUNRAUMPLATTE 1966

Ölfarbe (Braunkreuz) auf sehr festem
Karton, am Rand unregelmäßig
geschnitten
40,8 x 72,2 cm
verso u. r. bez. [BRAUNRAUMPLATTE
1966 Joseph Beuys]
Sammlung Heiner und Céline Bastian
(Taf. 227)

368 Geknickter E-Raum gegen E-Raum 1967

Graue Ölfarbe auf Karton
20,5 x 15,5 cm
recto u. bez. [Beuys 67 Geknickter E-
Raum gegen E-Raum]
Privatsammlung

369 Eisenkiste aus "Vakuum ↔ Masse" 1968

Eisenkiste, gefüllt mit 100 kg Fett und
100 Luftpumpen, 1 Filmfragment aus
"Eurasienstab"; "Vakuum ↔ Masse"
entstand in der Aktion "Vakuum ↔
Masse, simultan Eisenkiste, halbiertes
Kreuz, Inhalt 100 kg Fett, 100 Luftpumpen" am 14. 10. 1968 in der Galerie
Art Intermedia, Köln
110 x 55 x 55 cm
auf der Längsseite bez. [Joseph Beuys
1968]
Privatbesitz
(Taf. 192)

370 Hasengrab 1962–67

Montage verschiedenster Materialien
(medizinisches Gerät, Medikamente,
Eierschalen, Kabel, Ton, Fett, Farbe) auf
Holzunterlage
30 x 101 x 70 cm
Privatsammlung
(Taf. 185)

371 Erdtelephon 1968

Telefon, Lehmklumpen mit Heu, Kabel-
schnur, auf Holzbrett (es existieren 4
unterschiedliche Fassungen dieser
Arbeit)
20 x 47 x 76 cm
auf der Unterseite des Holzbretts signiert
u. datiert [Joseph Beuys 68]
Privatsammlung
(Taf. 189)

372 Wechselstromaggregat 1968

Pappkarton mit zwei runden Fettballen,
Ölfarbe (Braunkreuz), Bleistift
26 x 22 x 49 cm
im Karton bez. [für den lieben Bazon von
seinem Joseph 14. 10. 1968 Don Eisele
. . . . das Wechselstromaggregat,
1,5 min. .], außen auf dem Karton bez.
[Das ist der Originalzustand. Joseph
Beuys]
Privatbesitz

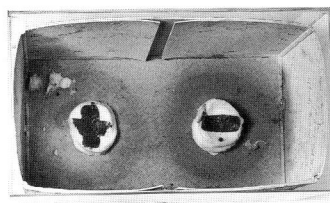

373 The Difficulty of Producing an Egg 1968

Bleistift
25,4 x 26 cm
verso signiert u. datiert [Joseph Beuys
1968]
Private Collection, Courtesy
Anthony d'Offay Gallery, London
(Taf. 201)

374 Schamane 1968

Bleistift, Ölfarbe (Braunkreuz)
25,5 x 26 cm
Sammlung Ulbricht, Düsseldorf

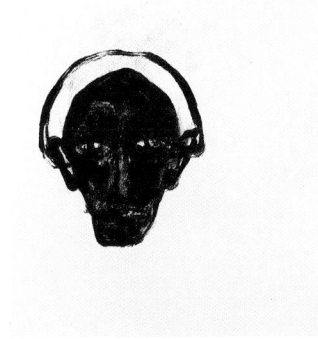

375 Akademie 1968

Bleistift
40 x 29,5 cm
recto u. r. bez. [Joseph Beuys Akademie
1968]
Josef W. Froehlich, Stuttgart

376 Schamane 1969

Bleistift
2 Blätter, je 33 x 44,2 cm
Sammlung Ulbricht, Düsseldorf

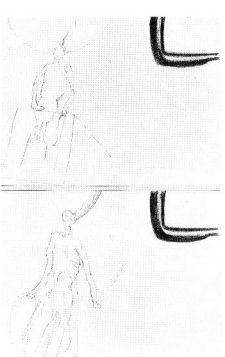

377 Mädchenkopf 1969

Bleistift auf kräftigem weißen
Schreibpapier
29,7 x 21 cm
verso u. M. bez. [1969 Mädchenkopf
Joseph Beuys]
Sammlung Heiner und Céline Bastian

378 Erschlagener 1969

Bleistift auf Papier auf Untersatzkarton
23 x 16,4 cm
recto auf dem Untersatzkarton bez.
[Beuys 1969 Erschlagener]
Sammlung Ingrid und Willi Kemp

379 Astronomische Messung 1964/69

Collage; großer Packpapier-Brief-
umschlag, Tesafilm, graue Ölfarbe, unter
der sich schwach lesbar die Aufschrift
von Beuys' Hand abzeichnet: "4. documenta / . . . international / . . .
Kassel / . . ."; rechts daneben schwarze
rechteckige Kunststoffplatte, eine Art

"Block", auf den Briefumschlag über
die graue Farbe geklebte sichelförmige
Leinwandstücke
57 x 73 cm
recto u. M. bez. [Astronomische
Messung Beuys 1964→→69]
Sammlung Ulbricht, Düsseldorf

380 Konzertflügeljom
(Bereichjom) 1969

Installation; schwarzer Konzertflügel
ohne Beine, Corpus an mehreren Stellen
mit Ölfarbe (Braunkreuz) bemalt, auf
dem Flügel Fragmente einer grün-
bemalten Geige, Filzhut, rechts
aufgeklebtes und mit Ölfarbe
(Braunkreuz) bemaltes Flugblatt
"AUSVERKAUF. . ad-hoc Gruppe der
HfbK Berlin". Innenseite des Deckels:
große Zeichnung mit brauner Farbe;
Notenständer mit Sauerkraut, 8
Fotografien aus der Aktion "Ich versuche
dich freizulassen (machen) Konzertflügeljom (Bereichjom)" vom
27.02.1969 in der Akademie der
Künste, Berlin, 60,5 x 160,5 x 181 cm
auf dem Flügel signiert [Beuys], im
Tastendeckel bez. [gulo borealis] (wörtl.
"der aus dem Norden kommende
Vielfraß"), auf der Geige bez. [finito-
Geige / Henning Christiansen / 27.02.90]
Sammlung Ulbricht, Düsseldorf (Taf. 191)

381 Doppelaggregat 1969

Bronze, 4 Teile; die Arbeit geht auf zwei
einzelne "Aggregate" (beide 1958)
zurück, die 1968 in Eindhoven das erste
Mal als "Doppelaggregat 1958–1968"
ausgestellt wurden. 1969 erfolgte der
erste Guß dieses Doppelaggregats
107 x 320 x 60 cm
Privatsammlung Düsseldorf (Taf. 110)

382 Der Planet 1970

Stempelfarbe, 26 x 9 cm
recto M. signiert [Joseph Beuys]
Sammlung Ulbricht, Düsseldorf

383 Naturgeschichte 1970

Gelatine auf sehr festem Karton
25,7 x 32,8 cm
verso u. M. bez. [Joseph Beuys
Naturgeschichte]
Sammlung Heiner und Céline Bastian

384 junge und alte Frau 1970

Bleistift auf Papier, am linken Rand
perforiert
21,5 x 13,5 cm
Sammlung Ulbricht, Düsseldorf

385 Zunge von L 1970

Bleistift auf Papier, am linken Rand
perforiert
21,5 x 13,5 cm
Sammlung Ulbricht, Düsseldorf

386 Gegenläufigkeit 1970

Bleistift auf Papier, am linken Rand
perforiert
2 Blätter, je 21,5 x 13,5 cm
Sammlung Ulbricht, Düsseldorf

387 Frauenkopf 1970

Bleistift auf Papier, am linken Rand
perforiert
21,5 x 13,5 cm
Sammlung Ulbricht, Düsseldorf

388 Für Cynthia 1970

Bleistift auf Papier, am linken Rand
perforiert, auf Untersatzkarton
2 Blätter, je 21,4 x 13,9 cm
recto auf dem Untersatzkarton bez.
[Joseph Beuys 1970 für Cynthia]
Sammlung Ingrid und Willi Kemp
(Taf. 136)

389 Filzanzug 1970

Filz, Kleiderbügel, Ex. 27 / 100; der
Anzug wurde nach einem Anzug von
Beuys geschneidert, Ärmel und Beine
wurden verlängert; WV "Multiples",
1985, Nr. 23
170 x 100 cm
Josef W. Froehlich, Stuttgart

390 Filzanzug 1970

Filz, Kleiderbügel, WV "Multiples", 1985,
Nr. 23
170 x 100 cm
Privatsammlung
(Taf. 190)

391 Blue Jeans mit getrockneten
Fischen 1970

Blue Jeans mit getrockneten Fischen;
Blue Jeans aus der Aktion "1a gebratene
Fischgräte", die Beuys mit Daniel Spoerri
am 30.10.1970 in der Eat-Art Galerie,
Düsseldorf, durchführte.
100 x 82 cm
Sammlung Murken
(Taf. 197)

392 Ofen 1970

Eisenofen mit Axt und Fisch bemalt, Filz,
Asbest, gebrannter Kalk
110 x 70 x 52 cm
Privatsammlung
(Taf. 198)

393 Aktion: Kinloch-Rannoch
EDINBURGH 1970

Gelatine, Wachskugel
13,7 x 25,5 x 22,5 cm
auf der Unterseite bez. [Joseph Beuys
1970 Aktion: Kinloch-Rannoch
EDINBURGH]
Privatsammlung Düsseldorf
(Taf. 234)

394 Pittosporo 1970

Collage; Blatt (Pittosporo) auf starkem
hellbraunen Karton, braune Klebeband-
streifen aus Papier
25,2 x 18,7 cm
verso u. M. bez. [1970 Joseph Beuys
Pittosporo]
Sammlung Heiner und Céline Bastian

395 Das Medium um 1970

Collage; Stoff, Farbe, Ölfarbe auf Papier,
Glas und Bilderrahmen
73,5 x 54 cm
recto u. l. signiert [Joseph Beuys]
recto u. M. bez. [Das Medium]
Udo und Anette Brandhorst
(Taf. 200)

396 Ohne Titel 1971

Collage; Ölfarbe, farbiges Papier,
Matrizendruckpapier, oberer Rand
unregelmäßig gerissen; 2 Blätter, linkes
Blatt:
46,4 x 22,8 cm
verso o. r. signiert u. datiert [Joseph
Beuys 1971]
Sammlung Heiner und Céline Bastian

396 Ohne Titel 1971

Collage; Ölfarbe, farbiges Papier,
Matrizendruckpapier, oberer Rand
unregelmäßig gerissen; 2 Blätter,
rechtes Blatt:
46,6 x 22,8 cm
verso o. l. bez. [Joseph Beuys rechts]
Sammlung Heiner und Céline Bastian

397 Ohne Titel (Goldrausch) o. J.

Vier Filmschachteln verschnürt, Etikett
mit Braunkreuz
16,3 x 36 x 35,8 cm
auf der unteren Schachtel auf dem Kopf
signiert
Sammlung Dr. Speck, Köln

**398 So kann die Parteiendiktatur
überwunden werden 1971**

2 Filzplatten mit Kerben und Braunkreuz;
Beuys fügte hier zwei Filzplatten
zusammen, die Bestandteil der
gleichnamigen Tragetasche (WV
"Multiples", 1985, Nr. 39) waren
67 x 97 cm
Privatsammlung

399 Ofenhaus des Schamanen 1971

Bleistift, Ölfarbe (Braunkreuz)
29,8 x 21 cm
Sammlung Ulbricht, Düsseldorf

**400 rock-crystal
(Zwergendenkmal) 1971**

Bleistift
29,5 x 20,8 cm
Sammlung Ulbricht, Düsseldorf

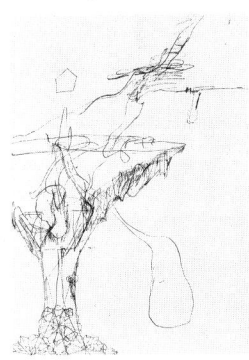

**401 Mutter als Foetus – Foetus als
Mutter 1971**

Bleistift auf Papier, am linken Rand
perforiert
2 Blätter, je 21,5 x 13,5 cm
Sammlung Ulbricht, Düsseldorf

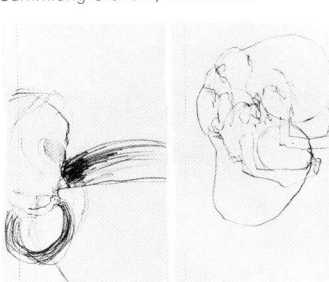

402 Partitur 1971

Bleistift auf Papier auf Untersatz
2 Blätter, je 29,5 x 20,8 cm
Sammlung Ulbricht, Düsseldorf

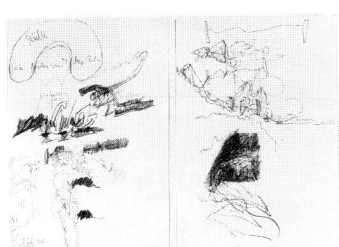

403 Vogel-Wesen 1971

Bleistift, 29,5 x 20,8 cm
Sammlung Ulbricht, Düsseldorf

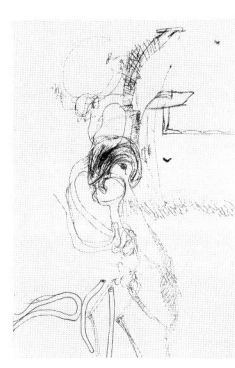

404 berühren der Lichtvase 1971

Bleistift auf Papier, am linken Rand
perforiert, 21,5 x 13,7 cm
Sammlung Ulbricht, Düsseldorf

405 Hirtin sieht Unheil 1971

Bleistift auf Papier, am linken Rand
perforiert, 21,5 x 13,5 cm
Sammlung Ulbricht, Düsseldorf

406 für Filzdemonstration 1971

Bleistift, 2 Blätter, je 29,5 x 20,8 cm
Sammlung Ulbricht, Düsseldorf

**407 Steintorso am
Einweihungsgrab 1971**

Collage; Bleistift auf Papier mit
perforiertem Rand, Wasserfarbe auf
Papier auf Untersatzkarton
2 Blätter, 21,5 x 27,5 cm
Josef W. Froehlich, Stuttgart

408 Bogenlicht 1972

Ölfarbe (Braunkreuz)
23 x 16,5 cm
Sammlung Ulbricht, Düsseldorf
(Taf. 229)

409 Der 62,2° Winkel 1972

Eisensockel mit Eisenstab im rechten
Winkel, Schwefellasche (12,5 x 4,5 x
2,5 cm), Eisenstange (162 cm) auf
Sockel (67 x 53 x 22 cm)
Sammlung Ulbricht, Düsseldorf
(Taf. 196)

410 fat up to this level I 1972

3 aufrecht stehende Zinkplatten mit
angelöteten Bandstücken, mit
Bleistiftlinien markiert; 2 der Platten steil
an die Wand gelehnt, 1 Platte im
rechten Winkel im Abstand davor, mit
Fettspuren bedeckt; eine Eisenstange
(400 cm), schräg daran gelehnt, hält die
Platte aufrecht.
3 Zinkplatten, je 133 x 135 cm
signiert u. datiert [Joseph Beuys 1972],
Zinkplatten mit dem Titel bez.
Sammlung Ulbricht, Düsseldorf
(Taf. 194)

**411 Rückenstütze eines feingliedrigen
Menschen (Hasentypus) aus dem 20.
Jahrhundert p. Chr. 1972**

Eisenguß
WV "Multiples", 1985, Nr. 64
100 x 45 x 15 cm
Sammlung Ingrid und Willi Kemp
(Taf. 85)

412 Diagramm-Zeichnung 1972

Weiße Kreidezeichnung auf schwarzer
Tafel, entstanden während der
documenta 5 in Kassel, 1972
200 x 150 cm
Sammlung Ulbricht, Düsseldorf
(Taf. 207)

413 Runrig 1973

Collage; Bleistift, Kugelschreiber, Tusche, Ölfarbe (Braunkreuz), Papier, Stempel
19,6 x 24,6 cm
recto bez.: [Fruchtfolge 4 Felder. 1 fallow x 2. Getreide grain 3. Gras 4. Mustard. Rapsöl]. und mit Hauptstromstempel gestempelt
verso signiert u. datiert [Joseph Beuys 1973]
Private Collection, Courtesy Anthony d'Offay Gallery, London

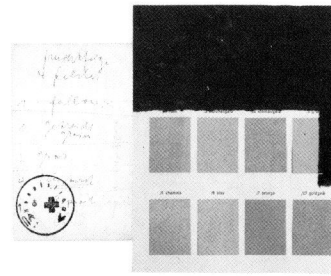

414 letzter Sonnenuntergang 1973

Wasserfarbe
43 x 30,4 cm
verso bez. [Joseph Beuys 1973 letzter Sonnenuntergang]
Private Collection, Courtesy Anthony d'Offay Gallery, London

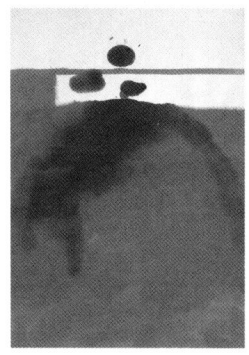

415 Ohne Titel 1973

Fischblasen auf Zeitung (FAZ), Nagel
72 x 44 cm
recto o. r. signiert u. datiert [Joseph Beuys 1973]
Sammlung Dr. Speck, Köln

416 Ohne Titel (Minneapolis Fragment) 1974

Zeichnung auf Zinkplatte, mit Hasenblut bearbeitet, Bleistift und Stempel (F.I.U.), in Eisenrahmen; eine von sechs Druckplatten, die Beuys während eines Vortrags an der University of Minnesota,

Minneapolis, Jan. 1974, zusammenmontiert als Ganzes bearbeitete.
80 x 108 cm
Privatsammlung

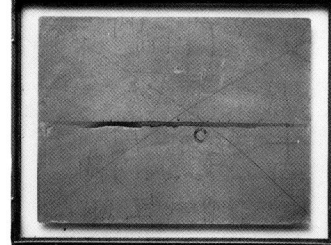

417 Grüne Geige 1974

Grün bemalte Geige, gestempelt (FLUXUS ZONE WEST), in Zinkkasten, eins von zwei oder drei signierten Exemplaren; diese Geige wurde 1969 von Henning Christiansen anläßlich der Fluxus-Konzerte "Ich versuche dich freizulassen (machen) Konzertflügeljom (Bereichjom)" in Berlin und "... oder sollen wir es verändern?" in Mönchengladbach grün gefärbt. Beuys hat diese Geige durch Stempelung und Signatur seinem Werk zugeordnet.
62 x 36 x 16 cm
auf der Geige signiert [Joseph Beuys]
Privatsammlung (Taf. 212)

418 Bouillonscheibe 1974

Fett auf Schieferplatte, 21 x 21 cm
Sammlung Dr. Speck, Köln (Taf. 145)

419 Erdobjekt 1975

Erdmaterial, in der Mitte eine Muschel
Ø 18 x 13,5 cm
auf der Unterseite bez. [Joseph Beuys, TA .... KA-(Turm) 1975]
Privatsammlung Düsseldorf

420 Doppel-Tuch 1974

Bettlaken des Stanhope-Hotels New York mit Schokolade und applizierten Objekten; die Bettücher gehen auf eine "Schokoladen-Aktion" zurück, die Beuys während seines ersten Amerika-Aufenthaltes im Januar 1974 durchführte. 235 x 180 cm
Privatbesitz

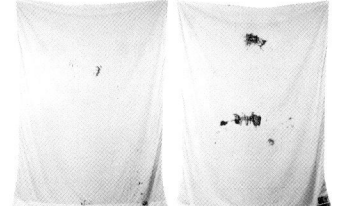

421 The E-Plan for the W-Man ca. 1974

Bleistift, Ölfarbe, 21 x 29,6 cm
verso bez. [J Beuys]
Private Collection

422 Hirschwagen 1974

Ölfarbe (Braunkreuz)
73 x 55 cm
verso bez. [Joseph Beuys Hirschwagen 1974]
Private Collection, Courtesy Anthony d'Offay Gallery, London

423 nachts im Gebälk 1974

Ölfarbe (Braunkreuz)
76,1 x 55,8 cm
verso bez. [Joseph Beuys 1974 nachts im Gebälk]
Private Collection, Courtesy Anthony d'Offay Gallery, London

424 Implosionsmaschine 1974

Ölfarbe (Braunkreuz), Stempelfarbe auf Karton
28 x 19 cm
Sammlung Ulbricht, Düsseldorf (Taf. 230)

425 Ohne Titel (Gebirge) 1974

Bleistiftzeichnung aus dem Zyklus "Zeichnungen zu den beiden 1965

wiederentdeckten Skizzenbüchern 'Codices Madrid' von Leonardo da Vinci"
24,5 x 17 cm
Sammlung Dr. Speck, Köln

426 Schwerkraftraum 1974

Bleistift, 2 Blätter, je 29,7 x 21 cm
Sammlung Ulbricht, Düsseldorf (Taf. 193)

427 Island (Bergnase) 1974

Bleistift auf Papier, am rechten Rand perforiert, 23 x 16 cm
Sammlung Ulbricht, Düsseldorf

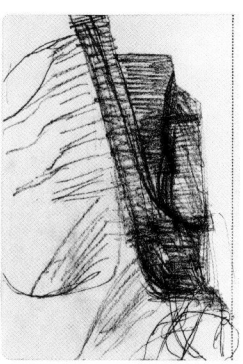

428 vom Willen zur Form 1974

Bleistift auf leichtem chamoisfarbenen Zeichenpapier, auf weißem Zeichenkarton, 4 Blätter, je 21,5 x 13,6 cm
oberes Blatt verso u. M. bez. [Beuys 1974 li. oben vom Willen zur Form], oberes r. Blatt verso u. M. bez. [Beuys 1974 rechts oben vom Willen zur Form], unteres li. Blatt verso u. M. bez. [Beuys li. unten 1974 vom Willen zur Form], unteres r. Blatt verso u. M. bez. [1974 Beuys rechts unten vom Willen zur Form]
Sammlung Heiner und Céline Bastian

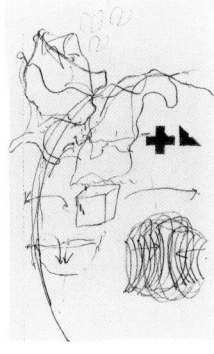

429 Cosmos, Damian 1974

Roter und blauer Kugelschreiber,
Hauptstromstempel auf blau-weißer Tüte
22,8 x 12 cm
recto u. M. signiert [Joseph Beuys]
Privatsammlung

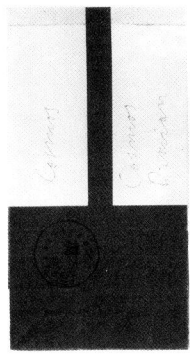

430 verworfene Scene 1975

Bleistift
25,4 x 25,7 cm
Sammlung Ulbricht, Düsseldorf

431 südlicher Vogel 1975

Bleistift
25,5 x 26 cm
Sammlung Ulbricht, Düsseldorf

432 Ohne Titel 1960/75

Vitrine; "Pytholacca Americana", o. J.:
Flugzeug aus Holz, rot bemalt, Zweig,
Knochen (Kehlkopf einer Ente) in
Holzkiste; Objekt o. T., 1962/63:
Schokoladenriegel, Ölfarbe (Braunkreuz);
Objekt o. T., 1963: Messer mit Holzgriff,
Klinge bandagiert mit Mull; "Tantalus",
1963: Papierschachtel, Zuckerwürfel,
Metallnadel, rot bemalter Korken;

"Noiseless Blackboard Eraser", 1974:
WV "Multiples", 1985, Nr. 93; "Mirror
Piece", 1975: WV "Multiples", 1985,
Nr. 146
205,7 x 219,7 x 49,5 cm
Private Collection, Courtesy
Anthony d'Offay Gallery, London
(Taf. 211)

433 Rot/Loch/Lampe 1976/79

Bleistift, Ölfarbe
Ex. 1/34, WV "Multiples", 1985,
Nr. 231, 100 x 65 cm
Privatsammlung

434 Painting Version 1/90 1976

Ölfarbe, Fett auf Rives Bütten,
gerissenes Loch
Ex. 1 von 90 verschiedenen Originalen,
WV "Multiples", 1985, Nr. 151
76 x 56 cm
Privatsammlung
(Taf. 149)

435 Erdbeben 1976

Bleistift, 23 x 16,4 cm
verso bez. [Joseph Beuys 1976
Erdbeben]
Private Collection, Courtesy
Anthony d'Offay Gallery, London
(Taf. 243)

436 2 Schamanenbeutel 1977

Kreide, Ölfarbe; 2 Blätter, linkes Blatt:
76 x 56 cm
verso bez. [2 Schamanenbeutel 1977]
Private Collection, Courtesy
Anthony d'Offay Gallery, London

436 2 Schamanenbeutel 1977

Kreide, Ölfarbe; 2 Blätter, rechtes Blatt:
75 x 56 cm
verso bez. [2 Schamanenbeutel 1977]
Private Collection, Courtesy
Anthony d'Offay Gallery, London

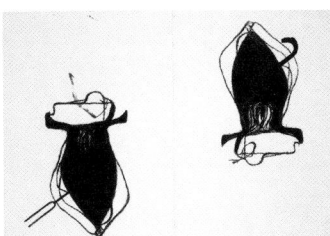

437 NEGENTROPIE 1977

Wasserfarbe, Ölfarbe (Braunkreuz)
45,6 x 62 cm
verso bez. [Joseph Beuys 1977
NEGENTROPIE]
Private Collection, Courtesy
Anthony d'Offay Gallery, London
(Taf. 228)

438 Filzplastik 1977

Ölfarbe (Braunkreuz), 29 x 21 cm
Sammlung Ulbricht, Düsseldorf

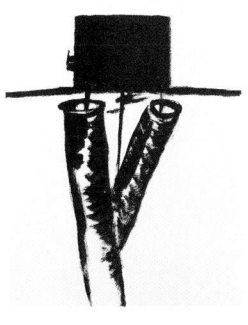

439 aus Island 1977

Collage; Ölfarbe auf Briefumschlag,
Tinte auf Streichholzbriefchen, auf
Karton, geklebt, 16,2 x 26 cm
Sammlung Ulbricht, Düsseldorf

440 Ohne Titel o. J.

Filzdecke, Lederapplikationen,
Leinenriemen, Hauptstromstempel,
Sisalschnur; entstanden vor 1977
90 x 112 cm
Sammlung Dr. Speck, Köln
(Taf. 177)

**441 Aus dem Maschinenraum,
Anhänger 1977**

Vitrine; Fett, Filz, in zwei
aufeinanderfolgenden Pappkartons,
zusammen 110 x 23 x 7 cm. Diese
Arbeit entstand 1977 auf der documenta
6 in Zusammenhang mit der
Honigpumpe.
180 x 150 x 55 cm
Josef W. Froehlich, Stuttgart
(Taf. 213)

**442 Notfalls leben wir auch ohne
Herz 1965/74**

Buchunikat mit Braunzeichnung, zwei
vergoldeten Lorbeerblättern,
Rasierklinge, Elektrokardiogramm von
Joseph Beuys mit Stempel
"Hauptstrom" und Braunkreuz
42 x 27 x 4 cm

auf dem Elektrokardiogramm recto o. l.
signiert [Joseph Beuys], recto auf dem
Buchdeckel M. bez. [notfalls leben wir
auch ohne Herz], bez. [Joseph
Anarchasis Clootsbeuys]
Sammlung Dr. Speck, Köln

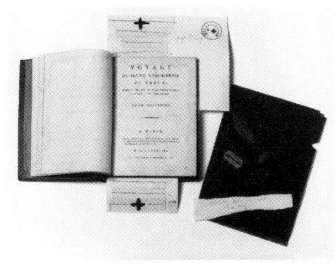

443 für Braun-Raum 1977

Holz (Gehrungsschneidlade), Ölfarbe
(Braunkreuz), 2 Bergkristalle
10,5 x 25 x 10 cm
verso auf der Holzlehre bez. [Joseph
Beuys 1977 für Braun-Raum]
Privatsammlung Düsseldorf

444 Tram Stop Venedig 1977

Collage; Druckplatte, Ölfarbe
(Braunkreuz), Mattlack, Zeitungspapier;
2 Arbeiten, linke Arbeit:
58,3 x 40,3 cm
verso u. bez. (Joseph Beuys Doppelbild
Tram Stop Venedig)
Sammlung Heiner und Céline Bastian

444 Tram Stop Venedig 1977

Geätzte Zinkplatte; 2 Arbeiten, rechte
Arbeit:
44,8 x 32,8 cm
verso l. u. bez. [Doppelblatt zu Tram
Stop Joseph Beuys]
Sammlung Heiner und Céline Bastian

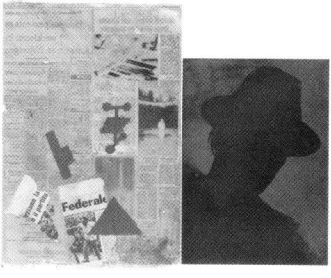

445 Hasenblut 1977

Bleistift, Hasenblut, Stempel [Free
International University] auf Metallfolie
(Druckplatte)
64,7 x 90 cm

335

recto u. M. signiert [Joseph Beuys]
Sammlung Heiner und Céline Bastian

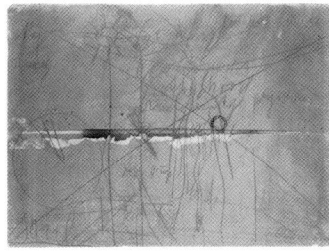

446 Hasenblut 1978

2 Druckplatten aus Aluminium (à 22 x
37 cm) mit seitlicher Lochung, in
Eisenrahmen; obere Platte: zwei
Druckvorlagen für den Katalog "Joseph
Beuys. Zeichnungen", München 1977,
mit Hasenblut bearbeitet; untere Platte
leer
68 x 55 cm
Privatsammlung

447 Hasenblut 1978

2 Druckplatten aus Aluminium (à 22 x
37 cm) mit seitlicher Lochung, in
Eisenrahmen; obere Platte: Zeichnung
mit Hasenblut bearbeitet; untere Platte:
leer
68 x 55 cm
Privatsammlung

**448 Gegenüber dem
Fixsternhimmel 1978**

2 irische Papiertüten zwischen 2
Glasplatten (untere Platte aus Milchglas,
mit Hauptstromstempel versehen),
Bleistift, in Eisenrahmen
81 x 48 cm

auf den Tüten bez. [gegenüber dem
Fixsternhimmel Joseph Beuys]
Privatsammlung

**449 Schultafel I, Kapital =
Kunst 1978**

Kreide auf Schiefertafel, Holzrahmen
90 x 110 cm
Josef W. Froehlich, Stuttgart

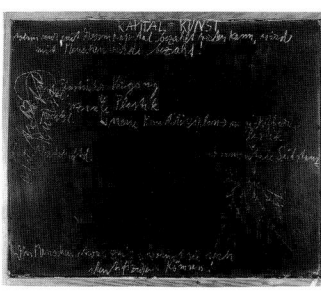

**450 Schultafel II, Geist – Recht –
Wissenschaft 1978**

Kreide auf Schiefertafel, Holzrahmen
90 x 110 cm
Josef W. Froehlich, Stuttgart

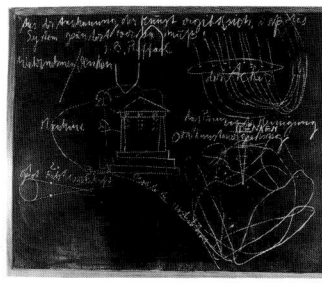

**451 Schultafel III, Jeder Mensch ist
ein Künstler 1978**

Kreide auf Schiefertafel, Holzrahmen
90 x 110 cm
Josef W. Froehlich, Stuttgart

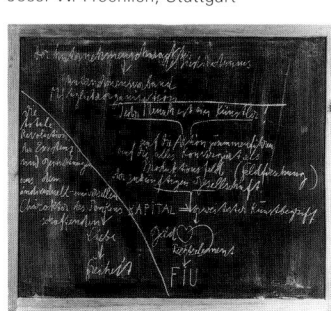

452 "Aktion Dritter Weg" I 1978

Kreide auf Schiefertafel. Diese Tafel
entstand, ebenso wie die beiden
folgenden, anläßlich eines Vortrags mit
dem Titel: "Jeder Mensch ein Künstler",
gehalten in Achberg, am 23. März 1978.
133 x 133 cm
Privatsammlung Düsseldorf (Taf. 208)

453 "Aktion Dritter Weg" II 1978

Kreide auf Schiefertafel, 1 Spazierstock
(rot-braun)
133 x 133 cm
Privatsammlung Düsseldorf (Taf. 209)

454 "Aktion Dritter Weg" III 1978

Kreide auf Schiefertafel
133 x 133 cm
Privatsammlung Düsseldorf (Taf. 210)

455 Aufruf zur Alternative 1978/79

Braune Ölfarbe auf Zeitungsdoppelseite
der Frankfurter Rundschau vom
23. 12. 78, links ganzseitig Beuys-Text:
"Aufruf zur Alternative", rechte Seite
Zeichnung in Ölfarbe (Braunkreuz)
57 x 79,6 cm
recto o. M. signiert [Joseph Beuys]
Privatsammlung

456 Words Which Can Hear 1979

92 Bleistiftzeichnungen auf
Tagebuchseiten in 12 Rahmen
je Blatt 19,4 x 11,1 cm
Private Collection
(Taf. 240)

457 Hasenblut 1971/79

Plastiktasche, 4 ccm Blut beinhaltend,
mit Heftpflaster auf Papier montiert,
WV "Multiples", 1985, Nr. 213
62,5 x 45 cm
recto u. M. bez. [Joseph Beuys
Hasenblut]
Privatsammlung

458 Keltische Objekte 1 1980

Zweiteiliges Objekt;
Schallplatteninnenhülle, Schallplatte
"Celtic", Etikett dunkelgrau übermalt und
gestempelt [Hauptstrom], mit
Hasenkiefer in verglastem Holzkasten
80 x 60 cm
recto o. bez. [Keltische Objekte 1
Joseph Beuys]
Privatsammlung
(Taf. 225)

**459 Ohne Titel (Neues vom
Kojoten) 1980**

Bleistift, braune Farbe auf
Photoleinwand, in verglastem Holzkasten
montiert. Die Photografien, die dieser
und den folgenden beiden Arbeiten
zugrundeliegen, zeigen Details der
Ausstellung "Aus Berlin: Neues vom
Kojoten", Ronald Feldman Gallery, New
York, 3. 11. 1979. Die Elemente dieser
Ausstellung sind Bestandteil der Aktion:
"I like America and America likes me",
bei der Joseph Beuys vom 21.05.–
25.05.1974 mit einem Kojoten in der
René Block Gallery, New York,
zusammenlebte.
87 x 127 cm
recto u. r. signiert [Joseph Beuys]
Privatsammlung

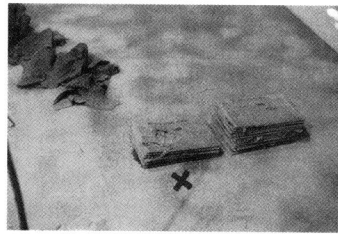

**460 Versuch II (Neues vom
Kojoten) 1980**

Bleistift, Ölfarbe (Braunkreuz) auf
Photoleinwand auf Keilrahmen, in Eisenrahmen
50 x 75 cm
recto u. r. bez. [Versuch II]
Privatsammlung

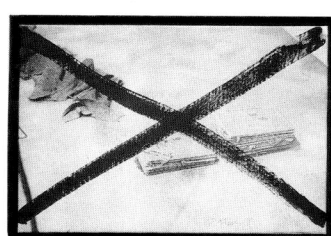

**461 Versuch II (Neues vom
Kojoten) 1980**

Bleistift, Ölfarbe (Braunkreuz) auf
Photoleinwand auf Keilrahmen, in Eisenrahmen
50 x 75 cm

recto u.r. bez. [Versuch II]
Privatsammlung

462 Kopf 1980

Bleistift, Eisenhydroxyd
21 x 15 cm
Josef W. Froehlich, Stuttgart

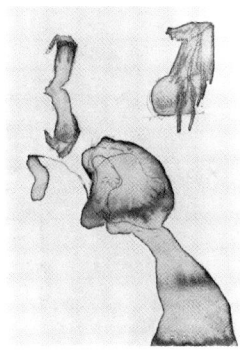

463 Wirtschaftswerte 1980

Installation; 6 in einem rechten Winkel
aneinandergestellte Eisenregale mit
verpackten Grundnahrungsmitteln und
Gebrauchsgegenständen aus der DDR;
mit Bleistift beschrifteter Gipsblock
(98,5 x 55,5 x 77,5 cm) mit Fett; zu der
Installation gehören Ölgemälde aus dem
19. Jahrhundert.
290 x 400 x 265 cm
auf dem Gipsblock bez. [Der Eurasier
läßt schön grüßen Joseph]
Museum van Hedendaagse Kunst, Gent
(Taf. 215–17)

464 Vor dem Aufbruch aus
Lager I 1970/80

Installation; bestehend aus 28 Elementen: 3 Wandelemente, braun bemalt;
1 mit Kreidediagrammen beschriftete
Tafel auf Tafelständer mit Kreidestück,
Schwamm, Carbidlampe; 1 Pult mit
Küchenmesser, Petroleumlampe,
Schemelsitz mit Fett, darunter eine
Holzlatte mit stanniolumwickelter Spitze;
3 Bodenplatten, braun bemalt, darauf
Pyramidenstumpf mit Projektionsschirm,
7 Holzelemente mit Holzhammer, alles
braun bemalt; 1 hölzerner Quader mit
Klappe und 2 Holzkeile, braun bemalt, 1
kupferner Spazierstock auf Holzgestell
600 x 600 cm (B x T)
Privatsammlung
(Taf. 226)

465 Terremoto 1981

Bleistift, Fett
33 x 22,2 cm
Privatsammlung
(Taf. 246)

466 Terremoto in Palazzo 1981

Installation; 3 Holztische, 1 Werkbank,
Gläser mit Wachsresten, Glasscherben
auf dem Boden, Tontöpfe, 1 Ei, 1 Stein
500 x 700 cm (B x T)
Fondazione Amelio, Istituto per l'Arte
Contemporanea, Neapel
(Taf. 244)

467 Vitrine mit Pictish 1982

Vitrine; Fond: 2 Eisenplatten, 1 Kupfer-
platte, je 68 x 42 x 0,25 (bzw. 0,30)
cm, Basaltstein, Bleiform, weiße Farbe
205,7 x 219,7 x 49,5 cm
Private Collection, Courtesy
Anthony d'Offay Gallery, London
(Taf. 214)

468 Schwan mit Ei 1982

Schiefertafel mit Ritzung, Aluminium,
Farbe, Bleistift auf Papier, in Zinkblech-
kasten
40 x 50 x 3 cm
verso auf dem Schiefer bez. [für Josef
Joseph Beuys Schwan mit Ei]
Josef W. Froehlich, Stuttgart
(Taf. 42)

469 2 Schädel Eismeer 1982

Ölfarbe, Titanweiß, Schellack auf
mehrfach gefaltetem Zeitungspapier
40 x 28,5 cm
Sammlung Heiner und Céline Bastian

470 Australian Rock 1982

Bleistift auf glattem weißen
Zeichenkarton, linker Rand unregelmäßig
gerissen
25,3 x 26 cm
verso u. M. bez. [Joseph Beuys 1982
Australia-Rock]
Sammlung Heiner und Céline Bastian

471 Skizzenbuch mit
Bleistiftzeichnungen 1982

Schwarzer Leineneinband (mit zwei
Zeichnungen, entstanden in Australien)
25,5 x 25,7 cm
Nachlaß Joseph Beuys

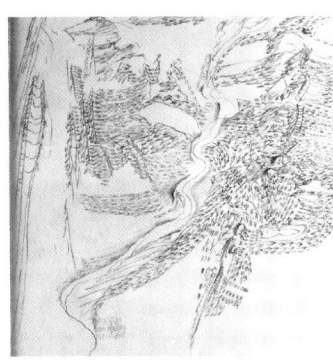

472 Skizzenbuch mit
Bleistiftzeichnungen o. J.

Grauer Pappeinband
33 x 22,8 cm
Nachlaß Joseph Beuys

473 Skizzenbuch mit
Bleistiftzeichnungen o. J.

Blauer Ledereinband, auf dem Etikett:
Porte d'Orleans Raspail Montparnasse
29,7 x 21,8 cm
Nachlaß Joseph Beuys
(Taf. 247)

474 Skizzenbuch mit
Bleistiftzeichnungen o. J.

Schwarzes Halbleinen und schwarz-
weißer Kartoneinband
23 x 16,6 cm
Nachlaß Joseph Beuys

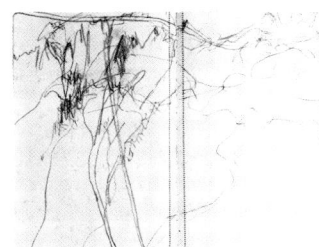

475 Hirschdenkmal für George
Maciunas 1964/82

Konzertflügel, auf Kupferplatten stehend,
Filz, Fett
173 x 419 x 535 cm
Nachlaß Joseph Beuys
(Taf. 231)

476 Hirschdenkmal 1958/82

Holztisch, Eisen, Kupfer
124 x 96 x 290 cm
Nachlaß Joseph Beuys

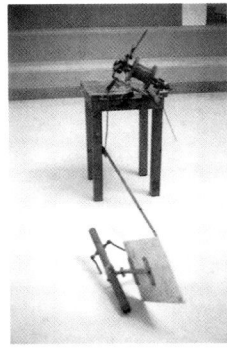

477 Dumme Kiste 1983

Kupfer (1 cm stark), Filz
36,2 x 92,5 x 50,5 cm
Udo und Anette Brandhorst (Taf. 233)

478 Das Ende des 20. Jahr-
hunderts 1983

5 Steine mit herausgefrästem Kegel, Filz,
Lehm
Maße je Stein 190 x 60 x 60 cm
Sammlung Ulbricht, Düsseldorf
(Taf. 235)

479 Alarm I 1983

Bienenwaben, Zweige, Trillerpfeife,
Stoppschild aus Holz und Papier mit
Farbe, 2 Lautsprecher aus Blech, Zink-
Kohle-Batterie, 45 x 125 x 63 cm
Sammlung Ulbricht, Düsseldorf
(Taf. 218)

480 Alarm II 1983

2 Schmelztiegel mit Zinnober, Muschel
mit Kupfervitriol, Bluttransfusionsbeutel
mit Schläuchen, 20 x 40 x 40 cm
Sammlung Ulbricht, Düsseldorf
(Taf. 219)

481 the amazing spud von 1970
1983

Collage; gekeimte Kartoffel (getrocknet),
auf Karton geklebt, auf Untersatzkarton
71 x 39,5 cm
recto auf dem Untersatzkarton u. bez.
[the amazing spud von 1970, Joseph
Beuys 1983]
Sammlung Ulbricht, Düsseldorf

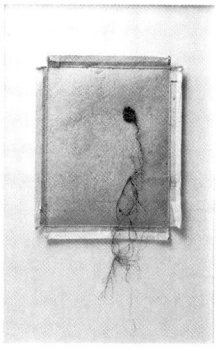

482 FAHN 1984

Collage; Bleistift, Wildschweinblut auf
Seidenpapier auf Karton
60 x 50 cm
recto o. M. bez. [Joseph Beuys . . . . .],
darunter bez. [2 Schafsköpfe / Loch Fett
1961 / 75], recto l. M. bez. [aber Herr
Beuys, wenn das Adolf Hitler gesehen
hätte]
Privatsammlung

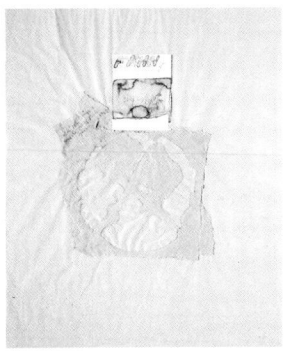

483 Verbrannter Keilrahmen 1979

Verbranntes Holz, verbrannte Leinwand,
Metall, 60 x 73 x 2 cm
verso signiert
Privatsammlung Düsseldorf

484 Gefängnis (Kabir + Daktyl) 1983

Eisengestell, Plexiglas, 2 Carbidlampen,
Lackfarbe, 2 Steine, Klebeband, Papier
195 x 145 x 40 cm
auf den Carbidlampen bez. [Kabir] und
[Daktyl], recto auf dem Plexiglas r.
signiert u. datiert [Joseph Beuys
17-4-83]
Josef W. Froehlich, Stuttgart

485 Eiszeit 1983

Holzbrett mit Silberfarbe lackiert, weißes
Eisenrohr, Bleistift (Zeichnung von
Eiszeittieren), Taschentuch von Beuys
250 x 50 x 25 cm

auf dem Eisenrohr bez. [Eiszeit Joseph
Beuys 17.04.1983]
Josef W. Froehlich, Stuttgart
(Taf. 236)

486 Wo ist Element 3? 1984

Schalttafelelemente und Schütze,
montiert auf Marmor- und Holztafeln,
Eisengestellrahmen, Bleistift auf Karton
210,5 x 110,2 x 45 cm
recto auf der Holztafel u. l. signiert u.
datiert [Joseph Beuys 1984], auf dem
Karton bez. [WO IST ELEMENT 3?]
Privatsammlung Düsseldorf

487 Hirsch 1958/84

Aluminium, weitere 4 Güsse als Teil des
Environments: "Blitzschlag mit
Lichtschein auf Hirsch", Ex. 0, Guß
1984. Bei dieser Arbeit handelt es sich
um den Guß einer Holzskulptur, die
1982 Bestandteil der Installation
"Hirschdenkmäler" der Ausstellung
"Zeitgeist", Berlin 1982/83, war. Die
Holzskulptur "Hirsch" hatte Beuys aus
den Überresten einer frühen Skulptur,
"Langhaus", zusammengefügt.
46 x 175 x 105 cm
auf der Bodenfläche v. l. bez. [Beuys
Exemplar 0 H. Noack Berlin]
(Schlagstempel)
Privatsammlung
(Taf. 91)

488 Ohne Titel 1966/84

Zinkvitrine mit: Leinenkassette mit
2 Bühnenstücken "Gioconda III" und
"Bühnenstück I", dieses u. l. signiert
[Joseph Beuys], Filzhalbkreuz mit
brauner Ölfarbe gestempelt
[+BEUYS+], beides aus der Edition
". . . mit Braunkreuz", 1966; Kassette
hier zusätzlich mit 2 braunen Kreuzen
bemalt; Gasmaske mit Hauptstromstempel
50 x 85 x 36 cm
Kassette signiert
Privatsammlung
(Taf. 224)

**489 Vitrine mit Falsch 1 / Falsch 2
1949/84**

Vitrine; "K + N", 1949: Holz- und
Eisenoxydkugel; "Moon", 1963:
Filzscheibe, Fußnagel, Fett; "Celtic +
∿∿", 1971: WV "Multiples", 1985, Teil
des Multiples Nr. 35; "Falsch 1 / Falsch
2", 1981: 2 verzinkte Metallgitter,

Bienenwachs, Mull, Heftpflaster, Filzstift,
2 schwarze Eisenplatten;
"Samuraischwert", 1983; WV
"Multiples", 1985, Nr. 363;
"Brustwarze", 1984: WV "Multiples",
1985, Nr. 387; "2 Brustwarzen": Ton;
Objekte o. T., 1984: 36 Tonskulpturen
205,7 x 219,7 x 49,5 cm
Private Collection, Courtesy
Anthony d'Offay Gallery, London
(Taf. 221)

**490 Entwurf für Tiberius-Brücke
Rimini 1984**

Bleistift auf Papier auf Untersatzblatt,
oberer Rand perforiert
21 x 29,5 cm
Josef W. Froehlich, Stuttgart

491 Norwegen 1984

Bleistift auf farbigem Papier, an beiden
seitlichen Rändern perforiert, auf
Untersatzkarton
2 Blätter, je 21 x 13,5 cm
Josef W. Froehlich, Stuttgart

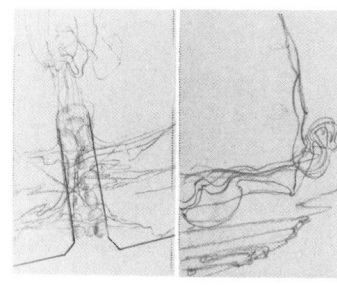

**492 Ohne Titel (Schwan und
Körperteile) 1980/84**

Collage; Bleistift auf Papier, geklebt
30 x 30 cm
Josef W. Froehlich, Stuttgart
(Taf. 41)

493 Möbiuswerfer 1984

Rauminstallation bestehend aus drei
Teilen:
1) eine gerahmte Zeichnung
2) ein kleines Wurfobjekt aus Bleiblech
3) eine Schnur, die durch den Raum
gespannt ist (Länge 500 cm,
Hängepunkte jeweils 280 cm vom
Boden. Die Verspannung ist leicht
diagonal). Auf dieser durchhängenden
Schnur sind die aus Bleiblech gefertigten
13 Möbiusbänder aufgehängt. Die Größe
der Bänder variiert zwischen ca. 30 x 30

bis 10 x 70 cm, bei einer Breite
zwischen 25 und 4 cm.
Privatbesitz
(Taf. 241 / 242)

494 Ohne Titel 1969/85

Vitrine; "Ja, Ja, Ja, Ja, Ja, Nee, Nee,
Nee, Nee, Nee" 1969: WV "Multiples",
1985, Nr. 12, 95/100; "Objekt zum
Schmieren und Drehen", 1972: WV
"Multiples", 1985, Nr. 55, 80/100;
"Noiseless Blackboard Eraser", 1974:
WV "Multiples", 1985, Nr. 93,
373/500; "Telefon S-Ǝ", 1974: WV
"Multiples", 1985, Nr. 123; "Element",
1982: WV "Multiples", 1985, Nr. 339;
"Stempelplastik", 1982: WV "Multiples",
1985: Nr. 356, 30/35;
"Samuraischwert", 1983: WV "Mul-
tiples", 1985, Nr. 363, 12/30; Stapel
unregelmäßig geschnittener Filzstücke
205,7 x 219.7 x 49,5 cm
Privatsammlung
(Taf. 222)

495 Vitrine mit Multiples 1969/85

Vitrine; "Ja, Ja, Ja, Ja, Ja, Nee, Nee,
Nee, Nee, Nee", 1969: WV "Multiples",
1985, Nr. 12; "Celtic + ∿∿", 1971:
WV "Multiples", 1985, Teil von Nr. 35;
"Objekt zum Schmieren und Drehen",
1972: WV "Multiples", 1985, Nr. 55; "La
Zappa", 1978: WV "Multiples", 1985,
Nr. 197; "Stempelplastik", 1982: WV
"Multiples", 1985, Nr. 356;
"Samuraischwert", 1983: WV "Mul-
tiples", 1985, Nr. 363; "Filzkeil", 1984:
WV "Multiples", 1985, Nr. 388; leere
Flasche, gestempelt
205,7 x 219.7 x 49,5 cm
Private Collection
(Taf. 223)

496 Evolutionäre Schwelle 1985

Filzplatte, schwarze Klammer
72 x 23,7 cm
Privatsammlung

497 Evolutionäre Schwelle 1985

Filzplatte, schwarze Klammer
81 x 23 cm
Privatsammlung

498 Evolutionäre Schwelle 1985

Filzplatte, schwarze Klammer
71 x 15 cm
Privatsammlung

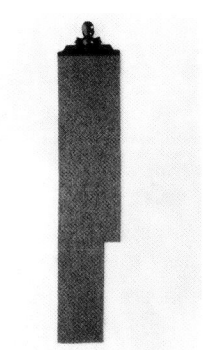

499 Nasse Wäsche Jungfrau 1985

Limba-Holz, Textil (Leinen), Kernseife;
diese Arbeit wurde in zwei
verschiedenen Fassungen hergestellt
65 x 145 x 200 cm
Sammlung Ulbricht, Düsseldorf
(Taf. 232)

500 hier hin 1985

Collage; rote Tinte, Tesafilm auf
doppeltliegenden, blauen Pappen
26 x 21 cm
recto o. r. signiert u. datiert [Joseph
Beuys 1985], recto r. M. bez. [hier hin]
Privatsammlung

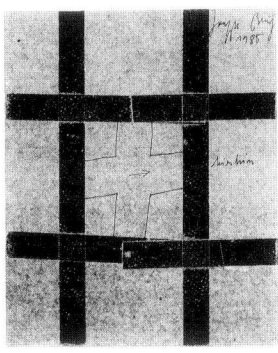

501 Tulipidendron 1984

Silberbronze auf leichtem hellbraunen
Recycling-Papier
20,8 x 14,7 cm
Sammlung Heiner und Céline Bastian

**502 Ombelico di Venere Cotyledon
Umbilicus Veneris 1985**

Bleistift, getrocknete Blumen auf Papier
21 x 20 cm
recto u. bez. [Bolognano Joseph Beuys
1985], recto o. bez. [Ombelico di Venere
Cotyledon Umbilicus Veneris]
Collection Christine et Isy Brachot,
Brüssel

**503 Ombelico di Venere Cotyledon
Umbilicus Veneris 1985**

Bleistift, getrocknete Blumen auf Papier
23 x 20,5 cm
recto r. M. bez. [Ombelico di Venere
Cotyledon Umbilicus Veneris], recto u.
bez. [Bolognano 1985 Joseph Beuys]
Collection Christine et Isy Brachot,
Brüssel

**504 Ombelico di Venere Cotyledon
Umbilicus Veneris 1985**

Bleistift, getrocknete Blumen auf Papier
21 x 22,8 cm
recto o. bez. [Ombelico di Venere
Cotyledon Umbilicus Veneris], recto l.
M. bez. [Bolognano 1985], recto u. M.
signiert [Joseph Beuys]
Collection Christine et Isy Brachot,
Brüssel

**505 Ombelico di Venere Cotyledon
Umbilicus Veneris 1985**

Bleistift, getrocknete Blumen auf Papier
25,5 x 33, 5 cm
recto o. bez. [Ombelico di Venere
Cotyledon Umbilicus Veneris], recto u.
M. bez. [Bolognano 1985 Joseph Beuys]
Collection Christine et Isy Brachot,
Brüssel

**506 Ombelico di Venere Cotyledon
Umbilicus Veneris 1985**

Bleistift, getrocknete Blumen auf Papier
25 x 38 cm
recto o. M. bez. [Ombelico di Venere
Cotyledon Umbilicus Veneris], recto u.
M. bez. [Bolognano 1985, Joseph
Beuys]
Collection Christine et Isy Brachot,
Brüssel

**507 Ombelico di Venere Cotyledon
Umbilicus Veneris 1985**

Bleistift, getrocknete Blumen auf Papier
23 x 37 cm
recto u. l. bez. [Ombelico di Venere
Cotyledon Umbilicus Veneris], recto

u. M. bez. [Bolognano 1985, Joseph
Beuys]
Collection Christine et Isy Brachot,
Brüssel

**508 Ombelico di Venere Cotyledon
Umbilicus Veneris 1985**

Bleistift, getrocknete Blumen auf Papier
18 x 46 cm
recto u. bez. [Bolognano, 1985 Joseph
Beuys Ombelico di Venere Cotyledon
Umbilicus Veneris]
Collection Christine et Isy Brachot,
Brüssel

**509 Ombelico di Venere Cotyledon
Umbilicus Veneris 1985**

Bleistift, getrocknete Blumen auf Papier
21 x 46 cm
recto u. bez. [Ombelico di Venere
Cotyledon Umbilicus Veneris Bolognano
1985 Joseph Beuys]
Collection Christine et Isy Brachot,
Brüssel

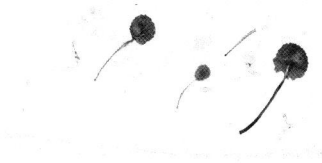

**510 Ombelico di Venere Cotyledon
Umbilicus Veneris 1985**

Bleistift, getrocknete Blumen auf Papier
42 x 50 cm
recto o. M. bez. [Joseph Beuys, Bolognano 1985], recto M. bez. [Ombelico di
Venere Cotyledon Umbilicus Veneris]
Collection Christine et Isy Brachot,
Brüssel

511 Ombelico di Venere Cotyledon Umbilicus Veneris 1985

Bleistift, getrocknete Blumen auf Papier
42 x 50 cm
recto M. bez. [Bolognano 1985],
darunter [Ombelico di Venere Cotyledon Umbilicus Veneris], recto u. M. signiert [Joseph Beuys]
Collection Christine et Isy Brachot, Brüssel

512 Ombelico di Venere Cotyledon Umbilicus Veneris 1985

Bleistift, getrocknete Blumen auf Papier
35 x 46 cm

recto o. M. bez. [Ombelico di Venere Cotyledon Umbilicus Veneris], recto u. M. bez. [Bolognano 1985 Joseph Beuys]
Privatsammlung

513 5000.2000.8 – 49214-8-5 1984/85

Bleistift, Hasenblut auf leichtem transparenten Papier
152 x 369 cm
Sammlung Heiner und Céline Bastian

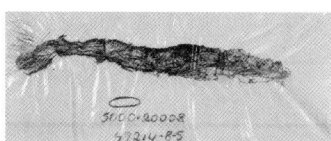

514 Ich glaube 1985

Karton in grau gestrichener Eisenkiste auf Eisentisch, Schwefel, 19 Orangen, Orangenblätter
94,5 x 78 x 70 cm
Fondazione Amelio, Istituto per l'Arte Contemporanea, Neapel
(Taf. 245)

515 Scala libera 1985

Ernteleiter, Steine, Farbe, Draht;
13.10.85
190 x 37 x 52 cm
Fondazione Amelio, Istituto per l'Arte Contemporanea, Neapel
(Taf. 248)

516 Tisch mit Aggregat 1958/85

Bronze, 4 Teile: Tisch, Aggregat, 2 Kugeln, Verbindungskabel.
Das Original dieses Gusses bestand aus einem Holztisch, einem Holzkasten mit einem Transformator sowie Anschluß-kabeln für zwei Lehmkugeln; diese Arbeit

war Bestandteil der Installation ''Hirschdenkmäler'' der Ausstellung ''Zeitgeist'', Berlin 1982/83.
Exemplar 3/4
98,5 x 58 x 170 cm
bez. mit Schlagstempel [H. NOACK BERLIN EXEMPLAR 3/4]
Monika Schmela, Düsseldorf
(Taf. 114)

517 Palazzo Regale 1985

Installation; 7 Messingtafeln, je 202 x 100 cm, bedeckt mit Firnis und Gold-staub; 2 Vitrinen, Messing und Glas, je 196 x 228 x 80,5 cm; Vitrine 1: Kopf (Eisenguß); Mantel aus Luchsfell; 2 Becken; Muschel; Vitrine 2: Rucksack mit Sonden und Filzkeil; ''warmer Spazierstock'', 1968 (2 Kupferstöcke, einer mit Filz umwickelt); Objekt mit 2 Kupferklemmen; 3 Speckrollen und 1 flaches Stück Speck
598 x 1400 cm (B x T)
Nachlaß Joseph Beuys
(Taf. 249–253)

Biographie

1921 Geburt am 12. Mai in Krefeld (Beuys selbst gibt, aufgrund seiner persönlichen Verknüpfung von Lebenslauf und Werklauf, häufig Kleve als Geburtsort an)

1940 Abitur am Gymnasium Kleve

1941–1945 Kriegsdienst als Sturzkampfflieger

1945–1946 Kriegsgefangenschaft

1946–1947 Rückkehr nach Kleve, dort Vorbereitung auf das Akademiestudium

1947–1951 Beginn des Studiums der Bildhauerei an der Staatlichen Kunstakademie Düsseldorf bei Joseph Enseling

1949–1951 Fortsetzung des Studiums bei Ewald Mataré

1952–1954 Meisterschüleratelier an der Staatlichen Kunstakademie Düsseldorf

1953 Erste Einzelausstellung in Kranenburg im Haus der Brüder van der Grinten

1954 Atelier in Düsseldorf

1955–1957 Beuys durchlebt eine Phase depressiver Erschöpfungszustände, von der er sich bei der Feldarbeit auf dem Hof der Familie van der Grinten erholt

1959 Heirat mit Eva Wurmbach

1961 Berufung als Professor für monumentale Bildhauerei an die Staatliche Kunstakademie Düsseldorf

1962 Erste Kontakte zur Fluxus-Bewegung

1963 Erste Teilnahme an Fluxus-Aktionen
18. Juli: erste Aktion mit Fett in der Galerie Rudolf Zwirner, Köln

1964 27. Juni – 5. Oktober: Beteiligung an der documenta 3; es werden Plastiken und Zeichnungen aus dem Zeitraum 1951–1956 gezeigt
20. Juli: »Festival der neuen Kunst«, Technische Hochschule Aachen
11. November: Aktion *Das Schweigen von Marcel Duchamp wird überbewertet*, Landesstudio Nordrhein-Westfalen, Düsseldorf
1. Dezember: Aktion *Der Chef*, Galerie René Block, Berlin

1965 5. Juni: Aktion *... und in uns ... unter uns ... landunter*, Galerie Parnass, Wuppertal
26. November: Aktion *wie man dem toten Hasen die Bilder erklärt*, Galerie Schmela Düsseldorf

1966 7. Juli: Aktion *Infiltration Homogen für Konzertflügel, der größte Komponist der Gegenwart ist das Contergankind*, Staatliche Kunstakademie, Düsseldorf
14./15. Oktober: Aktion *Eurasia* und *34. Satz der Sibirischen Symphonie*, Galerie 101, Kopenhagen
15. Dezember: Aktion *Manresa*, Galerie Schmela, Düsseldorf

1967 10. Februar: Aktion *Eurasienstab 82 min fluxorum organum*, Galerie nächst St. Stephan, Wien
20. März: Aktion *Hauptstrom*, Galerie Franz Dahlem, Darmstadt
22. Juni: Gründung der »Deutschen Studentenpartei als Metapartei« in Düsseldorf; Beginn der politischen Aktivitäten

1968 27. Juni – 6. Oktober: Beteiligung an der documenta 4 mit der Installation *Raumplastik*
24. November: Erstes Mißtrauensmanifest von Professoren der Kunstakademie gegen Joseph Beuys

1969 27. Februar: Aktion *Ich versuche dich freizulassen (machen) Konzertflügeljom (Bereichjom)*, Akademie der Künste, Berlin
29./30. Mai: Aktion *Iphigenie/Titus Andronicus*, Deutsche Akademie der darstellenden Künste, Frankfurt/Main

1970 26.–30. August: Aktion *Celtic (Kinloch Rannoch), Schottische Symphonie*, Edinburgh College of Art, Edinburgh
6. November: Aktion *Freitagsobjekt ›1 a gebratene Fischgräte‹*, Eat Art Galerie, Düsseldorf

1971 5. April: Aktion *Celtic +∿∿∿*, Zivilschutzräume, Basel

1972 30. Juni – 8. Oktober: Beteiligung an der documenta 5 mit dem Informationsbüro der »Organisation für direkte Demokratie durch Volksabstimmung«
10. Oktober: Kündigung von Joseph Beuys als Professor der Staatlichen Kunstakademie Düsseldorf durch den Wissenschaftsminister; Beginn des »Akademiestreits«

1974 Januar: Erster Aufenthalt in den USA; während des zweiten Aufenthalts im Mai Aktion *Coyote*, 21. bis 25. Mai, René Block Gallery, New York
Februar: Gründung einer »Freien Hochschule« in Düsseldorf
7. April – 30. November: Ausstellungstournee *The secret block for a secret person in Ireland* in Großbritannien und Irland

1976 18. Juli – 10. Oktober: Beteiligung an der Biennale in Venedig mit der Installation *Tram Stop I, Straßenbahnhaltestelle I*
Dezember: Verleihung des Lichtwark-Preises der Stadt Hamburg

1977 24. Juni – 2. Oktober: Beteiligung an der documenta 6 mit der *Honigpumpe am Arbeitsplatz* und Gründung der »Freien internationalen Hochschule für Kreativität und interdisziplinäre Forschung e. V.«

1978 14. Januar: Verleihung der Thorn-Prikker-Ehrenplakette der Stadt Krefeld
7. April: Die Kündigung von Beuys als Professor der Staatlichen Kunstakademie Düsseldorf wird vom Bundesarbeitsgericht für rechtswidrig erklärt
6. Mai: Ernennung zum Mitglied der Akademie der Künste in Berlin

1979 Kandidatur für das Europaparlament als Vertreter der »Grünen«
9. September Verleihung des Kaiserrings der Stadt Goslar

3. Oktober – 9. Dezember: Beteiligung an der Biennale in São Paulo mit der Arbeit *Brazilian Fond*

2. November – 2. Januar 1980: Retrospektive im Solomon R. Guggenheim Museum, New York

1980 Kandidatur für die »Grünen« auf der Landesliste in Nordrhein-Westfalen

1. Juni – 28. September: Beteiligung an der Biennale in Venedig mit der Arbeit *Das Kapital Raum 1970–1977*

1982 19. Juni – 28. September: Beteiligung an der documenta 7 mit der Aktion *7000 Eichen*

30. Juni: eine Imitation der Krone Iwans des Schrecklichen wird zum *Friedenshasen* umgeschmolzen

4.–18. August: Aufenthalt in Australien

1984 Juni / Juli: Aufenthalt in Japan

2. Juni: Konzert *Coyote III* mit Nam June Paik in Tokio

Scheitern des 1983 für Hamburg konzipierten Projekts *Spülfeld Altenwerder*

1985 23. Dezember: Installation von *Palazzo Regale,* Museo di Capodimonte, Neapel

1986 12. Januar: Verleihung des Wilhelm-Lehmbruck-Preises der Stadt Duisburg

Tod am 23. Januar in Düsseldorf

Ausstellungsverzeichnis

Die Zusammenstellung der Ausstellungen erfolgt bis 1987 in Auswahl; ab 1988 bemüht sich das Verzeichnis um Vollständigkeit. Aktionen und Vorträge des Künstlers werden im Ausstellungsverzeichnis nicht berücksichtigt. Wichtige Installationen werden unter den Einzelausstellungen aufgeführt; fanden sie im Rahmen einer entsprechenden Gruppenausstellung statt, so wird dies vermerkt, im Verzeichnis Gruppenausstellungen werden die Installationen jedoch nicht mehr gesondert erwähnt.

Einzelausstellungen

1953

Joseph Beuys. Erste Ausstellung von Zeichnungen, Holzschnitten und plastischen Arbeiten, Sammlung van der Grinten, Kranenburg, 22. 2.–15. 3. 1953 (Teile dieser Ausstellung werden noch im selben Jahr im Von der Heydt-Museum in Wuppertal gezeigt)

1961

Joseph Beuys – Zeichnungen, Aquarelle, Ölbilder, plastische Bilder. Aus der Sammlung van der Grinten, Städtisches Museum Haus Koekkoek, Kleve, 8. 10.–5. 11. 1961, mit Texten von Joseph Beuys, Hans van der Grinten und Franz Joseph van der Grinten

1963

Joseph Beuys Fluxus. Aus der Sammlung van der Grinten, Stallausstellung im Hause van der Grinten, Kranenburg, 26. 10.–24. 11. 1963, mit Texten von Franz Joseph van der Grinten und Hans van der Grinten

Schmela Auktion 1 – moderne Kunst Düsseldorf, 15. 6. 1963, Nr. 6–9

1964

Thomas Schmit / Wolf Vostell: *Programm- und Dokumentationspublikation zum Festival der neuen Kunst,* Technische Hochschule Aachen, 20. Juli 1964

1965

Joseph Beuys. . .irgendein Strang. . ., Galerie Schmela, Düsseldorf, 26. 11.–Dezember 1965 (o. Kat.; Verzeichnis der Exponate)

1967

Beuys, Städtisches Museum Mönchengladbach, 13. 9.–29. 10. 1967, mit Texten von Johannes Cladders und Hans Strelow

1968

Beuys, Stedelijk van Abbe-Museum, Eindhoven, 22. 3.– 5. 5. 1968, mit einem Text von Otto Mauer

1969

Joseph Beuys – Werke aus der Sammlung Karl Ströher, Kunstmuseum Basel, 16. 11. 1969–4. 1. 1970, mit einem Text von Franz Meyer

Joseph Beuys – Zeichnungen und Kleine Objekte, Kunstmuseum Basel, Kupferstichkabinett, 5. 7.–31. 8. 1969, mit Texten von Franz Joseph van der Grinten und Dieter Koepplin

Joseph Beuys und Henning Christiansen. Ich versuche dich freizulassen (machen –), Wide White Space Gallery, Antwerpen, 1969

1970

Joseph Beuys – Handzeichnungen, Kunstverein Ulm, 18. 10.–15. 11. 1970; Herzog Anton Ulrich-Museum, Braunschweig, 11. 12. 1970–31. 1. 1971; Schleswig-Holsteinischer Kunstverein, Kunsthalle Kiel, 7. 3.–11. 4. 1971, mit Texten von Rüdiger Klessmann, Christian von Heusinger, Franz Joseph van der Grinten und Hans van der Grinten

Joseph Beuys – Sammlung Hans und Franz Joseph van der Grinten, Kranenburg, Galerie im Taxis Palais, Innsbruck, 6. 11.–6. 12. 1970; Galerie Nächst St. Stephan, Wien, mit einem Text von Hans van der Grinten

Joseph Beuys – Tekeningen uit de coll. van der Grinten, Zweews Museum, Middelburg, 6. 4.–4. 7. 1970, Vleeshal Middelburg 1970

1971

Barraque d'Dull Odde 1961–67 / Celtic + ∿∿ , *Basel 1971, 5 1/2 Stunden Videodoppel,* Galerie Schmela, Düsseldorf, 17. 9.–2. 10. 1971, (Faltblatt)

Joseph Beuys – Objekte und Zeichnungen aus der Sammlung van der Grinten, Von der Heydt-Museum, Wuppertal, 20. 3.–25. 4. 1971, mit Texten von Günter Aust, Hans van der Grinten und Franz Joseph van der Grinten

Joseph Beuys. Multiples und Grafik, Galerie Schellmann & Klüser, München, 2. 2.–Ende März 1971 (zugl. 1. Auflage des Werkverzeichnisses *Multiples*)

Joseph Beuys – Handzeichnungen und Objekte. Sammlung Lutz Schirmer, Köln; Kunstverein St. Gallen, 5. 6.–31. 7. 1971, mit Texten von Franz Joseph van der Grinten, Hagen Lieberknecht und Joseph Beuys

Joseph Beuys – Zeichnungen und Objekte 1937–1970 aus der Sammlung van der Grinten, Moderna Museet, Stockholm, 16. 1.–28. 2. 1971, mit Texten von Pontus Hultén, Karin Lindgreen, Dieter Koepplin, Franz Joseph van der Grinten, Hans van der Grinten und Joseph Beuys

Voglio vedere le mie montagne, Stedelijk van Abbe-Museum, Eindhoven, 17. 8.–5. 9. 1971

Ciclo sull'opera di Joseph Beuys 1946–1971, Modern Art Agency, Neapel, ab 13. 11. 1971,

La Rivoluzione siamo noi – Partitura di Joseph Beuys, Modern Art Agency, Neapel, 13. 11. 1971, mit Texten von Achille Bonito Oliva und Filiberto Menna, Neapel 1971

1972

Aktion Heidebild, Galerie Falazik, Neuenkirchen, 24. 6.–31. 8. 1972

Arena: dove sarei arrivato se fossi stato intelligente!; Modern Art Agency, Neapel 1972, 15. 6. 1972; Galleria L'Attico, Rom, 30. 10. 1972; Studio Marconi, Mailand, 6. 3. 1973; mit einem Text von Achille Bonito Oliva

Joseph Beuys – Zeichnungen und andere Blätter aus der Sammlung Karl Ströher, Hessisches Landesmuseum Darmstadt, 30. 6.–20. 8. 1972, mit Texten von Gerhard Bott und Hans Martin Schmidt

Joseph Beuys – Zeichnungen I, von 1949–1969, Galerie Schmela, Düsseldorf, 12. 5.–17. 6. 1972

Joseph Beuys. Seven exhibitions, Tate Gallery, London, 24. 2.–6. 3. 1972; Kat. zur Einzelausstellung von Joseph Beuys

Transsibirische Bahn, Katalog zur Videothek-Ausstellung des Neuen Berliner Kunstvereins, mit Texten von Jörn Merkert und Joseph Beuys, Berlin 1972

1973

Joseph Beuys – Drawings 1947–1972, Ronald Feldman Gallery, New York, 13. 1.–16. 2. 1973; Dayton Gallery 12, Minneapolis, 2. 3.–31. 3. 1973

Joseph Beuys – Zeichnungen II, von 1946–1971, Galerie Schmela, Düsseldorf, September 1973

Joseph Beuys – Multiples, Bücher und Kataloge, Galerie Klein, Bonn, 10. 4.–19. 5. 1973, mit einem Text von Reiner Speck

Joseph Beuys. Zeichnungen aus der Sammlung Karl Ströher, Kunsthalle Tübingen, 27. 10.–2. 12. 1973, mit einem Text von Franz Joseph van der Grinten

1974

Joseph Beuys. Collected Editions II, John Gibson Gallery, New York, 5.–24. 1. 1974

Joseph Beuys – The secret block for a secret person in Ireland, Museum of Modern Art, Oxford, 7. 4.–12. 5. 1974; National Gallery of Modern Art, Edinburgh, 6. 6.–30. 6. 1974; Institute of Contemporary Arts, London, 9. 7.–1. 9. 1974; Municipal Gallery of Modern Art, Dublin, 25. 9.–27. 10. 1974; Arts Council Gallery, Belfast, 6. 11.–30. 11. 1974; mit einem Text von Caroline Tisdall und einem Vorwort von Nick Serota

Joseph Beuys – Zeichnungen 1946–1971, Museum Haus Lange, Krefeld, 19. 5.–30. 6. 1974, mit einem Beitrag von Paul Wember

Joseph Beuys, Studio Brescia, Brescia, 5. 10. 1974

Joseph Beuys. Multiples (Also Sculpture from Basel Art 5'74), Dayton's Gallery, Minneapolis, September 1974

Hearth I, Feuerstätte I, Ronald Feldman Fine Arts, New York, Juni 1974

Richtkräfte, Aktion / Installation der Ausstellung *Art into Society-Society into Art,* ICA Institute of Contemporary Art, London, 29. 10.–24. 11. 1974

1975

Richtkräfte '74, René Block Gallery, New York, 5. 4.–10. 5. 1975

Joseph Beuys – Multiples, livres, catalogues, Katalog zur Ausstellung der Galerie Bama, Paris und der Librairie Fleuve, Bordeaux

Joseph Beuys – Multiples, Bücher und Kataloge aus der Sammlung Dr. med. Speck, Kasseler Kunstverein, 2. 4.–18. 5. 1975

Joseph Beuys – Zeichnungen, Bilder, Plastiken, Objekte, Aktionsphotographien, Kunstverein Freiburg 23. 5.–29. 6. 1975, mit Texten von Franz Joseph van der Grinten und Hans van der Grinten

Joseph Beuys, Kestner-Gesellschaft Hannover, 19. 12. 1975–8. 2. 1976, mit einem Text von Paul Wember

1976

Joseph Beuys – Zeige deine Wunde, Kunstform in der Fußgängerunterführung Maximilianstraße / Altstadtring, München, 11. / 12. 2. 1976, Organisation Galerie Schellmann & Klüser, München, mit einem Text von Laszlo Glozer »Joseph Beuys ›Zeige Deine Wunde‹ – Raum mit Doppelobjekten«, München 1976

Tram Stop I, Straßenbahnhaltestelle I, Biennale Venedig, 18. 7.–10. 10. 1976

Eurasia, Galerie Schmela, Düsseldorf, 14. 5. 1976

Fond IV / 4, Galerie Schmela, Düsseldorf, 6. 9.–30. 9. 1976

1977

Joseph Beuys – Multiplizierte Kunst. Sämtliche Auflagenobjekte aus der Sammlung Dr. Günter Ulbricht, Düsseldorf. Städtisches Kunstmuseum Bonn, 13. 10.–20. 11. 1977. Darin der Beitrag von Dierk Stemmler, »Zu den Multiples von Joseph Beuys«

Honigpumpe am Arbeitsplatz, documenta 6, Kassel,
   24. 6.–2. 10. 1977
Unschlitt / Tallow, Installation der Ausstellung *Skulptur,* Westfäli-
   sches Landesmuseum für Kunst und Kulturgeschichte, Mün-
   ster, 3. 8.–13. 11. 1977
*Joseph Beuys – Tekeningen, Aquarellen, Gouaches, Collages,
   Olieverven,* Museum van Hedendaagse Kunst, Citadelpark
   Gent, 6. 10.–11. 12. 1977, mit Texten von Claire van Damme
   u. a.
Joseph Beuys – The secret block for a secret person in Ireland,
   Kunstmuseum Basel, 16. 4.–24. 6. 1977, mit Texten von Die-
   ter Koepplin, Caroline Tisdall und Joseph Beuys
Joseph Beuys – Zeichnungen, Teil I: 17 Zeichnungen; mit
   einem Gespräch zwischen Joseph Beuys und Hagen Lieber-
   knecht von 1972, Teil II: *Zeichnungen 1946–1974,* Galerie
   Schellmann & Klüser, München, 13. 10.–30. 11. 1977

1978
Joseph Beuys – Multiplizierte Kunst. Alle Auflagenobjekte und
   Graphiken aus der Sammlung Dr. G. Ulbricht, Düsseldorf;
   Kunstverein Braunschweig, 20. 1.–26. 2. 1978, mit Texten von
   Karl-Heinz Nowald, Dierk Stemmler
Beuys – Tracce in Italia, Museo Diego Aragona Pignatelli Cor-
   tes, Neapel, ab 17. 3. 1978; Palazzo Ducale, Goethe-Institut
   Genua, 10. 6.–20. 7. 1978
Joseph Beuys – Zeichnungen, Objekte. Kunstverein Bremer-
   haven, 23. 4.–21. 5. 1978; Marburger Universitätsmuseum für
   Kunst und Kulturgeschichte, 29. 10.–3. 12.1978; Kunstverein
   Göttingen im Städt. Museum, 4. 3.–8. 4. 1979; mit Texten von
   Ludwig Rinn und Joseph Beuys
Stanhope Hotel, Aktion Dritter Weg, Galerie Schmela, Düssel-
   dorf, 16. 12. 1978–10. 1. 1979

1979
Brazilian Fond (Fond V), Biennale São Paulo, 3. 10.–9. 12. 1979
Basisraum Nasse Wäsche, Galerie Nächst St. Stephan, Wien,
   22. 2.–10. 3. 1979
Joseph Beuys – Heute arbeitet Beuys in der Galerie Schmela,
   Galerie Schmela, Düsseldorf, 7. 11. 1979
Joseph Beuys – The Solomon R. Guggenheim Museum, New
   York, 2. 11. 1979–2. 1. 1980, hrsg. von Caroline Tisdall
Joseph Beuys – Zeichnungen und Objekte. Mönchehaus-
   Museum für moderne Kunst, Goslar, 8. 9.–4. 11. 1979, mit
   Beiträgen von Wieland Schmied, Hans van der Grinten und
   Franz Joseph van der Grinten
Joseph Beuys – Zeichnungen / Tekeningen / Drawings. Museum
   Boymans-van Beuningen, Rotterdam, 1. 11. 1979–15. 1. 1980;
   Nationalgalerie Berlin, Staatliche Museen Preußischer Kultur-
   besitz, 21. 2.–20. 4. 1980; Kunsthalle Bielefeld,
   8. 6.–20. 7. 1980 (dazu die Publikation »Zeichnungen –
   begleitende Texte«); Wissenschaftszentrum Bonn,
   21. 8.–28. 9. 1980; mit Beiträgen von Céline Bastian, Heiner
   Bastian, Jeannot Simmen und einem Interview mit Joseph
   Beuys
Feuerstätte II, 1978, Installation im Museum für Gegenwarts-
   kunst, Basel, 1979
Joseph Beuys – Graphic Works, Goethe-Institut, Chicago 1979
Joseph Beuys – Spuren in Italien, Kunstmuseum Luzern

22. 4.–17. 6. 1979, mit Texten von Marianne Eigenheer, Martin
   Kunz und Joseph Beuys
Joseph Beuys – Aus Berlin: Neues vom Kojoten, Galerie René
   Block, Berlin, 15. 9. 1979; Ronald Feldman Gallery, New York,
   3. 11. 1979

1980
Stripes from the House of the Shaman 1964–1972, Anthony
   d'Offay Gallery, London, 13. 8.–10. 9. 1980
Beuys in Boymans, Museum Boymans-van Beuningen, Rotter-
   dam, ab 18. 4. 1980
Joseph Beuys – Neue Objekte, Galerie Schellmann & Klüser,
   München, 24. 1.–15. 3. 1980
Joseph Beuys – Objekte, Zeichnungen, Multiples, Graphik,
   Galerie Holtmann, Köln, 31. 10.–19. 12. 1980
*Joseph Beuys – Zeichnungen, Bildobjekte, Holzschnitte (aus
   dem Kunstmuseum Basel);* Badischer Kunstverein Karlsruhe,
   7. 10.–23. 11. 1980, mit einem Text von Dieter Koepplin
Multiplizierte Kunst. Joseph Beuys – Sammlung Ulbricht, Wil-
   helm-Hack-Museum, Ludwigshafen, 4. 5.–22. 6. 1980; Kunst-
   museum Düsseldorf, 10. 8.–14. 9. 1980, mit dem Text »Letter
   from London«, 1977, Joseph Beuys im Gespräch mit Willi
   Bongard
Das Kapital Raum 1970–1977, Biennale Venedig,
   1. 6.–28. 9. 1980
Wirtschaftswerte, Installation der Ausstellung *Kunst in Europa
   nach 1968,* Museum van Hedendaagse Kunst, Gent,
   21. 6.–28 9. 1980
Vor dem Aufbruch aus Lager I, 1970–1980, Installation der
   Ausstellung ZEICHEN und MYTHEN *– Orte der Entfaltung,* Bonner Kunstverein, 29. 11. 1980–1. 2. 1981

1981
*Joseph Beuys – Zeichnungen aus dem Kupferstichkabinett
   Basel,* Kunstraum München, 8. 5.–27. 6. 1981
Grond, Installation der Ausstellung *Art Allemand Aujourd'hui,*
   Musée d'Art Moderne de la Ville, Paris, 17. 1.–8. 3. 1981;
   Museum Boymans-van Beuningen, Rotterdam, Juni 1981
Joseph Beuys bei Schellmann & Klüser, Galerie Schellmann &
   Klüser, München, 1. 9.–30. 9. 1981
Terremoto, Palazzo Braschi, Rom, 17. 4. 1981
Joseph Beuys – Words which can hear, Anthony d'Offay Gal-
   lery, London 1981
Joseph Beuys – Arbeiten aus Münchner Sammlungen, Städti-
   sche Galerie im Lenbachhaus, München, 2. 9.–18. 11. 1981,
   mit einem Text von Armin Zweite
Joseph Beuys – Frauen. Zeichnungen von 1947–1961, Museum
   Commanderie van St. Jan, Nijmwegen, 5. 9.–11. 10. 1981;
   Sparkassenhochhaus, Stadtsparkasse Düsseldorf,
   9. 11.–3. 12. 1981; Kunstverein Ulm, 7. 3.–12. 4. 1982
*Joseph Beuys – Multiplizierte Kunst 1965–1981. Sammlung
   Ulbricht,* Ständige Vertretung der Bundesrepublik Deutsch-
   land in der DDR, Berlin, 31. 10.–31. 12. 1981, mit einem Text
   von Dierk Stemmler
Poorhouse doors, Installation der Ausstellung *The Avantgarde in
   Europe 1955–1970:* The Collection of the Städtisches
   Museum Mönchengladbach, National Gallery of Modern Art,
   Edinburgh, August / Sept. 1981
Joseph Beuys – Objekte, Zeichnungen, Multiples im Städti-

schen Kunstmuseum Bonn, in der Vertretung des Landes Nordrhein-Westfalen, 10. 4.–7. 5. 1981, mit einem Text von Dierk Stemmler, Bonn 1981

Terremoto in Palazzo, Fondazione Lucio Amelio, Neapel, ab 17. 4. 1981

Mi nutro sciupando energia, Galleria del Cortile, Rom, 20. 5. 1981

Raum: 90.000 DM (1980), Galerie Jöllenbeck, Köln, 29. 5. 1981

1982

Joseph Beuys. Multiples, Sammlung Ulbricht, Sonja Henies og Niels Onstad Kunstsenter, Hovikodden, 25. 9.–31. 10. 1982

Joseph Beuys – dernier espace avec introspecteur 1964–1982, Galerie Durand-Dessert, Paris, 30. 1.–20. 3. 1982; Anthony d'Offay Gallery, London, 27. 3.–12. 5. 1982, mit einem Text und Photographien von Caroline Tisdall

7000 Eichen, documenta 7, Kassel, 19. 6.–28. 7. 1982

Hirschdenkmäler (+ Wurst-Lehm-Werkstatt), Installation der Ausstellung *Zeitgeist*, Martin-Gropius-Bau, Berlin, 16. 10. 1982–16. 1. 1983

F. I. U. DIFESA DELLA NATURA; Galerie Klein, Bonn, 4.–10. 12. 1982

Joseph Beuys, Galerie Watari, Tokio 1982

Joseph Beuys, Ronald Feldman / Schellmann & Klüser, New York, ab 9. 1. 1982

1983

Das Ende des 20. Jahrhunderts, Installation der Ausstellung *Der Hang zum Gesamtkunstwerk*, Kunsthalle und Kunstverein für die Rheinlande und Westfalen, Düsseldorf, 20. 5.–10. 7. 1983; Museum moderner Kunst / Museum des 20. Jahrhunderts, Wien 10. 9.–13. 11. 1983; im Kunsthaus Zürich, 11. 2.–30. 4. 1983, wurde im Rahmen dieser Ausstellung *Das Kapital, Raum 1970–1977* installiert

dumme Kiste, Galerie Konrad Fischer, Düsseldorf, 3. 5. 1983

Hinter dem Knochen wird gezählt – SCHMERZRAUM; Galerie Konrad Fischer, Düsseldorf, 11. 12. 1983–15. 1. 1984

Joseph Beuys – Bergkönig 1958–1961, Städelsches Kunstinstitut, Frankfurt am Main, 24. 8.–30. 10. 1983, mit einem Text von Klaus Gallwitz

Joseph Beuys – Zeichnungen 1949–1969, Städelsches Kunstinstitut, Frankfurt am Main, 24. 8.–30. 10. 1983

Joseph Beuys – Drawings, City Art Gallery, Leeds, 22. 4.–21. 5. 1983; Kettle's Yard Gallery, Cambridge, 29. 5.–3. 7. 1983; Victoria & Albert Museum, London, 27. 7.–3. 10. 1983; mit einem Text von Anne Seymour

Joseph Beuys – Zeichnungen / Dessins, Musée Cantonal des Beaux-Arts, Lausanne, 17. 11. 1983–3. 1. 1984; Kunstmuseum Winterthur, 21. 1.–11. 3. 1984; Musée des Beaux-Arts, Calais, 24. 3.–4. 6. 1984; Musée d'Art et d'Industrie, St. Etienne, Juni–September 1984; Neue Galerie der Stadt Linz, Oktober- -November 1984; Sonja Henies og Niels Onstads Stiftelser, Oslo, 30. 11. 1984–10. 1. 1985; Musée Cantini Marseille, Januar / Februar 1985; hrsg. von Heiner Bastian, mit Texten von Céline Bastian, Heiner Bastian und Gisela Noack, Bern 1983

Joseph Beuys. Zeichnungen, Collagen, Videobänder, Multiples, Europäisches Forum, Alpbach, ab 8. 8. 1983

Joseph Beuys: Vitrines – Forms of the Sixties, Anthony d'Offay Gallery, London, 9. 9.–15. 10. 1983

1984

Joseph Beuys – Zwei Skulpturen, 1949, 1959, Galerie Schellmann & Klüser, München, 16. 2.–31. 3. 1984

Joseph Beuys – An Exhibition Based on the Ulbricht Collection, The Seibu Museum of Art, Tokio, 2. 6.–2. 7. 1984, mit Texten von Götz Adriani, Nam June Paik und Günter Ulbricht

thermisch / plastisches Urmeter, Installation der Ausstellung *Skulptur im 20. Jahrhundert*, Merian Park, Basel, 3. 6.–30. 9. 1984

Joseph Beuys – Halbzeit, Galerie Fochem und Kleinsimlinghaus, Krefeld 1984

Joseph Beuys – Landschaften. Zeichnungen 1947–1959, Stadtsparkasse Wuppertal, 9.–27. 1. 1984; Nordhorn, Bonn und Würzburg, 25. 11. 1984–3. 2. 1985; mit einem Text von Hans van der Grinten

Joseph Beuys – Ölfarben 1949–1967, Kunsthalle Tübingen, 8. 9.–28. 10. 1984; Kunstverein Hamburg, 16. 2.–31. 5. 1985; Kunsthaus Zürich, 6. 9.–3. 11. 1985, hrsg. von Götz Adriani, mit Texten von Götz Adriani und Franz Joseph van der Grinten

Joseph Beuys – Tiere. Zeichnungen und plastische Beispiele 1948–1961, Mittelrhein-Museum, Koblenz, 30. 3.–13. 5. 1984, mit Texten von Franz Joseph und Hans van der Grinten

Joseph Beuys, Neue Galerie der Stadt Linz, 8. 11. 1984–5. 1. 1985

Joseph Beuys. Drawings, Busch-Reisinger-Museum, Harvard University, Boston, 17. 4.–17. 6. 1984

Joseph Beuys. Graphik, Objekte, Plakate, Künstlerhaus Eisenturm, Mainz, 27. 10.–5. 11. 1984

1985

7000 Eichen, Kunsthalle Tübingen, 2. 3.–14. 4. 1985; Kunsthalle Bielefeld, 2. 6.–11. 8. 1985, mit einem Text von Heiner Bastian

Capri-Batterie, nach 1000 Stunden Batterie auswechseln, Fondazione Lucio Amelio, Neapel, 18. 10. 1985; Massimo Andiello Gallery, New York, 25. 10.–24. 11. 1985

Joseph Beuys – Braunkreuz, Commanderie van St. Jan, Nijmwegen; 24. 8.–13. 10. 1985; Westfälisches Landesmuseum für Kunst und Kulturgeschichte, Münster, 18. 4.–13. 7. 1986

Joseph Beuys – Dibujos / Drawings, Fundación Caja de Pensiones, Madrid, 23. 10.–1. 12. 1985, hrsg. von Heiner Bastian, mit einem Text von Heiner Bastian

Joseph Beuys – Nueve acciones fotografiadas por Ute Klophaus, Madrid 1985

Joseph Beuys, Städtebund-Ausstellung des Kunstvereins für die Rheinlande und Westfalen, Düsseldorf 1985, mit Texten von Karl-Heinz Hering und Melitta Dederichs

Joseph Beuys. Ein-Stein-Zeit, Edition Schellmann, München, 23. 5.–30. 6. 1985

Joseph Beuys. Neuerwerbungen der Sammlung Ulbricht, Nassauischer Kunstverein, Wiesbaden, 16. 6.–28. 7. 1985

Joseph Beuys. Objekte – Graphik, Galerie Cuenca, Ulm 7.–30. 5. 1985

Joseph Beuys. Objekte und Multiples aus der Sammlung W. Feelisch, Remscheid, Museum am Ostwall, Dortmund, 1. 9.–29. 9. 1985

Joseph Beuys. Objekte und Zeichnungen, Galerie Bernd Klüser, München, 24. 9.–1. 11. 1985

Joseph Beuys. Selected Editions, John Gibson Gallery, New York, 21. 9.–6. 11. 1985

Joseph Beuys: is it about a bicycle?, Galerie Beaubourg, Paris, Januar 1985, herausgegeben von Bernard Lamarche-Vadel

Kreuz + Zeichen. Religiöse Grundlagen im Werk von Joseph Beuys, Suermondt-Ludwig-Museum und Museumsverein Aachen, 11. 8.–29. 9. 1985; Stadtmuseum Ratingen, Frühjahr 1986, mit einem Text von Franz Joseph van der Grinten

PLIGHT, Anthony d'Offay Gallery, London, 8. 10.–21. 12. 1985

Blitzschlag, Installation der Ausstellung *German Art in the Twentieth Century 1905–1985,* Royal Academy of Arts, London, 11. 11.–22. 12. 1985

Palazzo Regale, Fondazione Lucio Amelio, Museo di Capodimonte, 23. 12. 1985–31. 6. 1986

1986

Blitzschlag mit Lichtschein auf Hirsch, 1958/85, Galerie R. Zwirner, Köln 1986, 30. 8.–31. 10. 1986 sowie auf der documenta 8, Kassel 12. 6.–20. 9. 1987

Beuys zu Ehren, Städtische Galerie im Lenbachhaus, München, 16. 7.–2. 11. 1986, hrsg. von Armin Zweite, mit Texten von Armin Zweite, Laszlo Glozer, Georg Jappe, Johannes Cladders, Klaus Gallwitz, Thomas M. Messer, Franz Joseph van der Grinten u. a. sowie Texten und Interviews von Joseph Beuys

Joseph Beuys – Objekte und Multiples aus der Sammlung Wolfgang Feelisch, Museum am Ostwall, Dortmund, Februar 1986

Joseph Beuys – 93 Zeichnungen 1947–85, Städtisches Museum Abteiberg, Mönchengladbach, 23. 2.–20. 4. 1986

Joseph Beuys – Piirustuksia, veistoksia, vitriineja, Sara Hildénin Taidemuseo, Tampere, 13. 9.–9. 11. 1986

Joseph Beuys – Wasserfarben, Aquarelle und aquarellierte Zeichnungen 1936–1976, Kunstverein für die Rheinlande und Westfalen, Düsseldorf, 5. 9.–16. 11. 1986; Kunstmuseum Basel, 31. 1.–29. 3. 1987; Gemeentelijke van Reekum Museum, Apeldoorn, 30. 5.–16. 8. 1987; Magasin, Centre National d'Art Contemporain, Grenoble, 26. 9.–29. 11. 1987; Akademie der Künste, Berlin 6. 3.–24. 4. 1988; mit Texten von Karl-Heinz Hering, Hans van der Grinten, Franz Joseph van der Grinten und Dieter Koepplin

Joseph Beuys, Oldenburger Kunstverein, 9. 3.–4. 5. 1986

Joseph Beuys. Die späte Druckgraphik, Kunstkreis Südl. Bergstraße – Kraichgau e. V. im Kulturhaus Wiesloch, 4. 10.–26. 10. 1986, mit Texten von Peter Anselm Riedl, Adolf Bieringer, Helmut Bergdolt

Joseph Beuys: Grafik, Objekte, Zeichnungen, Gedächtnisausstellung zum 65. Geburtstag, Galerie Heinz Holtmann, Köln, Mai 1986

Joseph Beuys: is it about a bicycle?, Marisa del Re Gallery, New York, Januar–Februar 1986

Joseph Beuys: Suite »Schwurhand«, Galerie und Edition Püschel, Paderborn 1986

1987

Ausstellung und Aktion zum 66. Geburtstag von Joseph Beuys, Delta Galerie, Düsseldorf, 15. 5.–27. 5. 1987

Beuys vor Beuys – Frühe Arbeiten aus der Sammlung van der Grinten, Ministerium für Bundesangelegenheiten des Landes Nordrhein-Westfalen, Bonn 27. 11.–31. 12. 1987; Akademie der Künste der DDR, Berlin / DDR, 6. 3.–24. 4. 1988; Galerie der Hochschule für Graphik und Buchkunst, Leipzig; Vertretung des Landes Nordrhein-Westfalen, Brüssel; Hamburger Kunsthalle, Hamburg, 9. 9.–30. 10. 1988; Städtische Galerie im Städelschen Kunstinstitut, Frankfurt am Main 23. 11. 1988–12. 2. 1989; Palacio de Sastago, Zaragoza, 15. 12. 1989–14. 1. 1990; Casa del Monte, Madrid, 6. 2.–4. 3. 1990; mit Texten von Klaus Gallwitz, Franz Joseph van der Grinten, Hans van der Grinten, Werner Hofmann und Werner Schade, Köln

Dokumentarische Ausstellung über Joseph Beuys, Gemeentelijke van Reekum Museum, Apeldoorn, 15. 4.–29. 5. 1987 (o. Kat.)

Joseph Beuys, Edition Hundertmark, 4. 9.–7. 10. 1987

Joseph Beuys. Drei grafische Zyklen, Kunstverein Siegen, 8. 3.–19. 4. 1987 (o. Kat.)

Joseph Beuys. Zeichnungen und kleine Objekte, Galerie am Markt, Schwäbisch Hall, 19. 6.–2. 8. 1987

Joseph Beuys: »Es geht ums Ganze«, Achim Overmann Galerie, Münster, Juni–September 1987

Joseph Beuys: ›Plastische Theorie‹, Regionalmuseum Xanten, 4. 10.–26. 11. 1987; Städtische Galerie, Quakenbrück, 12. 5.–10. 6. 1988, dazu die Publikation »Die Zeichnung ist die Verlängerung des Gedankens«, mit Texten von Franz Joseph van der Grinten und Herbert Gerten

Joseph Beuys: 9 Lithographien SPUR I, Galerie Ilverich, Düsseldorf, 10. 5.–27. 6. 1987

Bits & Pieces; A collection of works by Joseph Beuys from 1957–1985, assembled by him for Caroline Tisdall; Richard Demarco Gallery, Edinburgh, August / September 1987; Arnolfini Gallery, Bristol, 1987, mit einem Text und Photographien von Caroline Tisdall

Joseph Beuys: Die Kölner Mappe, 64 Arbeiten auf Papier, 1945–1973, Rupertinum, Salzburg, 13. 3.–15. 5. 1987, mit einem Text von Dieter Ronte, Wien, Graz 1987

Joseph Beuys: Drei grafische Zyklen, Galerie Karin Sachs, München, 22. 10.–21. 11. 1987

Joseph Beuys: Editionen und Plakate: Drucksachen 1953–86, Galerie A, Amsterdam, 5. 9.–12. 10. 1987

Joseph Beuys: Eurasienstab, Galerie und Edition De Decker, Antwerpen, 1987, mit Texten von Antje von Graevenitz und Henning Christiansen

Joseph Beuys: Grafiken, Edition Staeck, Heidelberg, 1. 7.–30. 9. 1987

Joseph Beuys: Grafische Arbeiten und Mappenwerke von 1946–1986, Galerie Erhard Witzel, Offenbach, 31. 3.–16. 5. 1987

Joseph Beuys: Multiples, Zeichnungen, Galerie Sonne, Berlin 24. 1.–28. 2. 1987

Joseph Beuys: Politische Dokumente aus eigener Sammlung, Bonnefanten Museum, Maastricht, 2. 5.–Ende Juli 1987 (o. Kat.)

Joseph Beuys: Radierungen, Lithografien, Hagener Kunstkabinett, Hagen, 27. 11. 1987–21. 1. 1988

Joseph Beuys: Zeichnungen aus der Sammlung Heiner Bastian, Statens Museum for Kunst, Kopenhagen, 24. 10. 1987–28. 2. 1988

Joseph Beuys: Zeichnungen und kleine Objekte, Galerie am
  Markt, Schwäbisch Hall, 19. 6.–2. 8. 1987
Joseph Beuys: Zeichnungen und Multiples, Edition Hundert-
  mark, Köln, Oktober 1987
Von Joseph Beuys: Graphik für Joseph Beuys, Galerie Dreisei-
  tel, Köln, Januar 1987, mit Photographien von Hildegard
  Weber

1988

Joseph Beuys – Originalarbeiten – Auflagenobjekte – Grafik,
  Galerie Löhrl, Mönchengladbach, 11. 12. 1988–15. 2. 1989,
  mit einem Text von Franz-Joachim Verspohl »›Zeichnen ist
  eigentlich nichts anderes als eine Planung.‹ Joseph Beuys
  bei der Tafelarbeit«
»Zu Ehren von Joseph Beuys«, Mail-Art-Wanderausstellung,
  Galerie d'Art Contemporain, La Valette, 4.–19. 11. 1988; Cen-
  tre Culturel, Fort Napoléon, La Seyne sur Mer,
  13. 1.–31. 3. 1989
Joseph Beuys & his circle 1962–87, Liljevalchs Konsthall,
  Stockholm, 13. 11. 1988–24. 1. 1989
Joseph Beuys – Skulpturen und Objekte, Bd. I zur Ausstellung
  im Martin-Gropius-Bau, Berlin, 20. 2.–1. 5. 1988, hrsg. von
  Heiner Bastian, mit Texten von Heiner Bastian, Götz Adriani,
  Franz Joseph van der Grinten, Franz-Xaver Kaufmann, Hel-
  mut Martin, Karin von Maur, Thomas McEvilly, Theodora
  Vischer und Armin Zweite (München 1988)
Joseph Beuys – The secret block for a secret person in Ireland,
  Bd. II (Zeichnungen) zur Ausstellung im Martin-Gropius-Bau,
  Berlin, 20. 2.–1. 5. 1988; Kunsthalle Tübingen, 14. 5.–
  10. 7. 1988, Kunsthalle Bielefeld, 11. 12. 1988–26. 2. 1989,
  hrsg. von Heiner Bastian, mit einem Text von Dieter Koepplin
  (München 1988)
Joseph Beuys, Davis / McClain Gallery, Houston, Tex.,
  10. 9.–15. 10. 1988; Zolla / Lieberman Gallery, Chicago, Ill.,
  2. 12. 1988–7. 1. 1989
Joseph Beuys, Galerie Edition Staeck, Heidelberg,
  10. 1.–31. 3. 1988
Joseph Beuys, Galerie Sonne, Berlin, 13. 2.–12. 3. 1988
*Joseph Beuys: Die späte Druckgraphik. Zyklen: Tränen,
  Schwurhand, Zirkulationszeit,* Samuelis Baumgarten Galerie,
  Bielefeld, 13. 11. 1988–8. 1. 1989
Joseph Beuys: Ein Environment: Raum 90.000 DM, 1981, Gale-
  rie Ascan Crone, Hamburg, 1. 7.–13. 8. 1988 (o. Kat.)
Joseph Beuys: Ideas and Actions, Gallery Hirschl & Adler
  Modern, New York, N. Y., 5. 11.–10. 12. 1988
Joseph Beuys: Multiples, Gallerie Ronnie van de Velde & Co.,
  Antwerpen, Oktober–November 1988, mit einem Interview
  von Jörg Schellmann und Bernd Klüser
Joseph Beuys. Eine Straßenaktion, 1971, Edition Dietmar
  Werle, Köln, 12. 11.–21. 12. 1988
Joseph Beuys: Zeichnungen, Objekte, Grafik, Galerie Wolfgang
  Püschel, Paderborn, November / Dezember 1988
Joseph Beuys: Zeichnungen, Skulpturen, Objekte, hrsg. von
  Wilfried Dickhoff und Charlotte Werhahn (zugl. Ausst.-Kat.)
  Zollhof 3, Hafen, Düsseldorf, 25. 9.–28. 10. 1988, mit einem
  Text von Johannes Stüttgen »Über die Stempel von Joseph
  Beuys«, Edition Achenbach, Düsseldorf 1988
Joseph Beuys: Zeichnungen, Städtisches Museum Abteiberg,
  Mönchengladbach, März / April 1988

Joseph Beuys, David Nolan Gallery, New York; Gallery Moos,
  New York, Oktober 1988

1989

Beuys: Grafik, Multiples, Galerie Schiessel, München,
  Februar / März 1989
Joseph Beuys – Zeichnungen, Skulptur, Objekte, Multiples, mit
  Texten von Heinz Holtmann und Woutter Kotte (Beitrag zum
  Thema des Hasen bei Beuys), Galerie Heinz Holtmann,
  April–Juni 1989, Köln 1989
Joseph Beuys und die Fettecke in Raum 3, Galerie Klein, Bonn,
  2. 5.–2. 6. 1989
Joseph Beuys, Caroline Tisdall, Paul van Valssangen, Ronald
  Feldman Gallery, New York, 18. 11.–23. 12. 1989
Joseph Beuys – Drawings, Objects and Prints, Institute for
  Foreign Cultural Relations, Stuttgart 1989, konzipiert von
  Götz Adriani, mit Texten von Götz Adriani und Thomas M.
  Messer
Joseph Beuys, Fluxus, Pop etc. (Zeichnung, Graphik, Objekte,
  Multiples, Plakate, Photographien, Platten, Videos etc.), Ber-
  lin, Jürgen Holstein Antiquariat, Katalog 106, 1989
Joseph Beuys, Galerie Dönisch-Seidel, Kleve, 8. 4.–21. 5. 1989
Joseph Beuys, Galerie Isy Brachot, Brüssel,
  20. 12.1989–17. 2. 1990; Paris, 8. 3.–28. 4. 1990, mit einem
  Interview mit Joseph Beuys von Jean-Pierre van Tieghem
Joseph Beuys, Josh Baer Gallery, New York, 18. 10.–11. 11. 1989
Joseph Beuys. Multiples 1976–81, Alexander Roussos Gallery,
  London, Januar 1989
*Joseph Beuys: Auch wenn ich meinen Namen schreibe,
  zeichne ich,* bearbeitet von Eva Beuys und Werner Krüger
  (zugl. Ausst.-Kat.), Galerie & Edition Schégl, Zürich, 26. 9.–
  20. 12.1989 (Köln 1989)
*Blitzschlag mit Lichtschein auf Hirsch = Lightning with stag in
  its glare, 1958–1985,* Biennale São Paulo, 14. 10.–
  10. 12. 1989, mit Beiträgen von Klaus Gallwitz und Heiner
  Bastian
Joseph Beuys: Lithographien, Galerie Stadtpark, Krems / Öster-
  reich, 20. 9.–5. 11. 1989
Joseph Beuys: Sculpture, Drawings, Multiples and Prints, Auk-
  tionskatalog, Christie's; London, 29. 6. 1989
Joseph Beuys »Polentransport 1981«, Budapest Galéria Kiállító-
  terme, 3. 3.–31. 3. 1989
Joseph Beuys, Galerie Gilbert Brownstone, Paris,
  9. 12. 1989–24. 2. 1990
Joseph Beuys: Späte Graphik, Lempertz Contempora, Köln,
  Oktober 1989

1990

Getlinger photographiert Beuys 1950–1963, Städtisches
  Museum Kalkar, 14. 10.–11. 11. 1990; Städtische Galerie im
  Lenbachhaus, München, 5. 12. 1990–27. 1. 1991; Galerie
  Hardhof, Basel, 9. 5.–30. 6. 1991; Museum moderner Kunst,
  Palais Liechtenstein, Wien, 11. 7.–25. 8. 1991; Neue Galerie,
  Kassel 8. 9.–3. 11. 1991
Joseph Beuys, Ernesto und Krips Galerie, Köln, 9. 3.–7. 4. 1990
Joseph Beuys: ö ö 1972–1981, Museum Galerie Bozen,
  26. 10.–24. 11. 1990, mit einem Text von Ludwig Rinn und
  Photographien von Ute Klophaus
Joseph Beuys, Galerie Littmann I / II, Basel, September 1990

Joseph Beuys, Galerie Schiessel, München, Oktober 1990

Joseph Beuys, Druckgraphik aus eigenem Besitz, Kunsthalle Bremen, 25. 2.–25. 3. 1990

Joseph Beuys. Plastische Bilder und Wasserfarbenblätter, Galerie der Stadt Kornwestheim 7. 10. 1990–20. 1. 1991; Hessisches Landesmuseum Darmstadt, bis zum 7. 4. 1991, zur Ausstellung erschien der Katalog *Joseph Beuys. Plastische Bilder 1947–1970,* hrsg. von Barbara Strieder, mit Texten von Franz Joseph van der Grinten, Hans van der Grinten, Dieter Koepplin und Barbara Strieder (Stuttgart 1990)

Joseph Beuys. Zeichnungen aus der Sammlung Heiner Bastian, Städtisches Museum Abteiberg, Mönchengladbach, 11. 11. 1990–13. 1. 1991 (o. Kat.)

Joseph Beuys: Auflagenobjekte, Galerie Bernd Lutze, Friedrichshafen, 9. 11. 1990–5. 1. 1991

Joseph Beuys: Eine innere Mongolei, Dschingis-Khan; Schamanen, Aktricen. Ölfarben, Wasserfarben und Bleistiftzeichnungen aus der Sammlung van der Grinten. Hannover 20. 7.–16. 9. 1990. Fundació Joan Miró, Barcelona, 27. 9.–18. 11. 1990 (Ausstellungstitel, *Joseph Beuys – Eurasia);* Bayerische Akademie der Schönen Künste, München, 30. 11. 1990–28. 1. 1991; hrsg. von Carl Haenlein, Kestner-Gesellschaft Hannover, mit Texten von Franz Joseph van der Grinten und Götz Adriani

Joseph Beuys: Multiples und Zeichnungen, A private collection, A 11 Artforum, München, 22. 2.–29. 4. 1990, mit Texten von Götz Adriani und Heiner Stachelhaus

Joseph Beuys: Drawings – Objects – Prints, Art Gallery, Sydney, 5. 4.–27. 5. 1990; Queensland Art Gallery, Brisbane, 18. 6.–22. 7. 1990

Joseph Beuys: Multiples, Galerie Anton Meyer, Genf, 29. 8.–29. 9. 1990

Joseph Beuys: Selections from the DIA Art Foundation Collection, The Menil Collection, Houston, Tex., Juni 1990–Januar 1991

The End of the 20th Century, Anthony d'Offay Gallery, London, 20. 6.–17. 8. 1990

Beuys. Verba, Cleto Polcina arte moderna, Rom, April 1990, mit einer Einleitung von Achille Bonito Oliva

1991

Beuys in Wien / Beuys en Viena, Casa de la Cultura, Santa Cruz, Teneriffa, 21. 2.–10. 3. 1991; Sala de Arte »La Regenta«, Las Palmas, Gran Canaria, 26. 3.–14. 4. 1991, organisiert von Julius Hummel und Theo Altenberg

Beuys: Grafik, Barbara Hass Galerie, Freiburg, 3. 6.–13. 7. 1991

Beuys: Manresa; Zeichnungen, Fotos, Materialien zu einer Fluxus-Demonstration; 25 Jahre Manresa, 500 Jahre Ignatius, zugl. Ausst.-Kat. der Kunst-Station Sankt Peter, 21. 2.–20. 3. 1991, bearbeitet von Friedhelm Mennekes, Johannes Röhrig, mit einem Beitrag von Wenzel Beuys (Köln 1991)

Joseph Beuys – Denken ist bereits Plastik. 50 frühe Zeichnungen aus der Sammlung van der Grinten, Museum der Stadt Langen, 25. 1.–1. 4. 1991, mit einem Text von Franz Joseph van der Grinten

Joseph Beuys. Städtisches Museum Haus Koekkoek, Kleve, 21. 4.–9. 6. 1991

Joseph Beuys zum 70. Geburtstag: Multiples, Galerie Ilverich, Meerbusch, 12. 5.–29. 6. 1991

Joseph Beuys, Galerie Dönisch-Seidel, Kleve, 19. 4.–1. 5. 1991

Joseph Beuys, Galerie Rudolf Mangisch, Zürich, 31. 1.–28. 2. 1991

Joseph Beuys, Galerie Wolfgang Püschel, Paderborn, Februar 1991

Joseph Beuys, Kartause, Ittingen an der Warth (Schweiz), 28. 4.–30. 6. 1991

Joseph Beuys: Drawings and Watercolours, 1941–1984, Anthony d'Offay Gallery, London, 16. 1.–20. 2. 1991

Joseph Beuys: Frühe Arbeiten aus der Sammlung van der Grinten, Dortmunder Kunstverein, 3. 2.–8. 3. 1991

Joseph Beuys: Graphik 1971–1985. Aus der Sammlung van der Grinten, Kunstverein Emmerich Haus im Park, Emmerich, 12. 5.–16. 6. 1991

Joseph Beuys: Plakate. Werbung für die Kunst, Bayerische Staatsbibliothek München, 8. 4.–8. 5. 1991, bearbeitet von Peter Weiss und Florian Britsch (München 1991)

Ohne die Rose tun wir's nicht – Für Joseph Beuys, Eine Ausstellung der Edition Staeck, Kunstverein Schloß Röderhof, Oschersleben, April 1991

Joseph Beuys – Medienspuren (Videoaufnahmen von Beuys-Aktionen), Kunstverein Buxtehude, 29. 9.–27. 10. 1991

TRANSIT – Joseph Beuys. Plastische Arbeiten und Zeichnungen 1947–1985, Kaiser-Wilhelm-Museum, Krefeld, 17. 11. 1991–16. 2. 1992

Joseph Beuys. Natur, Materie, Form, Kunstsammlung Nordrhein-Westfalen, Düsseldorf, 30. 11. 1991–9. 2. 1992, hrsg. und mit Texten von Armin Zweite (München 1991)

Gruppenausstellungen

1947

Junge Ernte. Ausstellung Junger Bildender Künstler, Gesellschaft für christliche Kultur, Düsseldorf 1947

1964

documenta 3, Kassel, 27. 6.–5. 10. 1964

1965

Happening 24 Stunden, Galerie Parnass, Wuppertal, 5. 6. 1965, 0–24 Uhr, Itzehoe-Voßkate 1965

1968

documenta 4, Kassel, 27.–6.–6. 10. 1968

Sammlung Hahn, Wallraf-Richartz-Museum, Köln 1968

Sammlung Karl Ströher, Galerie-Verein München, Neue Pinakothek, Haus der Kunst, München, 14. 6.–9. 8. 1968; Neue Nationalgalerie, Berlin, 1. 3.–14. 4. 1969; Städtische Kunsthalle Düsseldorf, 25. 4.–17. 6. 1969; mit einem Text von Hans Strelow

1969

Blockade '69, mit Texten von Joseph Beuys und Troels Andersen, Galerie René Block, Berlin, 28. 2.–26. 3. 1969

1970

3-oo new multiple art, Whitechapel Art Gallery London, 19. 1. 1970–3. 1. 1971

Bildnerische Ausdrucksformen 1960–1970. Sammlung Karl Ströher, hrsg. von Götz Adriani und Gerhard Bott, Hessisches Landesmuseum Darmstadt, 24. 4. 1970

Happening & Fluxus, Kölnischer Kunstverein, Köln, 6. 11. 1970–6. 1. 1971

Joseph Beuys – Michael Buthe – Franz Eggenschwiler und die Berner Werkgemeinschaft (Konrad Vetter, Robert Woelti) – Markus Raetz – Dieter Rot, mit einem Text von Jean Christophe Amman, Kunstmuseum Luzern, 19. 9.–25. 10. 1970

Sammlung Etzold im Besitz des Städtischen Museums Mönchengladbach, Kölnischer Kunstverein, Köln 1970

Strategy: get arts – Contemporary Art from Düsseldorf, Edinburgh College of Art, Edinburgh, 24. 4.–12. 9. 1970

Tabernakel (Beuys mit Werken aus der Sammlung Ströher), Louisiana Museum Humblebaek, 24. 1.–22. 2. 1970, Katalog zur Ausstellung und Sondernummer über Beuys mit Texten verschiedener Autoren, Louisiana-Revy Nr. 3, 10. Jg., 1970

1971

Fünf Sammler – Kunst unserer Zeit, Von der Heydt-Museum, Wuppertal, 5. 6.–11. 7. 1971

1972

Konstscen Düsseldorf, Taidemuseo Helsinki, 11. 1.–10. 12. 1972, Kat. zur gleichnam. Ausstellung mit Text von F. J. van der Grinten zur Einzelausstellung von Beuys und Heerich

documenta 5, Kassel, 30. 6.–8. 10. 1972

Realität Realismus Realität: Duchamp, Warhol und Beuys, Von der Heydt-Museum, Wuppertal 28. 10.–17. 12. 1972; Haus am Waldsee, Berlin, 12. 1.–25. 2. 1973; Kunsthalle Bielefeld, 19. 5.–30. 6. 1973; Kunsthalle Kiel, 17. 3.–30. 4. 1973; Wilhelm-Lehmbruck-Museum Duisburg, 14. 7.–25. 8. 1973; Westfälischer Kunstverein Münster, 8. 9.–22. 10. 1973; Städtisches Museum Leverkusen, 3. 11.–15. 12. 1973

1973

Contemporanea, Parcheggio di Villa Borghese, Rom, November 1973–Februar 1974

Hommage à Picasso, Katalog zur Edition des Propyläen-Verlags, Berlin 1973

Kunst in Deutschland 1898–1973, Kunsthalle Hamburg, November 1973; Städtische Galerie im Lenbachhaus, München, Januar 1974

1974

Art into Society – Society into Art. Seven German Artists, Institute of Contemporary Arts, London, 30. 10.–24. 11. 1974

Joseph Beuys und seine Schüler, fünf Künstler aus Düsseldorf, mit Texten von Jonas Hafner; Kat. d. Ausst. im Museum am Dom, Lübeck, 28. 4.–19. 5. 1974

1976

37. Biennale in Venedig – Beuys, Gerz, Ruthenbeck. Venedig, 18. 7.–10. 10. 1976, mit Texten von Klaus Gallwitz und Caroline Tisdall (Frankfurt am Main 1976)

Mit, neben, gegen – Joseph Beuys und seine Schüler, Kunstverein Frankfurt am Main, 5. 11. 1976–2. 1. 1977 (Oldenburg 1976)

1977

documenta 6, Kassel, 24. 6.–2. 10. 1977

Skulptur, Ausstellung in Münster 1977, 3. 7.–13. 11. 1977

1978

Door beeldhouwers gemaakt, Stedelijk Museum, Amsterdam, 14. 9.–5. 11. 1978

Poetische Aufklärung in der europäischen Kunst der Gegenwart bei Joseph Beuys, Marcel Broodthaers, Daniel Buren, Jannis Kounellis, Mario Merz, Gerhard Richter – Geschichte von heute und morgen, Ink, Halle für Internationale neue Kunst, Zürich 26. 11. 1978–21. 1. 1979

Zum Beispiel Skulptur, Städtische Galerie im Städelschen Kunstinstitut, Frankfurt am Main, 14. 6.–14. 7. 1978

1979

Mataré und seine Schüler – Beuys, Heerich, Meistermann, mit Texten von Hans van der Grinten und Franz Joseph van der Grinten, Akademie der Künste, Berlin, 21. 1.–18. 2. 1979; Kestner-Gesellschaft Hannover, 2. 3.–15. 4. 1979; Nijmeegs Museum, Nijmwegen, 5. 5.–10. 6. 1979; Museum Haus Lange, Krefeld, 19. 8.–30. 9. 1979

Zeichen setzen durch Zeichnen, Kunstverein Hamburg, 26. 5.–1. 7. 1979

XV. Biennale São Paulo, 3. 10.–9. 12. 1979

Zeichnung heute = Meister der Zeichnung, Kunsthalle Nürnberg, 8. 6.–14. 10. 1979

Weich und Plastisch: Soft art, Kunsthaus Zürich, 16. 11. 1979–4. 2. 1980

1980

Kunst in Europa nach '68, Museum van Hedendaagse Kunst, Gent, 21. 6.–31. 8. 1980

Joseph Beuys, Alberto Burri, Commune della Città di Perugia, 2.–3. 4. 1980

Tony Cragg, Nino Longobardi, Mimmo Paladino, Joseph Beuys, Ernesto Tatafiore, David Salle, Galleria Lucio Amelio, Neapel 1980/81

Treffpunkt Parnass. Wuppertal: 1949–1965, Von der Heydt-Museum, Wuppertal, Mai 1980, hrsg. von Will Baltzer und Alfons W. Biermann (Köln 1980)

Zeichen des Glaubens. Geist der Avantgarde. Religiöse Tendenzen in der Kunst des 20. Jahrhunderts, Schloß Charlottenburg, Berlin, 31. 5.–13. 7. 1980, hrsg. v. Wieland Schmied, Berlin 1980

ZEICHEN und MYTHEN – Orte der Entfaltung, Bonner Kunstverein, Bonn, 29. 11. 1980–1. 2. 1981, zur Ausstellung erschien eine gleichnamige Publikation, hrsg. von Annelie Pohlen unter Mitarbeit von Margarethe Jochimsen und Bazon Brock (Köln 1982)

1981

Mythos & Ritual in der Kunst der 70er Jahre, Kunsthaus Zürich, 5. 5.–23. 8. 1981; Kunstverein Hamburg, 7. 11. 1981–3. 2. 1982

Schwarz, Städtische Kunsthalle, Düsseldorf, 16. 10.–29. 11. 1981

The Avantgarde in Europe 1955–70, Scottish National Gallery of Modern Art, Edinburgh August/September 1981

Video – eine neue Kunst, Skulpturenmuseum Glaskasten, Marl, April 1981

Westkunst – Zeitgenössische Kunst seit 1939, Messehalle Köln
30. 5.–16. 8. 1981

Fluxus; Aspekte eines Phänomens, Kunst- und Museumsverein
Wuppertal im Von der Heydt-Musem, Wuppertal,
15. 12. 1981–31. 1. 1982

1982

documenta 7, Kassel, 19. 6.–28. 9. 1982

'60'80 attitudes / concepts / images, Stedelijk Museum, Amsterdam, 9. 4.–11. 7. 1982

*1962 Wiesbaden FLUXUS 1982: eine kleine Geschichte von
Fluxus in 3 Teilen,* Museum Wiesbaden, Nassauischer Kunstverein, 17. 9.–4. 11. 1982; Neue Galerie der Staatlichen Kunst-
sammlungen Kassel, 12. 12. 1982–13. 1. 1983; daadgalerie,
Berlin, 21. 1.–24. 4. 1983

*Joseph Beuys, Robert Rauschenberg, Cy Twombly, Andy War-
hol – Sammlung Marx,* Nationalgalerie Berlin, Staatliche
Museen Preußischer Kulturbesitz, 2. 3.–12. 4. 1982; Städtisches Museum Abteiberg, Mönchengladbach, 6. 5.–
30. 9. 1982; mit einem Text von Heiner Bastian

museum – Städtisches Museum Abteiberg, Mönchengladbach,
Braunschweig 1982

*Thoughts and Action – Joseph Beuys, Daniel Buren, Dan Gra-
ham, Bruce McLean, Giulio Paolini,* Laforet Museum, Tokio
1982, mit Texten von Caroline Tisdall u. a.

Zeitgeist, Martin-Gropius-Bau, Berlin, 16. 10. 1982–16. 1. 1983

1983

The Art of German Drawing, Goethe-Institut, London, März u.
Oktober 1983

Der Hang zum Gesamtkunstwerk, Kunsthaus Zürich, 11. 2.–
30. 4. 1983; Städtische Kunsthalle und Kunstverein Düsseldorf, 19. 5.–10. 7. 1983; Museum moderner Kunst, Museum
des 20. Jahrhunderts, Wien, 10. 9.–13. 11. 1983

*Städtisches Kunstmuseum Bonn – Sammlung deutscher Kunst
seit 1945,* Bonn 1983

*to the happy few – Bücher, Bilder, Objekte aus der Sammlung
Reiner Speck,* Museum Haus Lange, Museum Haus Esters,
Krefeld, 15. 5.–10. 7. 1983

1984

*Quartetto: Joseph Beuys, Enzo Cucchi, Luciano Fabro, Bruce
Nauman,* Scuola San Giovanni Evangelista, Venedig, 10. 6.–
16. 9. 1984, hrsg. von Achille Bonito Oliva (zugl. Ausst.-Kat.,
Mailand 1984)

Terrae Motus, Villa Campolieto, Ercolano, 6. 7.–31. 12. 1984
(zugl. Ausst.-Kat., mit Beiträgen von Giulio Carlo Argan,
Achille Bonito Oliva u. a. Neapel 1984)

*von hier aus – Zwei Monate neue deutsche Kunst in Düssel-
dorf,* Messegelände Halle 13, Düsseldorf, 29. 9.–2. 12. 1984

Zum Mythos der Ursprünglichkeit, Städtisches Museum Schloß
Morsbroich, Leverkusen, Mai 1984

1985

1945–1985 Kunst in der Bundesrepublik Deutschland, Nationalgalerie Berlin, Staatliche Museen Preußischer Kulturbesitz,
26. 9. 1985–12. 1. 1986

Biennale des Friedens, Kunsthaus und Kunstverein Hamburg,
Dezember 1985–Januar 1986

*Deutsche Kunst seit 1960 aus der Sammlung Prinz Franz von
Bayern,* Staatsgalerie moderner Kunst, München, 20. 6.–
15. 9. 1985, hrsg. von Carla Schulz-Hoffmann und Peter-
Klaus Schuster (zugl. Ausst.-Kat.)

Dialogue on Contemporary Art in Europe, Museum moderner
Kunst, Wien, 1985; Gent; Berlin; Rom, Rotterdam; Oslo; Lis-
sabon; Stockholm

Dreißig Jahre durch die Kunst, Museum Haus Lange und
Museum Haus Esters, Krefeld 1985

*Vom Klang der Bilder – Die Musik in der Kunst des 20. Jahr-
hunderts,* Staatsgalerie Stuttgart, 6. 7.–22. 9. 1985

*German Art in the 20th Century – Painting and Sculpture
1905–1985,* Royal Academy of Arts, London, 11. 11.–
22. 12. 1985; *Deutsche Kunst im 20. Jahrhundert. Malerei
und Plastik* 1905–1985, Staatsgalerie Stuttgart,
7. 2.–22. 4. 1986

*Wasserfarbenblätter von Joseph Beuys, Nicola de Maria, Ger-
hard Richter, Richard Tuttle,* Westfälischer Kunstverein, Münster, 14. 6.–28. 7. 1985

1986

Bodenskulptur, Kunsthalle Bremen, 27. 4.–16. 6. 1986

De Sculptura, Messepalast, Wien, 16. 5.–20. 7. 1986, mit einem
Text von Harald Szeemann

Global-Art-Fusion (eine Kunstaktion mit Joseph Beuys in Düsseldorf und Andy Warhol in New York), Museum für
Moderne Kunst, Palais Liechtenstein, Wien, 12. 1. 1986 (Bern
1986)

Individuals – a Selected History of Contemporary Art 1945–86,
The Museum of Contemporary Art, Los Angeles 1986–88

Joseph Beuys, Enzo Cuchi, Anselm Kiefer, Jannis Kounellis,
Kunsthalle Basel, 23. 3.–4. 5. 1986

Qu'est-ce que la sculpture moderne?, Centre Georges Pompi-
dou, Musée national d'art moderne, Paris, 3. 7.–13. 10. 1986

Beuys zu Ehren, Städtische Galerie im Lenbachhaus, München,
16. 7.–2. 11. 1986, hrsg. von Armin Zweite, mit Texten von
Armin Zweite, Laszlo Glozer, Georg Jappe, Johannes Cladders, Klaus Gallwitz, Thomas M. Messer, Franz Joseph van
der Grinten u. a. sowie Texten und Interviews von Joseph
Beuys (München 1986)

Sammlung Etzold – Ein Zeitdokument, Städtisches Museum
Abteiberg, Mönchengladbach 1986 / 87

SkulpturSein, Städtische Kunsthalle, Düsseldorf,
13. 12. 1986–1. 2. 1987

Wild visionary spectral: New German Art, Art Gallery of South
Australia, Adelaide; National Gallery, Wellington (Neusee-
land), Juli 1986, mit Texten von Ron Radford, Karl Ruhrberg,
Wolfgang Max Faust

1987

*Brennpunkt Düsseldorf. Joseph Beuys. Die Akademie. Der all-
gemeine Aufbruch 1962–1987,* Kunstmuseum Düsseldorf,
Düsseldorf, 24. 5.–6. 9. 1987, mit Texten von Maria Kreutzer,
Johannes Meinhardt und Stephan von Wiese; Liljevalchs
Konsthall, Stockholm, 4. 12. 87–24. 1. 1988 (eig. Kat.);
Malmö Konsthall, 20. 2.–4. 4. 1988; *Punt de confluenca:
Joseph Beuys, Düsseldorf 1962–1987,* Centro Cultural de la
Fundacio Caixa de Pensions, Barcelona, 18. 4.–22. 5. 1988,
Düsseldorf 1987

Beuys, Klein, Rothko – Profeciá y Transformación, Sala de Exposiciones de la Fundación Caja de pensiones, Madrid, 17.9.–8.11.1987

Beuys/Klein/Rothko – Transformation and Prophecy, Anthony d'Offay Gallery, London, 5.6.–3.7.1987

Watercolours by Joseph Beuys, Blinky Palermo, Sigmar Polke, Gerhard Richter, Goethe-Institut London, 20.2.–11.4.1987

Hommage à Joseph Beuys Galerie N., Wien, Oktober 1987, mit Beiträgen von Rainer Rappmann, Bernd Volk, Johannes Matthiesen, Ingo Nussbaumer

for Joseph Beuys – Thirty international artists in honor to Joseph Beuys, hrsg. von der Galerie Bernd Klüser, München, und der Edition Schellmann, München, New York 1987

Die Gleichzeitigkeit des Anderen, Kunstmuseum Bern, 21.3.–14.6.1987, hrsg. von Jürgen Glaesemer, mit Texten von Alois Müller und Josef Helfenstein/Wolfgang Kersten zur »Honigpumpe«

documenta 8, Kassel, 12.6.–20.9.1987

Joseph Beuys, Imi Knoebel, Blinky Palermo, Dia Art Foundation, New York, 9.10.1987–19.6.1988

Terrae Motus – Naples – Tremblement de terre, Grand Palais, Paris, 28.3.–11.5.1987

Von Raphael bis Beuys, Kunstmuseum Düsseldorf, 29.3.–17.5.1987

Warhol/Beuys/Polke, Milwaukee Art Museum, Milwaukee, Wisconsin, 19.6.–16.8.1987; Contemporary Arts Museum, Houston, Texas, 12.9.–15.11.1987, mit Texten von Donald Kuspit u.a.

1988

Joseph Beuys/Royden Rabinowitch. Work in the permanent collection of Museum Sztuki, Lodz, Poland, Warsaw Fine Art Academy Museum, Januar 1988

Beuys und Warhol, Hessisches Landesmuseum Darmstadt, Februar–1.5.1988, zur Ausstellung erschien die Publikation *Joseph Beuys im Hessischen Landesmuseum in Darmstadt,* hrsg. von Wolfgang Beeh (Darmstadt 1988)

Europa oggi = Europe now: arte contemporanea nell'Europa occidentale, Museo d'Arte Contemporanea, Prato, 25.6.–20.10.1988 (Florenz, Mailand 1988)

Joseph Beuys, Sigmar Polke, Cy Twombly, Hirschl & Adler Modern, New York, September 1988

M.A.J.Y.-MAGIE: Duchamp, Warhol, Beuys, Klein, Galerie Beaubourg Paris, hrsg. von Bernard Lamarche-Vadel (zugl. Ausst.-Kat., Paris 1988)

Saturne en Europe, bearb. Roland Recht, Françoise Douros, Straßburg, Ed. Museés de la Ville de Strasbourg, September 1988

Mataré und sein Kreis, Galerie Blaeser, Düsseldorf, September 1988, mit einem Beitrag von Franz Joseph van der Grinten

Zeitlos, Hamburger Bahnhof, Berlin, 22.6.–25.9.1988, hrsg. von Harald Szeemann, (München 1988)

Arbeit in Geschichte – Geschichte in Arbeit, Kunsthaus und Kunstverein in Hamburg, 23.9.–13.11.1988

Sammlung Murken – Zeitgenössische Malerei und Plastik, Städtisches Kunstmuseum Bonn, 9.9.–23.10.1988; Landesmuseum für Kunst- und Kulturgeschichte Oldenburg, 6.11.1988–8.1.1989; Museum Wiesbaden, 25.1.–5.3.1989

Broken Music, Schallplatten und Schallplattenobjekte von Fluxus-Künstlern bis in die Gegenwart, daadgalerie, Berlin, 18.12.1988–12.2.1989

1989

Beuys, Tapies, Twombly. Druckgraphik, Kaiser-Wilhelm-Museum, Krefeld, 15.1.–12.3.1989

Bilderstreit-Medienstreit. Joseph Beuys, Theo Lambertin, Nam June Paik, Galerie Maximilian Krips und Partner, Köln, 8.4.–30.6.1989

Der Fernseher, Skulpturenmuseum Glaskasten, Marl, 12.2.–2.4.1989

Intuition, Gibson Gallery, New York, 10.6.–28.7.1989

Joseph Beuys – Marcel Broodthaers – Robert Rauschenberg – Andy Warhol, Galerie Isy Brachot, Paris, 12.1.–11.3.1989

1990

Animalia: Stellvertreter, Tierbilder in der zeitgenössischen Kunst, Haus am Waldsee, Berlin, 22.9.–18.11.1990

Joseph Beuys, Christian Boltanski, Marcel Broothaers, James Lee Byars, Galerie Keuenig, Frechen-Bachem, um 1990

Drawing: Joseph Beuys, Paul Rotterdam, Sean Scully, Herstand & Company Gallery, New York, 1.2.–10.3.1990, mit einer Einführung von Carter Ratcliff

Von Dürer bis Beuys, Städtische Galerie im Park, Viersen, 18.2.–18.3.1990

Zeichnungen. Aus dem Kupferstichkabinett Basel, Kunsthalle Nürnberg, 1.6.–8.7.1990, bearbeitet von Dieter Koepplin und Lucius Grisebach

1991

Brennpunkt II, Düsseldorf, 1972–1990, Die siebziger Jahre, Entwürfe. Joseph Beuys zum 70. Geburtstag, Kunstmuseum Düsseldorf, 19.5.–30.6.1991

Mentale Plastik – Zeichnungen von Lehmbruck und Beuys, Wilhelm-Lehmbruck-Museum Duisburg, 9.6.1991–18.8.1991

Museum und Kirche – Religiöse Aspekte moderner Kunst, Wilhelm-Lehmbruck-Museum, Duisburg, 15.4.–20.5.1991

Sammlung Murken. Blickpunkt Kunstakademie Düsseldorf 1965–1990, Städtische Galerie Meerbusch, 2.2.–1.4.1991

Wilhelm Lehmbruck, Georg Minne, Joseph Beuys: Skulpturen, Zeichnungen, Museum voor Schone Kunsten, Citadelpark, Gent, 2.3.–5.5.1991

Buchpublikationen

Götz Adriani, Winfried Konnertz, Karin Thomas: *Joseph Beuys.*
Köln 1973. 1981 erschien eine aktualisierte Taschenbuchaus-
gabe, DuMont-Taschenbücher, Nr. 108

Götz Adriani: *Joseph Beuys. Zeichnungen zu den beiden 1965
wiederentdeckten Skizzenbüchern »Codices Madrid« von Leonardo da Vinci,* Stuttgart 1975

Theo Altenberg/Oswald Oberhuber (Hrsg.): *Gespräche mit
Beuys,* Wien-Friedrichshof 1983/Hochschule für angewandte
Kunst Wien, Klagenfurt 1988

Herman Hendrik ter Balkt: *Joseph Beuys,* Arnheim 1978

Heiner Bastian: *Tod im Leben.* Gedichte für Joseph Beuys.
München 1972

Heiner Bastian: *Joseph Beuys. Kunst – Kapital.* Gespräche
sowie Texte und Materialien zu aktuellen Fragen, München
1980

Heiner Bastian: *Joseph Beuys. Straßenbahnhaltestelle,* Berlin
1980

Heiner Bastian: *Abschied von Joseph Beuys,* Noch steht nichts
geschrieben, Köln 1986

Heiner Bastian: *Joseph Beuys. Blitzschlag mit Lichtschein auf
Hirsch, Lightning with stag in its glare, 1958–1985,* Bern
1986

Heiner Bastian: *Joseph Beuys im Wilhelm-Lehmbruck-Museum
Duisburg,* Bern 1987

N. V. Bentzon: *Joseph Beuys,* Kopenhagen 1979

Joseph Beuys: *Eine Straßenaktion anläßlich »Aktuelle Kunst
Hohe Straße Köln« '71,* Edition Dietmar Schneider, Köln

Joseph Beuys: *1 a gebratene Fischgräte,* Berlin 1972

Joseph Beuys: *Zeichnungen 1947–1959 I,* mit einem Gespräch
zwischen Joseph Beuys und Hagen Lieberknecht, Köln 1972

Joseph Beuys: *Die Leute sind ganz prima in Foggia,* Modern
Art Agency, Studio Marconi (Edition Staeck), Neapel 1973

Joseph Beuys im Kaiser-Wilhelm-Museum, Kaiser-Wilhelm-
Museum, Krefeld, Bildheft 1, mit einem Text von Gerhard
Storck, Essen 1976

Joseph Beuys/Johannes Stüttgen: *Das Modell der Freien Internationalen Universität: Die Honigpumpe,* Achberg 1977

Joseph Beuys: *Partituren 1957–1978,* Rom 1979

*Joseph Beuys. Suite »Schwurhand«. Radierungen – etchings.
Lithographien – lithographs,* Vaduz 1980

Joseph Beuys – Zeige deine Wunde. 2 Bde., hrsg. von der
Städtischen Galerie im Lenbachhaus, München, Bd. 1: mit
einem Text von Armin Zweite und Photographien von Ute
Klophaus; Bd. 2: Reaktionen auf den Ankauf des Environments durch das Lenbachhaus, München 1980

Joseph Beuys. Raum 90.000 DM, mit einem Text von Sarenco
und Photographien von Anna Guglielmi und Friedrich Rosen-
stiel, Mailand, Verona 1982

Joseph Beuys. Zirkulationszeit, mit einer Einführung von Peter
A. Riedl, Worms 1982

Joseph Beuys – mit Braunkreuz und Hasenblut, Galerie/Edition
Schellmann, München 1986

Joseph Beuys – Wilhelm-Lehmbruck-Preis 1986, Reden zur
Verleihung des Wilhelm-Lehmbruck-Preises der Stadt Duis-

burg 1986 an Joseph Beuys, hrsg. vom Wilhelm-Lehmbruck-Museum der Stadt Duisburg, 1986

Joseph Beuys zu seinem Tode. Nachrufe, Aufsätze, Reden, mit
Beiträgen von Heinrich Böll, Klaus Staeck, Wilfried Wiegand
u. a., Inter Nationes, Bonn 1986

7 Vorträge zu Joseph Beuys 1986, hrsg. vom Museumsverein
Mönchengladbach, mit Beiträgen von Johannes Cladders,
Heiner Bastian, Hans van der Grinten, Jonas Hafner, Johannes Stüttgen, Theodora Vischer, Armin Zweite, Mönchengladbach 1986

*Joseph Beuys und die Fettecke: eine Dokumentation zur Zerstö-
rung der Fettecke in der Kunstakademie Düsseldorf,* Edition
Staeck, Heidelberg 1987

Joseph Beuys: *Ein kurzes erstes Bild von dem konkreten Wir-
kungsfelde der Sozialen Kunst.* Einführungsrede beim öffentlichen Podiumsgespräch zwischen Joseph Beuys und Michael
Ende im Festsaal der Wangener Waldorfschule am 10.
Februar 1985, Freie Volkshochschule Argental, Wangen 1987

Joseph Beuys: *Aktive Neutralität – Die Überwindung von Kapitalismus und Kommunismus.* Ein Vortrag mit Diskussion am
20. Januar 1985, FIU der Freien Volkshochschule Argental,
Wangen 1987

Joseph Beuys: *Dokumente Nr. 1,* Abendunterhaltung mit
Joseph Beuys am 5. 3. 1977 in Hamburg mit Wissenschaft-
lern, Journalisten, Künstlern, Freie Volkshochschule Argental,
Wangen, o. J.

Joseph Beuys: *»Für die Hausbesetzer«,* hrsg. vom Verein für
gemeinnützige, gewerkschaftliche, stadtteilbezogene Kultur-
arbeit, WERK e. V., mit Texten von Johannes Stüttgen, Klara
Heimbach u. a., Stuttgart 1988

*Joseph Beuys und Das Kapital: 4 Vorträge zum Verständnis von
Joseph Beuys und seiner Rauminstallation »Das Kapital
Raum 1970–1977«* in den Hallen für neue Kunst, Schaffhau-
sen, hrsg. von Christel Raussmüller-Sauer, mit Texten von
Joseph Beuys, Hans U. Bodenmann, Alois Martin Müller,
Mario Kramer, Johannes Stüttgen, Schaffhausen 1988

Joseph Beuys: Par la présente, je n'appartiens plus à l'art, mit
Texten und Interviews von Joseph Beuys, ausgewählt von
Max Reithmann, Paris 1988

Joseph Beuys/Eddy Devolder: *Joseph Beuys Conversation:
Social Sculpture, Invisible Sculpture, Alternative Society,* Free
International University, Gerpinnes 1988

Beuys und die Natur, die Natur ist Beuys, mit den Augen von
Buby Durini gesehen, mit Photos von Buby Durini und einem
Vorwort von Lucrezia de Domizio, hrsg. von der Galerie
Rudolf Mangisch, Zürich 1988

Der Beuys-Block im Hessischen Landesmuseum Darmstadt
(Blätter für Besucher), bearb. von Sigrun Paas und Barbara
Strieder, Darmstadt 1988

Joseph Beuys: Der Darmstädter Werkblock, hrsg. von der Kul-
turstiftung der Länder in Verbindung mit dem Hessischen
Landesmuseum Darmstadt, mit Beiträgen von Sigrun Paas
und Friedhelm Mennekes, Darmstadt 1989

Joseph Beuys im Gespräch mit Knut Fischer und Walter Smerling, Kunst Heute Nr. 1, Köln 1989

Joseph Beuys / Michael Ende: *Kunst und Politik, ein Gespräch* (Gespräch vom Februar 1985), hrsg. von der Freien Volkshochschule Argental, Wangen 1989

Joseph Beuys: Frühe Aquarelle, mit einem Text von Werner Schade, München 1989

Joseph Beuys / Bernhard Blume / Rainer Rappmann: *Gespräche über Bäume* (Gespräch aus dem Jahr 1982), 2., vollkommen überarb. u. erw. Aufl., FIU-Versand der Freien Volkshochschule Argental, Wangen 1990

Energy Plan for the Western Man, Joseph Beuys in America. Writings by and interviews with the artist, zusammengestellt von Carin Kuoni, mit einführenden Essays von Kim Levin und Caroline Tisdall, New York 1990

Joseph Beuys / Joachim Rönneper: *Kleider machen Leute. Joseph Beuys im Gespräch mit Joachim Rönneper,* Köln 1990

Eva Beuys-Wurmbach: *Die Landschaften in den Hintergründen der Gemälde Leonardos,* München 1974 (Examensarbeit mit schematischen Zeichnungen von Joseph Beuys)

Wenzel Beuys: *Blitzschlag mit Lichtschein auf Hirsch, 1958–1985, von Joseph Beuys,* Edition Staeck, Heidelberg 1987

Eva, Wenzel und Jessyka Beuys (Hrsg.): *Joseph Beuys: Block Beuys im Hessischen Landesmuseum in Darmstadt,* mit Farbaufnahmen von Claudio Abate, München 1990

Matthias Bleyl (Hrsg.): *Joseph Beuys: Der erweiterte Kunstbegriff.* Texte und Bilder zum Beuys-Block im Hessischen Landesmuseum Darmstadt, Darmstadt 1989

Clara Bodenmann-Ritter: *Joseph Beuys – Jeder Mensch ein Künstler.* Gespräche auf der documenta 5 1972, Frankfurt / Berlin / Wien 1975

Wilhelm Bojeskul: *Zum Kunstbegriff des Joseph Beuys,* Reihe Kultur – Literatur – Kunst, hrsg. von Jürgen Klein, Essen 1985

Jacqueline Burckhardt (Hrsg.): *Ein Gespräch / Una discussione,* *Joseph Beuys, Jannis Kounellis, Enzo Cucchi, Anselm Kiefer,* Gespräch in der Kunsthalle Basel am 28.–29. 10. 1985, zwischen Joseph Beuys, Enzo Cucchi, Anselm Kiefer, Jannis Kounellis und Jean Christophe Ammann, Zürich 1986

Ingrid Burgbacher-Krupka: *Prophete rechts, Prophete links – Joseph Beuys,* Nürnberg 1977

Ingrid Burgbacher-Krupka: *Strukturen zeitgenössischer Kunst: Eine empirische Untersuchung zur Rezeption der Werke von Beuys, Darboven, Flavin, Long, Walter,* Stuttgart 1979

Germano Celant: *Beuys – Tracce in Italia,* mit Texten von Achille Bonito Oliva, Heiner Bastian, Caroline Tisdall u. a., Edition Amelio, Neapel 1978

Lucrezia de Domizio, Buby Durini, Italo Tomassoni (Hrsg.): *Incontro con Beuys,* Bolognano (Pescara) 1984

FIU-Kassel / Stephan von Borstel u. a. (Hrsg.): *Die unsichtbare Skulptur. Zum erweiterten Kunstbegriff von Joseph Beuys,* mit Beiträgen von Rhea Thönges-Stringaris, Johannes Ernst Seiffert, Wilfried Heidt, Doro Franck, Günter Graf, Ursula Mildner, Siegfried Sander, Frank Meyer, Johannes Stüttgen, Stuttgart 1989

Klaus Gallwitz (Hrsg.): *Joseph Beuys. Blitzschlag mit Lichtschein auf Hirsch / Lightning with stag in its glare 1958–1985,* mit einem Text von Heiner Bastian, Bern 1989 (1. Auflage Bern 1986)

Otto Gmelin / Helene Sussure: *Beuys, Hantschke, Klee. Demontage von Image und Vermarktung,* Reutlingen 1988

Franz Joseph van der Grinten / Hans van der Grinten: *Joseph Beuys. Bleistiftzeichnungen aus den Jahren 1946–1964,* Edition Heiner Bastian, Frankfurt / Berlin / Wien 1973

Franz Joseph van der Grinten / Hans van der Grinten: *Joseph Beuys – Wasserfarben / Watercolors 1936–1963,* Edition Heiner Bastian, Frankfurt / Berlin / Wien 1975

Franz Joseph van .der Grinten / Hans van der Grinten: *Joseph Beuys – Ölfarben / Oilcolors 1936–1965,* Edition Heiner Bastian, München 1981

Franz Joseph van der Grinten / Friedhelm Mennekes: *Menschenbild Christusbild,* Stuttgart 1984

Fernando Groener / Rose-Maria Kandler (Hrsg.): *7000 Eichen – Joseph Beuys,* mit Beiträgen von Joseph Beuys, Richard Demarco, Johannes Stüttgen, Rhea Thönges-Stringaris u. a., Köln 1987

Volker Harlan / Rainer Rappmann / Peter Schata: *Soziale Plastik. Materialien zu Joseph Beuys,* Achberg 1976, 2. Aufl. 1980

Volker Harlan: *Was ist Kunst? Werkstattgespräch mit Beuys,* Stuttgart 1986

Wulf Herzogenrath (Hrsg.): *Selbstdarstellung. Künstler über sich,* Düsseldorf 1973

Karl Heinrich Hülbusch / Norbert Scholz: *Joseph Beuys. 7000 Eichen – Zur documenta 7 in Kassel,* Stadtverwaldung statt Stadtverwaltung, Kassel 1984

Christos M. Joachimides: *Joseph Beuys – Richtkräfte,* Nationalgalerie Berlin, Staatliche Museen Preußischer Kulturbesitz, Berlin 1977

Ute Klophaus: *Sein und Bleiben. Photographie zu Joseph Beuys,* mit Beiträgen von Laszlo Glozer und Margarethe Jochimsen, Bonner Kunstverein, Bonn 1986

E. Kluckert: *Rembrandt neben der Honigpumpe: von der Themenvielfalt der Kunst,* Pliezhausen, Edition Domberger 1982

Wouter Kotte / Ursula Mildner: *Das Kreuz als Universalzeichen bei Joseph Beuys,* Stuttgart 1986

Mario Kramer: *Joseph Beuys: »Das Kapital Raum 1970–1977«,* Edition Staeck, Heidelberg 1991

Brigitte Krenkers / Johannes Stüttgen: *Aktion Ost / West, Omnibus für direkte Demokratie in Deutschland,* Freie Volkshochschule Argental, Wangen 1991

Werner Krüger / Wolfgang Pehnt: *Documenta-Dokumente, Künstler im Gespräch,* Köln 1984

Bernard Lamarche-Vadel (Hrsg.): *Joseph Beuys: is it about a bicycle?,* Galerie Beaubourg, Paris 1985

K. Levin: *Joseph Beuys,* New York 1986

Christa Lichtenstern: *Metamorphose in der Kunst des 19. und 20. Jahrhunderts,* Bd. 1: *Die Wirkungsgeschichte der Metamorphosenlehre Goethes von Philipp Otto Runge bis Joseph Beuys,* darin: »Joseph Beuys' Metamorphose-Begriff in der Verständigung mit Goethe und mit Rudolf Steiner«, S. 143–151, Weinheim 1990

Friedhelm Mennekes: *Beuys zu Christus – Eine Position im Gespräch, Beuys on Christ – A Position in Dialogue,* Stuttgart 1989

Ursula Mildner: *Schönheit als Provokation,* Ratingen, Utrecht 1986

John Francis Moffit: *Occultism in Avantgarde Art: The Case of Joseph Beuys,* Ann Arbor, Michigan, London 1988

Axel Hinrich Murken: *Joseph Beuys und die Medizin,* Münster 1979

Hiltrud Oman: *Die Kunst auf dem Weg zum Leben: Beuys.* Mit einem Essay von Lukas Beckmann, Weinheim / Berlin 1988

Lothar Romain / Rolf Wedewer: *Über Beuys,* Düsseldorf 1972

Mark Rosenthal: *Joseph Beuys – Blitzschlag mit Lichtschein auf Hirsch,* Museum für Moderne Kunst, Frankfurt am Main, Schriften zur Sammlung, Frankfurt / Main 1991

Michael Ruetz: *Beuys – 63 Photographien und ein Text von Novalis,* Nördlingen 1986

Helmut Rywelski: *Einzelheiten – Joseph Beuys.* Köln 1970

Richard Schaukal: *Von Tod zu Tod,* 27 kleine Geschichten mit 19 Reproduktionen nach Zeichnungen von Joseph Beuys, Brühl 1965

Jörg Schellmann / Bernd Klüser (Hrsg.): *Joseph Beuys – Multiples,* Werkverzeichnis Multiples und Druckgraphik, München / New York, 6. Aufl. 1985

Jörg Schellmann / Bernd Klüser (Hrsg.): *Joseph Beuys – A series of 90 Paintings. 2 Schafsköpfe (Loch) 1961–1975, Painting Version 1–90,* München 1976

Galerie / Edition Schellmann (Hrsg.)· *Joseph Beuys – mit Braunkreuz und Hasenblut,* München 1986

Uwe M. Schneede (Hrsg.): *Joseph Beuys in der Hamburger Kunsthalle,* von Helmut R. Leppien, mit einem Nachwort von Uwe M. Schneede, Hamburg 1991

Heiner Stachelhaus: *Joseph Beuys,* Düsseldorf 1987.

Klaus Staeck (Hrsg.): *Ohne die Rose tun wir's nicht – Für Joseph Beuys,* Edition Staeck, Heidelberg 1986

Klaus Staeck / Gerhard Steidl (Hrsg.): *Beuys in Amerika,* Edition Staeck, Heidelberg 1987

Klaus Staeck / Gerhard Steidl (Hrsg.): *Joseph Beuys – Das Wirtschaftswertprinzip,* mit einem Beitrag von Jan Hoet, Edition Staeck, Heidelberg 1990

Johannes Stüttgen: *Joseph Beuys: 7000 Eichen: Beschreibung eines Kunstwerks,* ein Arbeitspapier der Free International University (FIU), Düsseldorf 1982

Johannes Stüttgen: *Das Warhol-Beuys-Ereignis,* Gelsenkirchen 1979

Johannes Stüttgen (Hrsg.): *similia similibus: Joseph Beuys zum 60. Geburtstag,* Köln 1981

Johannes Stüttgen: *Professor lag der Länge nach in Margarine.* Über den erweiterten Kunstbegriff und Filz und Fett von Joseph Beuys, Free International University (FIU), Düsseldorf 1983

Johannes Stüttgen: *Über Joseph Beuys und jeden Menschen, das Erdtelephon und zwei Wolkenkratzer, über 7000 Eichen, 7000 Steine und ein schwarzes Loch,* Free International University (FIU), Düsseldorf 1985

Johannes Stüttgen: *Freie Internationale Universität. Organ des erweiterten Kunstbegriffs für die Soziale Skulptur –* Eine Darstellung der Idee, Geschichte und Tätigkeit der FIU, hrsg. von der FIU, Düsseldorf 1984 (2. erw. Aufl. Freie Volkshochschule Argental, Wangen 1987)

Johannes Stüttgen: *Zeitstau: im Kraftfeld des erweiterten Kunstbegriffs von Joseph Beuys,* Sieben Vorträge im Todesjahr von Joseph Beuys, Stuttgart 1988

Johannes Stüttgen: *Fettecke. Die Geschichte der Fettecke von Joseph Beuys in Raum 3,* Staatliche Kunstakademie Düsseldorf und der Prozeß J. Stüttgen gegen das Land Nordrhein-Westfalen, Düsseldorf 1989

Rhea Thönges-Stringaris: *Letzter Raum – Joseph Beuys: dernier espace avec introspecteur,* Stuttgart 1986

Caroline Tisdall: *Joseph Beuys. Coyote.* Text und Photographie von Caroline Tisdall, München 1976 (3. Aufl. 1988)

Italo Tomassoni: *Beuys / Burri,* Perugia 1980

Gregory L. Ulmer: *Applied Grammatology – Post(e)-Pedagogy from Jacques Derrida to Joseph Beuys,* The John Hopkins University Press, Baltimore and London 1985

Franz-Joachim Verspohl: *Joseph Beuys – Das Kapital. Raum 1970–1977,* erschienen in der Reihe »Kunststück«, hrsg. von Klaus Herding, Frankfurt am Main 1984

Theodora Vischer: *Beuys und die Romantik,* Köln 1981

Charles Wilp: *Joseph Beuys. Naturerfahrung in Afrika,* Verlag Qumran, Frankfurt am Main 1980

Charles Wilp: *Joseph Beuys. Sandzeichnungen in Diani,* Verlag Qumran, Frankfurt am Main 1981

Aufsätze

Die Aufstellung der Aufsätze erfolgt in Auswahl; es wurden lediglich Periodica und Zeitschriften in das Verzeichnis aufgenommen, Zeitungen konnten nicht berücksichtigt werden.

1964

Wolf Vostell: »Beuys. Ich bin ein Sender; ich strahle aus«, in: *Berliner Tagesspiegel*, 3. Dezember 1964

1965

»Plastik und Zeichnung: Interview mit Professor Beuys«, in: *Kunst,* IV, 5/6, Januar 1965, S. 127 ff.

1966

Henning Christiansen: »Joseph Beuys – og hans energi-plan«, in: *Hvedekorn,* 40. Jg. Nr. 5., 1966, S. 175 ff.
Per Kirkeby: »Beuys«, in: *Hvedekorn,* 40. Jg. Nr. 5, S. 165 ff.

1967

Joseph Beuys, Henning Christiansen, Björn Nörgaard: »Manresa (Hommage à Schmela)«, in: *ta'4,* I, 4, 1967, S. 9 ff.

1968

»Par force zu Joseph Beuys«, in: *Notabene – Tsamas Kulturmagazin,* 1968, S. 15
Henning Christiansen: »Eurasienstabe – Fluxorum Organum – Tysk Studentenparti«, in: *Billed Kunst,* 1968, S. 33 ff.
Per Kirkeby: »Beuys' boys«, in: *Hvedekorn,* XLII/1, 1968, S. 14 ff.
B. Beckaert: »Eurasienstab«, in: *Kunst en Cultuuragenda,* 6, 1968, S. 6

1969

J. Beuys: »All men are artists«, in: *Museumsjournal,* 14/6, Dezember 1969, S. 294
J. Bremer: »Joseph Beuys«, in: *Museumsjournal,* 13/3, 1969, S. 170 ff.
Klaus Juergen Fischer: »Die Läsiones des Joseph Beuys«, in: *Das Kunstwerk,* 22. Jg., Nr. 5–6, 1969, S. 3 ff.
Ernst G. Engelhard: Joseph Beuys: »Ein grausames Wintermärchen«, in: *Christ und Welt,* 21. Jg., Nr. 1, 3.1., 1969
Willoughby Sharp: »An Interview with Joseph Beuys«, in: *Artforum,* Dezember 1969, S. 40 ff.
Fritz W. Heubach: »Joseph Beuys – ›Zur idealen Akademie‹«, in: *Interfunktionen,* Heft 2, 1969, S. 59 ff.
»Über Joseph Beuys«, in: *Neues Rheinland,* Nr. 66, Düsseldorf, Februar/März 1969, S. 18

1970

Ursula Meyer: »How to Explain Pictures to a Dead Hare«, in: *Art News,* Bd. 68/9, 1970, S. 54 ff.
Joseph Beuys: »Det Tyske Studentparti«, in: *Louisiana Revy,* X/3, 1970, S. 46 ff.

Henning Christiansen: »Hat-Hoved-Strube-Bryst-Arme-Haender-Mave-Laend-Overben-Underben- Fodder/Beuys Deutsche Studentenpartei-Düsseldorf Kunstakademie«, in: *Louisiana Revy,* X/3, 1970, S. 15 ff.
Dieter Koepplin: »Zum ›Interpretationserfolg‹ der Hervorbringungen von Joseph Beuys«, in: *Kunstnachrichten,* VI/8, Mai 1970
Johannes Stüttgen: »Joseph Beuys & Henning Christiansen: Celtic (Schottische Symphonie) Edinburgh 1970:, in: *Interfunktionen* 5, 1970, S. 55–97
Alastair McKintosh: »Beuys in Edinburgh«, in: *Art and Artists,* V, 1970, S. 10
»Four Pages – Joseph Beuys«, in: *Studio International,* Bd. 180, 1970, S. 90 ff.
Joseph Beuys: »Iphigenie – Materialien zur Aktion«, in: *Interfunktionen,* Heft 4, März 1970, S. 48 ff.
Peter Gorsen: »Gefährliche Vermutungen zur Ästhetik der Aktion«, in: *Kunstjahrbuch I,* Hannover 1970, S. 161 ff.
John Anthony Thwaites: »Das Rätsel Joseph Beuys«, in: *Kunstjahrbuch* 1, Hannover 1970, S. 31 ff.
Georg Jappe: »Die Republik der Einzelgänger«, in: *Kunstjahrbuch* 1, Hannover 1970, S. 23, 25 ff.
Eberhard Roters: »Zwölf Punkte zur gesellschaftlichen Relevanz der Kunst«, in: *Kunstjahrbuch* 1, Hannover 1970, S. 63–64
Karl Ruhrberg: »Wann ist Kunst ›gesellschaftlich relevant‹?«, in: *Kunstjahrbuch* 1, Hannover 1970, S. 60–62
Hanno Reuther: »Werkstattgespräch mit Joseph Beuys«. Westdeutscher Rundfunk, gesendet 1.7.1969 (20.00–20.30 h), und in: *Kunstjahrbuch* 1, Hannover 1970, S. 36–42 (gekürzte Form)
Joseph Beuys: ～～ (Aktion), in: *Interfunktionen,* Heft 7, November 1971

1971

Achille Bonito Oliva: »Partitura di Joseph Beuys: la rivoluzione siamo noi«, *Domus,* Nr. 505, 12. Dezember 1971, S. 48–50
George Jappe: »A Joseph Beuys Primer«, in: *Studio International,* Band 183, Nr. 936, September 1971, S. 65 ff.
John Anthony Thwaites and Alastair McKintosh: »The Ambiguity of Joseph Beuys« – »Proteus in Düsseldorf«, in: *Art and Artists,* VI/7, 1971, S. 22 ff.

1972

Dieter Koepplin: »Freie Schule für Kreativität nach der Idee von Joseph Beuys«, in: *Kunstnachrichten,* 9. Jg., Nr. 1, September 1972
Joseph Beuys: »Der Erfinder der Dampfmaschine«, in: *Interfunktionen,* Heft 9, Köln 1972, S. 191
Karlheinz Nowald: »Realität/Beuys/Realität«, in: Kat. d. Ausst. *Realität/Realismus/Realität.* Wuppertal, Berlin, Kiel usw. 1972/73, S. 113 ff.
K. U. Reinke: »Düsseldorf Academy of Art«, in: *Studio International,* Bd. 183, 1972, S. 84 ff.

Georg Jappe: »The Beuys Example«, in: *Studio International,* Bd. 184, 1972, S. 228 ff.

Lynda Morris: »The Beuys Affair«, in: *Studio International,* Bd. 184, 1972, S. 226 ff.

C. Belz: »Boston: Joseph Beuys's Triumphal American Debut«, in: *Art in America,* 60, 1972, S. 102 ff.

Axel Hinrich Murken: »Wolle, Fett und Schwefel. Medizinisches im künstlerischen Werk von Joseph Beuys«, Sonderdruck *Deutsches Ärzteblatt,* 1972

Gufo Reale: »Beuys gesammelt und erklärt«, in: *Interfunktionen* Heft 9, 1972, S. 152 ff.

Jean Leering: »Primäre und sekundäre Wirkung der Kunst in unserer Wirklichkeit«, in: *Kunstjahrbuch* 2, Hannover 1972, S. 27–36

»Joseph Beuys – Erwin Heerich – Klaus Staeck, Aufruf«, *Kunstjahrbuch* 2, Hannover, S. 122 f.

Rainer Rappmann: »Interview mit Joseph Beuys«, hrsg. v. FIU/FVA Wangen

1973

Heiner Stachelhaus: »Phänomen Beuys«, in: *Magazin Kunst,* 13. Jg., Nr. 50, 1973, S. 29–46

J.-F.-Bizot: »Interview mit Joseph Beuys«, in: *Heute Kunst,* I, 1973, S. 3 ff.

F. Neugass: »Düsseldorf: Artists and Students Rally to Beuys«, in: *Art News,* Bd. 72, 1973, S. 77

»Saga of Joseph Beuys versus the Düsseldorf Academy Continues«, in: *Art and Artists,* VII, 1973, S. 8

P. Frank: »Joseph Beuys: The Most Fascinating of Enigmas«, in: *Art News,* April 1973, S. 51

Ursula Meyer: »Joseph Beuys: I Speak for the Hares«, in: *The Print Collector's News Letter,* IV, 1973, S. 6 ff.

Georg Jappe: »Not a few are called, but everyone«, in: *Studio International,* Dezember 1973, S. 226–228

Willi Bongard: »Joseph Beuys: Selten soviel gelacht«, in: *Kunstforum,* Bd. 8/9, 1. Jg. 1973/74, S. 224–229

Wulf Herzogenrath: »Joseph Beuys«, in: Wulf Herzogenrath: *Selbstdarstellung/Künstler in Selbstdarstellungen,* Düsseldorf 1973, S. 22–51

1974

Reiner Speck: »Leonardo zwischen Beuys und Twombly«, in: *Deutsches Ärzteblatt,* 71. Jg., Juli 1974

Hans van der Grinten: »Conversation avec Beuys«, in: *Art Vivant,* Nr. 48, April 1974, S. 18 ff.

»Instrumentalkonzert af Joseph Beuys og Henning Christiansen«, Photokopie-Faksimile eines Beitrages aus *A + B,* München 1974

J Price: »Listening to Joseph Beuys, a Parable of Dialogue«, in: *Art News,* Summer 1974, S. 50 ff.

D. Gold: »Joseph Beuys in New York City«, in: *Heute Kunst,* VIII, 1974, S. 17 ff.

W. Robinson: »Beuys: art encagé«, in: *Art in America,* November 1974, S. 76 ff.

»Itinerary: Joseph Beuys in the United States«, in: *Arts Magazine,* Mai 1974, S. 50 ff.

J. A. Walker: »Joseph Beuys: ›The secret block for a secret person in Ireland‹ at the Museum of Modern Art, Oxford«, in: *Studio International,* Bd. 187, 1974, S. 310 ff.

J. Dreiss: »Joseph Beuys«, in: *Arts Magazine,* 46, 1974, S. 53

Joseph Beuys: »Freie Internationale Hochschule für Kreativität und interdisziplinäre Forschung e. V.«, Manifest, Düsseldorf 1974

1975

P. Frank: »Mirrors of the Mind«, in: *Art News,* November 1975, S. 50

»Gespräch zwischen Joseph Beuys, Bernhard Blume und Heinz G. Prager vom 15. 11. 1975«, in: *Rheinische Bienenzeitung,* 126. Jg., S. 373–377

Lotta poetica, 46, Numero monografico su Joseph Beuys, Brescia 1975

1976

Caroline Tisdall: »Jimmy Boyle, Joseph Beuys: A Dialogue«, in: *Studio International,* Bd. 191, Nr. 980, März–April 1976, S. 144 f.

Caroline Tisdall: »Beuys – Coyote«, in: *Studio International,* Bd. 192, Nr. 982, Juli–August 1976, S. 36 ff.

I. Rein: »Das Triumvirat von Venedig. Der deutsche Beitrag zur Biennale 1976«, in: *Das Kunstjahrbuch* 75/76 für die Bundesrepublik Deutschland, Österreich und die Schweiz, Mainz 1976, S. 123 ff.

Laszlo Glozer: »Joseph Beuys' ›Zeige deine Wunde‹ – Raum mit Doppelobjekten«, in: *Joseph Beuys – zeige deine Wunde,* München 1976

Achille Bonito Oliva: »Sull'ideologia: Il ricorso dell'artista alla 'ideologia dell'io da Duchamp a Beuys«, *Domus,* Nr. 560, 1976, S. 52

B. Borgeaud: »Huit notes sur Joseph Beuys«, in: *XXe Siècle,* Nr. 46, 1976, S. 158 f.

H. Hahne: »Zum neuen Beuys-Progress. Versuch einer Kategorialanalyse«, in: *Kunstwerk,* Bd. 29/2, 1976, S. 36 ff.

1977

Rolf Wedewer: »Hirsch und Elch im zeichnerischen Werk von Joseph Beuys«, in: *Pantheon,* Internationale Zeitschrift für Kunst, Heft 1, Jg. 35., Januar–März, S. 51 ff.

Margarete Jochimsen: »Eine Holzkiste von Joseph Beuys – konfrontiert mit Erwin Panofskys Grundsätzen zur Beschreibung und Inhaltsdeutung von Werken der bildenden Kunst«, in: *Zeitschrift für Ästhetik und allgemeine Kunstwissenschaft,* Bd. 22/I, 1977, S. 148–157

Christian Geelhaar: »Secret block for a secret person in Ireland: Kunstmuseum Basel«, in: *Pantheon,* 35, 1977, S. 368

»Faut-il vraiment vénérer Duchamp?«, in: *Connaissance des Arts,* Nr. 299, 1977, S. 50

G. Lascault, »Petit abécédaire du vêtement«, in: *XXe Siècle,* 48, 1977, S. 80 ff.

Caroline Tisdall, »Beuys class (mit, neben, gegen): Kunstverein, Frankfurt«, in: *Studio International,* Bd. 193, 1977, S. 29

»Abendunterhaltung mit Joseph Beuys«. Gespräch zwischen Journalisten und Wissenschaftlern am 5. 3. 1977, in: *Documente* Nr. 1, Achberg

»Joseph Beuys«, in: *Zeitschrift für Ästhetik und Allgemeine Kunstwissenschaft,* hrsg. von H. Lützeler, Bonn 1977 (Sonderdruck)

Georg Jappe: »Interview mit Joseph Beuys über Schlüsselerlebnisse«, vom 27.9.1976, in: *Kunstnachrichten,* 13. Jg., Heft 3, März 1977, S. 72–81

Georg Jappe: »Das System nährt den Terrorismus am Busen«, in: *Kunstforum,* Bd. 21, 3/1977, S. 201–211

1978

Joseph Beuys: »Jeder Mensch ein Künstler«. Vortrag am 23.3.1978 in Achberg, hrsg. von der FIU Düsseldorf

Annelie Pohlen: »Interview mit Joseph Beuys«, in: *Heute Kunst,* XXII, Februar/April 1978, S. 18f.

Dante Filippucci: »Joseph Beuys – dal capello ai piedi, om«, in: *Laboratorio* 12, hrsg. von Lucio Amelio, Neapel 1978

»Intervista Azione 10 Domande di Sarenco Düsseldorf 10.5.1978«, in: *Factotumbook* 10, Padua 1978

Joseph Beuys: »Aufruf zur Alternative«, in: *Frankfurter Rundschau,* 23.12.1978, Nr. 288, S. II (Feuilleton)

1979

B. Corà, »Vettor Pisani: il coniglio non ama Joseph Beuys«, in: *Domus,* Nr. 582, 1978, S. 48 ff.; Nr. 598, 1979, S. 50

B. Adams, »Landscape Drawings of Joseph Beuys«, in: *Print Collector's Newsletter,* X, 1979, S. 148 ff.

U. Bischoff, »Mataré und seine Schüler – Beuys, Haese, Heerich, Meistermann: Akademie der Künste, Berlin: Ausstellung«, in: *Pantheon,* Heft 37, 1979, S. 193

Jürgen Hohmeyer: »Joseph Beuys – ein Grüner im Museum«, in: DER SPIEGEL, 33. Jg., Nr. 45, November 1979, S. 250–267

Jürgen Hohmeyer: »Ein bißchen Einsicht in die Seelenlage«, Joseph Beuys über sein Verhältnis zu den »Grünen«, in: DER SPIEGEL 33. Jg., Nr. 45, November 1979, S. 268–270

Horst Schwebel: »Gespräch mit Joseph Beuys«, in: *Glaubwürdig – Fünf Gespräche über heutige Kunst und Religion mit Joseph Beuys, Heinrich Böll, Herbert Falken, Kurt Marti, Dieter Wellershoff,* München 1979, S. 15–42

Joseph Beuys: »Museum des Geldes«, mit einem Text von Sarenco, *Factotumbook* 12, Calaone-baone 1979

Raimund le Viseur: »Darum trägt der Beuys immer seinen Hut«, in: *Art* Nr. 0, Erstausgabe, Oktober 1979, S. 56–59

Deutsche theatertechnische Gesellschaft Hamburg (Hrsg.): »Konfigurationen. Einblicke in das Theatergeschehen der Bundesrepublik Deutschland 1976–79«, mit einem Beitrag über Joseph Beuys, Hamburg 1979

1980

Thomas Kellein: »Joseph Beuys im Guggenheim Museum«, in: *kritische berichte,* Jg. 8, Heft 1/2, 1980, S. 63 ff.

Joseph Beuys: »Das Museum – ein Ort der permanenten Konferenz«. Ein Gespräch mit J. B., in: *Notizbuch 3, Kunst – Gesellschaft – Museum,* hrsg. v. Horst Kurnitzky. Berlin 1980, S. 47 ff.

Paul-Albert Plouffe: »Joseph Beuys: Avers et Revers«, in: *Parachute,* Nr. 21, Winter 1980, S. 32–41

Ulrich Krempel: »Der Mensch muß lernen, sich über seine Wirklichkeit zu erheben/Über Joseph Beuys«, in: *Tendenzen,* Nr. 130, Jg. 21, 1980, S. 27–36

I. Rein: »Aus Berlin – Neues vom Kojoten: Galerie Ronald Feldman, New York: Ausstellung«, in: *Pantheon,* Heft 38, 1980, S. 133

Achille Bonito Oliva: »Beuys a New York«, in: *Domus,* Nr. 602, 1980, S. 133

Donald B. Kuspit: »Beuys: Fat, Felt and Alchemy«, in: *Art in America,* 68, 1980, S. 78 ff.

G. Dry: »Beuys – Objekte: Galerie Schellmann & Klüser, Munich«, in: *Burlington Magazine,* 122, 1980, S. 221 ff.

K. Levin: »New Order«, in: *Arts Magazine,* 54, 1980, S. 154 ff.

B. Adams: »Panel Discussions with Joseph Beuys: Guggenheim Museum, New York«, in: *Artforum,* März 1980, S. 72

I. Lebeer, »Joseph Beuys«, in: *Cahiers du Musée d'Art Moderne,* IV, 1980, S. 170 ff.

K. Larson, »Joseph Beuys: Shaman, Sham or One of the most Brilliant Artists of Our Time?«, in: *Art News,* 79, 1980, S. 126 ff.

H. Platschek, »Der Mann mit dem Hut – Joseph Beuys«, in: *Bildende Kunst,* XI, 1980, S. 563 ff.

Heiner Bastian: »Ein Gedicht für Joseph Beuys«. Interview, in: *harlekin* – Magazin für Kunst, Kultur und Gesellschaft, 1. Jg., Nr. 4, 1980, S. 5–10

Alfred Nemeczek: »Zeichnungen und Aquarelle von Joseph Beuys in Berlin«, in: *art.* Das Kunstmagazin, Nr. 3, März 1980, S. 66–77

Benjamin H. D. Buchloh: »The Twilight of the Idol. Preliminary notes for a critique«, in: *Artforum* Vol. XVIII, Nr. 5, Januar 1980, S. 35–43

Franz Joseph van der Grinten: »Joseph Beuys. Zeige deine Wunde«, in: *Kunst und Kirche,* Februar 1980, S. 62–65

Bernard Lamarche-Vadel: »Entretien avec Joseph Beuys«, in: *Artistes revue bimestrielle d'art contemporain,* Nr. 3, Februar/März 1980, S. 15–19

Irmeline Lebeer: »entretien«, in: *Cahiers du Musee National d'Art Moderne,* Nr. 4, 1980, S. 53–63

1981

Franz-Joachim Verspohl: »Das + von Joseph Beuys«, in: *kritische berichte,* Jg. 9, Heft 1/2, 1981, S. 73 ff.

Volker Harlan: »Paul Klee und Joseph Beuys: Tafelbild und Wärmeplastik«, in: *Kunst-Bulletin d. Schweizerischen Kunstvereins,* 7/8, 1981, S. 13 ff.

W. Jehle, »Joseph Beuys: Schneefall – Poesie der Materialien«, in: *Werk, Bauen + Wohnen,* Nr. 1/2, 1981, S. 6 ff.

K. Raschzok: »Bilder der Erniedrigung«, in: *Kunst und Kirche,* 59. Jg., Heft 2, 1981

Johannes Heinrichs: »Das Spiel mit den semiotischen Dimensionen im modernen Museum«, in: *Zeitschrift für Ästhetik und allgemeine Kunstwissenschaft,* Bd. 2, 1981, S. 224–269

Joseph Beuys: »Factotumbeuys«, *Factotumbook* 30, Verona 1981

Karl-Hofer-Symposion 1980: »1984 – Überleben durch Kunst?«, Diskussionsaufzeichnung, Teilnehmer: Beuys, Syberberg, Metzger, Hrdlicka, in: *Schriftenreihe der Hochschule der Künste,* Berlin (West), 1981

Klaus Gallwitz: »Stationen der Erinnerung. Joseph Beuys und seine ›Straßenbahnhaltestelle‹«, in: Justus Müller-Hofstede/Werner Spies (Hrsg.): *Festschrift für Eduard Trier,* Berlin 1981, S. 311–327

1982

Marie Luise Syring, »Beuys in Paris«, in: *Du,* Nr. 3, 1982,
S. 84 ff.

H. Korner, »Plastische Selbstbestimmung? Ein kritischer Versuch über Joseph Beuys«, in: *Das Kunstwerk,* Bd. 35, 1982,
S. 32 ff.

R. Demarco, »Conversations with Artists«, in: *Studio International,* Bd. 195, 1982, S. 46 ff.

R. Flood, »Wagner's Head«, in: *Artforum,* Nr. 21, 1982, S. 68 ff.

Franz Joseph van der Grinten: »Religiöse Motive im Werk von
Joseph Beuys«. Interview, in: *Kunst und Kirche,* Heft 2,
Februar 1982, S. 73–79

»Fortführung der Aktion 7000 Eichen«, in: *Kunst & Druck.*
Nr. 4, November 1982, hrsg. v. Lipp GmbH, München, o. p.

»Mit klangvoller Stimme«, in: *DER SPIEGEL,* 36. Jg., Nr. 10, März
1982, S. 190–191

»Rundbrief (7000 Eichen)«, in: *Kunstforum* Bd. 48,
Februar / März 1982, o. S.

1983

T McEvilley, »Art in the Dark«, in: *Artforum,* Vol. XXI, 1983, S.
69 ff.

Petra Kipphoff »Und das nicht nur zur Osterzeit . . .«, in: *Du,* Nr.
4, 1983, S. 55 ff.

D. Raetzo, »Kunst und Gesellschaft: Joseph Beuys im Gespräch
mit Bruno Kreisky«, in: *Du,* Nr. 5, 1983, S. 90

Dimitrijevic, »Joseph Beuys – Drawings«, in: *Flash Art,* Nr. 114,
1983, S. 71

L. Vachtova, »Springender Wolf und fallende Bombe«, in: *Du,*
Nr. 12, 1983, S. 84

M. Haedeke, »Todesbilder in der zeitgenössischen Kunst mit
einem Rückblick auf Hodler und Munch«, in: *Pantheon,*
Heft 41, 1983, S. 262

L. Cooke, »Joseph Beuys«, in: *Burlington Magazine,* 127, 1983,
S. 921 ff.

Alfred Nemeczek: »Zweifel an Joseph Beuys«, in: *art.* Das
Kunstmagazin, Nr. 2, Februar 1983, S. 66–77

Annelie Pohlen: »Steinzeit – Endzeit – Meditationszeit«, in:
Kunstforum International, Bd. 63 / 64, Juli / August 1983,
S. 346–348

Louwrien Wijers (Hrsg.): »His Holiness the 14 dalai Lama of
Tibet trifft Prof. J. Beuys Bonn 27. Oktober 1982«, Amsterdam 1983

Lynn MacRitchie: »Joseph Beuys«, in: *Performance Magazine,*
Nr. 25, London, August / September 1983, S. 8–11

Johannes Stüttgen: »Projektbeschreibung ›Gesamtkunstwerk
Freie und Hansestadt Hamburg ‹« (Arbeitstitel), im Auftrag
von Joseph Beuys, Spülfelderprojekt in Hamburg (nicht realisiert), hrsg. von der FIU Düsseldorf, Juli 1983 (Manuskript)

1984

J. Hafner: »Joseph Beuys: Ob Werbung Kunst ist, hängt davon
ab, wofür sie wirbt«, in: *Novum Gebrauchs,* Nr. 5, 1984,
S. 65 ff.

D. Briers: »Some Notes on the Relation of Photography / Performance«, in: *Creative Camera,* Nr. 238, 1984, S. 162–168

»Die Mysterien finden im Hauptbahnhof statt«. Interview mit
Joseph Beuys, in: *DER SPIEGEL,* 38. Jg., Nr. 23, Juni 1984, S.
178–186

Franz Joseph van der Grinten: »Beuys – Der Mann aus Kleve«,
in: *Merian,* 37. Jg., Nr. 5, 1984

Joseph Beuys: »Die Logik der Kunst, Darlegung zum ›Sprayer
von Zürich‹: Harald Nägeli«, Düsseldorf 1984 (Manuskript)

Werner Krüger: »Die Fettecke ist nur ein kleines Glied innerhalb
einer langen Reihe von Begriffen«, in: Werner Krüger / Wolfgang Pehnt: *Documenta – Dokumente,* Künstler im
Gespräch, S. 36–61, Köln 1984

1985

K. Ottmann: »The World According to . . . Byars, Beuys, Dokou-
pil«, in: *Flash Art,* Nr. 125, 1985, S. 56

L. Figueroia-Ferretti: »La problemática vanguardia de Joseph
Beuys«, in: *Goya,* Nr. 189, 1985, S. 177 ff.

M. Codognato: »Beuys a Londra«, *Domus,* Nr. 667, 1985, S. 69

Joseph Beuys: »Aktive Neutralität. Die Überwindung von Kapitalismus und Kommunismus«. Vortrag (auf Cassette) in Ror-
schach, hrsg. von der FIU Wangen, 1985

Georg Jappe: »Am Klavier Joseph Beuys«, in: *Kunstnachrichten*
1985, Heft 3, Mai, S. 72–76

Joseph Beuys: »Rede über das eigene Land: Deutschland«,
Münchner Kammerspiele, 1985, in: Hans Mayer, Joseph
Beuys, Margarete Mitscherlich-Nielsen, Albrecht Schönherr:
Reden über das eigene Land: Deutschland 3, München 1985

Stuart Morgan: »Letters to a wound. An address prompted by
recent exhibitions of work by Joseph Beuys, Eric Bainbridge
and Julian Schnabel«, in: *Artscribe International,* Dezember / Januar 1985 / 86, S. 32–37

1986

W. Crist und B. Mueller: »Recollections of Joseph Beuys«, in:
New Art Examiner, 13, 1986, S. 26 ff.

I. Rein: »Hommage à Joseph Beuys«, in: *Artforum,* 25, 1986,
S. 128 ff.

Peter Iden: »Zum Tod von Joseph Beuys«, in: *Das Kunstwerk,*
Bd. 39, 1986, S. 51 ff.

Christine Scherrmann: »Die Antizipation der Katastrophe –
Joseph Beuys«, in: *Merkur.* Deutsche Zeitschrift für europäi-
sches Denken, Heft 9 / 10, 40. Jg. September / Oktober 1986,
S. 879–887

T. McEvilley: »Hic jacet Beuys«, in: *Artforum,* Nr. 24, Mai 1986,
S. 130–131

Robert C. Morgan: »Who was Joseph Beuys, the meaning and
mythology behind the artist in the hat«, in: *High Performance,* Nr. 33 / 1986, S. 20–26

A. Humer: »Beuys Greta Garbo serie, 1964–1969, in: *Museumsjournal,* Nr. 1, 1986, S. 16 ff.

R. G. Dienst: »Interview mit Joseph Beuys«, in: *Das Kunstwerk,*
Bd. 39, 1986, S. 53 ff.

»Joseph Beuys«. Numero monografico dedicato a Joseph
Beuys, *Segunda Epoca,* Nr. 6, 1986

Franz-Joachim Verspohl: »Joseph Beuys – das ist erst einmal
dieser Hut«, in: *kritische berichte,* Jg. 14, Heft 4, 1986,
S. 77–87 (Wiederabdruck in: *NOEMA* Art Magazine, 17 / 1988,
S. 39–43)

»Beuys – Un artiste pour la fin du siècle«, entretien de Démosthènes Davvetas et Lucrezia di Domizio avec Jean-Luc Cha-
lumeau, in: *Opus International,* Nr. 100, Image Fin de Siècle,
Winter 1986, S. 29–31

Laszlo Glozer: »Zum Tode von Joseph Beuys«, in: *Wolkenkratzer Art Journal,* 1 / 1986, S. 28–33

Joseph Beuys: »Dank an Lehmbruck«, in: *Reden zur Verleihung des Wilhelm-Lehmbruck-Preises der Stadt Duisburg 1986,* Duisburg 1986

Armin Zweite: »Ich kann nur Ergebnisse meines Laboratoriums nach außen zeigen und sagen: schaut einmal her . . .« – Palazzo Regale, das letzte Environment von Joseph Beuys, in: *Beuys zu Ehren,* München 1986, S. 58–68

1987

Peter Bürger: »Im Schatten von Joseph Beuys – Anmerkungen zum Thema Kunst und Philosophie heute«, in: *Kunstforum International,* Bd. 90, Juli–September 87, S. 70–78

»In die Zeit hineingestülpte Zeit – zum Umgang mit Joseph Beuys ein Jahr nach seinem Tod«, Wilfried Dickhoff im Gespräch mit Johannes Stüttgen, in: *Wolkenkratzer Art Journal,* Nr. 2, März / April 1987, S. 32–35

Georg Jappe: »L'art (d)'après Beuys«, in: *Artstudio* (Spécial Joseph Beuys), 1987, Nr. 4, S. 6–11

Démosthènes Davvetas: »L'homme est sculpture«, in: *Artstudio* (Spécial Joseph Beuys), 1987, Nr. 4, S. 12–23

Dieter Koepplin: »Les aquarelles comme résidu lumineux«, in: *Artstudio* (Spécial Joseph Beuys), 1987, Nr. 4, S. 24–31

Eric Valentin: »Mélancolie saturnienne«, in: *Artstudio* (Spécial Joseph Beuys), 1987, Nr. 4, S. 32–47

Marc Vaudey: »Des aspects téléologiques«, in: *Artstudio* (Spécial Joseph Beuys), 1987, Nr. 4, S. 48–61

Bernard Blistène: »Beuys, le Musée«, in: *Artstudio* (Spécial Joseph Beuys), 1987, Nr. 4, S. 62–75

Jan Hoet: »Dessins: un état originel«, in: *Artstudio* (Spécial Joseph Beuys), 1987, Nr. 4, S. 76–83

Achille Bonito Oliva: »Longue vie à Joseph Beuys«, in: *Artstudio* (Spécial Joseph Beuys), 1987, Nr. 4, S. 84–93

Eric Michaud: »La fin de l'art selon Beuys«, in: *Artstudio* (Spécial Joseph Beuys), 1987, Nr. 4, S. 94–103

André Gunthert: »Joseph Beuys, l'art-politique«, in: *Artstudio* (Spécial Joseph Beuys), 1987, Nr. 4, S. 104–111

»Pour un dernier Ring-Gespräch« avec K. Rinke, J. Stüttgen, H. Baumüller propos recueillis par Catherine Bompuis, in: *Artstudio* (Spécial Joseph Beuys), 1987, Nr. 4, S. 112–127

Thierry de Duve: »Le dernier des prolétaires«, in: *Artstudio* (Spécial Joseph Beuys), 1987, Nr. 4, S. 128–132

Peter Bürger: »Der Alltag, die Allegorie und die Avantgarde. – Bemerkungen mit Rücksicht auf Joseph Beuys«, in: Christa Bürger / Peter Bürger (Hrsg.): *Postmoderne: Alltag, Allegorie und Avantgarde,* Frankfurt / Main, 1987, S. 196–211

1988

»Joseph-Beuys-Ausstellung«, Presseberichte zur Joseph-Beuys-Ausstellung im Martin-Gropius-Bau, Berlin, 20. 2.--1. 5. 1988, Berlin 1988

Rolf Lauter: »Joseph Beuys. Blitzschlag mit Lichtschein auf Hirsch 1958–1985«, in: *Museum für Moderne Kunst,* Publikation zum Richtfest am 13. 7. 1988, Frankfurt / Main 1988, S. 29–31

Lothar Romain: »Franz Marc und Joseph Beuys. Zur Wiederkehr des Romantischen in der deutschen Moderne«, in: *Romantik und Gegenwart.* Festschrift für Jens-Christian Jensen, Köln 1988. S. 197–208

Manfred E. Schuchmann: »Über den Umgang mit Beuys: Kapital? Kapital!«, in: *NIKE,* Nr. 22, März / April 88, S. 16–17

Wolfgang Max Faust: »Joseph Beuys: Ein Werk ohne Zukunft?«, in: *Wolkenkratzer Art Journal,* 3 / 1988, S. 18–19

Georg Bussmann: »Joseph Beuys njemcky – Rede und Gegenrede«, in: *Arbeit in Geschichte – Geschichte in Arbeit,* Kunsthaus und Kunstverein in Hamburg, 23. 9.–13. 11. 1988, S. 88–92

»Joseph Beuys«, mit Beiträgen von Klaus Heinrich, Bazon Brock, Jeannot Simmon, Beate Moser anläßlich der Beuys-Ausstellung im Martin-Gropius-Bau, Berlin 1988, in: *Berliner Kunstblatt,* 17. Jg., Nr. 57 / 1988

Heiner Bastian: »Die Aura ist nicht das ganze Sein des Kunstwerks«, Interview mit Heiner Bastian zur Beuys-Ausstellung, Berlin 1988, in: *Kunstforum International,* Bd. 93, Februar / März 1988, S. 321–324

Thomas Wulffen: »Joseph Beuys – Ost und West«, in: *Kunstforum International,* Bd. 94, April / Mai 1988, S. 252–255

Johannes Stüttgen: »Zu falschem Zeitpunkt aus falscher Gesinnung«, Interview mit Johannes Stüttgen zur Beuys-Ausstellung, Berlin 1988, in: *Kunstforum International,* Bd. 94, April / Mai 1988, S. 327–330

Georg Jappe: »Über Joseph Beuys – Der erweiterte Kunstbegriff«, in: *Künstler. Kritisches Lexikon der Gegenwart,* Ausg. 4, Heft 1, München 1988

Anton Gugg: »Joseph Beuys«, in: *NOEMA* Art Magazine, 17 / 1988, S. 24–28

Harald Szeemann: »Anschwebende plastische Ladung – vor – Isolationsgestell«, in: *NOEMA* Art Magazine, 17 / 1988, S. 30–35

Werner Schade: »Die Stille des Entstehens« in: *NOEMA* Art Magazine, 17 / 1988, S. 36–38

»Nach Beuys«, Alexander Pühringer im Gespräch mit den Beuys-Schülern Walter Dahn und Johannes Stüttgen, in: *NOEMA* Art Magazine, 17 / 1988, S. 44–55

1989

C. L. Coetzee: »Liberty, art and fraternity: Joseph Beuys and the symphonic education of post-war Europe«, in: *South-Africa.* Tydskr. Kult.-Kunsgesk., 3 / 1989

Jill Lloyd: »German sculpture since Beuys«, in: *Art International,* 6 / Spring 1989, S. 8–16

Hermann Pfütze: »Von Adorno zu Beuys«, in: *Kunstforum International,* Bd. 100, April / Mai 1989, S. 243–252

Dieter Koepplin: »Zur Sammlung Hans und Franz Joseph van der Grinten aus der Beuys-Perspektive«, in: *Liber amicorum Hans van der Grinten* (zum 60. Geburtstag), Nijmwegen 1989

Jost Nolte: »Die Axt am Klavier – Kunst als Verkündigung: Der Schamane Joseph Beuys«, in: Jost Nolte: *Kollaps der Moderne: Traktat über die letzten Bilder,* Hamburg 1989, S. 8–29

Bernhard Bürgi: »Joseph Beuys – Sand Drawings in Diani«, in: *ARENA,* International Art, Nr. 0, Januar 1989, S. 75–86

Laszlo Glozer: »Joseph Beuys oder Abschied von heute«, in: Peter Wapnewski (Hrsg.): *Die unerhörten Künste – Repräsen-*

tanten deutscher Kunst aus neun Dekaden, 1900–1990, Hamburg 1989 (Sonderdruck)

Uwe M. Schneede: »Joseph Beuys' ›Gesamtkunstwerk Freie und Hansestadt Hamburg‹«, in: Volker Plagemann (Hrsg.): *Kunst im öffentlichen Raum.* Anstöße der 80er Jahre, Köln 1989, S. 198–205

Franz-Joachim Verspohl: »Avantgarde und soziales Bewußtsein: das Beispiel Joseph Beuys«, in: *Marburger Jahrbuch für Kunstwissenschaft,* Band 22, Marburg 1989, S. 241–246 (Sonderdruck)

Hans U. Bodenmann: »Joseph Beuys und die Wirtschaft«, in: *Kunst als Ausdruck der Unternehmenskultur?,* Innovation und Integration, Basler Beiträge zur Kunst und Wirtschaft, Basel 1989, Bd. 1, S. 25–31

1990

Wolfgang Max Faust: »Botschaften in der Sprache der Dinge«, ein Bericht zum Beuys-Block in Darmstadt mit Photos von Claudio Abate, in: *art.* Das Kunstmagazin, Nr. 7, 1990, S. 66–79

»Joseph Beuys: Eine innere Mongolei . . .«, Pressespiegel zur Ausstellung, Kestner-Gesellschaft, Hannover, 20.7.–16.9.1990

Bernd Klüser: »›Filosoficamente detto è la Libertá dell'Uomo la Questione elementare dell'Arte‹. Elementi per lo sviluppo del concetto antropologico di arte in Joseph Beuys«, in: *Il cannocchiale,* rivista di studi filosofici, Nr. 2., Mai–August 1990

Thierry de Duve: »Joseph Beuys ou le dernier des prolétaires«, in: Thierry de Duve: *Cousus de fil d'or. Beuys, Warhol, Klein, Duchamp,* Villeurbanne 1990, S. 7–25

Hans Werner Schmidt: »Andy Warhol ›Mao‹ – Joseph Beuys ›Ausfegen‹, Zwei Arbeiten aus dem Jahr 1972«, in: *IDEA,* Jahrbuch der Hamburger Kunsthalle, hrsg. von Werner Hofmann und Martin Warnke, IX 1990, S. 211–228

Franz-Joachim Verspohl: »Museumskunst und ›Soziale Plastik‹ – Joseph Beuys«, in: *Funkkolleg Moderne Kunst,* Weinheim/Basel, 1990, Heft 11, Nr. 28, S. 84–122

Hans Dickel: »Eiszeit der Moderne. Zur Kälte als Metapher in Caspar David Friedrichs ›Eismeer‹ und Joseph Beuys' Installation ›Blitzschlag mit Lichtschein auf Hirsch‹« in: *IDEA,* Jahrbuch der Hamburger Kunsthalle, hrsg. von Werner Hofmann und Martin Warnke, IX 1990, S. 229–248

1991

»Joseph Beuys. Ein Gespräch«. Ein Gespräch zwischen Joseph Beuys und Thomas Hannappel von 1973, in: Edition *KUNST PARTERRE,* Viersen 1991

Uwe M. Schneede: »›Alles ist Skulptur‹. Beuys und Lehmbruck«, in: Uwe M. Schneede (Hrsg.): *Wilhelm Lehmbruck in der Hamburger Kunsthalle,* Text: Georg Syamken, Hamburger Kunsthalle 1991, S. 35–37

Franz-Joachim Verspohl: »›Mit offenen Augen schläft der Hase. . .‹ – Joseph Beuys und die Tiere«, in: *UNI*-Report, Berichte aus der Forschung der Universität Dortmund, 12, Winter 90/91, S. 26–30

Donald Kuspit: »Joseph Beuys: The Body of the Artist«, in: *Artforum,* XXIX, Nr. 10, Summer 1991, S. 80–86

Henning Christiansen: »Joseph Beuys – Fluxusmensch«, in: *Kunstforum International,* Bd. 115, September/Oktober 1991, S. 156–163